AÇÃO AFIRMATIVA EM QUESTÃO

EDITORAS
Cristina Fernandes Warth
Mariana Warth

COORDENAÇÃO EDITORIAL
Livia Cabrini

COORDENAÇÃO GRÁFICA
Aron Balmas

PREPARAÇÃO DE ORIGINAIS E EDIÇÃO DE TEXTO
Babilonia Cultura Editorial

TRADUÇÃO CAPÍTULOS 6, 9 E 11
Marcela Filizzola

PROJETO GRÁFICO DE CAPA E MIOLO E DIAGRAMAÇÃO
Babilonia Cultura Editorial

FOTO DE CAPA
Rafael Freitas | Calomboloca, Angola

FOTO DE QUARTA CAPA
Rafael Freitas | Saara Ocidental

(Este livro segue as novas regras do Acordo Ortográfico da Língua Portuguesa.)

CIP-BRASIL. CATALOGAÇÃO NA PUBLICAÇÃO
SINDICATO NACIONAL DOS EDITORES DE LIVROS, RJ

A153

Ação afirmativa em questão: Brasil, Estados Unidos, África do Sul e França / organização Angela Randolpho Paiva. – 1. ed. – Rio de Janeiro: Pallas, 2013.
432 p. ; 23 cm.

Inclui bibliografia e índice
ISBN 978-85-347-0512-7

1. Programas de ação afirmativa – Brasil. 2. Negros – Educação (Superior) – Brasil. 3. Direito à educação – Brasil. 4. Discriminação racial – Brasil. I. Paiva, Angela Randolpho.

13-06587

CDD: 379.260981
CDU: 37.014.53(81)

Pallas Editora e Distribuidora Ltda.
Rua Frederico de Albuquerque, 56 – Higienópolis
CEP 21050-840 – Rio de Janeiro – RJ
Tel./fax: 21 2270-0186
www.pallaseditora.com.br
pallas@pallaseditora.com.br

PALLAS

AÇÃO AFIRMATIVA EM QUESTÃO:

BRASIL, ESTADOS UNIDOS, ÁFRICA DO SUL E FRANÇA

ANGELA RANDOLPHO PAIVA
ORGANIZAÇÃO

PALLAS

SUMÁRIO

GLOSSÁRIO DE SIGLAS

AA	Ação Afirmativa
ADPF	Arguição de Descumprimento de Preceito Fundamental
Alerj	Assembleia Legislativa do Rio de Janeiro
BI	Bacharelado Interdisciplinar
Caiac	Coordenadoria de Articulação e Iniciação Acadêmica da Universidade do Estado do Rio de Janeiro
Capes	Coordenação de Aperfeiçoamento de Pessoal de Nível Superior
CNPq	Conselho Nacional de Desenvolvimento Científico e Tecnológico
Confenen	Confederação Nacional dos Estabelecimentos de Ensino
Cunis	Colégios Universitários
Educafro	Rede de Pré-Vestibulares Comunitários – Educação para Afrodescendentes e Carentes
Enem	Exame Nacional do Ensino Médio
Fatecs	Faculdades Tecnológicas
Faperj	Fundação de Amparo à Pesquisa do Estado do Rio de Janeiro
Fies	Fundo de Financiamento ao Estudante do Ensino Superior
Finep	Financiadora de Estudos e Projetos
Fonaprace	Fórum Nacional de Pró-Reitores de Assuntos Comunitários e Estudantis
Gemaa	Grupo de Estudos Multidisciplinares da Ação Afirmativa
IBGE	Instituto Brasileiro de Geografia e Estatística
Ibope	Instituto Brasileiro de Opinião Pública
Ices	Institutos Comunitários de Ensino Superior
Ideb	Índice Brasileiro de Educação Básica
IES	Instituições de Educação Superior
Ifes	Institutos Federais de Ensino Superior
Ifets	Institutos Federais de Educação, Ciência e Tecnologia
INCTI	Instituto de Inclusão no Ensino Superior e na Pesquisa
Inep	Instituto Nacional de Estudos e Pesquisas Educacionais
Ipea	Instituto de Pesquisa Econômica Aplicada

Ipeafro	Instituto de Pesquisas e Estudos Afro-Brasileiros
MEC	Ministério da Educação
MNU	Movimento Negro Unificado
Napnes	Núcleos de Apoio às Pessoas com Necessidades Especiais
Neabs	Núcleos de Estudos Afro-Brasileiros
Nied	Núcleo Interdisciplinar de Estudos sobre Desigualdade
Nirema	Núcleo Interdisciplinar de Reflexão e Memória Afrodescendente
Pimesp	Programa de Inclusão por Mérito no Ensino Superior Público
PNAES	Programa Nacional de Assistência Estudantil
PNE	Plano Nacional da Educação
ProUni	Programa Universidade para Todos
PUC-Rio	Pontifífica Universidade Católica do Rio de Janeiro
PUC-SP	Pontifífica Universidade Católica de São Paulo
PVNC	Pré-Vestibular para Negros e Carentes
Reuni	Programa de Reestruturação e Expansão das Universidades Federais
Saeb	Sistema de Avaliação da Educação Básica
Seppir	Secretaria de Políticas de Promoção da Igualdade Racial
Sesu	Secretaria de Ensino Superior do MEC
Setec	Secretaria de Ensino Técnico do Ministério da Educação do MEC
Sisu	Sistema de Seleção Unificada
STF	Supremo Tribunal Federal
Superest	Superintendência Geral de Políticas Estudantis
UAB	Universidade Aberta
UCT	Universidade de Cape Town, África do Sul
Udesc	Universidade do Estado de Santa Catarina
UEA	Universidade do Estado do Amazonas
UEAP	Universidade do Estado do Amapá
UEFS	Universidade Estadual de Feira de Santana
UEG	Universidade Estadual de Goiás
UEL	Universidade Estadual de Londrina
UEM	Universidade Estadual de Maringá
Uema	Universidade Estadual do Maranhão

UEMG	Universidade do Estado de Minas Gerais
Uems	Universidade Estadual do Mato Grosso do Sul
Uenf	Universidade Estadual do Norte Fluminense
UENP	Universidade Estadual do Norte do Paraná
UEP	Universidade do Estado do Pará
UEPB	Universidade Estadual da Paraíba
UEPG	Universidade Estadual de Ponta Grossa
UEPR	Universidade Estadual do Paraná
UERGS	Universidade Estadual do Rio Grande do Sul
Uerj	Universidade do Estado do Rio de Janeiro
Uern	Universidade do Estado do Rio Grande do Norte
Uesb	Universidade Estadual do Sudoeste da Bahia
Uesc	Universidade Estadual de Santa Cruz
Uespi	Universidade Estadual do Piauí
UFABC	Universidade Federal do ABC
Ufal	Universidade Federal de Alagoas
UFBA	Universidade Federal da Bahia
Ufes	Universidade Federal do Espírito Santo
UFF	Universidade Federal Fluminense
UFFS	Universidade Federal da Fronteira Sul
UFG	Universidade Federal de Goiás
UFJF	Universidade Federal de Juiz de Fora
UFMA	Universidade Federal do Maranhão
UFMG	Universidade Federal de Minas Gerais
UFMT	Universidade Federal de Mato Grosso
Ufop	Universidade Federal de Ouro Preto
UFPA	Universidade Federal do Pará
UFPE	Universidade Federal de Pernambuco
UFPI	Universidade Federal do Piauí
UFPR	Universidade Federal do Paraná
UFRA	Universidade Federal Rural da Amazônia
UFRB	Universidade Federal do Recôncavo da Bahia
UFRGS	Universidade Federal do Rio Grande do Sul
UFRJ	Universidade Federal do Rio de Janeiro
UFRN	Universidade Federal do Rio Grande do Norte

UFRPE	Universidade Federal Rural de Pernambuco
UFRR	Universidade Federal de Roraima
UFRRJ	Universidade Federal Rural do Rio de Janeiro
UFS	Universidade Federal de Sergipe
UFSC	Universidade Federal de Santa Catarina
UFSCar	Universidade Federal de São Carlos
UFSJ	Universidade Federal de São João Del Rei
UFSM	Universidade Federal de Santa Maria
UFT	Universidade Federal do Tocantins
UFU	Universidade Federal de Uberlândia
UnB	Universidade Federal de Brasília
Uncisal	Universidade Estadual de Ciências da Saúde de Alagoas
Uneafro	União de Núcleos de Educação Popular para Negras/os
Uneal	Universidade Estadual de Alagoas
Uneb	Universidade do Estado da Bahia
Unemat	Universidade do Estado do Mato Grosso
Unespar	Universidade Estadual do Paraná
Unicamp	Universidade Estadual de Campinas
Unicentro	Universidade Estadual do Centro-Oeste
Unifesp	Universidade Federal de São Paulo
Unimontes	Universidade Estadual de Montes Claros
Unioeste	Universidade Estadual do Oeste do Paraná
Unipampa	Universidade Federal do Pampa
UNIRIO	Universidade Federal do Estado do Rio de Janeiro
UPE	Universidade de Pernambuco
USP	Universidade de São Paulo
UTFPR	Universidade Tecnológica Federal do Paraná
UVA	Universidade Estadual do Vale do Acaraú

INTRODUÇÃO

ANGELA RANDOLPHO PAIVA
Professora do Programa de Pós-Graduação em Ciências Sociais do Departamento de Ciências Sociais da PUC-Rio, tem pesquisa e publicações sobre cidadania e movimentos sociais; ação afirmativa, políticas públicas e acesso ao ensino superior; juventude e direitos humanos; religião e cidadania.

Este livro é o resultado do seminário Ação afirmativa em perspectiva comparada, realizado na PUC-Rio, em junho de 2012. Teve como motivação a apresentação dos resultados finais do campo da pesquisa Monitoramento e acompanhamento das políticas de ação afirmativa nas universidades públicas brasileiras, projeto financiado pela Finep, realizado na PUC-Rio, no âmbito do Núcleo Interdisciplinar de Reflexão e Memória Afrodescendente (Nirema). A apresentação da pesquisa, feita pelos pesquisadores do Nirema, representou a discussão brasileira na comparação feita durante dois dias de intensos debates e contou com a participação de três acadêmicos que discutiram a questão da ação afirmativa em seus países: Estados Unidos, África do Sul e França.

Quatro apresentações, acompanhadas sempre por dois conferencistas, professores brasileiros cuja trajetória acadêmica está intimamente ligada à pesquisa sobre ação afirmativa na última década e que contribuíram para este livro. Dos Estados Unidos, participa o professor Randall Kennedy, da Universidade de Harvard; da África do Sul, contamos com o professor Adam Habib, da Universidade de Johanesburgo; e da França, com o professor Daniel Sabbagh, da Science Po. Todos pesquisadores renomados sobre ação afirmativa em seus respectivos países.

É com enorme satisfação que apresentamos a questão sobre ação afirmativa, tendo como referência as discussões levantadas durante o seminário, quando quatro países discutiram suas experiências, algumas muito distintas e outras com semelhanças marcantes. O livro traduz as discussões realizadas no seminário, com um aparato de informação sobre os vários contextos nacionais.

A perspectiva comparada sempre ilumina qualquer discussão. Mostra a complexidade do tema em cada contexto. Se na França é preciso falar em "discriminação positiva" e há uma negação da classificação racial inerente ao próprio projeto republicano francês, na África do Sul, as ações afirmativas são importantes para o atual projeto de construção nacional pós-*apartheid*. Já a discussão atual nos Estados Unidos guarda muita semelhança com o projeto brasileiro, pois o argumento predominante é o da diversidade em detrimento da questão racial. E se as comparações com a situação americana foram historicamente perigosas para o reforço de nossa harmonia racial quando existia a segregação racial legal, hoje são vários os pontos convergentes e as nuances que mostram quão complexas são as formas de ação afirmativa ao acesso ao ensino superior.

Uma das principais características da ação afirmativa é o questionamento do ideal normativo republicano, cujo modelo de igualdade sempre fica na abstração da lei. A ação afirmativa vem questionar essa "neutralidade estatal", tão bem analisada por Joaquim Barbosa. Nos quatro países protagonistas, esse ideal aparece como questionado na França, como ameaçado no Brasil e Estados Unidos, e como desejado na África do Sul. Vários conceitos justapostos e subjacentes à discussão da ação afirmativa são analisados neste livro, como raça/classe; reparação/diversidade; identidade racial/nacional; *color-blindness*/políticas raciais; ou, ainda, políticas raciais/localidade. E se a desigualdade racial vivida na África do Sul, no Brasil e nos Estados Unidos representa forte argumento para a adoção de algum tipo de ação afirmativa, na França, tal discussão se impõe mais recentemente, com a migração maciça ocorrida há algumas décadas. São, portanto, discussões profícuas que demonstram vários ângulos da implantação da ação afirmativa, em especial no que se refere à questão racial, que seguem neste livro.

A primeira parte aborda a ação afirmativa no Brasil. O capítulo de Elielma Ayres Machado, "Dentro da lei: As políticas de ação afirmativa nas universidades", apresenta os dados da pesquisa referente à análise dos editais das instituições brasileiras que adotaram algum tipo de ação afirmativa nos últimos dez anos e parte da análise quantitativa que se refere aos dados coletados de alunos de vinte instituições. Os dois levantamentos compõem parte da pesquisa Monitoramento e acompanhamento das políticas de ação nas universidades públicas brasileiras. Elielma mostra, ainda, como as recentes políticas do MEC acompanham a discussão em curso na última década.

"Políticas públicas, mudanças e desafios no acesso ao ensino superior", texto de minha autoria, trabalha com os mesmos dados da pesquisa e dialoga com os tipos de políticas pensadas nas universidades, além de analisar depoimentos de gestores ouvidos na parte qualitativa da pesquisa. Partindo da análise do processo de demanda por ação afirmativa nas universidades públicas pelos movimentos negros na redemocratização do país, analiso esse processo nas duas últimas décadas e como o acesso ao ensino superior público brasileiro traduz o desafio de tornar a universidade pública e gratuita uma instituição mais democrática. Os depoimentos dos gestores mostram o processo que está em curso no ensino superior e os desafios ora postos. O capítulo analisa o impacto de duas políticas pensadas pelo MEC, o ProUni e o Reuni. Ressalta que essa discussão é atravessada pela questão da "cota social" em detrimento da "cota racial".

Para comentar a pesquisa sobre acesso ao ensino superior apresentada por Elielma Ayres Machado e por mim, Rosana Heringer, em "O próximo passo: Políticas de permanência na universidade pública", discute o problema da permanência dos alunos beneficiários dos programas de AA. Mostra as dificuldades de real integração dos novos alunos nos *campi* e os desafios para as universidades no que se refere à formação acadêmica de alunos que chegam com necessidades até então desconhecidas pela gestão universitária: faltam recursos para transporte, alimentação, alojamento, além da adaptação acadêmica para alunos vindos de um ensino médio precário.

Elisa Larkin Nascimento, em "Sankofa: A Política da Boa Esperança", analisa as AA no Brasil em um contexto histórico. O texto mostra como na polaridade má-fé/boa-fé está a discussão entre aqueles que negam a questão racial como sendo social, negação na qual está implícita uma boa dose de racismo, e aqueles que buscam uma sociedade na qual haja maior solidariedade social e integração dos vários grupos étnico-raciais presentes no Brasil.

Para completar a parte brasileira, João Feres Jr. e Luiz Augusto Campos fazem uma minuciosa análise do "discurso freyreano" da argumentação construída em relação às cotas raciais. A partir do estudo dos discursos na esfera pública desde o governo de Fernando Henrique Cardoso, os autores analisam o crescente envolvimento tanto de alguns proeminentes intelectuais quanto da mídia contra as "cotas raciais", no momento em que estas começaram a ser implantadas nas universidades públicas do país, a partir de 2002. Mostram que a crescente "dramaticidade retórica" daqueles contrários às cotas raciais não foi suficiente para convencer os ministros do Supremo Tribunal Federal que decretaram sua constitucionalidade em 2012.

Como segunda parte, a discussão dos Estados Unidos é sugerida por Randall Kennedy. O capítulo "O Supremo Tribunal dos Estados Unidos e a ação afirmativa: O caso do ensino superior" reconstrói os casos mais famosos na Suprema Corte envolvendo ação afirmativa nas universidades americanas. A análise jurídica dessas ações em uma perspectiva histórica nos permite perceber a complexidade da adoção de ação afirmativa nas instituições americanas de maior prestígio. Entre esses meandros, está a eterna discussão entre as alternativas do argumento da reparação e o da diversidade; de classe e raça, ou ainda, políticas focadas nos indivíduos ou nos grupos. O autor ressalta que os programas de ação afirmativa nas universidades representam uma reforma modesta, mas importante, e que a política de corte racial é mais justificada sob o princípio de reparação de injustiça do que sob o da diversidade. As políticas de corte racial, ressalta Randall, trazem, mesmo hoje, "verdades perturbadoras".

Thula Rafaela de Oliveira Pires faz "a discussão judicial das ações afirmativas étnico-raciais no Brasil" a partir de três aspectos: a) o dilema da construção do Estado brasileiro com ideais republicanos em contexto de extrema desigualdade social *e* racial; b) a discussão travada na audiência pública convocada pelo STF para o posterior julgamento da constitucionalidade das cotas raciais na UnB, com a análise dos pareceres dos juízes nesse julgamento; c) por fim, as afinidades e diferenças na jurisprudência do STF e a Suprema Corte dos Estados Unidos. Dialogando com Randall Kennedy, seu texto reflete acerca da legalidade da ideia de reparação histórica, justiça social e desigualdades raciais, além da diversidade étnico-racial.

Carlos Alberto Medeiros, em "Brasil, Estados Unidos e a questão racial: A fertilidade de um campo cheio de armadilhas", faz uma comparação histórica entre Brasil e Estados Unidos, mostrando como a questão racial ora era vista de maneira positiva, ora negativa. Como em um jogo de espelhos, o autor lembra aspectos históricos, legais, políticos e culturais que resultaram nas modalidades existentes atualmente nas duas nações.

A terceira parte comenta o caso sul-africano com o capítulo de Adam Habib e Kristina Bentley, "Reparação racial, identidade nacional e cidadania na África do Sul pós-*apartheid*", retirado do livro *Racial redress and citizenship in contemporary South Africa* (Cape Town: HSRC Press, 2008). Os autores rejeitam as abordagens entre aqueles que dizem que a ação afirmativa é discriminação às avessas e os negros, que pedem a reparação. Discute a identidade nacional e defende a ideia de nações serem como unidades políticas e geográficas com as quais constroem uma cultura imaginada. Essa concepção de nação dá lugar à constante reinvenção do que seja a própria nação. O texto analisa os ganhos políticos de reparação na África do Sul, em especial no mercado de trabalho e nas empresas. Ao avaliar as possibilidades de reparação baseadas na raça ou na classe, propõe uma alternativa com base na classe incorporando a questão racial.

O capítulo de Graziella Moraes Silva, "Ações afirmativas, raça, classe e identidade nacional no Brasil e na África do Sul", faz referência ao estudo de Adam Habib e traça observações para diferenciar Brasil e África do Sul. Ao ressaltar que toda comparação precisa resguardar as especificidades dos contextos comparados, Graziella traça uma comparação em torno da identidade nacional nos dois países para mostrar como é central a questão da diversidade nos programas de ação afirmativa nas universidades das duas nações com todas as implicações simbólicas.

A última parte, O caso francês, inicia-se com o capítulo de Daniel Sabbagh, "A ação afirmativa *color-blind*", que mostra como a categoria "raça" é desqualificada na França contemporânea, e o conceito de diversidade é usado até mesmo por grupos que demandam políticas antidiscriminatórias. Daniel enfatiza que o programa de ação afirmativa francês é baseado no *lugar*, e não na raça ou etnia. Mostra também como as recentes decisões americanas de abolir ações afirmativas baseadas na raça se aproximam cada vez mais do sistema francês de negação da cor.

Jean-François Véran, em "Uma pragmática das ações afirmativas na França e nos Estados Unidos", compara a questão das ações afirmativas nos dois países mostrando a confluência contemporânea neles presente devido ao forte aumento da imigração nos últimos trinta anos. Assim, se a AA foi pensada nos EUA para a população negra nos anos 1960, hoje o grupo de "latinos" (ainda que os próprios recusem tal classificação, segundo o autor) situa a questão da diversidade como a chave para contemplar os grupos que não detêm o potencial para o princípio da igualdade de oportunidades. O mesmo ocorreu na França com o forte aumento da imigração, tanto de grupos dos africanos do Norte quanto de outras ex-colônias francesas. Essa confluência, apesar das distintas formas de classificação censitária, mostra o autor, tem levado à tendência de política cega à cor (*color-blindness*), ou seja, a recusa em considerar o componente étnico-racial como fator para políticas públicas.

Maria Alice Rezende Gonçalves, em "Os caminhos para a diversidade no ensino superior", discute as mudanças no ensino superior na última década e ressalta o modelo híbrido adotado no Brasil, quando comparado com o modelo americano, que combina as categorias étnico-raciais, com o modelo francês, que recusa essas categorias. Ressalta, por um lado, que são muitos os caminhos adotados pelas instituições brasileiras de ensino superior, mas que refletem a complexidade de um país conhecido por sua miscigenação. Por outro lado, argumenta a autora, os programas de ações afirmativas podem fortalecer as identidades raciais.

Marcelo Henrique Romano Tragtenberg, em "Diagnósticos sobre ações afirmativas: Brasil, África do Sul, França e Estados Unidos", sintetiza as análises e os estudos de caso apresentados neste livro, além de fazer uma consideração final sobre dois pontos onipresentes em toda a obra: a relação entre diversidade e "raça", e classe *versus* ação afirmativa.

Como pano de fundo de todas as análises, está o dilema dos projetos republicanos tradicionais da França e dos Estados Unidos e dos projetos nacionais com a redemocratização do Brasil e da África do Sul, nos quais as desigualdades raciais se apresentam como uma das principais questões sociais. Em comum nos quatro países, a ideia da diversidade se apresenta como predominante na formulação de políticas públicas em detrimento de políticas focalizadas na raça. Quando comparadas as políticas pensadas e adotadas nos quatro países, pode-se perceber a enorme complexidade que tais políticas trazem à tona, seja no que se refere ao atendimento aos grupos historicamente subalternizados por racismo explícito (Estados Unidos e África do Sul), seja no que concerne ao debate da "raça" em um país com forte miscigenação (Brasil), ou ainda em relação às novas questões contemporâneas da migração em massa recente (França e Estados Unidos), que põem em xeque o ideal republicano de suas histórias.

As ações afirmativas mexem com estruturas profundas de cada sociedade analisada neste livro. Levantam a questão basilar subjacente a seus princípios: a busca por maior equidade social na esfera pública.

PARTE I

ESFERAS E PARADIGMAS BRASILEIROS

CAPÍTULO 1

DENTRO DA LEI: AS POLÍTICAS DE AÇÃO AFIRMATIVA NAS UNIVERSIDADES

ELIELMA AYRES MACHADO
Professora adjunta do Departamento de Ciências Sociais e Educação da Faculdade de Educação da Uerj, trabalhou como pesquisadora do Nirema até 2012. Sua atuação resultou em publicações sobre discriminação racial, ação afirmativa.

Introdução

Em abril de 2012, o Supremo Tribunal Federal (STF) considerou constitucional o Plano de metas para seleção de estudantes negros da Universidade de Brasília (UnB). Por unanimidade, os ministros julgaram improcedente a Arguição de Descumprimento de Preceito Fundamental (ADPF) 186, ajuizada no STF pelo Partido Democratas (DEM). Os ministros do STF seguiram o voto do relator do caso, ministro Ricardo Lewandowski. Por ocasião do julgamento, o relator afirmou: "As políticas de ação afirmativa adotadas pela UnB estabelecem um ambiente acadêmico plural e diversificado e têm o objetivo de superar distorções sociais historicamente consolidadas". E, ainda, segundo ele, os meios empregados e os fins perseguidos pela UnB são marcados pela proporcionalidade e razoabilidade, e as políticas são transitórias, com a revisão periódica de seus resultados. Para o enceramento do julgamento, o presidente do STF, ministro Ayres Britto, à época, afirmou que a Constituição legitimou todas as políticas públicas para promover os setores sociais histórico e culturalmente discriminados: "São políticas afirmativas do direito de todos os seres humanos a um tratamento igualitário e respeitoso. É assim que se constrói uma nação".[1]

Em agosto de 2012, a presidente Dilma Rousseff sancionou a Lei 12.711, que dispõe sobre o ingresso nas universidades federais e instituições federais de ensino técnico de nível médio. Entre seus artigos, a lei estabeleceu:

> Art. 10 As instituições federais de educação superior vinculadas ao Ministério da Educação reservarão, em cada concurso seletivo para ingresso nos cursos de graduação, por curso e turno, no mínimo 50% de suas vagas para estudantes que tenham cursado integralmente o ensino médio em escolas públicas. Parágrafo único. No preenchimento das vagas de que trata o caput deste artigo, 50% deverão ser reservados aos estudantes oriundos de famílias com renda igual ou inferior a 1,5 salário mínimo (um salário mínimo e meio) per capita. Art. 20 (VETADO). Art. 30 Em cada instituição federal de ensino superior, as vagas de que trata o art. 10 desta Lei

---

1. Disponível em: <www.planalto.gov.br/ccivil_03/_Ato2011-2014/2012/Lei/L12711.htm. Acesso em: abr. 2013.

> serão preenchidas, por curso e turno, por autodeclarados pretos, pardos e indígenas, em proporção no mínimo igual à de pretos, pardos e indígenas na população da unidade da Federação onde está instalada a instituição, segundo o último censo do Instituto Brasileiro de Geografia e Estatística (IBGE).[2]

As medidas anteriormente mencionadas fazem parte da mudança que está em curso na sociedade brasileira nas últimas décadas. O processo de adoção de políticas de ações afirmativas no Brasil deve ser descrito e analisado, posto que a legislação em vigor, bem como as medidas adotadas pelas universidades, fazem parte da história recente relativa à mudança do Estado e da sociedade brasileira contemporânea.

A partir do exposto, o texto procura mostrar como os termos da Lei 12.711/2012 têm semelhança, em conteúdo e forma, com as políticas de ações afirmativas das universidades estaduais e federais, primeiras a adotar tais políticas, e foram objeto da pesquisa do "Acompanhamento e monitoramento das políticas de ação afirmativa nas universidades brasileiras". O texto também tem por objetivo documentar como as universidades públicas brasileiras adotaram políticas de ações afirmativas e, ainda, como os estudantes percebem tais políticas.

Pesquisa Acompanhamento e monitoramento das políticas de ação afirmativa nas universidades brasileiras

No período entre 2007 e 2012, foi desenvolvido o projeto de pesquisa Acompanhamento e monitoramento das políticas de ação afirmativa nas universidades brasileiras, financiado pela Finep. Teve como sede o Nirema da PUC-Rio e contou com a participação de uma equipe de pesquisadores que, em diferentes momentos, contribuiu para a identificação, catalogação, digitalização, elaboração de texto e organização de livros.[3] A pesquisa foi desenvolvida em duas fases distintas, seguindo

---

2. Disponível em: <http://www.planalto.gov.br/ccivil_03/_Ato2011-2014/2012/Lei/L12711.htm>. Acesso em: abr. 2013.

3. Em julho de 2012, a equipe era formada por Angela Rodolpho Paiva (coordenadora-geral), Elielma Ayres Machado (coordenação de campo), Fernando Pinheiro, Lady Christina Almeida e Tahis Martins (pesquisadores). Desde o início, a pesquisa tem apoio da Finep e do CNPq, fruto do trabalho em equipe, mas, ainda assim, assumo a autoria e consequentemente a responsabilidade sobre o texto.

os mesmos procedimentos. Para a primeira fase da pesquisa, ver Paiva (2010).

A divisão em duas fases está relacionada aos recursos disponíveis e ao número de universidades pesquisadas. Assim, foi possível organizar os seguintes produtos:

1) acervo digitalizado e impresso com duzentos editais dos concursos vestibulares de 71 universidades com ação afirmativa (estaduais e federais);

2) 57 entrevistas (gravadas, transcritas e analisadas), com gestores e professores da Universidade Estadual do Norte Fluminense (Uenf), Universidade do Estado do Rio de Janeiro (Uerj), Universidade Estadual de Ponta Grossa (UEPG), Universidade Federal do Paraná (UFPR), Universidade Federal da Bahia (UFBA), Universidade Estadual da Bahia (Ueba), Universidade Federal de Brasília (UnB), Universidade Estadual de Campinas (Unicamp), Universidade de São Paulo (USP) e Universidade Federal do Pará (UFPA) na primeira fase. Na segunda etapa, foram visitadas a Universidade Federal do Maranhão (UFMA), Universidade Federal de Alagoas (Ufal), Universidade Federal de Minas Gerais (UFMG), Universidade Federal de Sergipe (UFS), Universidade Federal Fluminense (UFF), Universidade Federal de Santa Catarina (UFSC), Universidade Federal do Rio Grande do Sul (UFRGS), Universidade Federal de Juiz de Fora (UFJF), Universidade Estadual do Mato Grosso do Sul (Uems) e Universidade Federal de São Carlos (UFSCar);

3) Acervo contendo novecentos artigos, notícias e notas de jornais e revistas sobre ação afirmativa veiculadas nos meios de comunicação de expressão nacional e internacional;

4) Acervo com mapas, quadro e gráficos contendo dados relativos aos tipos de ação afirmativa, ano de implantação, autoria da lei, tipos de público-alvo, formas de aferição do público-alvo e quantitativo do público-alvo, por universidade;

5) Banco de dados com 5.729 questionários digitalizados. O instrumento básico de coleta de dados foi um questionário organizado com oitenta perguntas divididas em cinco partes: a) identificação pessoal; b)

família e residência; c) renda familiar; d) educação de pais e parentes; e) conhecimento e percepção das políticas de ações afirmativas.

A pesquisa teve como principais objetivos: identificar os tipos de políticas de ação afirmativa para acesso às universidades estaduais e federais do Brasil; acompanhar a implantação das políticas de 2007 até 2012; verificar a elaboração dos mecanismos de verificação dos indivíduos e grupos que têm direito à reserva de vagas para autodeclarados pretos, pardos, indígenas, afrodescendentes, estudantes de escolas públicas, entre outros segmentos reconhecidos pelas políticas de ação afirmativa que vêm sendo adotadas nas universidades brasileiras.

O procedimento inicialmente adotado para a pesquisa consistiu no levantamento e leitura dos editais e manuais das universidades. Para organizar as informações e os dados coletados, foi feita a catalogação dos editais e manuais, possibilitando, assim, a tabulação de dados e a identificação das políticas relacionadas às universidades estaduais e federais. Em 2013, é possível afirmar que todas as universidades federais têm políticas de ações afirmativas e apenas quatro universidades estaduais não dispõem delas: Universidade Federal de Ciências da Saúde de Porto Alegre (UFCSPA), Universidade Estadual do Ceará (UECE), Universidade Regional do Cariri (Urca) e Universidade do Estado do Pará (Uepa).

Neste capítulo, são informados os dados relativos aos editais, aos questionários e outras informações coletadas no decorrer do desenvolvimento da pesquisa. Como será possível mostrar, há semelhanças entre a Lei 12.711/2012 com as políticas de ações afirmativas em vigor adotadas pelas universidades pesquisadas. Além disso, vale lembrar que muitos estudantes não identificam as políticas de ações afirmativas como direito assegurado por lei.

A seguir, destaque para os itens que compõem os critérios das políticas de ações afirmativas em cursos de universidades estaduais e federais no período anterior à vigência da Lei 12.711/2012, com o objetivo de comparar o que estava em curso com a lei atual. Em seguida, o leitor terá acesso a dados e informações sobre como os estudantes percebem as políticas de ações afirmativas.

Características das políticas de ações afirmativas

Desde o início da pesquisa, foi possível identificar a diversidade de políticas de ações afirmativas,[4] além dos segmentos da população a terem direitos a tais políticas, como pode ser observado na tabela 1.

Tabela 1: Universidade e políticas de ações afirmativas

ESTADUAIS POR DECISÃO INTERNA							
Universidade	Escola pública	Autodeclarados pretos e pardos	Indígena	Pessoas com deficiência	Renda	Quilombola	Interior do estado
Udesc	1	1	1	1			
Uesb	2		1			1	
UEFS	2	3					
Uesc	2					3	
Unicamp	2						
Uneb	2				2		
Unemat	2						2
Uncisal	2						
Uespi	2						
UERGS			1	1			
UPE	1						2
USP	1						
UEPB	1						
UVA							
TOTAIS 14	12	9	3	2	1	3	2
1 - Não dependente de condicionantes							
2 - Condicionante							
3 - Subordinado ao 2							

A tabela 1 contém informações relativas aos segmentos da população que têm direito às políticas de ações afirmativas nos termos utilizados nos editais e manuais de candidatos ao vestibular das universidades. Como indicado na tabela, há três formas mais recorrentes na adoção de políticas de ações afirmativas: por lei proposta pelo legislativo para as universidades estaduais; por lei e resolução das universidades; por

4. Há outras formas de políticas de ação afirmativa: acréscimo de notas, vagas ou de pontos. Ver Machado e Silva (apud Paiva, 2010).

resolução interna. Entre os segmentos da população, as universidades estabeleceram que estudantes de escolas públicas, autodeclarados pretos, pardos, pessoas com deficiência, quilombolas, moradores do interior do Estado e outros indivíduos e grupos têm direito assegurado a políticas de ações afirmativas. No entanto, para concorrer a tais políticas, os candidatos devem estar dentro do recorte socioeconômico. Assim, para compreensão da tabela 1, cabe mencionar como o critério socioeconômico ou origem escolar funcionam como condicionantes para assegurar a concorrência às políticas de ações afirmativas, principalmente para os candidatos autodeclarados pretos e pardos.

Comparando com a Lei 12.711/2012, no que se refere ao art. 2º, a lei tem como condicionante o recorte socioeconômico. Para concorrer às políticas de ações afirmativas, os candidatos devem comprovar renda inferior ou igual a 1,5 salário mínimo (um salário mínimo e meio) *per capita*. Ou seja, metade das vagas das políticas de ações afirmativas do total de vagas oferecidas no processo seletivo da instituição será necessariamente para estudantes com comprovada faixa de renda e a outra metade pode não ser, já que não estará vinculada a um corte econômico objetivo.

A considerar que, em 2013, o salário mínimo corresponde a 678 reais, para concorrer às políticas de ações afirmativas, os candidatos deveriam comprovar renda de até aproximadamente 1.017 reais *per capita*. O valor anteriormente mencionado corresponde, com exatidão, ao estabelecido por lei para a Uerj. Em dezembro de 2008, a Alerj decretou e sancionou a Lei 5.346/08, em que o art. 1º estabelece: "Fica instituído, por dez anos, o sistema de cotas para ingresso nas universidades estaduais, adotado com a finalidade de assegurar seleção e classificação final nos exames vestibulares aos seguintes estudantes, desde que carentes (1,5 salário mínimo *per capita*). À época em que a lei foi sancionada, o corte socioeconômico estabelecido pela Uerj correspondia a 960 reais mensais *per capita*. Em 2013, o candidato deve comprovar rendimentos de até 1.017 reais *per capita* para manter-se dentro do recorte.

O percentual de vagas reservadas

Outro aspecto a ser destacado se refere ao percentual de vagas reservadas. De acordo com a Lei 12.711/2012, as universidades federais devem reservar 50% da totalidade das vagas disponíveis por ano. É o mesmo percentual de

50% definidos, por lei, para estudantes de escolas públicas para as universidades estaduais fluminenses. A Alerj aprovou a Lei 324/2000, que introduziu modificações nos critérios de acesso às universidades estaduais fluminenses. A lei reservou 50% de vagas para estudantes de escolas públicas nas universidades estaduais fluminenses.[5]

O livro organizado por Santos (2012) tem como principal objetivo apresentar e analisar experiências da adoção de políticas de ação afirmativas em 11 universidades públicas brasileiras. Nele, foi possível identificar como a experiência da Uerj se tornou referência para universidades estaduais e federais. A considerar as narrativas, os autores dos artigos têm a Uerj, Uneb e UnB como referência positiva no que se refere ao pioneirismo da implantação das leis de políticas de ações afirmativas.[6] Deve-se observar que outras experiências são igualmente lembradas, como a UFBA e Unicamp.

A importância da Uerj, Uneb e UnB como referência para as universidades estaduais e federais que adotaram as políticas de ações afirmativas havia sido indicada anteriormente por Angela Randolpho Paiva e Lady Christina de Almeida. Ao analisar as entrevistas com gestores de dez universidades com políticas de ações afirmativas, as autoras identificaram para os gestores a experiência e, sobretudo, o conhecimento adquirido em decorrência do "processo em curso, com um questionamento profundo acerca do papel social da universidade pública brasileira, que certamente trará mudanças de impacto na educação superior do país para a formação das futuras elites" (Paiva e Almeida, 2010, p. 114).

A UnB é frequentemente citada por ter sido a primeira universidade federal a adotar políticas de açoes afirmativas por meio do Plano de Metas para

5. As universidades estaduais fluminenses, à época, eram a Uerj e Uenf, sendo que a Uerj organizava o vestibular para as duas universidades. Em 2013, fazem parte do vestibular estadual as seguintes instituições: Uerj; Centro Universitário Estadual da Zona Oeste (Uezo); Academia de Bombeiro Militar D. Pedro II, do Corpo de Bombeiros Militar do Estado do Rio de Janeiro (ABM D. Pedro II/CBMERJ). A Uerj planeja, coordena e executa todo o processo de ingresso nos cursos de graduação da Uerj e do Uezo e a parte acadêmica do acesso ao Curso de Formação de Oficiais da ABM D. Pedro II/CBMERJ. Tanto o processo seletivo para a Uerj e o Uezo quanto a parte acadêmica do acesso à ABM D. Pedro II/CBMERJ são constituídos de duas fases distintas e obrigatórias: Exame de Qualificação e Exame Discursivo. Disponível em: <www.vestibular.uerj.br/portal_vestibular_uerj>. Acesso em: abr. 2013.

6. Antônio Sérgio Guimarães, consultor externo da nossa pesquisa, afirma que as primeiras universidades a aderirem a políticas de ações afirmativas, tais como Uerj, Uneb e UnB, foram referências na construção das políticas de ações afirmativas para outras universidades públicas que aderiam à reserva de vagas para estudantes de escolas públicas, autodeclarados pretos, pardos e indígenas, por exemplo.

Integração Social, Étnica e Racial, em 2004. O Plano de Metas, adotado pela UnB, teve como base a Síntese dos Indicadores Sociais (IBGE, 2002), que comprovam que apenas 4,4% dos estudantes universitários brasileiros eram autodeclarados pretos e pardos. Os três pontos básicos do plano eram:

1) o acesso de negros e indígenas, via política de ação afirmativa;

2) a permanência do estudante que ingressa, via política de ação afirmativa;

3) o programa de apoio ao ensino público do Distrito Federal.

A partir do Plano de Metas, a UnB reservou 20% das vagas para estudantes negros (pretos e pardos). Ao se inscrever, o candidato declarava se era preto ou pardo, mas pela análise de uma foto, a Comissão de Implantação do Plano de Metas de Integração Social, Étnica e Racial da UnB emitia parecer final homologando a autodeclaração.[7]

A comissão foi alvo de questionamentos, posto que o Estado brasileiro é signatário dos tratados internacionais que normatizam a autodeclaração de cor.[8] A comissão cedeu lugar para a Comissão Permanente de Acompanhamento de Ingressos Especiais (CPAIE), que acompanha estudantes indígenas, negros, de camadas populares e do campo, estrangeiros, pessoas com deficiência, além de oriundos de outras unidades da Federação e de outros países.

---

7. A UnB foi a primeira universidade federal a adotar políticas de ações afirmativas, com reserva de vagas para estudantes pretos ou pardos (negros). O projeto começou a ser discutido ainda em 1999, motivado por um caso encarado como discriminação de um estudante negro na pós-graduação em antropologia. O professor José Jorge de Carvalho era, na época, orientador do aluno e elaborou o Plano para Integração Social, Étnica e Racial. Em 1999, José Jorge de Carvalho classificou a reprovação como discriminatória. E a partir do ocorrido, resolveu colocar a proposta do Plano de Metas como uma forma de dar uma resposta política à reprovação do estudante de doutorado. Segundo Carvalho, o estudante foi o primeiro aluno negro a ingressar no doutorado de antropologia em vinte anos e foi reprovado logo no primeiro semestre. O professor afirmou ainda que, em vinte anos, ninguém havia sido reprovado no curso de doutorado de antropologia da UnB. O caso – que ficou conhecido como Caso Ari, em referência ao nome do aluno – motivou o início das discussões sobre políticas de ações afirmativas na UnB. Após a aprovação do Plano de Metas, a universidade ocupou os principais veículos de comunicação por conta do caso dos irmãos Alex e Alan Teixeira da Cunha, de 18 anos, filhos de pai negro e de mãe branca. Os gêmeos univitelinos optaram por concorrer às vagas reservadas no vestibular da UnB. Alan foi aceito pelos critérios da universidade, já Alex, não. Como a seleção de alunos, para as vagas reservadas, era feita com base na foto do candidato, mediante avaliação da foto pela comissão interna do Centro de Seleção e de Promoção de Eventos (Cespe/UnB), responsável pela aplicação da prova, os irmãos tiveram avaliação diferenciada. O caso motivou a revisão dos critérios de reserva de vagas da UnB. Ainda assim, o Plano de Metas se mantém e influenciou outras universidades e até mesmo a lei federal, por utilizar a representatividade da população, segundo a cor, de acordo com os dados do IBGE.

8. Declaração e Programa de ação adotados na III Conferência Mundial de Combate ao Racismo, Discriminação Racial, Xenofobia e Intolerância Correlata, realizada entre 31 de agosto e 8 de setembro de 2001, em Durban, África do Sul.

Ainda assim, é importante notar como a UnB utilizou dados do IBGE para a elaboração do Plano de Metas, como ocorre com a lei federal. Nesse sentido, a UnB influenciou a legislação em vigor. Entre as universidades estaduais, além da Uerj, duas se destacam: a Uneb, que em 2003 realizou o primeiro vestibular com políticas de ações afirmativas, e a Unicamp, que é mencionada como modelo alternativo à reserva de vagas, posto que a universidade adotou acréscimo de notas e bônus.

Cabe ressaltar como e quando as universidades adotaram as políticas de ações afirmativas, o que pode ser observado no gráfico a seguir.

Gráfico 1: Dinâmica das políticas de ações afirmativas nas universidades públicas

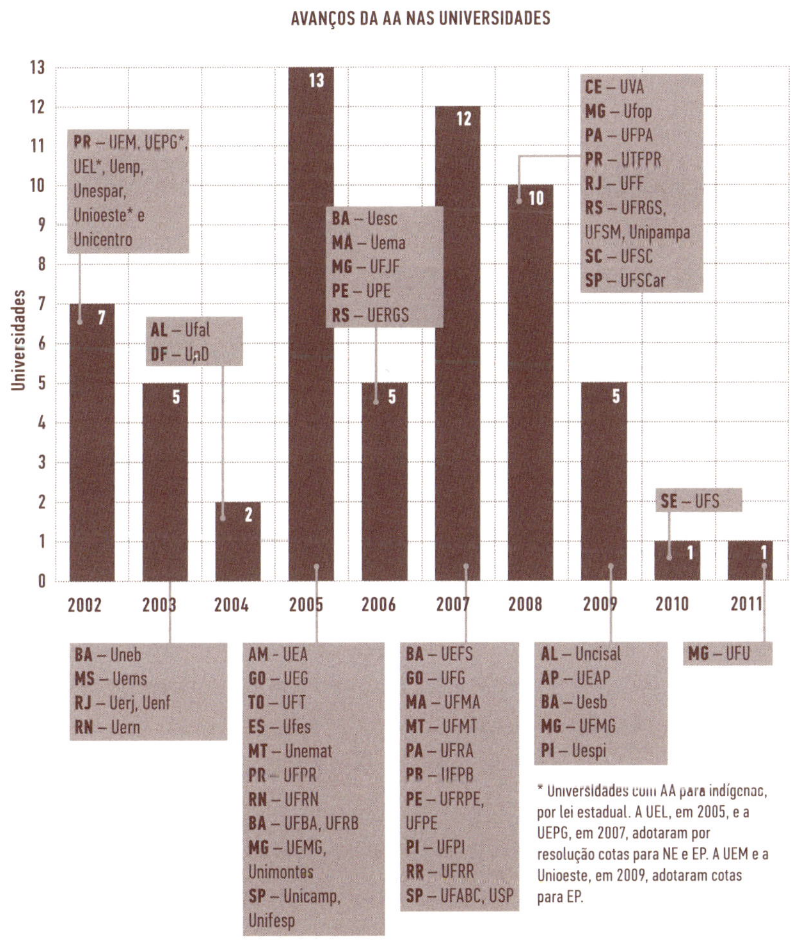

A partir do gráfico 1, é importante destacar como as políticas de ações afirmativas incialmente foram adotadas pelas universidades estaduais e somente após a UnB e a Ufal terem políticas de ações afirmativas houve a adesão de universidades federais. Outro dado significativo diz respeito às formas de aferição e legitimação dos indivíduos e grupos com direito a políticas de ações afirmativas.

Indivíduos e grupos que têm direito às políticas de ações afirmativas

A partir da tabela 2, podemos identificar e verificar como as universidades nomearam e criaram comissões, exigiram documentos, recorreram a outros órgãos e instituições para o reconhecimento e legitimidade a partir de documentos, para assegurar o direito a indivíduos e grupos candidatos às políticas.

Tabela 2: Formas de aferição

ESTADUAIS POR LEI E RESOLUÇÃO							
Universidade	Escola pública	Autodeclarados pretos e pardos	Indígena	Pessoas com deficiência	Renda	Quilombola	Interior do estado
Unioeste	1		1				
UEL	2	3	1				
UEPG	2	3	1				
UEM	3		1		2		
TOTAIS 4	3	2	4		1		
1 - Não dependente de condicionantes							
2 - Condicionante							
3 - Subordinado ao 2							

Na última década, a partir da atuação de movimentos sociais políticas educacionais e de ações afirmativas, aumentou o número de estudantes "pretos e pardos", bem como de camadas populares,[9] ainda que o aumento não seja linear e tenha pouco impacto nos cursos de alta demanda.

9. No que se refere aos grupos do movimento social, destacam-se o Pré-Vestibular para Negros e Carentes (PVNC) e a Educafro. A concepção de um pré-vestibular destinado a estudantes negros foi determinada entre 1989 e 1992 pela Pastoral do Negro, em São Paulo. No ano seguinte, nasceu, na Baixada Fluminense, o PVNC. O cursinho foi estimulado pela concessão de bolsas de estudos para estudantes participantes de Movimentos Negros e Populares pela PUC-SP e a criação de pré-vesti-

Gráfico 2: Matrículas por ano em instituições de ensino superior[10]

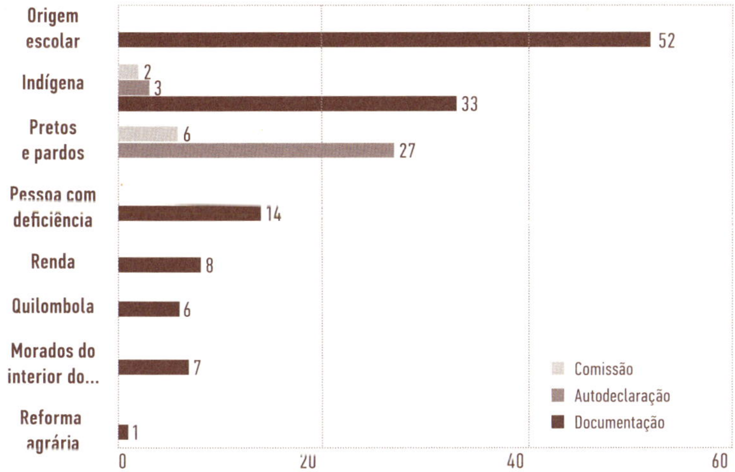

A partir da pesquisa realizada, podemos identificar como as desigualdades de escolarização entre brancos e negros (pretos e pardos) no ensino superior estão diminuindo lentamente. Nesse sentido, as políticas de ações afirmativas em curso nas universidades públicas vêm contribuindo para o aumento relativo do quantitativo de estudantes autodeclarados negros (pretos e pardos).

Como se pode notar na tabela relacionada a seguir, na região Nordeste, a UFBA tem 24,1%, a UFMA tem 23,7%, e a Uneb, 23,3% em con-

bulares, na Bahia (Cooperativa Stive Biko) e no Rio de Janeiro (Curso Pré-Vestibular da Associação dos Funcionários da UFRJ, ASSUFRJ, atual SINTUFRJ), com o objetivo de apoiar negros e trabalhadores a entrar na universidade. O primeiro objetivo do cursinho, organizado inicialmente por David Raimundo dos Santos, Antônio Dourado, Luciano de Santana Dias e Alexandre do Nascimento, foi a preparação de estudantes para o vestibular da PUC-SP e das universidades públicas do Rio de Janeiro. Os coordenadores contrataram os professores e ofereceram duzentas vagas na Igreja da Matriz de São João de Meriti. A primeira turma do PVNC terminou o período letivo com cinquenta alunos. A partir daí, outros grupos organizaram novos núcleos de Curso Pré-Vestibular para Negros e Carentes. Hoje, o PVNC oferece cursos preparatórios para vestibular e Exame Nacional do Ensino Médio (Enem) em 21 núcleos distribuídos em Duque de Caxias, Magé, Nova Iguaçu, Petrópolis e Rio de Janeiro. Fonte: www.pvnc.com.br. Acesso em: 10 maio 2013.

10. O gráfico contém informações relativas a todas as instituições de ensino superior. O número total de matriculados por ano envolve estudantes de universidades públicas, particulares, institutos e faculdades isoladas e instituições federais de ensino. Dessa forma, há outras políticas educacionais destinadas ao ensino superior, como o Programa Universidade Para Todos (ProUni), Programa de Financiamento Estudantil (Fies), Programa de Apoio a Planos de Reestruturação e Expansão das Universidades Federais (Reuni) e o Sistema de Seleção Unificada (Sisu). Disponível em: <www.mec.gov.br>. Acesso em: 10 maio 2013.

traposição à Ufal, na mesma região, com apenas 6,6% de estudantes que se autodeclaram pretos, ficando abaixo da representação da cor/raça em Alagoas. Ainda na região Nordeste, com a UFBA, Uneb e Ufal e na região Centro-Oeste, com a UnB e Uems, há mais estudantes indígenas que nas demais universidades pesquisadas.

Como se pode notar, no Rio de Janeiro, a Uerj com 16,7%, a UFF com 9,3% e a Uenf com 7,1% são três universidades com mais estudantes autodeclarados pretos do que as demais pesquisadas na região Sudeste.

Na região Norte, a UFPA tem 54,5% de estudantes autodeclarados pardos, número superior à representação de pardos na população do país. Cabe ainda ressaltar como as universidades da região Sul têm mais do dobro de estudantes autodeclarados brancos que as regiões Norte e Nordeste.

Tabela 3: Universidades e classificação de cor/raça

ESTADUAIS POR LEI							
Universidade	Escola pública	Autodeclarados pretos e pardos	Indígena	Pessoas com deficiência	Renda	Quilombola	Interior do estado
Uern	1						
Ufal	1						
Unicentro			1				
Unespar			1				
UEPR			1				
UEP			1				
Uenp			1				
UEA	3		3				2
Uems		1	1				
UEG	1	1	1	1			
Uenf	3	3	3	3	2		
Uerj	3	3	3	3	2		
UEMG	3	3	1	1	2		
Unimontes	3	3	1	1	2		
TOTAIS 14	8	6	12	5	4		1
1 - Não dependente de condicionantes							
2 - Condicionante							
3 - Subordinado ao 2							

Apesar do aumento de estudantes autodeclarados pretos, pardos e indígenas no ensino superior, como se pode notar na tabela anterior, ainda há diferença significativa entre as universidades, bem como entre as unidades da federação dentro da mesma região e, principalmente, entre os cursos. É o que se observa na tabela a seguir.

Tabela 4: Cursos por categoria de cor/raça

ESTADUAIS POR LEI							
Universidade	Escola pública	Autodeclarados pretos e pardos	Indígena	Pessoas com deficiência	Renda	Quilombola	Interior do estado
UFPR	1			1			
UFSM		1					
UnB							3
UFMA	2	3	1	1			
UFSC							
UFG						1	
UFRGS							
Unipampa			3				
UFS				1			
UFPB				3			
UFSCar							
UFBA							
UFRB							
UFABC							
UFSJ							
Unifesp							
Ufal							3
UFJF							
UFMG							
UFPA							
UFPE							3
UFRPE					2		
Ufes	3						
UFRA							
Ufop							
UTFPR							
UFPI							
UFF	1						
UFRRJ							
UFU							
UFRN							
UFRJ							

UFT							
UFMT			1				
UFRR							
TOTAIS 40	34	21	21	7	0	2	4
1 - Não dependente de condicionantes							
2 - Condicionante							
3 - Subordinado ao 2							

Como se nota na tabela anterior, parte significativa dos estudantes autodeclarados pretos e pardos se encontra matriculada em determinados cursos, como os cursos de formação de professores, nutrição e ciências contábeis, enquanto em outros, como economia, medicina e odontologia, os estudantes autodeclarados pretos, pardos e indígenas são poucos.

A adoção de políticas de ação afirmativa na educação brasileira já leva uma década e está contribuindo para a democratização do acesso ao ensino superior. No entanto, é curioso como mesmo entre os estudantes das universidades com algum tipo de políticas de ações afirmativas, ainda não há pleno reconhecimento dessa prática. Quando fomos a campo, esse desconhecimento ficou claro, como se pode observar na tabela a seguir.

Tabela 5: Conhecimento sobre políticas de ações afirmativas

Universidade	Amarela/ oriental	Branca	Indígena	Parda	Preta	nr	Total
Uems	5,9%	51,2%	3,0%	25,1%	14,3%	0,5%	100,0%
Uenf	2,0%	55,1%	0,0%	35,7%	7,1%	0,0%	100,0%
UEPG	2,6%	78,9%	0,4%	14,7%	2,3%	1,1%	100,0%
Uerj	1,6%	51,8%	0,4%	29,2%	16,7%	0,4%	100,0%
Ufal	5,5%	34,6%	1,4%	49,8%	6,6%	2,1%	100,0%
UFBA	0,0%	18,5%	2,5%	51,9%	24,1%	3,1%	100,0%
UFF	1,9%	60,6%	0,5%	26,9%	9,3%	0,9%	100,0%
UFJF	1,2%	69,0%	0,4%	18,4%	9,4%	1,6%	100,0%
UFMA	4,0%	33,8%	0,0%	38,1%	23,7%	0,4%	100,0%
UFMG	1,9%	55,6%	0,4%	32,2%	8,4%	1,6%	100,0%

UFPA	2,3%	30,3%	1,0%	54,5%	9,4%	2,6%	100,0%
UFPR	3,5%	77,6%	0,5%	14,5%	3,3%	0,7%	100,0%
UFRGS	0,0%	81,7%	0,8%	5,6%	11,1%	0,8%	100,0%
UFSC	2,9%	84,7%	0,7%	6,2%	5,0%	0,5%	100,0%
UFSCar	4,5%	71,3%	1,5%	17,5%	4,9%	0,4%	100,0%
UnB	2,8%	51,8%	2,4%	36,0%	5,9%	1,2%	100,0%
Uneb	0,0%	20,3%	0,4%	54,7%	23,3%	1,3%	100,0%
Unicamp	8,8%	74,6%	0,4%	11,9%	1,9%	2,3%	100,0%
USP	14,6%	69,8%	0,3%	11,8%	2,1%	1,4%	100,0%

Se o termo "políticas de ações afirmativas" ainda é de conhecimento restrito, "cota" é uma referência constante e adquire significado que vai além de um tipo de políticas de ações afirmativas. Para muitos estudantes, "cota" se torna sinônimo de própria política, como cabe observar na próxima tabela.

Tabela 6: Conhecimento sobre cotas

Curso	Amarela/ oriental	Branca	Indígena	Parda	Preta	nr	Total
Administração	5,0%	54,0%	1,2%	31,7%	7,5%	0,6%	100,0%
Agronomia	0,0%	57,9%	0,0%	31,6%	10,5%	0,0%	100,0%
Arquitetura	5,9%	80,9%	0,7%	9,2%	2,0%	1,3%	100,0%
Arquivologia	2,1%	50,0%	2,1%	18,8%	27,1%	0,0%	100,0%
Artes Visuais	0,0%	38,0%	0,0%	41,3%	17,4%	3,3%	100,0%
Biblioteconomia	0,6%	64,5%	0,6%	21,9%	12,3%	0,0%	100,0%
Biologia	1,2%	54,9%	0,0%	30,5%	12,2%	1,2%	100,0%
Ciência da Computação	6,5%	44,1%	0,0%	38,7%	9,7%	1,1%	100,0%
Ciências Biológicas	3,8%	46,2%	0,0%	30,8%	19,2%	0,0%	100,0%
Ciências Contábeis	0,0%	4,2%	0,0%	62,5%	33,3%	0,0%	100,0%
Ciências Sociais	1,3%	61,8%	1,3%	17,1%	17,1%	1,3%	100,0%
Comunicação Social	3,0%	64,2%	0,0%	21,7%	10,4%	0,7%	100,0%
Dança	3,7%	33,3%	3,7%	51,9%	3,7%	3,7%	100,0%
Desenho Industrial	6,3%	56,3%	0,0%	31,3%	6,3%	0,0%	100,0%
Design	35,6%	35,6%	0,0%	24,4%	4,4%	0,0%	100,0%
Direito	2,8%	56,9%	0,4%	26,8%	11,9%	1,2%	100,0%
Economia	2,5%	77,5%	0,0%	12,5%	7,5%	0,0%	100,0%

Educação Física	0,0%	46,7%	0,0%	46,7%	6,7%	0,0%	100,0%
Enfermagem	1,6%	33,3%	0,0%	53,7%	10,6%	0,8%	100,0%
Engenharia	3,8%	66,0%	0,6%	22,2%	7,1%	0,3%	100,0%
Estatística	2,1%	53,2%	2,1%	36,2%	4,3%	2,1%	100,0%
Farmácia	9,7%	48,6%	0,0%	31,9%	8,3%	1,4%	100,0%
Filosofia	5,4%	62,5%	0,0%	19,6%	7,1%	5,4%	100,0%
Física	2,0%	67,8%	1,6%	20,4%	7,3%	0,8%	100,0%
Fisioterapia	0,0%	26,3%	0,0%	52,6%	21,1%	0,0%	100,0%
Geofísica	0,0%	22,7%	0,0%	50,0%	13,6%	13,6%	100,0%
Geografia	4,3%	19,1%	2,1%	53,2%	12,8%	8,5%	100,0%
Geologia	5,0%	65,0%	0,0%	25,0%	5,0%	0,0%	100,0%
Letras	0,8%	52,3%	1,8%	33,2%	10,3%	1,8%	100,0%
Matemática	2,7%	64,3%	0,3%	22,9%	8,8%	1,0%	100,0%
Medicina	4,4%	66,8%	0,7%	23,7%	3,3%	1,0%	100,0%
Medicina Veterinária	10,0%	30,0%	0,0%	50,0%	10,0%	0,0%	100,0%
Museologia	0,0%	50,0%	0,0%	31,3%	18,8%	0,0%	100,0%
Música	1,4%	63,0%	2,7%	23,3%	9,6%	0,0%	100,0%
Nutrição	0,0%	23,3%	3,3%	50,0%	20,0%	3,3%	100,0%
Odontologia	5,4%	81,1%	0,0%	13,5%	0,0%	0,0%	100,0%
Pedagogia	4,2%	53,8%	0,7%	27,8%	12,8%	0,7%	100,0%
Psicologia	0,6%	59,8%	1,2%	27,4%	9,8%	1,2%	100,0%
Química	5,4%	56,7%	1,9%	26,8%	7,3%	1,9%	100,0%
Turismo	2,6%	78,9%	0,0%	15,8%	2,6%	0,0%	100,0%

Diante do exposto, a considerar a Lei 12.711/2013, as políticas de ações afirmativas em vigor nas instituições de ensino superior são fundamentais para o processo de democratização da educação brasileira. Ainda assim, é preciso considerar que, para efetivar o aumento de estudantes de segmentos historicamente discriminados, são necessários programas e projetos que possam assegurar sua permanência e consequente conclusão do curso de graduação.

Ao comentar especificamente sobre os adjetivos atribuídos aos estudantes que ingressaram nas universidades a partir das políticas de ações afirmativas, Mário Resende afirmou que as categorias "pobre", "baixa renda", "carente", que precisa de "ajuda" e "auxílio", quando utilizadas para descrever estudantes universitários, negam o reconhecimento do direito à educação, já que todos eles, ao ingressar no ensino superior, foram aprovados em exames rigorosos. Dessa forma, é importante refletir sobre como, ao ingressar nas universidades, os estudantes devem ser atendidos por programas de permanência, que sejam adequados para assegurar o direito à educação. Em outros termos, educação é um direito, e é dever do Estado promovê-lo e assegurá-lo. Nesse sentido, não cabe utilizar adjetivos que estratificam os estudantes; cabe, sim, ao Estado brasileiro promover políticas e programas que atendam o direito à educação no ensino superior.

Para Resende (2012, p. 2), torna-se de fundamental importância refletir sobre:

> A assertiva de que todos os que estudam em escolas públicas são pobres não se sustenta diante de análise mais criteriosa. Mas há algo mais cruel nessa afirmativa: é diretamente apontar a pobreza como responsável pelo ensino que se ministra na escola pública. Neste pensar, a escola pública estaria em deficiência por causa de sua clientela pobre, quando sabemos que são múltiplos os fatores dessa crise.

Cabe, então, questionar como as noções de "pobre", "pobreza", "carentes" e "egressos de escolas públicas" podem se tornar rótulos e, sobretudo, estigmatizar os estudantes a partir da "falta" e não contribuir para o reconhecimento do direito à educação de qualidade. A partir do exposto, torna-se importante identificar e analisar os programas de permanência mantidos pelas universidades e relacionar com índices de evasão e conclusão do curso. Dessa forma, será possível analisar a eficácia das políticas no propósito aos quais se destinam.

Letícia Sousa e Écio Portes apontam, em seu estudo de 2011, que das 38 universidades federais com algum tipo de ação afirmativa à época, apenas dez mencionavam a adoção de políticas de permanência em seus documentos oficiais e, destas, apenas quatro previam mecanismos efetivos de implantação dessas ações. Para Fortes e Sousa, as pesquisas da área da sociologia da educação, que têm como foco as trajetórias de estudantes de camadas populares que ingressaram em universidades públicas indicam que a origem social pesa sobre a trajetória escolar dos estudantes. Para vivenciar, uma escolarização prolongada, cabe às universidades promoverem programas de auxílio à permanência. Tal perspectiva é compartilhada por diferentes autores, como Piotto (2007); Portes (1993; 2001); Sousa e Portes (2009); Jaílson Souza e Silva (2003); Viana (1998); Zago (2007), entre outros.

Assim, se o debate sobre a adoção de políticas de ações afirmativas teve início nas universidades estaduais, associado aos direitos de reparação a indivíduos e grupos historicamente discriminados, como autodeclarados negros (pretos e pardos), após uma década, quando todas as universidades federais têm políticas de ações afirmativas, é preciso refletir sobre como assegurar a permanência dos estudantes no ensino superior para, sobretudo, possibilitar a consolidação da participação democrática na educação brasileira.

Considerações finais

As políticas de ações afirmativas em vigor nas universidades brasileiras devem ser acompanhadas e avaliadas, por ser objeto de reflexão de pesquisadores, professores universitários, ativistas, políticos, estudantes universitários e de escolas de ensino médio. Estamos presenciando e vivenciando mudanças, e a adoção de políticas de ações afirmativas nas universidades brasileiras implicou na mudança do Executivo, do Legislativo e do Judiciário brasileiro. Após uma década de políticas de ações afirmativas, é possível afirmar que a mudança se faz presente na sociedade.

A mudança implica, sobretudo, a criação de oportunidades com base no reconhecimento de que indivíduos e grupos têm direito constitucional assegurado, tornando, assim, categorias identitárias, como "autodeclarados pretos, pardos, indígenas, quilombolas, pessoas com deficiência, estudantes de escolas públicas e moradores do interior do Estado" na condição de "figura jurídica" (Monteiro, 2003; Fry, 2005). O reconhecimento se apoia em medidas, programas, políticas e leis que têm promovido oportunidades para indivíduos e grupos que se habilitam às políticas de ações afirmativas. O tema ainda gera polêmica, mas com a constitucionalidade assegurada a tendência é que as políticas de ações afirmativas passem a constituir as normas para ingresso no ensino superior.

A partir da pesquisa realizada, é possível refletir sobre como as políticas de ações afirmativas possibilitam o acesso à formação acadêmica, que implica assegurar o ingresso, permanência em cursos de graduação e, dessa forma, ampliar a diversidade no ensino superior, na formação acadêmica, no mercado de trabalho ou nas universidades. No entanto, as políticas de ações afirmativas devem ser acompanhadas e avaliadas a fim de que haja de fato políticas para redução dos níveis de desigualdades e para que, assim, venham consolidar a transformação social na sociedade brasileira. É possível também refletir sobre como contribuir para a transição, indo além da manutenção de elites, sobretudo, poder contribuir para que gerações de estudantes sejam formadas à luz do reconhecimento de que a sociedade brasileira tem diversidade e pluralidade étnica, social e cultural. E que tais características devem ser percebidas, sentidas e vivenciadas no que se refere às oportunidades e ao acesso à educação pública de qualidade.

Considerando a pesquisa desenvolvida, é possível afirmar que a condição de historicamente discriminado abrange situações distintas que merecem atenção e detalhamento sobre as condições específicas de cada segmento e grupo, de forma a promover a compreensão sobre as desigualdades, diversidade e pluralidade da sociedade brasileira. A compreensão se faz necessária para o reconhecimento e manutenção do direito adquirido. Diante do exposto, a pesquisa desenvolvida deve ser percebida como uma iniciativa a ser seguida. Espera-se que este seja apenas o início.

Referências bibliográficas

BRASIL. Constituição da República Federativa do Brasil, 1989.

BRASIL. Ministério da Educação. Lei de Diretrizes e Bases da Educação Nacional (LDB), 1996.

CARVALHO, José Jorge de. Exclusão racial na universidade brasileira: Um caso de ação negativa. In: QUEIROZ, Delcele. (org.) *O negro na universidade*. Salvador: Novos Toques, 2002.

FRY, Peter. *A persistência da raça*: Ensaios antropológicos sobre o Brasil e a África austral. Rio de Janeiro: Civilização Brasileira, 2005.

GOMES, Joaquim Barbosa. *Ação afirmativa e princípio constitucional da igualdade*: O direito como instrumento de transformação social. Rio de Janeiro: Renovar, 2001.

GUIMARÃES, A. S. O acesso de negros às universidades públicas. In: SILVA, P. Beatriz; SILVÉRIO, V. Roberto. (orgs.) *Educação e ações afirmativas*: Entre a injustiça simbólica e a injustiça econômica. Brasília: Inep, 2003.

MACHADO, E. A; SILVA, F. P. Ações afirmativas nas universidades públicas: O que dizem os editais e manuais. In: PAIVA, A. (org.) *Entre dados e fatos*: Ação afirmativa nas universidades públicas brasileiras. Rio de Janeiro: Ed. PUC-Rio/Pallas, 2010.

MONTEIRO, Fabiano Dias. *Retratos em branco e preto, retratos sem nenhuma cor*: A experiência do disque-racismo da Secretaria de Segurança Pública do Rio de Janeiro. Dissertação (Mestrado em Sociologia) – Universidade Federal do Rio de Janeiro, Rio de Janeiro, 2003.

PAIVA, A. Randolpho; ALMEIDA, L. C. Mudança no *campus*: Falam os gestores das universidades com ação afirmativa. In: PAIVA, A. (org.) *Entre dados e fatos*: Ação afirmativa nas universidades públicas brasileiras. Rio de Janeiro: Ed. PUC-Rio/Pallas, 2010.

PAIVA, A. (org.) *Entre dados e fatos*: Ação afirmativa nas universidades públicas brasileiras. Rio de Janeiro: Ed. PUC-Rio/Pallas, 2010.

PIOTTO, Débora Cristina. *As exceções e suas regras*: Estudantes das camadas populares em uma universidade pública. Tese (Doutorado em Psicologia) – Universidade de São Paulo, São Paulo, 2007.

PORTES, Écio Antônio. *Trajetórias e estratégias escolares do universitário das camadas populares.* Dissertação (Mestrado em Educação) – Universidade Federal de Minas Gerais, Belo Horizonte, 1993.

________. *Trajetórias escolares e vida acadêmica do estudante pobre da UFMG*: Um estudo a partir de cinco casos. Tese (Doutorado em Educação) – Universidade Federal de Minas Gerais, Belo Horizonte, 2001.

RESENDE, Marcos. Texto para debate do Grupo de Pesquisa em História do Ensino Superior. Impresso. UFS, 2011.

SANTOS, Jocélio Teles dos. (org.) *Cotas nas universidades*: Análise dos processos de decisão. Salvador: CEAO, 2012.

SOUSA, Letícia Pereira de; PORTES, Écio Antônio. *Do lado bom da barreira*: Trajetórias e estratégias sociais e escolares de Raymundo Augusto da Silva Maia (1900-1990). Congresso de Pesquisa e Ensino em História da Educação em Minas Gerais. Montes Claro, Unimontes, 4 a 7 de maio 2009.

________. *O nó da questão*: A permanência de jovens dos meios populares no ensino superior público. Disponível em: <www.flacso.org.br/gea/eventos.php>. Acesso em: maio 2013.

SILVA, Jaílson de Souza e. *Por que uns e não outros?*: Caminhada de jovens pobres para a universidade. Rio de Janeiro: 7 Letras, 2003.

SILVA, P. Beatriz. Negros na universidade e produção do conhecimento. In: SILVA, P. Beatriz; SILVÉRIO, Valter Roberto. (orgs.) *Educação e ações afirmativas*: Entre a injustiça simbólica e a injustiça econômica. Brasília: Inep, 2003.

VIANA, Maria José Braga. *Longevidade escolar em famílias de camadas populares*: Algumas condições de possibilidade. Tese (Doutorado em Educação) – Universidade Federal de Minas Gerais, Belo Horizonte, 1998.

ZAGO, Nadir. (org.) *Família e escola*. Trajetórias de escolarização em camadas médias e populares. Petrópolis: Vozes, 2007, p. 100-123.

Sites consultados

www.alerj.rj.gov.br
www.flacso.org.br
www.ibge.gov.br
www.mec.gov.br
www.pvnc.com.br
www.planalto.gov.br
www.unb.br

CAPÍTULO 2

POLÍTICAS PÚBLICAS, MUDANÇAS E DESAFIOS NO ACESSO AO ENSINO SUPERIOR

ANGELA RANDOLPHO PAIVA

Introdução

A história recente do acesso às universidades públicas e privadas no Brasil é fascinante. Temos presenciado uma mudança sustentada na ampliação do acesso à educação superior na última década, seja através da implantação da ação afirmativa nas universidades públicas federais e estaduais, seja com a criação de políticas públicas que promovem maior acesso às instituições privadas com o ProUni. Também foi pensada uma política pública voltada para as universidades federais com o Reuni. São medidas que visam à abertura das universidades brasileiras a um contingente maior daqueles alunos que conseguem completar o ensino médio, especialmente alunos de baixa renda. Em um país com apenas 8% de estudantes no ensino superior em 2000, hoje eles são 14%, taxa ainda muito baixa, mas que demonstra aumento sustentado. É uma história complexa que mexe com questões até então pensadas como intocáveis, como a ideia do mérito na entrada à universidade, ou mesmo a própria instituição controversa que é o vestibular. Mas são dez anos de mudanças e a história da adoção de ação afirmativa no ensino superior é exemplar para demonstrar que os últimos governos democráticos têm procurado encarar o desafio de solucionar a equação perversa existente no acesso à universidade pública.

O ano de 2012 foi importante para a discussão que ocupa a esfera pública desde 2002, quando a Uerj e a Uenf, no Rio, e a Uneb, na Bahia, implantaram o sistema de cotas para egressos da escola pública, negros e deficientes físicos. Em 2012 o STF considerou constitucional, por unanimidade, a adoção de cotas para negros na UnB e quando se analisam os argumentos arrolados nas decisões dos 11 juízes da Suprema Corte – a desigualdade étnico-racial, a discriminação racial, o reconhecimento de injustiças históricas, a reparação dessas desigualdades, ou, ainda, a necessidade da diversidade de classe e raça na universidade –, eles demonstram e traduzem a maturidade do debate levado a cabo na primeira década do século XXI.

A Lei Federal 12.711/2012 foi concebida para regular a implantação de políticas de ação afirmativa nas universidades federais, que têm até 2015 para pensar políticas de inclusão de egressos de escola pública e da população de diversidade étnica de cada estado. Pode-se assim dizer que o acesso ao ensino superior brasileiro entra em nova fase, com mudanças e desafios provenientes de uma política pública que veio para intervir na estrutura atual, sempre para poucos e para jovens selecionados majoritariamente nas melhores escolas particulares do país. É o momento, portanto, de se pensar na combinação complexa da manutenção do mérito no acesso à universidade, mas agora com a preocupação de uma universidade pública mais democrática e mais inclusiva.[1]

Este capítulo pretende apresentar um registro das mudanças efetivas ocorridas nesses dez anos com uma breve análise do processo que deu origem às mudanças em curso, que se inicia com a própria redemocratização do final da década de 1980, que pode ter proporcionado questões sociais latentes, com o difícil acesso ao ensino superior para alunos egressos de escolas públicas, indígenas e negros. Os momentos que convergem para as mudanças ocorridas ao longo das décadas de 1990 e 2000 são discutidos neste texto. Tais mudanças são fruto de um percurso inerente à própria volta à democracia, quando atores sociais se organizam em novas concertações reivindicatórias. A ação dos movimentos negros, outro objeto de análise, foi fundamental para pautar novas demandas de acesso à educação.

Em um segundo momento, são comentados os dados da pesquisa Monitoramento e acompanhamento das políticas de ação afirmativa nas universidades públicas brasileiras, projeto que, desde 2006, registra as mudanças ocorridas. Analisamos tanto as modalidades de ação afirmativa adotadas pelas universidades federais e estaduais desde 2002 quanto as reflexões de todos os gestores que estiveram à frente da implantação das políticas de ação afirmativa (AA) em vinte das 71 universidades que já adotaram algum tipo de AA e que foram visitadas pela pesquisa.[2]

---

1. Há uma equação perversa no sistema escolar brasileiro: as melhores escolas particulares, assim como as escolas federais e colégios de aplicação, preenchem mais de 80% das vagas das universidades públicas e gratuitas. Em contrapartida, quase 80% dos alunos no ensino médio frequentam as escolas públicas.

2. Pesquisa realizada com dados de 2011. A partir de 2012, as universidades federais têm de pensar em políticas de inclusão para cumprir a Lei 12.711 e nossa pesquisa registra até o momento em que a adoção de AA dependia dos conselhos universitários das próprias universidades. Desde a primeira fase, foram selecionadas as universidades que haviam implantado algum tipo de AA por pelo menos três semestres. Houve a preocupação de pesquisar universidades estaduais e federais das cinco regiões do país.

Em um terceiro momento, trabalhamos duas políticas públicas pensadas pelo MEC: o ProUni, concebido em 2005, que facilitou o acesso de estudantes de baixa renda com bolsas às universidades particulares em troca de isenção fiscal, e o Reuni, em 2007, que traz uma série de incentivos e desafios para a expansão e inclusão nas universidades federais. O ProUni, especialmente, vem na esteira da política pioneira de ação afirmativa adotada pela PUC-Rio, em 1994, modelo inspirador para nova abertura das universidades privadas às populações negra e de baixa renda. Este programa começou a quebrar a imutabilidade do perverso sistema de acesso ao ensino superior.[3]

Um breve histórico do processo

A discussão sobre ação afirmativa no ensino superior não seria possível sem o processo de redemocratização vivido pela sociedade brasileira desde os anos 1980. Foi um momento de intensa mobilização social e política, com a reorganização partidária no início da década; com a emergência de vários movimentos sociais que trazem para a esfera pública demandas reprimidas por 21 anos de ditadura militar; com nova agenda para as organizações não governamentais que pautaram suas ações em torno do déficit dos vários tipos de direitos humanos; com várias associações da sociedade civil que criam bases para ação coletiva, como a Igreja católica; além de mobilizações sociais, como a campanha das Diretas Já. Todo esse processo culmina em uma nova Constituição que afirma o reconhecimento de direitos até então não observados, mesmo os culturais. O pano de fundo e o desafio a ser encarado eram a enorme desigualdade brasileira, evidenciada pelos baixíssimos indicadores sociais, e a área da educação era um de seus maiores déficits. Assim, havia a latência para o surgimento de vários conflitos em torno das desigualdades persistentes no arranjo societário brasileiro, conflitos reprimidos pelo longo período de ditadura militar. É o momento em que grupos se reinventam e trazem novas pautas de demandas de natureza diversa para a esfera pública democrática.

---

3. Ver a análise de Clapp (2012), que mostra a confluência entre a ação do movimento social da Educafro e a vontade política do então reitor da PUC, do vice-reitor comunitário e da diretora do departamento de Serviço Social da mesma universidade.

Nesse contexto, é importante o momento em que a ação dos vários movimentos negros se concretiza no Movimento Negro Unificado (MNU) em 1979, que passa a pautar a esfera pública em torno de duas questões específicas. De um lado, reivindicam a denúncia do racismo na esfera legislativa, objetivando torná-lo uma questão judicial; de outro, exigem acesso à educação formal para a população negra, ancorados em indicadores que mostram o tamanho da desigualdade racial, especialmente no que se refere à educação.[4] O direito à educação, entendido como um direito social dos mais importantes para a fruição de todos os outros direitos, como defendia Marshall (1967), e fundamental para a mobilidade social de qualquer segmento social, se transforma, então, em uma bandeira dos movimentos negros.

O MNU representou, assim, movimentos de diversas tendências, que questionavam a ideia de democracia racial, persistente durante tanto tempo. Também demandava ampliação do acesso à educação para negros, pautada em indicadores sociais que denunciavam a desigualdade na escolaridade dos não brancos devido à ausência de políticas específicas a esse grupo que se autodeclara a metade da população do país. Passaram a pautar também novas questões na esfera pública no momento da Constituinte, como os direitos dos quilombolas e a revisão da historiografia para corrigir o papel dos negros na formação social brasileira, que resultou na Lei 10.639/2003.[5]

Assim, para se entender a profusão de políticas de ação afirmativa nas universidades públicas federais e estaduais hoje, quando se fala em reparação de desigualdades históricas, da função social da universidade pública que não atende os egressos das escolas públicas estaduais, ou da necessidade de se atingir uma democracia racial de fato, é preciso ver o *processo* ocorrido. Se na década de 1980 a demanda por educação

---

4. Há várias análises desse momento. Ver Guimarães (2002), para a estética do branco, e os capítulos de Thula Rafaela de Oliveira Pires e Carlos Alberto Medeiros neste livro.

5. Estabelece a obrigatoriedade do ensino da presença da população negra no país, o que provocou um desafio para as licenciaturas de história que ainda estão tendo que refazer seu currículo. É um processo lento, mas que tem ganhado legitimidade crescente para uma efetiva mudança curricular, sem os estereótipos antes ensinados nos livros de história do Brasil. Pouco depois, os indígenas foram incluídos em nova lei.

começou de maneira generalizada, no final de 1990 os movimentos negros chegaram a um consenso para se pautarem em cima de uma ação afirmativa no ensino superior.

Tal processo dependeu de vários fatores, mas três se destacam para se entender a mudança ocorrida na década de 2000, com a adoção de algum tipo de ação afirmativa nas universidades públicas até 2011. Ao surgirem nos anos 1990, primeiramente, diversas formas de ação coletiva dos movimentos negros pensaram em novas estratégias de ação política, tanto no nível de pressão no Executivo, como com a grande passeata em Brasília, no ano de 1994, quanto no Legislativo, pressionando para a formulação de leis que tipificassem o racismo — a de 1988 e depois a de 1997, que o torna crime inafiançável. Em segundo lugar, no Executivo, o então presidente Fernando Henrique Cardoso, em um seminário realizado em Brasília para se discutir as relações raciais no Brasil, reconheceu pela primeira vez a existência de racismo no país. Como resultado, pensou em uma secretaria específica de direitos humanos, criada para o fortalecimento de políticas de reconhecimento dos déficits existentes no que concerne à fruição dos direitos humanos no Brasil, entre os quais a desigualdade racial. Ainda no nível do Executivo, os dados produzidos pelo Ipea a partir do final de 1990, desagregados por raça, mostraram o tamanho da desigualdade racial no acesso à educação e ao mercado de trabalho. Este, juntamente com os dados do censo de 2000, foi, sem dúvida, um fato que produziu nova opinião, desvelando que a desigualdade social brasileira tinha cor.[6]

Há um terceiro aspecto que não pode deixar de ser considerado para entender a mudança em curso no acesso ao ensino superior: a criação de cursinhos pré-vestibulares comunitários, primeiramente na ação do PVNC, cujo objetivo foi a formação de pré-vestibulares que funcionavam em geral em paróquias, seguido de vários, como a Educafro e outros autônomos que oferecem reforço escolar e aulas de cidadania (reflexão sobre conceitos de direitos humanos, instituições democráticas, entre outros pontos) para os jovens de favelas e periferias com fraca trajetória

6. Ver Souza (1997), que registra o encontro em Brasília, e Henriques (2001), além dos vários relatórios do Ipea que desagregam raça.

escolar. Em pouco tempo estavam espalhados nos grandes centros urbanos e foram fundamentais para esses jovens poderem ao final ter condições de competir minimamente no vestibular com alunos egressos dos colégios particulares, suprindo parcialmente o *gap* educacional e dando ferramentas para a construção da autoestima.[7]

Ainda no governo Fernando Henrique Cardoso, a recém-criada Secretaria dos Direitos Humanos teve como um dos seus principais objetivos atacar exatamente as assimetrias na fruição dos direitos. Logo em seguida alguns ministérios começaram a praticar, ainda que de forma tímida, ação afirmativa na contratação de novos quadros, apesar da resistência encontrada no principal ministério, o MEC, que teria sido crucial para acelerar o processo de acesso ao ensino superior. A exigência pelo acesso diferenciado à universidade passou a ser uma das demandas mais importantes do movimento negro porque, na ocasião, havia um consenso de que era preciso acelerar a formação de futuros quadros para a população negra, ao lado da luta pela qualidade da educação básica, uma vez que não são bandeiras excludentes. Informações ancoradas em dados contundentes: de quase 50% dos que se autodeclaravam negros no censo de 2000, apenas 4% estavam matriculados no ensino superior. Se houve avanço na escolaridade dos brasileiros em geral nos anos 1990, a desigualdade na escolaridade dos autodeclarados brancos e negros se manteve na mesma proporção.

A década de 1990 trouxe grande movimentação na esfera pública no que se refere à ideia do direito à educação. Os índices históricos do déficit da educação pública brasileira começaram a gerar mal-estar. O discurso de direitos humanos se consolidou (Telles, 1994) e a ideia da cidadania se apresentou como desafiadora para a nova orientação de atores sociais. Além disso, eles se recusaram a permanecer nos espaços subalternos a eles designados. Como analisa Dagnino (1994), esse é o momento em que começa a haver ação coletiva de baixo para cima e novas formas de concertação são criadas, no que a autora chama de "cidadania ativa".

---

7. Para a análise do surgimento dos vestibulares comunitários, ver Santos (2003), que conta o início da organização dos cursos pré-vestibulares e suas tensões.

Foi nessa década que se obteve a universalização do acesso ao ensino fundamental, mas sempre um longo caminho a ser percorrido para o acesso à educação ser finalmente um direito social universalizado, uma vez que a evasão escolar no ensino fundamental e médio é uma questão premente. Foi ainda nesse momento de redemocratização, quando a real fruição de direitos se torna uma questão, que ficou visível a queda da qualidade do ensino básico, hoje considerada um grande desafio para os gestores públicos. Paradoxalmente, a entrada em massa no sistema escolar público desde os anos 1970 fez com que a educação pública passasse a ser para os pobres, como analisam Tania Dauster (1992) e Vanilda Paiva (1998), o movimento da migração das classes médias para a escola particular. No que concerne à população negra, os dados produzidos pelos órgãos governamentais nesse período mostram duas questões: se é baixa a escolaridade do jovem brasileiro em geral, visto que em torno de 50% não conseguem chegar sequer ao ensino médio, o jovem negro, especialmente o de sexo masculino, está fortemente concentrado no grupo que desiste, deixando evidentes suas chances desiguais de acesso ao ensino superior.[8]

No caso do movimento negro, obteve-se um consenso em questões que dependiam da formação de uma identidade coletiva, quando um novo marco de referências é construído em torno de questões específicas. Assim, os vários coletivos negros, de diversas tendências ideológicas e partidárias, encontram na prática inter-subjetiva das suas relações sociais um novo foco de luta por reconhecimento de uma identidade negra ressignificada, como define Honneth (2003), as possibilidades de grupos se organizarem em ações coletivas, saindo da ação paralisante da sua condição de subalternidade. É o momento em que se transforma a demanda por ação afirmativa no ensino superior em demanda consensual, que passa a ser então discussão constante no final dos anos 1990 entre os militantes dos movimentos negros. De acordo com depoimentos de vários deles, tal ideia representou um consenso entre os vários "coletivos" com diferentes formas de atuação nas suas reivindicações. As reuniões preparatórias para a Conferência das Nações Unidas sobre o Racismo e

8. Ver a análise de Hasenbalg e Valle (2003).

a Discriminação, realizada em Durban, África do Sul, no ano de 2001, serviram de instância para que tal consenso fosse construído, sendo uma das demandas específicas para a conferência. Quando a delegação brasileira chegou de Durban, veio com a tarefa de pensar políticas que atenuassem a desigualdade racial histórica, ao lado de outras medidas de combate ao racismo.[9]

Não foi uma tarefa fácil. Em um país com a ideia forte de harmonia racial, falar de políticas com foco na "raça" produziu grandes debates e controvérsia. Certamente, essa foi uma das grandes discussões ocorridas na esfera pública ao longo da década de 2000, tanto nos espaços acadêmicos quanto na mídia, na área governamental, no Legislativo, no Judiciário e nos movimentos sociais. E não podia deixar de ser de outra maneira, uma vez que a ação afirmativa significa, em última análise, tratar os desiguais de maneira desigual, o que provoca uma quebra tanto da ideia de "neutralidade estatal", como bem coloca Joaquim Barbosa (2001), quanto do princípio republicano de leis iguais para todos. Foi um debate acirrado: de um lado, o princípio de se pensar em leis para interferirem na produção da desigualdade social brasileira; de outro, a manutenção de leis universais. De um lado, privilegiava-se a igualdade substantiva; de outro, a igualdade formal do espírito das leis.

Mas os espaços discursivos formados trouxeram novas questões para os problemas pautados, podendo-se dizer que houve uma *pedagogia* no processo. Tanto é assim que mostraremos como a ideia de ação afirmativa já está bastante assimilada pela opinião pública brasileira, mas pensada majoritariamente para alunos provenientes das escolas públicas, e não para alunos negros. É paradoxal: AA foi uma demanda dos movimentos negros e não havia nenhum movimento de estudantes das escolas públicas estaduais com tal demanda, mas hoje as políticas pensadas nas universidades beneficiam em primeiro lugar os egressos das escolas públicas, seguidos da população indígena, aparecendo os negros como o terceiro grupo beneficiado. E esse público-alvo, com a exceção da UnB,

9. Para a análise dos consensos criados pelos vários coletivos negros, ver Alberti e Pereira (2007). Para a importância de Durban como momento nucleador para demandas, ver o capítulo de Medeiros neste livro e Heringer (apud Paiva, 2011).

sempre ficou condicionado à escola pública. O resultado da escolha das políticas a serem implantadas em cada universidade em torno das cotas "sociais" ou "raciais" foi fruto de intensos debates nos conselhos universitários das universidades públicas, o que deixa evidente a dificuldade, ainda hoje, que o país tem de lidar com a questão racial, com as evidências da desigualdade racial.

Continuando o percurso desse processo, com os compromissos assumidos em Durban, em 2001, de serem pensadas novas formas de atacar as desigualdades raciais existentes no país, evidentes nos dados trabalhados pelo censo de 2000 e pelo Ipea, que desagregaram a raça para qualificar melhor a cor da desigualdade. E os legislativos de vários estados estavam pensando em projetos de lei diversos, que visavam à implantação de políticas que permitissem formas diferenciadas de acesso às universidades estaduais.

Quando o presidente Lula assumiu em 2003, a discussão vivia seu auge. Não só algumas universidades estaduais já haviam formatado novas formas de inclusão de alunos egressos das escolas públicas, negros, indígenas e pessoas com deficiência ou ainda os de baixa renda, mas também havia na organização da própria universidade, em especial em seus núcleos de estudos afro-brasileiros (NEABs) e no questionamento dos docentes, um processo em construção de atacar tanto a pouca presença de alunos egressos do ensino público, especialmente naqueles cursos de maior demanda, quanto a desigualdade racial na composição da universidade pública brasileira. A adoção de AA nas duas universidades do Estado do Rio de Janeiro, Uerj e Uenf, e na Estadual de Mato Grosso do Sul, por ordem dos executivos estaduais, foi emblemática na discussão daquele momento. No entanto, as próprias universidades federais também começaram a questionar a cor de seu alunado e seu papel na sociedade enquanto instituição pública. As federais da Bahia, de Alagoas e de Brasília saíram na frente com formatos diferenciados de políticas de AA.

A década de 2000 representou o momento de maturidade para o processo de se pensar em novas políticas públicas que tornassem mais democrático o acesso ao ensino superior, com um governo mais poroso às reivindicações dos movimentos sociais. São inúmeras as ações, especialmente a criação de uma Secretaria Especial para a Promoção da Igualdade Racial (Seppir), que vai tornar a questão da raça um assunto a ser pensado no Brasil nos vários segmentos, desde o executivo até os centros acadêmicos, tornando-se pauta para o fomento de novas políticas públicas e práticas de pesquisa.

Mas, para a presente discussão, vale lembrar que o Ministério da Educação começou a ter uma posição proativa pouco depois e duas políticas públicas representaram mudança efetiva na configuração da educação superior no país. Em 2005, foi criado o ProUni, programa que permite a alunos de baixa renda se candidatarem às universidades privadas em troca de isenção fiscal dada pelo governo federal, o que lhes abriu alternativas até então impensadas, impactando, por sua vez, as universidades públicas, pois estas deixaram de ser a única opção para os alunos de baixa renda. Em 2007, o MEC apresentou nova política pública para as universidades federais com o Reuni, programa de reformulação das universidades federais visando à maior inclusão e acesso às universidades da federação. Dessa forma, se a década de 1990 representou a universalização do ensino fundamental, a de 2000 trouxe a questão sobre a democratização do ensino superior, estando as políticas de ação afirmativa no centro dessa discussão.[10]

Foi um momento de muitos debates. Houve receio de que a qualidade do ensino superior público fosse afetada com as "cotas" para "negros"; de que haveria uma perigosa racialização da sociedade brasileira, concentrada agora no *campus* da universidade pública; de que não se poderia fazer a classificação racial em um país com forte miscigenação; de que a qualidade do ensino na universidade pública estaria comprometida; e de que, a ideia de maior justiça na fruição do direito à educação deveria estar concentrada no ensino público fundamental. Com a exceção desse último argumento, que joga para o futuro a solução do problema, todas as apreensões não se realizaram depois de dez anos de políticas de AA em mais de 70% das universidades federais e estaduais do país. É o que mostra a pesquisa Monitoramento e acompanhamento das políticas de ação afirmativa nas universidades públicas brasileiras, realizada na PUC-Rio.

---

10. Ver o texto "Mudança no *campus*", e os textos de Rosana Heringer e João Feres em Paiva (2011).

Pesquisando as mudanças em curso

O projeto de pesquisa, financiado pela Finep, teve início em 2006, no âmbito do Nirema, da PUC-Rio. Tinha como grande motivação entender o que estava ocorrendo nas universidades estaduais e federais. A pesquisa foi desenhada em três partes: a) análise permanente dos editais das universidades federais e estaduais que adotaram algum tipo de ação afirmativa até o final de 2011; b) análise quantitativa com a aplicação de 5.468 formulários junto a alunos das vinte universidades visitadas dos cinco cursos mais concorridos e dos cinco menos procurados; c) análise qualitativa junto aos gestores que estiveram e estão envolvidos com a implantação das políticas nas suas universidades, quando foram realizadas 57 entrevistas em profundidade nas vinte universidades visitadas.[11]

O objetivo geral do projeto foi fazer pesquisa de campo nas universidades estaduais e federais das cinco regiões do país, procurando alcançar todas as modalidades pensadas por elas, para que se pudesse acompanhar as mudanças que estavam ocorrendo nos vários *campi*. Na primeira etapa, de 2006 a 2008, foi feita a seleção de algumas das universidades pioneiras na adoção de algum tipo de política.[12] Foram visitadas duas universidades do Estado do Rio de Janeiro (Uerj e Uenf), duas de São Paulo (Unicamp e USP), duas da Bahia (UFBA e Uneb), duas do Paraná (UFPR e UEPG), uma do Pará (UFPA) e uma de Brasília (UnB), com um total de 23 entrevistas. Na segunda fase, de 2009 a 2011, foram visitadas outras dez universidades: a Federal de Alagoas (Ufal), duas federais em Minas Gerais (UFMG e UFJF), a Federal de Santa Catarina (UFSC), a Estadual de Mato Grosso do Sul (Uems), uma federal no Rio Grande do Sul (UFRGS), a do Maranhão (UFMA), uma em São Paulo (UFSCar), no Rio de Janeiro (UFF) e em Sergipe (UFS), quando foram feitas outras 34 entrevistas. O critério de seleção foi não apenas a consolidação das políticas, mas também o seu tempo de implantação, com pelo menos

11. A pesquisa foi coordenada por mim e contou com a coordenação de campo de Elielma Machado. Participam os pesquisadores Lady Christina de Almeida, Tahis Martins e Fernando Pinheiro. Ver o artigo de Elielma Machado neste livro para alguns pontos da análise da parte quantitativa e dos editais.

12. Ver Paiva (2011) para a análise da primeira etapa com as dez universidades visitadas.

três semestres de políticas efetivamente implantadas para que se pudesse obter uma análise mais aprofundada das mudanças em curso.[13]

Este capítulo trata tanto da primeira parte da pesquisa, com uma breve análise das AA adotadas, quanto da terceira, com a avaliação das entrevistas feitas com os gestores à frente do processo de implantação das políticas nas suas universidades. A análise com os gestores proporciona um rico retrato das nuances e mudanças ocorridas nas suas universidades: as tensões surgidas, os desafios que se impõem e o impacto causado em cada *campus* com a entrada dos novos alunos.

Implantação das políticas

Ao fazer uma análise dos tipos de políticas adotadas nas universidades que conceberam algum tipo de AA, percebe-se que elas variam muito quanto ao tipo pensado. Devido mesmo ao processo de seleção das universidades públicas brasileiras, dependentes de um único exame de avaliação – o vestibular –, a modalidade predominante são as cotas, primeiro tipo de política a ser pensada. A segunda modalidade, acréscimo de notas, foi concebida pela primeira vez também por uma universidade estadual, a Unicamp, que adotou ação afirmativa com acréscimo de pontos em 2005, tornando-se modelo para várias outras. Uma terceira modalidade, acréscimo de vagas, é uma política pensada especialmente para a população indígena, iniciada em 2002 nas cinco universidades estaduais do Paraná. Nas estaduais, não se pode deixar de considerar as discussões no âmbito dos legislativos estaduais tanto como o principal fator quanto para possíveis futuras leis. A partir dessas primeiras modalidades, surgiram várias outras: para quilombolas, moradores do interior, pessoas de baixa renda, mulheres. Há universidades que adotam quatro e até mesmo cinco modalidades de AA.

Não é fácil registrar esse processo, porque as mesmas universidades pensam em outras modalidades em momentos diferentes, como é o caso

---

13. Como critério para a seleção do campo a ser pesquisado foi decidido que seria tomado como ano de implantação o momento em que efetivamente se concretizou a AA no primeiro edital, uma vez que pode haver uma lacuna de tempo entre as decisões internas dos conselhos universitários e a efetivação nos editais. A pesquisa se concentra nas universidades do Sudeste e Sul porque são as regiões que têm o maior número de *campi* universitários.

da Ufal, que implantou cotas em 2005 e acréscimo de notas para a população do interior em 2009. Mais complexo ainda é o caso da UnB, que implantou cotas para alunos negros e acréscimo de vagas para a população indígena em 2004, e resolveu ainda adotar acréscimo de notas para a população do interior em 2007. No entanto, há forte predominância inicial de universidades estaduais entre 2003 e 2006: das 23 universidades com algum tipo de AA, 15 eram estaduais.

Nesse processo de implantação, fica claro o forte impulso ocorrido nas universidades federais a partir de 2007. Se até 2006 havia apenas oito universidades federais que haviam pensado em algum tipo de ação afirmativa (sete com cotas e uma com acréscimo de notas, a Federal do Rio Grande do Norte), a partir de então, houve um aumento expressivo de universidades federais com algum tipo de política: em 2007 e 2008, 16 universidades federais adotaram algum tipo de AA (13 com cotas e três com acréscimo de notas). As políticas do MEC – o ProUni e o Reuni – foram determinantes para as mudanças em curso, sendo o Reuni um programa que impactou as universidades públicas e mudou as estratégias da AA nas federais, como demonstra o forte aumento ocorrido na ocasião da implantação. Em 2011, havia, portanto, 39 universidades federais com políticas de cotas (28) e acréscimo de vagas (11), além de três federais com ação afirmativa exclusivamente para populações indígenas ou do interior. Já nas universidades estaduais, 26 adotaram cotas, duas, acréscimo de notas e 12, acréscimo de vagas (destas, sete têm exclusivamente essa modalidade, enquanto outras cinco têm outros tipos de AA). Entre as 98 universidades federais e estaduais existentes no país, havia, em 2011, 71 universidades com algum tipo de ação afirmativa.[14]

Quanto ao público-alvo pensado, este também é muito diverso, sofrendo modificações até mesmo na própria universidade. O que sobressai é a grande preferência por ação afirmativa para alunos das escolas públicas (49) e, em segundo lugar, as populações indígenas, em terceiro, os

14. Não foram incluídos os centros universitários nem os centros de ensino técnico porque não estaria disponível um leque expressivo de cursos como o que têm as universidades federais e estaduais. A pesquisa para em 2011 porque a partir de 2012 as AA passam a estar fortemente ligadas à Lei 12.711, que começa a fomentar medidas de inclusão nas universidades federais, sendo AA uma das mais viáveis. Tampouco foram pesquisadas as universidades federais criadas durante o governo Lula, porque todas elas já iniciaram suas atividades com AA.

que se autodeclaram negros e, em quarto, as pessoas com deficiência. Se pensarmos que a demanda inicial chegou com muita força dos movimentos negros, percebe-se a dificuldade da comunidade acadêmica de pensar em ação afirmativa baseada no fator racial, o que aponta para um debate muito difícil no Brasil. Como qualquer ação afirmativa sempre questiona a estrutura existente e os que usufruem dessa estrutura dificilmente são defensores de mudanças, houve a resistência inicial para qualquer mudança, em especial em torno da discussão de "raça". Segundo gestores, houve muita discussão nos conselhos universitários, sendo a "cota social" — como é chamada a AA para alunos da escola pública — a "política possível" de ser implantada.

Há um processo em curso que parece ser inexorável. A uniformidade existente anteriormente nas universidades públicas referentes à classe e raça passou a ser uma questão a ser debatida. E se esse debate vem de fontes diversas, há, porém, aspectos em comum quando se analisa o processo de implantação de AA como um todo, resguardando a enorme especificidade de cada universidade: a) são pensadas por um tempo limitado, sujeitas a avaliações periódicas (de cinco a dez anos); b) há forte apoio das reitorias; c) algum tipo de "cotas raciais" foi mais factível onde havia núcleos de estudos afro-brasileiros consolidados (foram as primeiras universidades a adotarem algum tipo de política); d) foram aprovadas pelos conselhos universitários; e) há grande confluência para políticas pensadas para alunos da escola pública, ficando a questão racial subsumida na social ou simplesmente não contemplada. Pode-se problematizar essa questão porque no Brasil a pobreza tem cor e a escola pública é a do pobre e majoritariamente negra.

Na realidade, percebe-se nesses dez anos, que as primeiras universidades a adotarem algum tipo de política foram referência para as demais, podendo ser agrupadas em cinco modelos distintos. As datas elencadas correspondem ao ano da efetiva adoção na universidade, e não ao ano em que a decisão foi tomada:

1. Acréscimo de vagas: iniciada em 2002 nas universidades estaduais do Paraná (UEL, UEM, UEPG, Unicentro e Unioeste), pensadas para a população indígena do Estado. Essa modalidade se consti-

tuiu posteriormente na adotada em quase todas as universidades do país para atender as populações indígenas.

2. Cotas por decisão do executivo estadual: em 2003, as universidades estaduais do Rio de Janeiro (Uerj e Uenf), e a de Mato Grosso do Sul (Uems) adotaram cotas para alunos de escola pública, com percentual para negros e pessoas com deficiência por decisão do Legislativo estadual e decreto do governador, sendo referendado pelos respectivos conselhos universitários somente no ano seguinte. Foi um caso emblemático que acelerou o processo em várias outras universidades estaduais que resolveram se antecipar à decisão do Legislativo. A Uneb foi uma exceção: adotou esse sistema por decisão interna em 2003. Esse modelo de cotas para egressos de escola pública, negros e pessoas com deficiência vai se tornar o mais frequente.

3. Cotas para negros: em 2004, a UnB sai na frente das universidades federais e inova com cotas somente para negros sem estar atrelada à escola pública e sem comprovação de renda. Inicialmente, inovou também com a controvertida (e famosa) exigência da fotografia do candidato, hoje abandonada.

4. Acréscimo de nota: em 2005, a Unicamp inova com a adoção de acréscimo de nota para alunos de escola pública (trinta pontos) e outros dez pontos de acréscimo para os autodeclarados negros.

5. Universidades já criadas com AA: as 14 universidades criadas pelo governo federal desde 2003 nascem com programas de AA, o que aparentemente elimina parte das tensões para a decisão de qual política ser adotada, mas traz questões quanto à sua eficácia, merecendo futuras pesquisas.

A análise dos editais, iniciada em 2006, possibilitou o acompanhamento das mudanças e mostrou a complexidade das decisões tomadas. Mostrou ainda o processo em curso, uma vez que houve, em várias instituições, a confluência virtuosa da vontade política dos reitores, da militância de docentes e dos integrantes dos Neabs, como é o caso da Ufal e UFBA, que implantaram AA em 2005. Há ainda que se considerar as especificidades de cada estado e a função das suas universidades para que se entendam as variadas formas de políticas e os desafios ora postos. Assim, qualquer análise precisa contemplar os atores envolvidos para se entender o dinamismo do processo que resultou nas políticas pensadas.

As universidades estaduais, por sua vocação de atender as demandas de seus respectivos estados, saíram na frente e, por pressão de Legislativo, a grande maioria adotou cotas para estudantes das escolas públicas, com percentual para negros e pessoas com deficiência, com a exceção da Unicamp que adotou acréscimo de pontos, seguida pela USP, ainda que com percentuais bem distintos, pois a USP não contempla a questão racial e adotou percentual muito reduzido. Outras, como a Estadual da Bahia, teve um processo oriundo de dentro da universidade, com a ação de professores e a vontade política da então reitora.

O quadro a seguir ilustra a dinâmica do processo. Algumas universidades aparecem mais de uma vez porque houve aumento de público-alvo, especialmente no atendimento às populações indígenas e população do interior. Percebe-se que as universidades estaduais deram início ao processo em 2002 e 2003 e, a partir de 2005, há uma distribuição mais equilibrada entre as estaduais e federais. A ação do Legislativo em 2002 e 2003 foi decisiva para as outras universidades estaduais pensarem suas próprias políticas para que não tivessem a mesma experiência do Paraná, Mato Grosso do Sul e Rio de Janeiro.[15]

As políticas do MEC influíram bastante no aumento das federais com AA: não só as universidades públicas começaram a perder alunos com a chegada do ProUni, como o forte incentivo orçamentário do Reuni mudou o entendimento sobre ação afirmativa no que concerne às políticas de inclusão pensadas em cada uma delas. É o que se percebe com a forte concentração de universidades federais em 2007 e 2008.

---

15. Cabe registrar a enorme resistência da USP em adotar qualquer tipo de ação afirmativa. Recentemente, surgiu uma grande polêmica em torno do Programa de Inclusão com Mérito no Ensino Superior Público Paulista (Pimesp), de fevereiro de 2013. Como aponta a professora Lilia Schwarcz em artigo na *Folha de S.Paulo*, é um programa que já nasce com a premissa do estigma, uma vez que deixa os alunos egressos das escolas públicas por dois anos em um "limbo", como uma espécie de ensino a distância, até estarem preparados para se habilitarem à entrada na universidade, sempre respeitando o mérito acadêmico.

Tabela 1: Universidades com ações afirmativas por tipo, início e instituição

Ano	Estaduais			Federal		
	Cota	Acrescímo de nota	Acrescímo de vagas	Cota	Acrescímo de notas	Acrescímo de vagas
2002			*UEL, UEM, UEPG, Unicentro, Unioeste*			
2003	*Uems*, *Uenf*, *Uerj*, Uneb, *Uern*					
2004				UnB		UnB
2005	*UEA*, *UEG*, UEL, *UEMG*, Unemat, *Unimontes*, UVA	Unicamp	Unemat	Ufal, UFBA, UFPR, UFRB, UFT		UFBA, UFRB, UFPR, Unifesp
2006	UERGS, Uesc, UPE		Uesc	UFJF	UFRN	
2007	UEFS, UEPB, UEPG	USP	UEFS	UFABC, UFMA, UFPI, UFRA	UFRPE, UFPE, UnB	UFMT, UFRR
2008	Uneal		*Uenp, Unespar*	UFPA, UFRGS, UFSC, UFSCar, UFSM, Unipampa, Ufes, Ufop, UTFPR		UFRGS, UFSCar, UFSC, UFSM, Unipampa
2009	*UEAP*, UEM, Uesb, Uespi, Unioeste, Uncisal		Uesb	UFG	Ufal, UFF, UFMG	UFG
2010	Udesc		Udesc	UFS, UFSJ, Univasf	UFRRJ, UFTM, UFV, UFFS	
2011				UFPB, UFU, UFRJ, UFVJM		UFMG
	26	02	12	28	11	14

Universidades grafadas em *itálico* correspondem a AA por legislação.

Fonte: Nirema, baseado em leis e editais dos vestibulares (abr. 2012).

Cabe destacar do quadro anterior o pioneirismo da Estadual da Bahia, que implantou políticas de AA a partir do próprio processo interno da universidade. Destaca-se ainda a UnB, primeira universidade federal e a única a pensar cotas para os candidatos autodeclarados negros sem estarem condicionados à escola pública.

Em síntese, pode-se dizer que os últimos dez anos representam um divisor de águas para o crescente processo de inclusão, de democratização do *campus* e de interiorização das universidades públicas. Como analisado até aqui, foi um processo resultante tanto das demandas das duas décadas anteriores pela mudança no acesso ao ensino superior, quanto da ação direta do MEC, dos gestores e reitores das universidades.

O debate provocado por todas as mudanças citadas foi intenso, em especial no meio acadêmico e na mídia. Afinal, estavam sendo abordadas questões consideradas incontestáveis, como o mérito no exame do vestibular e a harmonia racial existente no país. Pode-se mesmo dizer que houve o que Habermas (1984) descreve como o "agir comunicativo", quando atores usam a esfera pública como espaço discursivo para o debate de questões que até então não estavam em pauta. Pode-se ainda dizer que foi rico o debate discursivo em torno de uma questão polêmica como é a ação afirmativa, mas com a maturidade atingida depois de uma década de troca de argumentos que formou nova massa crítica na esfera pública. Prova disso foi a decisão unânime do STF acerca da constitucionalidade das cotas para negros na UnB, quando vários aspectos levantados foram utilizados na construção de novos argumentos por parte dos juízes do STF em torno da justiça racial, da discriminação existente, do preconceito, da reparação, ou ainda da necessidade da integração social e da diversidade. Todas essas questões estão presentes nas reflexões dos gestores ouvidos pela pesquisa.

Mudança no *campus* na percepção dos gestores

A pesquisa qualitativa do projeto Monitoramento e acompanhamento das políticas de ação afirmativa nas universidades públicas brasileiras resultou em 57 entrevistas em profundidade, feitas com aqueles professores que estavam encarregados de implantar a política ou que tiveram que lidar com ela depois de sua implantação. A metodologia usada foi a entrevista semiestruturada em torno de um roteiro que versava sobre cinco itens fundamentais: o processo em si, os impactos causados no *campus*, as políticas de permanência pensadas, os desafios e as expectativas. Foram entrevistados reitores, pró-reitores de graduação e extensão, professores, dirigentes de Neabs e professores encarregados do processo de seleção da universidade. A entrevista permitiu que se obtivesse um retrato diversificado do processo ocorrido em cada uma delas, com as várias questões trazidas na adoção da AA. A exceção foi a USP, pois não houve disponibilidade dos gestores para entrevistas e ficamos apenas com a pesquisa quantitativa junto aos alunos.

Para trabalhar com as entrevistas, houve análise de itens de cada uma, com o planilhamento das questões levantadas pelos gestores. Dstaque para as recorrentes em todas as universidades visitadas, apesar das particularidades regionais. Elas giram em torno das seguintes questões: a desigualdade do sistema educacional público brasileiro; o questionamento do vestibular; a resistência à cota racial; a agência interna nas universidades, seja pela ação dos reitores, dos Neabs, dos movimentos negros ou da militância de alguns professores. Por fim, e não menos importante, foi muito discutida a função social da universidade pública no que concerne à diversidade no *campus*, à inclusão social e ao desafio de permitir que esse "novo aluno" possa completar seu curso com políticas de permanência. Esses foram os itens que adquiriram relevância no que vai ser analisado a seguir, agrupados no processo, nos impactos para a sociabilidade do *campus* e nos desafios e expectativas ora postos. Depoimentos dos gestores das várias universidades visitadas, com o intuito de apresentar o grau de reflexão que demonstraram e a complexidade das mudanças em curso, são exibidos aqui.

Processo de implantação das políticas

Há muitas boas histórias acerca do processo de adoção das políticas de AA em cada universidade. Este foi, na verdade, o principal item da pesquisa qualitativa, uma vez que o objetivo era entender o processo ocorrido em cada universidade. Como não é possível contar a história de cada uma delas, neste capítulo, optamos pela síntese do que há de recorrente, quando vários pontos em comum aparecem.

Primeiramente, o processo interno reflete a confluência da iniciativa pessoal de professores de diversos departamentos (não necessariamente militantes de movimento negro, pois muitos são brancos, desconfortáveis com a uniformidade da cor e classe da universidade pública) com a posição favorável da reitoria. Nas universidades visitadas, nenhuma adotou AA sem o apoio do reitor. Essa confluência foi ainda reforçada nas universidades com núcleos de estudos afro-brasileiros, alguns deles criados na década de 1970, como é o caso da UFBA e da Ufal. Mas para a concretização dessa confluência, foi preciso um segundo passo: uma série de debates, palestras e discussões nos conselhos universitários, quando opiniões foram mudadas diante dos dados trazidos pelo censo de 2000 e pelos dados do Ipea acerca da pouca representação do negro na universidade e da desigualdade racial existente. Esse passo foi fundamental para o esclarecimento sobre o significado das políticas em si, pois o desconhecimento era total.

Certamente foi um processo tenso, com silenciamento por parte dos professores contrários a qualquer política de AA ou mesmo sua ausência nos conselhos, aliada à manifestação contrária dos estudantes aí representados. Afinal, eles não tinham por que apoiar uma medida que tocaria na estrutura de que se beneficiam e o argumento individual de que já havia sido feito um investimento grande por parte dos pais na escola particular para o ensino básico foi sempre muito forte.[16] Temia-se muito a queda da qualidade dos cursos, uma vez que as AA feriam o princípio do mérito do vestibular, cláusula pétrea para muitos docentes. Assim sendo, no início não foi um processo fácil, mas houve um aprendizado para a lenta mudança a partir das discussões levantadas.

Houve, sim, resistências iniciais, mas depois de dez anos de AA pode-se dizer que foi um processo que começou em apenas algumas universidades e que serviu de modelo a ser seguido (ou evitado) por todas as demais. É o que sintetiza um dos gestores da Federal do Paraná, fazendo um balanço depois de dois anos de implantação em 2007:

> *Uma coisa muito interessante que acontece com o programa aqui, em termos de apreensão valorativa, é que hoje é muito maior o número de professores e alunos favoráveis às cotas do que quando começou, porque os resultados positivos levam as pessoas a perceberem o quanto é favorável. Também há uma maior sensibilidade*

16. A mentalidade presente nas representações das famílias de classe média e média alta é o alto investimento feito no ensino básico para que seus filhos estejam preparados para conseguir os melhores lugares nas universidades públicas e gratuitas.

dos professores e dos alunos que têm receio de entrarem em searas, digamos, que podem lhes ser comprometedoras, ou seja, os racistas se reprimem um pouco. Isso também é muito bom, mas há um número, que não é pequeno, daqueles que não se conformam de ter negros na sala de aula, de os negros estarem ocupando determinados espaços.

Isso nos leva a um segundo ponto da trajetória de adoção das AA: a pedagogia do processo. Se inicialmente foi necessário um processo de convencimento com dados e definições dos tipos de políticas, quando vários professores chegaram a viajar para outros Estados para explicar o processo interno de sua universidade, as políticas foram gradualmente implementadas nas universidades estaduais e federais. Certamente, a "cota racial" foi de difícil assimilação e, como visto acima, onde quer que tenha sido adotada, foi pensada sempre atrelada à condição de egresso de escola pública. Na pedagogia do processo, estão ainda as primeiras informações: a) de que os "cotistas" estavam tendo bom desempenho na universidade; b) de que não estava havendo a racialização do *campus*, apesar dos atos de racismo iniciais como havia sido temido (poucos, porque o brasileiro tem preconceito de ser racista, como diria Florestan Fernandes); c) de que não havia evasão maior; d) de que a mudança tinha sido para melhor, pois o *campus* ficou mais democrático. Passou a haver maior sensibilidade dos professores, e como definiu uma professora do curso de odontologia da Uerj, eles tiveram que virar realmente docentes e lidar com alunos que chegavam com dificuldades e novas necessidades:

A gente até brinca que o docente passou a ser efetivamente docente porque uma coisa é você trabalhar com os melhores alunos, assim, você não tem muito trabalho, outra coisa é você exercer seu papel de acompanhamento, de estímulos, que passou a acontecer.

Um último ponto a ser ressaltado no processo é a relevância das medidas, citada pelos gestores: há uma unanimidade em apontar as AA como o caminho para a maior diversidade e democratização do *campus*. É um processo de aprendizado inestimável, na opinião desses profissionais.

Elas também trouxeram profundo questionamento sobre o vestibular, uma vez que se percebia cada vez mais que a universidade estava deixando de fora de seus muros aqueles bons alunos das escolas públicas que não tiveram o treinamento necessário para superar a barreira perversa da nota de corte de cada curso. É o que descreve um gestor da Unicamp:

> *Começamos a pensar e hoje nos parece óbvio: se dois caras empataram no vestibular, um vem da escola pública e outro vem da escola particular, será que os dois têm o mesmo mérito? Será que não tem mais coisa envolvida? Sugerimos um estudo que confirmou nossa desconfiança: se os dois tivessem empatados, o aluno da escola pública e o da escola particular, o aluno da escola pública melhora mais seu desempenho dentro da Unicamp. Isso é uma justificativa para ações afirmativas.*

Tal mudança pode ser mais bem dimensionada com a avaliação que os gestores fizeram do impacto das AA no seu *campus*, nosso segundo item de análise.

Impactos das AA

Houve a queda de vários mitos, especialmente o temor de que os alunos beneficiários de AA não teriam condições de acompanhar as exigências acadêmicas. Muito pelo contrário, não só a evasão foi semelhante àquela dos alunos que entraram pelo vestibular tradicional (é conhecida a enorme evasão nas universidades brasileiras), como seu rendimento tem sido semelhante aos desses alunos.[17] Afinal, os alunos de AA sabem que essa é a única chance que têm.

Por outro lado, a evasão vai além das dificuldades acadêmicas, pois muitos não podem ficar quatro anos na universidade sem trabalhar e têm de ajudar no orçamento doméstico. Mas como descrevem os gestores, os alunos de AA, quando superam as dificuldades iniciais de defasagem trazida do ensino médio precário, conseguem resultados até me-

17. Há poucos dados sobre o desempenho dos alunos em várias universidades. Esses dados estão começando a ser consolidados e divulgados. Em abril de 2012, a *Folha de S.Paulo* divulgou que a defasagem no aproveitamento entre os beneficiários é de apenas 3%.

lhores do que os outros alunos. E como se empenham muito, passaram a ser requisitados pelos professores que ofereciam bolsas de iniciação científica, transformando a política de permanência em uma experiência acadêmica. É o que comprova a gestora da Uems:

> *O que a gente tem visto e nos deixado muito satisfeitos é que o aluno tem ido para o Pibic, para o Pibe, que são bolsas acadêmicas, além de conseguirem melhores empregos. Os alunos não têm que ficar quatro anos na bolsa-permanência.*

Esse é outro aspecto importante do impacto da AA: esses alunos trouxeram para a universidade problemas inexistentes até então, como o problema da alimentação no *campus*, transporte e alojamento. E hoje pode-se dizer que a permanência é o grande desafio: todas as universidades, estaduais e federais, têm como meta proporcionar a esses alunos oportunidades para que não desistam por escassez de recursos materiais. E as políticas pensadas pelas universidades estaduais e federais visam exatamente mitigar os efeitos da desigualdade inicial de condições de seu alunado. E é por isso que as políticas de permanência pensadas não são apenas para os alunos beneficiários de AA: elas alcançam todos aqueles estudantes que não têm condições materiais de se manter no *campus*. São políticas que fazem parte da tão comentada democratização: a universidade pública agora procura atender uma grande variedade de classes, raças e etnias, repensando profundamente a função social da universidade, como atesta um gestor da UFRGS:

> *A reserva de vagas mexe com a composição social, étnica do corpo discente, mescla o corpo discente. E isso é bom para a universidade: eles [alunos AA] estão entrando não para criar problemas, mas para nos ensinar coisas, produzir conhecimento.*

Como terceiro impacto, é preciso registrar a mudança na sociabilidade do *campus*: há uma variedade de cor e classe que não existia há apenas dez anos. E segundo todos os gestores, impacta profundamente no aprendizado de se conviver com outras classes, raça e etnias, fazendo com que o aluno oriundo de um ensino básico muito homogêneo das escolas particulares possa conviver com a diversidade existente no país. E se há manifestações racistas até hoje, elas são cada vez menos frequentes, porque as evidências são grandes de que as AA vieram contribuir para o aprendizado de todos, professores que se renderam às novas evidências, alunos que convivem com colegas que habitam outros locais das cidades nunca visitados por eles. Além do mais, há o aprendizado para os próprios alunos de AA, que têm de superar suas dificuldades acadêmicas iniciais, além de vários temores – da discriminação, dos olhares de censura, do preconceito, dos insultos, até poder se afirmar como aluno com os mesmos direitos. É o que comprova um antigo dirigente do Neab da Ufal:

> *Para mim, foi uma quebra de paradigmas, sabe? Possibilitamos ao cidadão e à cidadã negra perceberem que têm valores intrínsecos que o racismo não destruiu ainda. Tem o relato de uma menina que achava que não devia fazer vestibular para fonoaudiologia porque não era curso para negro. Eu passei por esse processo: achava que medicina não era curso para negro. Então, você vê a importância das cotas na universidade porque resgatará esse valor, essa autoestima da pessoa, sem falar que agora nós estamos colocando no mercado um grande número de estudantes capazes de concorrer de igual para igual porque a média dos cotistas, está comprovado, é igual ou superior à daqueles que não são cotistas. Veja, eles têm toda uma dificuldade social para chegar e permanecer na universidade, mas se agarram com unhas e dentes às oportunidades dadas e têm demonstrado que são capazes de superar, com todo o preconceito, com todo o estigma que o racismo traz. Eles são capazes de superar e vencer.*

Isso nos leva ao último impacto: a mudança interna desses alunos e como eles impactam a própria prática acadêmica. Pode-se dizer que há dois tipos de universitários beneficiários observados pelos gestores: aqueles que vêm dos movimentos negros, que chegam com elevada autoestima e aqueles que se intimidam com os desafios colocados à sua frente. Tal processo de construção de autoestima é fundamental e passou a ter como consequência a criação de pautas de pesquisas relacionadas às questões de seu mundo. Essa variação depende muito de cada universidade e dos cursos que os novos estudantes frequentam, pois é muito mais difícil para esse novo aluno estar em um curso de medicina ou direito, nos quais sente mais o impacto das diferenças de classe e raça de não ser "igual" aos outros.

Este último impacto implica um dos enormes desafios trazidos para a universidade pública, que passa a receber alunos com outras necessidades.

Novos desafios para as universidades públicas

Os alunos provenientes de programas de AA chegam com novas necessidades, problemas na maioria das vezes inexistentes para o alunado tradicional, cujo custo de permanência pertencia à sua família. Nas universidades visitadas, a questão da *permanência* do aluno que apresenta necessidades materiais para prosseguir no curso, independentemente de ser beneficiário de AA ou não, foi uma questão levantada por todos os gestores. Afinal, não basta garantir o acesso do aluno à universidade; é preciso que sejam criados programas que permitam a esse aluno permanecer na universidade durante toda a graduação.

Este foi um aspecto que mudou bastante desde o início da pesquisa. Se em 2006 as universidades tinham de lançar mão de vários tipos de bolsas provenientes de programas de vários órgãos distintos, hoje há um desenvolvimento institucional mais claro, seja nas universidades federais com o PNAES, com as novas verbas do Reuni, seja nas universidades estaduais, que apresentam maiores dificuldades somente nos Estados que têm menos recursos. Há ainda uma diferença clara entre a universidade federal e a estadual: para a federal, o recurso existe e é uma questão de boa gestão para obtê-lo; para a estadual, depende da gestão e da relação entre o executivo e a gestão acadêmica, o que pode requerer formas mais criativas ou mesmo mais difíceis de solucionar. É o que pergunta uma gestora da Uems:

> *O grande questionamento que sempre existiu, e continua existindo, é que não basta somente você garantir o acesso do aluno à universidade, tem de garantir sua permanência. Por sermos uma*

> *instituição pública, a grande questão é quem garantirá a permanência desse aluno na universidade.*

Entretanto, um tema perpassou toda a pesquisa: os desafios ora postos em relação à questão da "cota racial". Se a ação coletiva inicial foi do movimento negro, que pedia políticas que permitissem mudar a conformação da cor da universidade pública, em especial nos cursos de maior demanda, o que prevaleceu em todas as universidades, com a exceção da UnB, foi a política pensada para a escola pública, com o percentual da raça ligada a essa condição em várias casos. Mas como aponta um dos gestores da UFBA, o universo acadêmico não é distinto da sociedade em geral:

> *O conservadorismo na universidade, nós vimos de perto. A hora da discussão de cotas para negros é o momento em que a universidade pública em geral no Brasil resiste. Em nenhum momento se discutiu, e muito menos se reagiu, contra as políticas para portadores de necessidades especiais, como no caso da Uerj; ou para índios no caso da UFBA, ou da Federal de Tocantins ou da Uems. Mas para negros, ainda é um grande dilema, há resistência. A universidade não é uma ilha isolada: preconceito e racismo também existem aí.*

Assim sendo, a questão racial também é de difícil assimilação na universidade, tal como acontece na sociedade brasileira, ainda alimentada pela ideia do perigo de se estar racializando uma sociedade que nunca teve o fator racial como critério para a diferenciação de sua sociabilidade. Pode-se dizer que há certo pessimismo acerca da continuidade da cota racial em algumas universidades, depois das primeiras avaliações dos programas de ação afirmativa. É o que adverte um gestor da UFMG diante da próxima avaliação do programa de sua universidade:

> *Políticas de ação afirmativa para mulheres e portadores de necessidades especiais não geram polêmica. O que gera polêmica é a questão racial. Acho que não vai haver dificuldade na manutenção do bônus para a escola pública, mas tenho dúvida sobre o bônus racial.*

Outro desafio é a qualidade dos cursos oferecidos e a assistência acadêmica para alunos que chegam com escolaridade precária do ensino médio. Foi um sentimento predominante junto aos gestores: oferecer qualidade para os novos alunos que chegam com novas necessidades e carências. Se há otimismo acerca das políticas, tanto no que concerne ao desempenho dos alunos beneficiários, quanto ao sentimento de que a universidade pública está finalmente repensando sua função social, há várias apreensões acerca da mudança efetiva para o acesso à universidade. Mas como lembra um gestor da UFMG, as AA representam um caminho efetivo para a inclusão social e maior diversidade social e racial:

> *A ação afirmativa é uma conquista de funcionários, da universidade, dos professores e dos estudantes. E o nosso desafio é dar qualidade. A ideia é que o estudante que entrou aqui pelas cotas se forme tão bem quanto os outros. E ter uma inserção futura no mercado de trabalho para que este passe a refletir essa mudança. O Congresso Nacional não tem uma representação significativa desses grupos. Vamos pensar nesses lugares, nas grandes empresas, escritórios de advocacia e empresas estatais. O objetivo é integrar, é formar bem esse profissional. E continuar para que ele entre nas grandes empresas, grandes organizações públicas e privadas no Brasil. E que esse processo de diversificação e inclusão ocorra nesses lugares.*

Assim, subjacente à questão racial e social, está o desafio de conseguir maior integração no *campus*. Mas há uma aposta entre os profissionais ouvidos de que as políticas de AA promoverão a efetiva integração social para parte da população brasileira cujas famílias nunca tiveram acesso ao ensino superior, tornando a universidade pública *locus* privilegiado para a promoção da inclusão e diversidade.

Há, assim, duas questões que merecem ser ressaltadas e que são consequência direta da nova experiência com os beneficiários de AA: o desempenho e o questionamento sobre o vestibular. Depois de dez anos de AA, pode-se hoje confirmar que o desempenho desses alunos não teve a deficiência esperada. Muito pelo contrário: há testemunhos de que têm desempenho semelhante ao dos alunos do vestibular regular, como atesta uma gestora da Uerj:

> *Aquela velha história de que o nível dos alunos baixaria com a incorporação da reserva de vagas não se concretizou, uma vez que eles tiveram um excelente resultado no processo avaliativo, e o perfil da universidade se manteve. Já temos o resultado da avaliação do Enade do curso de medicina como o melhor do Rio de Janeiro. O ensino continua o mesmo, os alunos academicamente acompanham, cumprindo todos os passos normais, independentemente da forma de ingresso.*

Há, portanto, um questionamento sobre o vestibular como instrumento de medição do acesso à universidade, como define um gestor da Unicamp:

> *A universidade é um lugar do mérito, mas mérito não é nota do vestibular. O sistema era injusto, o vestibular está longe de ser um parâmetro absoluto de avaliação de competência. Mede treinamento para fazer vestibular oficialmente.*

E quando perguntados sobre o futuro das AA, elas são percebidas como um processo sem volta, pois não houve problemas com o desempenho dos novos alunos, passados os dois primeiros anos de difícil adaptação. Há um reconhecimento da sua competência, trata-se de um percurso inexorável para uma universidade mais inclusiva, diversificada e democrática. Uma universidade pública que traduza melhor a composição social e étnico-racial da população brasileira.

Durante o período da pesquisa, o Ministério da Educação se mostrou sensível a tais mudanças, procurando pensar em políticas públicas que incentivassem o processo em curso por iniciativa das próprias universidades. Pode-se mesmo dizer que há uma confluência virtuosa que tem esse novo componente: políticas públicas que fomentam novas práticas de mudança no acesso à universidade. O surgimento de outras políticas públicas impulsionará o processo que havia sido iniciado de maneira espontânea nas várias universidades estaduais e federais.

Duas políticas: ProUni e Reuni

Duas políticas do MEC trouxeram profundo impacto à organização do ensino superior brasileiro na década de 2000. Em 2005, o ProUni abriu um novo horizonte no elitizado e limitado acesso ao ensino superior. As universidades privadas começam a implantar bolsas para alunos com renda de até três salários mínimos, que são selecionados pelo Enem. Desde então, já atendeu mais de 1 milhão de alunos. Com renúncia fiscal do governo federal, a ideia foi o aproveitamento das vagas ociosas das instituições privadas. Foi importante como uma alternativa para os alunos que não tinham acesso ao ensino privado (a PUC, na época, era exceção e foi fonte inspiradora para o MEC), dando um primeiro passo para a democratização do acesso às instituições de ensino superior.

Foi, assim, acenada aos alunos de baixa renda a oportunidade de entrar em universidades, algo que seria impensável sem essa política. Este é um processo em curso, e que pede constantes reflexões para que sejam avaliados os reais impactos do programa e a qualidade dos cursos aí oferecidos.[18] Este programa afetou indiretamente as universidades públicas, pois elas começaram a perder alunos nos seus vestibulares para instituições de ensino que até então eram inacessíveis para os estudantes de baixa renda. Foi um registro frequente feito pelos gestores entrevistados.

O outro programa elaborado pelo MEC foi o Reuni, pensado em 2007 com o objetivo de expandir o número de alunos nas universidades públicas, além de promover a permanência deles. O programa tem como objetivos: a) redução das taxas de evasão; b) a ampliação da mobilidade estudantil (circulação de estudantes entre instituições); c) a revisao da estrutura acadêmica com maior oferta de cursos e maior proporção professor/estudante; d) a ampliação de políticas de inclusão e assistência estudantil; e) a articulação da graduação com a pós. Se as universidades cumprem estes requisitos, podem fazer crescer em 20% seu orçamento anual. O item políticas de inclusão é o que nos interessa, pois fará com que as universidades federais comecem a olhar com outros olhos para políticas

18. Há vários tipos de universidades privadas, desde aquelas que têm alto padrão de excelência, como a PUC-Rio, até aquelas conhecidas por seu viés comercial. Ver o trabalho de Andréa Vieira (2010), que aponta as questões complexas do ProUni e mostra como o governo ampliou políticas de inclusão para além da questão racial. Ver também o capítulo de Rosana Heringer neste livro sobre o problema da permanência.

de acesso e a AA passará a ser vista como uma das alternativas mais viáveis de realização. Como foi observado anteriormente, há uma acentuada elevação do número das universidades federais que adotaram algum tipo de AA a partir de 2006, o que pode ser um primeiro efeito do Reuni.

Há críticas aos dois programas, concentradas principalmente na ausência de participação de acadêmicos na discussão; na preocupação com a qualidade do ensino nas universidades particulares e no aumento considerável do trabalho docente nas públicas. Não cabe aqui fazer a avaliação crítica dos dois programas, mas é preciso registrar que, apesar de seus inúmeros problemas, foram programas que propuseram desafios para a gestão universitária e efetivamente mudaram o processo de acesso ao ensino superior. O ProUni quebrou a falta de acesso às universidades privadas, cuja expansão foi enorme desde a década de 1990, para alunos de outros estratos sociais. O Reuni trouxe forte impacto tanto para a regionalização e interiorização das universidades federais quanto para a inclusão de outros segmentos sociais.[19]

Por conseguinte, estão em curso grandes mudanças nas universidades públicas do país. Aqui, foi enfatizada a reflexão feita pelos profissionais ouvidos na nossa pesquisa e mostrado o aumento gradual de universidades com ação afirmativa. Se há várias questões que pedem maior análise, em especial as consequências das políticas do MEC, percebe-se que o fator predominante são políticas redistributivas que sem dúvida mudaram a oferta de vagas no ensino superior das universidades públicas brasielrias. O que se pede agora é a constante reflexão e permanente avaliação do impacto causado por essas políticas.

Considerações finais

A década de 2000 foi cenário de profundas mudanças no acesso ao ensino superior. Tais mudanças trouxeram um novo alunado para as universidades públicas. Trata-se de um processo complexo, que envolve a desmistificação do vestibular, a preocupação com a assistência estudantil e a manutenção da qualidade de seus cursos. Mas, a ideia de AA no en-

19. Vera Cepeda e Antônio Carlos Marques (2013) analisam a expansão do ensino superior e a redemocratização, além de avaliarem as políticas do Reuni e o crescimento do ensino superior brasileiro.

sino superior para estudantes de escola pública foi absorvida por grande parte dos docentes.

Quanto à questão racial, não houve o mesmo consenso sobre sua razoabilidade nos conselhos universitários. Com exceção da UnB, ela aparece subsumida na questão social, demonstrando a dificuldade de a comunidade universitária lidar com a desigualdade racial como fator para a formulação de políticas de ação afirmativa. Assim, o fator "raça", que sociologicamente seria legitimado pela pouca presença dos pretos e pardos nos bancos escolares, não é uma "avaliação forte" para medidas específicas, o que pode estar traduzindo a ainda persistente dificuldade de tratar a desigualdade racial. Como analisam de forma coerente Avritzer e Gomes (2013), no momento em que as relações raciais se traduzem em políticas públicas, apresentam tensões novas, porque tais relações até então foram tratadas na esfera privada. O consenso geral entende que a desigualdade racial esteja resolvida com o ingresso dos alunos provenientes da escola pública, o que reforça a ideia de que a resolução da desigualdade social fará desaparecer os problemas raciais.

No entanto, foi unânime a constatação de que a nova realidade do *campus* é melhor para todos. Os alunos aprendem a conviver com a pluralidade existente na sociedade na sociedade brasileira. Segundo os gestores entrevistados, hoje a universidade pública está finalmente cumprindo seu papel. E se a universidade tem que ser mais criativa para incorporar as necessidades dos novos alunos, há uma crença geral de que o *campus* mais democrático tem sido excelente antídoto para a equação perversa criada com o *apartheid* educacional: a universidade pública gratuita, que recebia tradicionalmente, em média, 80% de alunos provenientes das escolas particulares, ao final, abriu suas portas para alunos de outras classes, cor e etnias.

Isso alinha com o dilema apresentado no início deste capítulo: o déficit educacional brasileiro representa um dos maiores desafios para o projeto democrático do país. A adoção de ação afirmativa nao veio para ser a solução definitiva; muito pelo contrário, deve ser uma política temporária que mitigue a configuração elitista da universidade pública brasileira. De qualquer forma, todo tipo de ação adotada pelas universidades efetivamente ajuda o ensino superior público a repensar sua função social. E quando gestores dizem acreditar na sua inexorabilidade é porque essas políticas trazem, juntamente com todos os desafios elencados, mais justiça social, maior diversidade e integração social.

Referências bibliográficas

ALBERTI, Verena; PEREIRA, Amílcar. *Histórias do movimento negro no Brasil*. Rio de Janeiro: Pallas/Ed. FGV, 2007.

AVRITZER, Leonardo; GOMES, Lilian. C. B. Políticas de reconhecimento, raça e democracia no Brasil. *Dados*, vol. 56, n. 1, 2013.

CARVALHO, José Murilo. *Os bestializados*. São Paulo: Companhia das Letras, 1991.

CEPEDA, Vera; MARQUES, Antônio Carlos. Um perfil sobre a expansão do ensino superior recente no Brasil: Aspectos democráticos e inclusivos. *Perspectivas — Revista de Ciências Sociais*, Unesp Araquara, vol. 1, n. 42, 2013.

CLAPP, Andréia. *Ação afirmativa na PUC-Rio*. Rio de Janeiro: Ed. PUC-Rio, 2011.

COSTA, Sérgio. *As cores de Ercília*. Belo Horizonte: Ed. UFMG, 2002.

DAGNINO, Evelina. Os movimentos sociais e a emergência de uma nova cidadania. In: ________. (org.) São Paulo: Brasiliense, 1994.

DAUSTER, Tania. Uma infância de curta duração: Trabalho e escola. *Cadernos de Pesquisa*, São Paulo: Fundação Carlos Chagas, n. 82, 1992.

FERNANDES, Florestan. *A integração do negro na sociedade de classes*. São Paulo: Ática, 1978.

FREYRE, Gilberto. *Casa-grande & senzala*. Rio de Janeiro: José Olympio, 1981.

FRY, Peter. *A persistência da raça*. Rio de Janeiro: Civilização Brasileira, 2005.

GOMES, Joaquim Barbosa. *Ação afirmativa e princípio constitucional da igualdade*: O direito como instrumento de transformação social. Rio de Janeiro: Renovar, 2001.

GUIMARÃES, Antônio Sérgio. *Racismo e anti-racismo no Brasil*. São Paulo: Ed. 34, 1997.

________. *Classes, raças e democracia*. São Paulo: Ed. 34, 2002.

HABERMAS, Jürgen. *Mudança estrutural na esfera pública*. Rio de Janeiro: Tempo Brasileiro, 1984.

HASENBALG, Carlos; VALLE, Nelson. *Relações raciais no Brasil contemporâneo*. Rio de Janeiro: Rio Fundo, 1992.

________. *Origens e destinos*. Rio de Janeiro: Topbooks, 2003.

HENRIQUES, Ricardo. *Raça e gênero nos sistemas de ensino*. Brasília: Unesco, 2001.

HERINGER, Rosana. Ação afirmativa e a promoçao da igualdade racial no Brasil: O desafio da prática. In: PAIVA, Angela Randolpho. (org.) *Ação afirmativa na universidade*: Reflexão sobre experiências concretas. Rio de Janeiro: Ed. PUC-Rio, 2004.

HONNETH, Axel. *Luta por reconhecimento*. São Paulo: Ed. 34, 2003.

MARSHALL, T. H. *Cidadania, classe social e status*. Rio de Janeiro: Zahar, 1967.

McADAM, Doug. *Political process and the development of black insurgency*. Chicago: The University of Chicago Press, 1982.

PAIVA, Angela Randolpho. (org.) *Entre dados e fatos*: Ação afirmativa nas universidades públicas. Rio de Janeiro: Ed. PUC-Rio/Pallas, 2011.

PAIVA, Vanilda. Revolução educacional e contradições da massificação do ensino. *Contemporaneidade e Educação – Revista Semestral Temática de Ciências Sociais e Educação*, ano III, p. 44-99, 1998.

SANTOS, Márcio A. *Estatuto da Igualdade Racial*: Instrumento de combate à desigualdade de raça. Texto apresentado para o projeto CIARIS, mar. 2006.

SANTOS, Renato Emerson. Racialidade e novas formas de ação social: O Pré-Vestibular para Negros e Carentes. In: ________. *Ações afirmativas*: Políticas públicas contra as desigualdades raciais. Rio de Janeiro: DP&A, 2003.

SOUZA, Jessé. *Multiculturalismo e racismo*. Brasília: Paralelo 15, 1997.

TELLES, Edward. *Racismo à brasileira*. Rio de Janeiro: Relume Dumará, 2003.

TELLES, Vera S. Sociedade civil e a construção de espaços públicos. In: DAGNINO, Evelina. (org.) *Anos 90*: Política e sociedade no Brasil. São Paulo: Brasiliense, 1994.

VIEIRA, Andrea. Dilemas da inclusão e entraves à permanência por uma reflexão multidimensional das políticas de ação afirmativa no Brasil. *O Social em Questão*, n. 23, 2010.

CAPÍTULO 3

O PRÓXIMO PASSO: AS POLÍTICAS DE PERMANÊNCIA NA UNIVERSIDADE PÚBLICA

ROSANA HERINGER

Doutora em Sociologia pelo Iuperj, é professora-adjunta da Faculdade de Educação da UFRJ, e professora e pesquisadora do Programa de Pós-Graduação em Educação da UFRJ. Tem pesquisas e trabalhos publicados sobre desigualdades raciais e políticas de ação afirmativa no Brasil, com ênfase em acesso e permanência na educação superior.

Introdução

Ao longo da primeira década do século XXI, houve uma significativa transformação no quadro do acesso ao ensino superior no Brasil. A grande preocupação durante esse período foi como fazer expandir o sistema nacional de educação superior, principalmente o sistema público, para incluir setores que tradicionalmente estiveram ausentes do ensino superior brasileiro, principalmente do ensino gratuito.[1]

No início da década de 2010 mudanças resultaram em um crescimento expressivo do número de matrículas e, em particular, de ingressantes nas instituições públicas de educação superior. Tal expansão se deu através da criação de cursos e vagas, do aumento de cursos noturnos, das políticas de ação afirmativa beneficiando grupos específicos de estudantes, através de bônus ou de cotas e, no caso do setor privado, através do ProUni, contemplando com bolsas estudantes no ensino privado.

As previsões mais preocupantes sobre a aceitação dessas medidas e o impacto que teriam no cotidiano acadêmico não se confirmaram. Ao contrário, não houve registros significativos de incidentes envolvendo casos de racismo ou da falta de integração dos novos estudantes.

Se tais riscos apontados como potenciais no caso das políticas de ação afirmativa não ocorreram e se, no geral, há uma avaliação amplamente positiva da implementação desses programas, outros desafios se apresentam ao avanço das políticas de democratização do ensino superior. Tais desafios se concentram hoje em relação às políticas de permanência para os estudantes universitários. Uma vez admitidos às instituições de educação superior, como fazer para que um amplo contingente de estudantes tenha condiçoes de permanecer, ter sucesso e concluir seu curso superior? Esta é a questão central deste capítulo.

Com base nas preocupações teóricas de Pierre Bourdieu e Alain Coulon, que apontaram os riscos associados a uma inclusão parcial ou incompleta dos estudantes no ensino superior ou mesmo em níveis anteriores de ensino, apontamos elementos atuais do debate sobre as políticas

1. Houve dois outros importantes momentos de expansão do ensino superior no Brasil, nas décadas de 1960 e de 1980. Porém nestes dois casos, predominou quase exclusivamente a expansão no ensino privado. Ver Martins (1988) e Neves (2012).

de permanência e de assistência estudantil. Como uma contextualização inicial, apresentamos componentes relevantes deste processo de expansão e democratização do ensino superior ocorrido na última década.

Em termos de metodologia, este capítulo se baseia em dados secundários do Ministério da Educação e do IBGE, sistematizados a partir de dois projetos dos quais participamos.[2]

A expansão do ensino superior no Brasil e o papel das políticas de inclusão

O universo das IES pode ser resumidamente descrito da seguinte forma: de acordo com o censo da Educação Superior, existiam em 2010, no Brasil, 2.378 IES, sendo 274 públicas e 2.069 privadas (Inep, 2011).

Em termos de tamanho e estrutura, a grande maioria das IES é formada por faculdades, isto é, unidades pequenas, quase todas privadas. Cerca de 190 são universidades, 126 são centros universitários (com menor autonomia em relação às universidades) e 37 são centros tecnológicos (que oferecem cursos em diferentes níveis).

Os dados mais recentes do censo da Educação Superior no Brasil mostram que o número de estudantes universitários no conjunto da população de 18 a 24 anos de idade cresceu de 6,2% para 14,6% entre 1997 e 2011 (Inep, 2012). O número de estudantes matriculados em instituições públicas federais dobrou entre 2003 e 2011. O número de estudantes negros frequentando esse nível de ensino quadruplicou entre 1997 e 2011. Tais números referentes à matrícula indicam resultados positivos das políticas adotadas ao longo da última década, visando o aumento de estudantes na educação superior, particularmente aqueles vindo de grupos até então sub-representados na universidade.

Em termos de tempo de estudo, a população brasileira acima de 15 anos de idade tem, em média, 7,3 anos de estudo. Entre os brancos, a média é de 8,2 anos e, entre os pretos e pardos, é de 6,4 anos (IBGE, 2010).

---

2. Projeto de pesquisa Educação superior: Expansão, diversificação e democratização, coordenado pela professora Maria Ligia Barbosa (UFRJ) com apoio do CNPq; e projeto de pesquisa Introdução à uma sociologia dos estudantes: Uma análise dos estudantes cotistas e bolsistas do curso de Pedagogia da UFRJ, coordenado pela professora Maria Ligia Barbosa, integrado pelas professoras Gabriela Honorato e Rosana Heringer e apoiado pela Faperj.

A tabela a seguir mostra a diferença que persiste em termos de acesso aos diferentes níveis de educação, de acordo com os grupos raciais que compõem a população brasileira.

Tabela 1: Distribuição das pessoas de 15 a 24 anos de idade que frequentavam escola, por cor ou raça, segundo o nível de ensino frequentado (Brasil, 2010)

Nível de ensino	Preta	Parda	Branca
Fundamental	49,1	50,8	49,0
Ensino médio	36,6	34,6	19,1
Ensino superior	12,8	13,4	31,1
Alfabetização de jovens e adultos	1,5	1,3	0.8
Total	100,0	100,0	100,0

Embora tenha havido expansão, o gráfico demonstra que ainda há desafios para a efetiva inclusão de estudantes de menor renda, pretos e pardos no ensino superior no Brasil. Em 2009, havia um "estoque" de 29 milhões de pessoas entre 16 e 40 anos que tinham concluído o ensino médio e, por tanto, poderiam potencialmente concorrer a uma vaga no ensino superior (Carvalho e Waltemberg, 2012). Entretanto, grande parcela deles não tem expectativa de ingressar no ensino superior. Obtivemos dados sobre essas diferentes expectativas a partir de pesquisa de campo realizada em 2012 com estudantes do ensino médio residentes na Cidade de Deus, no município do Rio de Janeiro (Heringer, 2012a; 2012b; 2012c)[3].

As preocupações sobre a inclusão na educação superior no período recente têm como ponto de partida a percepção da grande distância entre o Brasil e demais países com situação econômica similar quando se trata de acesso à educação superior. O Brasil se posiciona atrás da maioria dos países de renda média. Fica atrás também quando comparado com a maioria dos países latino-americanos (Neves, 2012).

As raízes dessa baixa frequência na educação superior têm diferentes causas. A primeira delas se refere à gigantesca desigualdade de oportu-

---

3. Projeto de pesquisa Democratização do acesso à educação superior: Conquistas e desafios, apoiado pela Faperj.

nidades no país. O sistema de educação básica brasileiro possui tanto escolas públicas quanto privadas, sendo estas últimas em menor número, em geral de melhor qualidade e acessíveis àqueles que podem pagar. O sistema educacional privado na educação básica é ocupado principalmente por estudantes de classe média e alta, que podem custear altas mensalidades. Estudantes que concluem o ensino básico nestas escolas são tradicionalmente aprovados em maior proporção nos exames para ingresso nas melhores universidades brasileiras que, ironicamente, são, em sua maioria, públicas e sem custos para o estudante. As consequências desta estrutura a longo prazo são a grande concentração de estudantes de maior renda e brancos nas universidades públicas.

Os estudantes de menor renda, em sua maioria pretos e pardos, que em geral frequentaram escolas públicas de menor qualidade na educação básica, não têm muitas opções, a não ser tentar ingressar em instituições de educação superior privadas, que costumam ser de menor qualidade e oferecem, na maioria dos casos, diplomas de menor prestígio no mercado de trabalho.

Assim se apresenta o quadro referente ao ingresso na educação superior no Brasil nas últimas décadas. O sistema de educação superior no Brasil foi, desde sua criação e durante muitos anos, pequeno e exclusivo, pensado para atender uma pequena elite (Almeida, 2012). A primeira onda de expansão do número de matrículas ocorreu nos anos 1960, como resultado de grande pressão de uma classe média emergente que almejava alcançar a educação superior. Entretanto, esta expansão aconteceu principalmente através do crescimento do setor privado, com incentivos por parte do Estado, através de isenções fiscais, realizando uma expansão rápida para suprir a demanda crescente. Ainda assim, a questão do acesso limitado à educação superior permaneceu, já que estes cursos eram pagos e pessoas que tinham expectativa de ingressar na educação superior não podiam custear seus estudos, ou o faziam com grande dificuldade. Há um samba composto e gravado por Martinho da Vila, em 1969, chamado "O pequeno burguês", que ilustra bem este dilema: "Felicidade, passei no vestibular, mas a faculdade é particular...".

Nas décadas seguintes, entre 1970 e 2000, houve basicamente a manutenção do mesmo modelo: o crescimento do setor privado, com cerca de 70% das matrículas e um número insuficiente de vagas nas instituições públicas que não se expandiram muito no ensino de graduação nesse período. A grande expansão das instituições públicas durante estes anos foi em nível de pós-graduação, com a criação e consolidação do Sistema Nacional de Pós-Graduação, sob o comando da Capes, órgão ligado ao MEC. Nesse período, programas de mestrado e doutorado foram criados no Brasil, além de um esforço deliberado de formar pesquisadores fora do país, a fim de que pudessem atuar na expansão da pós-graduação, mantida principalmente com recursos públicos (Balbachevsky, 2004).

Foi apenas a partir dos anos 1990 que a percepção sobre o caráter injusto do acesso à educação superior no Brasil foi percebida e diferentes forças sociais se mobilizaram por mudanças. Nesse meio-tempo, em função da expansão da educação básica e do maior número de matrículas no ensino médio, houve um maior "estoque" de jovens concluintes do ensino médio que poderiam potencialmente ingressar na educação superior.

Um dos maiores movimentos sociais que emergiram, tendo grande importância no esforço pela democratização do acesso à educação superior, foi o PVNC, que começou como um movimento social na periferia do Rio de Janeiro e, com o apoio da Igreja católica, reuniu um número significativo de estudantes e professores voluntários na organização de cursos gratuitos destinados a estudantes pobres e negros para se prepararem para os exames de ingresso na educação superior (Santos, 2003).

Da mesma forma que outros grupos similares criados na mesma época, o PVNC não rejeitava a princípio o modelo dos vestibulares. Propunham, sim, um apoio especial para que estudantes pobres e negros se preparassem para os exames. Posteriormente, incorporaram outras demandas, como a isenção de taxas de inscrição nas provas, o transporte público gratuito para estudantes universitários pobres e, tempos depois, a luta pelas ações afirmativas e cotas.

A mobilização deste e de outros movimentos sociais e atores políticos pela democratização do acesso à educação superior pública produziu resultados. Nos últimos dez anos, o governo brasileiro deu início a políticas para ampliar o número de estudantes no ensino superior, a fim de se aproximar da meta definida em 2001 de ter 30% das pessoas de 18 a

24 anos cursando o ensino superior. As políticas envolveram diferentes medidas, como:

- Expansão do sistema universitário público, com a criação de 14 universidades federais entre 2003 e 2009 (e a previsão de criação de mais quatro até 2014);
- Expansão das universidades federais já existentes, incluindo novos prédios, novos cursos e novos *campi* (Heringer e Ferreira, 2009; Castro e Aquino, 2008).
- Criação, em 2004, do ProUni, programa de bolsas do governo federal para estudantes em instituições privadas, com a concessão de 1,2 milhão de bolsas entre 2004 e 2010 (Santos, 2011).
- Políticas de ação afirmativa, beneficiando diferentes públicos.

A combinação destas diferentes políticas resultou em um crescimento significativo do sistema de ensino superior como um todo, com aumento em 29% das matrículas nas instituições públicas entre 2000 e 2008, enquanto, no mesmo período, a matrícula nas instituições privadas cresceu 8% (Inep, 2011).

Desde 2002, levantamentos têm sido produzidos por movimentos sociais e instituições acadêmicas, destinados a dar conta desse fenômeno até pouco tempo desconhecido: a implementação de políticas de ação afirmativa no acesso a instituições de ensino superior no Brasil. Se em 2002 se contava nos dedos o número de instituições públicas que adotaram essas políticas – até 2004, apenas estaduais, ganhando, então, a adesão da UnB –, dez anos depois, o quadro é bastante distinto: instituições adotam algum tipo de ação afirmativa (Gemaa/Iesp/Uerj, 2012).

Os primeiros levantamentos em 2002 apontavam tímidos passos de uma política que rapidamente ganharia fôlego. Naquele momento, era digno de registro o Programa Diversidade da Universidade, por meio do qual o MEC apoiava a implementação de cursos pré-vestibulares para afro-brasileiros e carentes. No mesmo levantamento, foram elencadas as três universidades públicas que adotavam cotas, por força de lei estadual ou por iniciativa institucional: Uerj, Uenf e Uneb.

Como demonstra estudo do Nirema/PUC-Rio (Paiva, 2010), o período de 2005 a 2008 concentra o início da adoção de políticas de ação afirmativa em 57 instituições públicas de ensino superior. Ao longo de quatro anos, um número significativo de instituições estaduais passou a adotar essas políticas, principalmente através de cotas, mas não deixa de ser surpreendente a proporção de instituições federais que passam a ter algum tipo de ação afirmativa. Já observamos aí as instituições recém-criadas, muitas no âmbito do Reuni, que já têm em seu DNA o princípio da inclusão incorporado.

Outros estudos dão conta de tendências importantes na distribuição e também no que diz respeito ao público-alvo dessas políticas. Levantamento feito pelo Neab/UFSCar aponta que grande parcela das instituições públicas de ensino superior adota o sistema de reserva de vagas para indígenas, com uma proporção inclusive superior àquelas que adotam reserva de vagas para estudantes negros (Jodas e Kawagami, 2011).

Outros estudos, como o de Morche e Neves (2010), apontam para a variedade dos tipos de políticas adotadas e públicos a que se destinam, em uma frequente combinação de práticas e públicos distintos. Feres (2008) também atenta para isso: algumas instituições chegam a combinar cinco critérios diferentes na definição do público-alvo das políticas, como: negro, indígena, quilombola, estudante de escola pública, portador de deficiência, entre outros critérios.

Se, como afirmou Feres (2008), "o número de universidades com programas de ação afirmativa no Brasil tem crescido tanto que [pode ser que] qualquer levantamento dessas políticas esteja fadado rapidamente à obsolescência", é importante não perdermos de vista a dimensão histórica desse crescimento e apontar para os novos cenários que se apresentarão no futuro próximo.

Muitas das instituições que começaram a implantar programas de ação afirmativa na primeira metade da década de 2000 já têm apresentado os resultados de avaliações institucionais que apontam os efeitos dessas políticas na distribuição de oportunidades educacionais no ensino superior e divulgam indicadores sobre o papel estratégico desses programas ao possibilitar a formação de novos profissionais que chegam ao mercado de trabalho como a primeira geração beneficiada pela ação afirmativa. Saber como o mercado de trabalho vai recebê-los é uma tarefa importante para compreender o alcance dessas políticas.

O ano de 2012 representou um marco no cenário de tais políticas. No primeiro semestre, o STF reconheceu por unanimidade a constitucionalidade das políticas de ação afirmativa, inclusive utilizando o recorte racial. Em agosto, foi promulgada a Lei 12.711/12, que determina a adoção de reservas de vagas nas instituições federais para estudantes de escola pública, estudantes de menor renda, pretos, pardos e indígenas. Com o novo cenário, é ainda mais necessário olhar para as experiências em curso, buscando avaliá-las e identificar elementos que possam contribuir para seu aperfeiçoamento. Sem dúvida, o tema das políticas de permanência está no centro destas reflexões.

Os desafios da permanência e o risco dos "excluídos do interior"

As ponderações deste capítulo partem da hipótese de que o sucesso efetivo das políticas de inclusão na educação superior ocorrerá plenamente à medida que sejam garantidas as condições de igualdade de oportunidades para os estudantes de diferentes origens sociais e características socioeconômicas na sua vivência, integração, percepção, apropriação e afiliação ao ambiente universitário. Tais condições são geradas por um conjunto de medidas de ordem institucional e também por disposições dos atores envolvidos: gestores, docentes, funcionários e colegas que possibilitem a efetiva inserção destes estudantes na vida universitária.

As dificuldades enfrentadas pelos estudantes de menor renda e de grupos tradicionalmente excluídos ao ingressarem no ensino superior são de ordens distintas. Para compreendê-las de modo mais adequado, lançamos mão, aqui, de algumas reflexões propostas por dois diferentes pensadores no campo da sociologia da educação, Pierre Bourdieu e Alain Coulon.

Ao descrever o processo de aumento do acesso ao ensino médio por parte de grupos "culturalmente desfavorecidos" na França, Bourdieu (2010b, p. 220) aponta um processo semelhante ao que ocorre hoje no Brasil em relação ao ensino superior. Após um período de ilusão e mesmo euforia, "os novos beneficiários compreenderam, pouco a pouco, que não bastava ter acesso ao ensino secundário para ter êxito nele". Este é um dos aspectos que hoje merecem ser analisados no que diz respeito à recente expansão do acesso ao ensino superior no Brasil: o risco de que as promessas de democratização feitas não se concretizem e muitos estudantes tenham êxito seus planos de sucesso após o ingresso no curso superior.

Bourdieu (2010b, p. 223) ressalta também que, ao contrário dos alunos "bem-nascidos" que recebem de suas famílias condições de realizar os investimentos certos em sua trajetória escolar, os alunos que vêm de famílias mais desprovidas financeiramente "são obrigados a submeter-se às injunções da instituição escolar ou ao acaso para encontrar o caminho em um universo cada vez mais complexo".

Nesse sentido, poderíamos refletir sobre a importância das políticas de permanência oferecidas pelas instituições de ensino superior para os estudantes de menor renda e menor capital cultural, que ficam mais expostos às condições oferecidas institucionalmente para sua permanência no ensino superior. Tais estudantes, em primeiro lugar, não podem contar com a família para os apoiarem nas demandas surgidas em função de uma escolarização prolongada. Assim, precisam criar suas próprias estratégias ou contar com eventuais mecanismos institucionais de apoio à sua permanência no ambiente universitário.

Alain Coulon (2008), em suas reflexões sobre a "condição de estudante", analisa o processo de adaptação e integração à vida universitária por parte de estudantes franceses. Coulon cria uma tipologia para abordar o que define como processo de "afiliação" dos estudantes. Ao fazê-lo, demonstra que o processo se dá de forma gradual e é atravessado por diferentes etapas. Afiliação é o processo através do qual o "aluno" passa à condição de "estudante", adquirindo, portanto, este novo *status* social, necessário para que seja possível integrar-se plenamente no novo contexto e ter sucesso em sua trajetória universitária. Isto significa apreender códigos, assimilar rotinas e movimentar-se dentro de instituições até então desconhecidas.

As diferentes etapas, que Coulon chama de "tempos" da entrada na universidade, são o estranhamento, representado pela inserção em um mundo desconhecido; a aprendizagem, caracterizada pela adaptação e acomodação; e a afiliação, quando o estudante apresenta bom manejo das regras.

Entre as atividades do tempo de aprendizagem, Coulon aponta: organizar o próprio tempo, abrindo espaço para novas tarefas; localizar e conhecer serviços disponíveis para os estudantes; desenvolver uma rede de suporte afetivo; participar de atividades que visam à integração e à proximidade. Poderia ser incluída a importância de se compreender as políticas de permanência e a assistência estudantil como mecanismos fundamentais para que o processo de afiliação apontado por Coulon aconteça plenamente. A afiliação se dá tanto no âmbito institucional quanto intelectual. A afiliação intelectual ocorre quando se compreende o que é solicitado, quando se vê no trabalho solicitado sua materialidade e, ao mesmo tempo, seu conteúdo.

Este capítulo destaca em maior grau os principais elementos que Coulon relaciona à afiliação institucional, "considerada bem-sucedida quando o estudante consegue interpretar, usar e jogar com as regras da instituição, descobrir aquelas que estão escondidas e utilizá-las na construção individualizada de seu percurso" (Sampaio e Santos, 2012, p. 7).

Hoje vivenciamos no ensino superior público no Brasil a chegada desses

> novos estudantes, com origem em segmentos historicamente segregados, [que] colocam para a instituição universitária a necessidade de uma atenção especial que facilite sua adaptação às tarefas acadêmicas dando suporte à aprendizagem das regras e códigos característicos da vida universitária. Isso implica enfrentar, com novas estratégias, o abandono e o fracasso na educação superior (id., ib., p. 1).

As diferentes gradações no processo de apropriação pelo estudante em relação ao espaço universitário podem ser utilizadas como um referencial relevante para se observar a inserção do novo grupo de estudantes que têm ingressado no ensino superior no Brasil ao longo da última década. Este processo combina com o tipo de instituição em que o estudante ingressa; com características de sua origem familiar; com o suporte institucional que o estudante venha a receber para permanecer no ensino superior.

Neste texto são abordados aspectos relativos ao processo de permanência no ensino superior – que também pode ser lido na perspectiva de Coulon como uma etapa no processo de afiliação. O foco são aspectos referentes ao apoio institucional voltado para estudantes cotistas e beneficiários de bolsas de assistência estudantil em universidades públicas federais, tomando como referência o caso da UFRJ, que vem passando por processo de expansão de políticas de acesso e permanência.

A análise aqui realizada é introdutória, a partir da compreensão inicial sobre os processos internos de seleção e concessão de auxílios e outras medidas de assistência estudantil no âmbito da UFRJ, tendo como referência a perspectiva mais ampla do Programa Nacional de Assistência Estudantil, criado pelo governo federal em 2010 (Decreto 7.234, de 19 de julho de 2010).

Políticas de assistência estudantil: Expansão e desafios

O sistema de educação superior no Brasil cresceu consideravelmente durante a última década e trouxe consigo o debate sobre formas mais democráticas de garantir a efetiva inserção de estudantes que pertencem a grupos tradicionalmente excluídos deste nível de ensino.

As experiências de ação afirmativa, juntamente com a expansão do sistema durante os anos 2000, promoveram maior inclusão, porém ainda há muitos obstáculos a serem ultrapassados. Os problemas se concentram nas dificuldades enfrentadas pelos estudantes de menor renda para permanecer na universidade, principalmente do ponto de vista das dificuldades financeiras. As políticas de assistências estudantil ainda engatinham na sociedade brasileira e, mesmo quando existem, estas políticas não necessariamente alcançam todos os estudantes que as solicitam (Vargas, 2012; Sousa e Portes, 2011).

Poucas instituições planejaram, ao menos nos primeiros anos da adoçao das políticas de açao afirmativa, programas de assistência estudantil para os estudantes ingressantes por este sistema. Portes e Sousa (2011) demonstram que, entre as 38 universidades federais com algum tipo de ação afirmativa, apenas dez mencionaram a adoção de programas de assistência estudantil em seus documentos oficiais de criação destas políticas.

Podemos dizer que há um desafio para as IES públicas, especialmente as de maior prestígio, para considerar efetivamente como parte de suas tarefas e responsabilidades a necessidade de lidar com a emergência desse novo perfil de estudante universitário, que chega com diferentes necessidades e requer atenção especial por parte das instituições. É importante destacar que muitos desses estudantes pertencem à primeira geração das suas famílias a ingressar no ensino superior. Vários estudantes que conseguiram ingressar em uma universidade pública nos anos recentes viveram dificuldades em termos econômicos e também em termos do acesso a diferentes oportunidades de inclusão em atividades oferecidas pelas universidades.

Com o intuito de responder a tais desafios, o governo criou, em 2010, o Programa Nacional de Assistência Estudantil (PNAES), com os seguintes objetivos: "I – democratizar as condições de permanência dos jovens na educação superior pública federal; II – minimizar os efeitos das desigualdades sociais e regionais na permanência e conclusão da educação superior; III – reduzir as taxas de retenção e evasão; e IV – contribuir para a promoção da inclusão social pela educação" (Brasil, 2010).

Com o propósito de concretizar estes objetivos, o PNAES define ações que deverão ser adotadas nas seguintes áreas: moradia; alimentação; transporte; atenção à saúde; inclusão digital; cultura; esportes; educação infantil para filhos de estudantes; acesso, participação e aprendizagem de estudantes portadores de deficiência (Brasil, 2010).

As medidas começaram a ser implementadas em 2008, embora o PNAES só tenha sido formalmente criado em 2010. Desde o começo, como demonstra o gráfico a seguir, os recursos destinados ao PNAES têm se ampliado.

Gráfico 1: Evolução dos recursos orçamentários para o PNAES

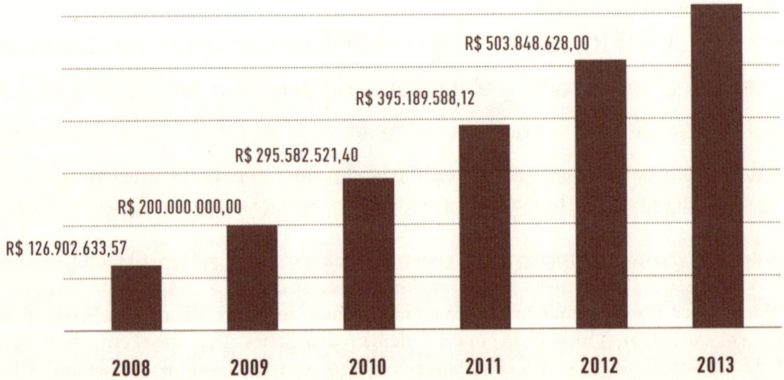

Entretanto, existem críticas tanto por parte de organizações estudantis quanto do lado de administrações de universidades federais apontando para o fato de os recursos serem insuficientes para atender a demanda por essas políticas. Os dados do censo da educação superior de 2010 informam que apenas 18,3% dos estudantes ingressantes em universidades públicas através de política de cotas recebiam algum tipo de assistência estudantil. Entre os estudantes, apenas 9% recebiam algum tipo de benefício (Paixão et al., 2012).

Logo após a aprovação da "Lei de Cotas" (Lei 12.711/2012), o Fórum Nacional de Pró-Reitores de Assuntos Comunitários e Estudantis (Fonaprace) declarou que o volume de recursos necessários para viabilizar o atendimento às demandas da assistência estudantil, levando em conta o aumento de estudantes cotistas nas Ifes, seria de pelo menos 2 bilhões de reais, isto é, quatro vezes o previsto para 2013.[4]

No início de 2013, como desdobramento da implementação da nova legislação referente a cotas nas instituições federais de educação superior, o Ministério da Educação e a Secretaria de Políticas de Promoção da Igualdade Racial (Seppir) anunciaram um novo programa de bolsas destinado a conceder auxílio financeiro aos estudantes negros e indígenas ingressantes através do novo sistema de cotas.[5]

Dados disponíveis sobre instituições específicas demonstram que o volume de recursos é de fato insuficiente para responder à crescente demanda por assistência estudantil. Na UFRJ, por exemplo, apenas 5,1% dos estudantes recebem algum tipo de apoio financeiro e somente 1,2% tem acesso à residência estudantil ou a algum tipo de apoio financeiro para moradia (Inep, 2011).

No caso da UFRJ, desde 2011, estabeleceu-se que os cotistas, ao ingressarem, teriam direito a uma bolsa de acesso e permanência. Desde

---

4. Não há recurso para as cotas, *O Estado de S. Paulo*, 13 nov. 2012. Disponível em: <www.estadao.com.br/noticias/impresso,nao-ha-recursos-para-as-cotas-,956778,0.htm>. Acesso em: 28 abr. 2013.

5. Mais informações sobre o programa em: <www.permanencia.mec.gov.br>. O secretário de Educação Superior do MEC, Paulo Speller, informou em maio de 2013 que "o investimento lançado no Programa Nacional de Bolsa Permanência será complementar ao Plano Nacional de Assistência Estudantil (Pnaes), que em 2013 foi orçado em cerca de R$ 650 milhões". Disponível em: <http://g1.globo.com/educacao/noticia/2013/05/mec-cria-bolsa-de-r-400-para-alunos-de-baixa-renda-das-federais.html>. Acesso em: 5 dez. 2013.

então, os cotistas têm sido beneficiados com esta bolsa, renovável anualmente, levando, portanto, à necessidade de assegurar recursos crescentes para a concessão das mesmas. Em 2012, a Superintendência Geral de Políticas Estudantis (Superest)[6] contou com cerca de 21 milhões de reais para pagamento de benefícios a estudantes. Para 2013, o volume de recursos orçado para esses benefícios totaliza 30,3 milhões de reais (Superest, 2012).

É preciso refletir sobre a própria definição do que se entende por permanência e por assistência estudantil. Em um seminário sobre as políticas de ação afirmativa ocorrido em 2012, no Rio de Janeiro,[7] houve consenso entre os participantes sobre a importância de se diferenciar "permanência" e "assistência estudantil". As políticas de permanência possuem uma maior abrangência, incluindo aspectos relacionados a diferentes formas de inserção plena na universidade, como programas de iniciação científica, apoio à participação em eventos, entre outras atividades. As políticas de assistência estudantil abarcam as políticas de permanência, mas têm um foco mais específico nas ações necessárias para viabilizar a frequência às aulas e demais atividades acadêmicas.

Menezes (2012, p. 73) explica as políticas de assistência estudantil:

> [...] um mecanismo de direito social que transita por diversas áreas, compreendendo ações que vão desde o acompanhamento das necessidades especiais dos estudantes até o provimento de recursos mínimos (moradia, alimentação, transporte, recursos financeiros) para o alcance dos objetivos de permanência na educação superior.

---

6. A Superest foi criada em julho de 2011, tendo "por principal missão constituir-se em uma estrutura pedagógico-administrativa voltada ao planejamento, coordenação, acompanhamento e avaliação dos programas e ações direcionados à comunidade discente, buscando a consolidação de uma ampla política de atendimento e assistência aos discentes da UFRJ, visando à disponibilização de condições adequadas para acesso, permanência, para o bem-viver na universidade, bom aproveitamento, aprendizado e excelência acadêmica". Em seu relatório de atividades de 2012, os gestores da Superest defendem que ela seja futuramente transformada em uma pró-reitoria de assuntos estudantis (Superest, 2012).

7. Seminário 10 anos de ação afirmativa: Conquistas e desafios, realizado na Uerj, em 21 e 22 de novembro de 2012, organizado pela Flacso Brasil. Mais informações: <www.flacso.org.br/gea/documentos/seminario_10_anos/Relatorio_Temas.pdf>.

> É composta por ações universais e/ou focalizadas em determinados segmentos com necessidades específicas. Tais ações buscam apoiar a permanência dos estudantes na universidade para que possam concluir sua graduação com bom aproveitamento acadêmico.

As políticas de permanência devem ser pensadas para todo e qualquer estudante universitário, enquanto as políticas de assistência se destinam àqueles em situação de maior vulnerabilidade, vivenciando situações que possam comprometer sua permanência, incluindo as dificuldades de ordem financeira. Entretanto, na prática e nos diferentes arranjos institucionais para a implementação dessas políticas, as ações de permanência e assistência estudantil são integradas, às vezes, superpostas ou mesmo confundidas.

Na pesquisa realizada pelo Nirema, apresentada em evento realizado em 2012,[8] cujos resultados estão apresentados em outros capítulos deste volume, as políticas de permanência e assistência estudantil relatadas em nove instituições públicas de ensino superior de todas as regiões do país são as seguintes (na ordem de frequência):

- Alimentação
- Assistência médica
- Bolsas de extensão
- Moradia
- Bolsas de iniciação científica
- Bolsas de monitoria
- Bolsa trabalho
- Ajuda financeira
- Apoio pedagógico
- Creche
- Transporte
- Intercâmbio
- Outros (congresso, fotocópias, material didático, biblioteca comunitária, internet e bolsa emergência).

8. Pesquisa Ações afirmativas: Monitoramento e acompanhamento nas universidades brasileiras, coordenada pela professora Angela Randolpho Paiva. Os resultados foram apresentados no Seminário Internacional sobre ação afirmativa: Processo, conquistas e desafios, realizado na PUC-Rio, em junho de 2012.

Nesse conjunto de políticas, encontram-se ações relacionadas diretamente com a assistência estudantil (incluindo ajuda financeira, moradia, alimentação, transporte, creche e assistência médica) e ações mais voltadas para permanência (que seriam as bolsas de extensão, iniciação científica, monitoria, apoio pedagógico e intercâmbio).

Encontra-se, entre as políticas listadas, uma categoria específica relacionada à "bolsa trabalho" que, dependendo do contexto de cada instituição, pode ser definida como atividade de assistência estudantil ou permanência. Tal ação demanda uma discussão mais ampla sobre as contrapartidas esperadas dos estudantes que recebem apoio das instituições de ensino superior. Há alunos que frequentam cursos em horário integral, ainda que precisem do apoio financeiro, teriam grandes dificuldades em trabalhar um número mínimo de horas semanais para fazer jus a este auxílio. Entendemos que este tipo de modalidade de auxílio financeiro coloca em pauta a necessária discussão sobre possíveis efeitos de manutenção de desigualdades, ao se impor ao estudante cotista ou com menos recursos financeiros a necessidade de contrapartida em termos de trabalho na instituição.

Outras instituições têm adotado um modelo de auxílio financeiro que, ao mesmo tempo, teria o objetivo de encorajar os alunos cotistas e de menor renda a se engajarem em atividades de pesquisa e estudo orientado.[9] Ao serem selecionados para este tipo de bolsa através do critério de renda familiar, os estudantes devem também se vincular a um projeto de pesquisa de um professor, segundo seu tema de interesse, seguindo, sob a coordenação dele, um plano de estudo orientado. Neste caso, as nossas reflexões apontam a necessidade de entender como se dá o engajamento dos bolsistas nas atividades do referido projeto, se

9. Este é, por exemplo, o caso da UFF, que, entre outras modalidades de apoio estudantil, prevê a modalidade de "desenvolvimento acadêmico", em cujo edital se lê: "São objetivos específicos da Bolsa de Desenvolvimento Acadêmico: a) Possibilitar ao estudante da UFF, em situação de vulnerabilidade socioeconômica, receber auxílio financeiro através de recursos do PNAES, ou, em sua falta, de outros recursos financeiros disponíveis; b) Promover a orientação acadêmica do estudante contemplado com esta modalidade de bolsa; c) Garantir ao bolsista a realização de estudo orientado que aprofunde seus conhecimentos e o introduza à pesquisa; d) Melhorar o desempenho acadêmico do bolsista; e) Contribuir para a redução das taxas de evasão e retenção dos cursos de graduação presencial na UFF". Disponível em: <www.proaes.uff.br/bolsa-de-desenvolvimento-academico>. Acesso em: 28 abr. 2013.

comparados, por exemplo, a bolsistas de iniciação científica regulares envolvidos na mesma atividade.

Os programas e ações variam consideravelmente entre as universidades. É possível observar que, além das ações previstas acima, também há outros programas, como apoio à aquisição de material didático, cursos de língua estrangeira e cursos de férias com conteúdos específicos. As ações se voltam, por um lado, ao apoio financeiro para os recursos necessários à adequada frequência ao curso (no caso do material didático). Por outro, ações como cursos suplementares se referem a demandas relacionadas ao conjunto de estudantes, não necessariamente circunscritas às atividades estritas de apoio financeiro.

Compreendemos, portanto, que as ações de permanência e assistência estudantil se desenvolvem através de diferentes programas complementares que devem idealmente estar articulados entre si dentro de cada instituição. Entretanto, dada a diversidade de ações, em algumas instituições, essas atividades são gerenciadas através de diferentes órgãos, gerando, em alguns casos, problemas de coordenação e gestão.

Embora estejam em nível nacional em um processo de expansão e institucionalização, os programas de permanência e assistência estudantil encontram diferentes níveis de comprometimento por parte dos gestores. Como afirma Menezes (2012, p. 74):

> De forma geral, as Ifes desenvolveram suas ações de assistência estudantil de forma pontual e sempre de acordo com a disponibilidade orçamentária definida por seus gestores. A demanda por assistência sempre esteve voltada, em especial, para moradia, alimentação, transporte e bolsas de auxílio financeiro.

As estruturas de gestão para implementação dessas políticas variam de acordo com a instituição. Em algumas universidades, tais ações são implementadas através de uma pró-reitoria ou sub-reitoria própria; em outras, são gerenciadas através de uma superintendência ou divisão, o que, por vezes, traz incertezas sobre o tipo de prioridade dada pela instituição à assistência estudantil.

Ainda no campo da implementação das políticas de permanência, cabe destacar aqui outros desafios que têm sido apontados por alguns gestores. Em primeiro lugar, em tempos de expansão geográfica e interiorização das universidades, através da criação de novos *campi*, é importante que se busque garantir que as diversas modalidades de assistência estudantil sejam distribuídas de forma mais equilibrada entre alunos de diferentes unidades e não fiquem concentradas apenas no *campus* principal.

Outro desafio, também decorrente da recente expansão, diz respeito à necessidade de uma atenção especial aos alunos que frequentam os cursos noturnos, que em muitos casos têm menor acesso a informações sobre bolsas disponíveis e outras atividades de apoio. Também observa-se que estudantes neste turno sofrem com estrutura mais precária em termos de restaurante universitário e transporte, entre outros aspectos.

É válido chamar a atenção para o papel crucial das políticas de permanência e assistência estudantil no sentido de conciliar as exigências da excelência acadêmica com a inclusão social e a ampliação da diversidade nas instituições de ensino superior. Estes programas desempenham a tarefa de garantir condições materiais e subjetivas que viabilizem a emergência de vários estudantes talentosos que, em outras circunstâncias, poderiam ter suas chances de sucesso reduzidas em função de condições adversas originadas em momento anterior ao seu ingresso na universidade.

Considerações finais

O esforço pela democratização do acesso ao ensino superior no Brasil é um processo de longo prazo e, apesar dos avanços, ainda enfrenta desafios para sua efetiva consolidação nos próximos anos.

Os resultados recentes de avaliações sobre as políticas implementadas até aqui demonstram que o país deve continuar nesta direção e deve fortalecer os mecanismos para aperfeiçoar e ampliar as políticas de inclusão. As políticas de ação afirmativa são uma medida importante para alcançar este objetivo, e os desafios que se apresentam na sua implementação devem ser considerados parte do processo de democratização do ensino superior e da sociedade brasileira como um todo.

O sucesso dessas medidas depende das contribuições de diferentes atores sociais. O governo federal deve, por um lado, garantir recursos e, por outro, estabelecer mecanismos de monitoramento destas políticas. Os governos estaduais devem expandir as políticas de ação afirmativa e as de permanência nas instituições estaduais. É importante que as diferentes instituições públicas de ensino superior aperfeiçoem seus mecanismos de monitoramento sobre a trajetória acadêmica dos estudantes, identificando suas necessidades e o apoio necessário. Mais pesquisas devem ser feitas sobre estes aspectos e é importante que as organizações estudantis e outros movimentos sociais acompanhem de perto o processo.

As políticas de permanência e de assistência estudantil são parte fundamental dessa estratégia de expansão. Elas são direito de todos os estudantes, principalmente daqueles que ingressaram através de ações afirmativas e talvez tenham necessidades específicas. Para que percorram uma trajetória de sucesso no ensino superior, recursos financeiros devem estar disponíveis através de programas de bolsas e auxílios, além de outras ações. Os programas de iniciação científica, extensão, monitoria e iniciação à docência são fundamentais para ampliar a oferta de atividades a esses estudantes.

As instituições de ensino superior devem pleitear, como tarefa pública e coletiva, a efetiva inserção institucional do aluno, principalmente aquele que pertence a grupos que originalmente não estavam representados no ensino superior.

Após dez anos de experiência de políticas de ação afirmativa no Brasil, é necessário que se supere do ponto de vista político e institucional a interpretação "heroica" sobre trajetórias individuais de alunos que, frente a dificuldades materiais, institucionais e simbólicas, conseguiram completar seu percurso universitário e se inserir no mercado de trabalho.

Não pretendemos minimizar os esforços e as conquistas dos estudantes que "desbravaram", por assim dizer, o espaço acadêmico, muitos deles vindos de cursinhos pré-vestibulares comunitários e populares, parte deles voltados para estudantes negros (Silva, 2003; Santos, 2003). Observamos, inclusive, que as trajetórias de sucesso são frequentemente utilizadas como exemplos de sucesso das políticas de ação afirmativa, demonstrando que, com oportunidades, estes estudantes conseguem percorrer uma trajetória exitosa.

Na maior parte dos casos, essas trajetórias de sucesso são apontadas predominantemente como resultado do investimento e do sucesso individual. Se, em um primeiro momento, a ação afirmativa foi a oportunidade que permitiu "atravessar as portas" da universidade, as etapas seguintes são muitas vezes apresentadas como de exclusiva responsabilidade do estudante, em alguns casos, contando com o apoio da família, para seguir seu percurso na vida universitária. Como afirmam Sousa e Portes (2011), "para permanecer no sistema superior de ensino público de qualidade, o estudante pobre desenvolve um conjunto significativo de estratégias, pessoais e coletivas, materiais e simbólicas".

É importante que esse percurso seja também de responsabilidade das instituições que atuam no ensino superior, através de apoio financeiro e da facilitação para que a inserção do estudante no ambiente universitário aconteça plenamente.

As políticas de ação afirmativa são uma importante ferramenta na mobilização contra o racismo e a discriminação racial nas IES e na sociedade em geral. Embora sujeitas a críticas quando foram inicialmente implementadas, há uma década, pesquisas de opinião recentes demonstram crescente apoio a estas políticas por parte da população brasileira.

Este momento de expansão e consolidação das políticas de ação afirmativa no Brasil representa um marco no processo de promoção de igualdade de oportunidades e deve ser fortalecido e aperfeiçoado através de diferentes mecanismos nas próximas décadas.

Referências bibliográficas

AMARAL, Daniela Patti do. *O Programa Universidade para Todos e a ampliação do acesso ao ensino superior*: Diferentes discursos, difíceis consensos. Texto apresentado na 33ª Reunião Anual da Anped, Caxambu, 2010.

ALMEIDA, Wilson M. de. *O ProUni e a "democratização do ensino superior.* Explorações empíricas e conceituais. Texto apresentado na 33ª Reunião Anual da Anped, Caxambu, 2010.

________. *Ampliação do acesso ao ensino superior privado lucrativo brasileiro*: Um estudo sociológico com bolsistas do ProUni na cidade de São Paulo. Tese (Doutorado em Sociologia) – Universidade de São Paulo, São Paulo, 2012.

BALBACHEVSKY, Elizabeth. *A pós-graduação no Brasil*: Novos desafios para uma política bem sucedida, 2004. Disponível em: <www.schwartzman.org.br/simon/desafios/9posgrado.pdf>. Acesso em: 25 fev. 2013.

BOURDIEU, Pierre. A escola conservadora: As desigualdades frente à escola e à cultura. In: NOGUEIRA, Maria Alice; CATANI, Alfredo. (orgs.) *Escritos de educação*. 11. ed. Petrópolis: Vozes, 2010, p. 39-64.

________. Os excluídos no interior. In: NOGUEIRA, Maria Alice; CATANI, Alfredo. (orgs.) *Escritos de educação*. 11. ed. Petrópolis: Vozes, 2010, p. 217-227.

BRASIL. Decreto 7.234, de 19 de julho de 2010. Dispõe sobre o Programa Nacional de Assistência Estudantil (PNAES).

CARVALHO, M.; WALTENBERG, F. Cotas aumentam a diversidade racial sem comprometer o desempenho? *Sinais Sociais*, v. 7, n. 20, p.36-77, 2012.

COULON, Alain. *A condição de estudante*: A entrada na vida universitária. Salvador: Edufba, 2008.

DAYRELL, Juarez; LEÃO, Geraldo; REIS, Juliana B. dos. *Juventude, projetos de vida e ensino médio*. Trabalho apresentado no XXVIII Congresso Internacional da Alas, Recife, 6 a 11 de setembro de 2011.

FERES JR., João. Ação afirmativa: Política pública e opinião. *Revista Sinais Sociais*, n. 8, p. 38-77, set.-dez. 2008.

________. Aprendendo com o debate público sobre ação afirmativa, ou como argumentos ruins podem tornar-se bons tópicos de pesquisa. In: PAIVA, Angela Randolpho. (org.) *Entre dados e fatos*: Ação afirmativa nas universidades públicas brasileiras. Rio de Janeiro: Ed. PUC-Rio/Pallas, 2010, p. 157-182.

GEMAA. Grupo de Estudos Multidisciplinares da Ação Afirmativa. Disponível em: <http://gemaa.iesp.uerj.br>. Acesso em: 13 nov. 2012.

HERINGER, Rosana. Ação afirmativa, estratégias pós-Durban. *Relatório Observatório da Cidadania*. Rio de Janeiro, Ibase, 2002.

________. Ação afirmativa à brasileira: Institucionalidade, sucessos e limites da inclusão de estudantes negros no ensino superior no Brasil (2001-2008). In: PAIVA, Angela Randolpho. (org.) *Entre dados e fatos:* Ação afirmativa nas universidades públicas brasileiras. Rio de Janeiro: Ed. PUC-Rio/Pallas, 2010, p. 117-144.

________. Expansão do ensino superior no Brasil: Acesso, diferenciação interna e políticas de inclusão. Trabalho apresentado ao GT 8: Educação superior na sociedade contemporânea, no XV Congresso Brasileiro de Sociologia, Curitiba, 26 a 29 de julho de 2011.

________. *O que será o amanhã?* Perspectivas sobre o futuro após o ensino médio entre estudantes negros e brancos na Cidade de Deus, Rio de Janeiro. Paper apresentado no 36º Encontro Anual da Anpocs. Águas de Lindoia, 2012a.

________. Expectativas sobre ingresso no ensino superior entre estudantes da Cidade de Deus, Rio de Janeiro. In: *Anais do III Colóquio Luso-Brasileiro de Sociologia da Educação Problemas contemporâneos da educação no Brasil e em Portugal*: Desafios à pesquisa. Rio de Janeiro, UFRJ, 2012b.

________. *Expectations about higher education in City of God, Brazil*: Does diversification in access make a difference? Paper apresentado no II ISA Forum of Sociology Social Justice & Democratization, Buenos Aires, 2012c.

________. Dez anos de ação afirmativa: Mapas, balanços, aprendizados. *Cadernos do GEA*, Ações afirmativas e inclusão: Um balanço, Rio de Janeiro: FLACSO/GEA/LPP/Uerj, n. 2, jul.-dez. 2012d.

HASENBALG, Carlos; SILVA, Nelson do Valle. (orgs.) *Origens e destinos*: Desigualdades sociais ao longo da vida. Rio de Janeiro: Topbooks, 2003.

HERINGER, Rosana; FERREIRA, Renato. Análise das principais políticas de inclusão de estudantes negros no ensino superior no Brasil no período 2001-2008. In: PAULA, Marilene de; HERINGER, Rosana. *Caminhos convergentes*: Estado e sociedade na superação das desigualdades raciais no Brasil. Rio de Janeiro: Fundação Heinrich Boll/ActionAid, 2009.

INEP. Plano Nacional de Educação, 2000. Disponível em: <portal.mec.gov.br/arquivos/pdf/pne.pdf>.

______. Censo da Educação Superior 2010, 2011. Disponível em: <http://portal.inep.gov.br/web/censo-da-educacao-superior>. Acesso em: 21 maio 2013.

______. Censo da educação superior 2011, 2012. Disponível em: <http://portal.inep.gov.br/superior-censosuperior-sinopse>. Acesso em: 14 jun. 2013.

IPEA. PNAD 2007 – Primeiras análises. Brasília: Ipea, Comunicado da Presidência, n. 12, 2008.

JODAS, Juliana; KAWAGAMI, Erika. *Políticas de acesso ao ensino superior*: Os desdobramentos na configuração dos programas de ação afirmativa no Brasil. Trabalho apresentado no XI Congresso Luso-Afro-Brasileiro de Ciências Sociais. Salvador: UFBA, 2011.

LÁZARO, André et al. Inclusão na educação superior. *Cadernos do GEA*, Ações afirmativas e inclusão: Um balanço. Rio de Janeiro: FLACSO/GEA/LPP/Uerj, n. 2, p. 5-8, 2012.

MACHADO, Elielma; SILVA, Fernando Pinheiro. Ações afirmativas nas universidades públicas: O que dizem os editais e manuais. In: PAIVA, Angela Randolpho. (org.) *Entre dados e fatos*: Ação afirmativa nas universidades públicas brasileiras. Rio de Janeiro: Ed. PUC-Rio/Palas, 2010, p. 19-50.

MARTINS, Carlos. B. *Ensino pago*: Um retrato sem retoques. São Paulo: Cortez, 1988.

MENEZES, Simone C. de. Assistência estudantil na educação superior pública: O programa de bolsas implementado pela Universidade Federal do Rio de Janeiro. Dissertação (Mestrado em Serviço Social) – Pontifícia Universidade Católica do Rio de Janeiro, Rio de Janeiro, 2012.

MORCHE, Bruno; NEVES, Clarissa E. B. *A questão racial no acesso ao ensino superior*: Políticas afirmativas e equidade. Seminário Fazendo Gênero, Florianópolis, 2010.

NEVES, Clarissa E. B. *Ensino superior no Brasil*: Expansão, diversifica ção e inclusão. Congresso da LASA. San Francisco (EUA), 23 a 26 de maio de 2012.

PAIVA, A. R. (org.) *Ação afirmativa na universidade*: Reflexão sobre experiências concretas Brasil-Estados Unidos. Rio de Janeiro: Ed. PUC-RJ, 2004.

________. *Entre dados e fatos*: Ação afirmativa nas universidades públicas brasileiras. Rio de Janeiro: Ed. PUC-Rio/Pallas, 2010.

PAIXÃO, Marcelo et al. *Relatório Anual das Desigualdades Raciais no Brasil*: 2009-2010. Rio de Janeiro: Garamond, 2011.

________. Ações afirmativas no ensino superior público e políticas de apoio estudantil. *Cadernos do GEA*, Rio de Janeiro: FLACSO/GEA/LPP/Uerj, n. 2, p. 9-10, jul.-dez. 2012.

SAMPAIO, Sonia; SANTOS, Georgina. *O conceito de afiliação estudantil como ferramenta para a gestão pedagógica da educação superior*. II Conferência FORGES – Fórum do Ensino Superior nos Países e Regiões de Língua Portuguesa. Macau: Instituto Politécnico de Macau, 6 a 8 de novembro de 2012.

SANTOS, Clarissa Tagliari. A chegada ao ensino superior: O caso dos bolsistas do ProUni na PUC-Rio. Rio de Janeiro: Programa de Pós-Graduação em Sociologia e Antropologia/IFCS/UFRJ, 2011.

SANTOS, Georgina et al. *Itinerários de jovens universitários no Recôncavo da Bahia*. II Colóquio Internacional do Observatório da Vida Estudantil: Universidade, responsabilidade social e juventude, UFRB, de 31 de maio a 2 de junho de 2012.

SANTOS, Renato Emerson dos. Racialidade e novas formas de ação social: O pré-vestibular para negros e carentes. In: SANTOS, R. E.; LOBATO, F. (orgs.) *Ações afirmativas*: Políticas públicas contra as desigualdades raciais. Rio de Janeiro: DP&A, 2003, p. 127-153.

SILVA, Jailson de Souza e. *Por que uns e não outros?* Caminhada de jovens pobres para a universidade. Rio de Janeiro: 7 Letras, 2003.

SOUSA, Letícia Pereira; PORTES, Écio Antônio. As propostas de políticas/ações afirmativas das universidades públicas e as políticas/ações de permanência nos ordenamentos legais. *Revista Brasileira de Estudos Pedagógicos*, Brasília, v. 92, n. 232, p. 516-541, set.-dez. 2011.

SUPEREST – Superintendência Geral de Políticas Estudantis/UFRJ. *Relatório de Atividades*, 2012.

TEIXEIRA, Ana Maria F. Entre a escola pública e a universidade: Longa travessia para jovens de origem popular. In: SAMPAIO, Sonia M. R.

(org.) *Observatório da Vida Estudantil*: Primeiros Estudos. Salvador: UFBA, 2011, p. 27-51.

VARGAS, Hustana M. *Políticas de permanência na Universidade Federal Fluminense*: Um estudo sob a perspectiva das carreiras e da interiorização, 2012.

VIEIRA, Andréa L. da C.; VIEIRA, José Jairo. Dilemas da inclusão e entraves à permanência: Por uma reflexão multidimensional das políticas de ação afirmativa no Brasil. *O Social em Questão*, n. 23, p. 72-92, 2010.

ZAGO, Nadir. Do acesso à permanência no ensino superior: Percursos de estudantes universitários de camadas populares. *Revista Brasileira de Educação*, Rio de Janeiro, v. 11, n. 32, p. 226-237, ago. 2006.

CAPÍTULO 4

SANKOFA: A POLÍTICA DA BOA ESPERANÇA

ELISA LARKIN NASCIMENTO
Doutora em psicologia social pela USP e mestre em direito e ciências sociais pela Universidade de Nova York. Como diretora do Ipeafro, coordena o Fórum Educação Afirmativa Sankofa e o Acervo Abdias do Nascimento.

PRECONCEITO esmagado no feito
destruído no conceito
eito ardente desfeito
ao leite do amor perfeito
sem pleito
eleito ao peito
da teimosa esperança
em que me deito

Abdias Nascimento (1983b, p. 26)

Introdução

Antes de apresentar conceituações ousadas ou pesquisa aprofundada, este capítulo traz um depoimento sobre aspectos da ação afirmativa que tenho testemunhado. Minha perspectiva ocupa um período maior que os dez anos da vigência das políticas de ação afirmativa no Brasil. O objeto de reflexão deste capítulo é o contexto histórico mais amplo em que a ideia da ação afirmativa evoluiu no Brasil. Tal contexto histórico gera implicações para a efetiva implantação das políticas de ação afirmativa no sistema de ensino no país.

O trecho do poema na epígrafe expressa duas dimensões essenciais à política de ação afirmativa: a esperança e a boa-fé, características que eram muito próprias à personalidade e ao ideário de Abdias Nascimento, com quem tive a honra de conviver e trabalhar durante mais de trinta anos. Ele foi o autor da primeira proposta legislativa de políticas afirmativas, contida no Projeto de Lei 1.332/1983, apresentado a uma Câmara dos Deputados em que a voz dele era a única de um parlamentar negro que afirmava sua identidade negra e que dedicava seu mandato à defesa e promoção dos direitos humanos e civis da população negra. O texto dispõe sobre "ação compensatória visando à implementação do princípio da isonomia social do negro, em relação aos demais segmentos étnicos da população brasileira, conforme direito assegurado pelo art. 153, § 1º da Constituição da República" (Nascimento, 1983a, p. 98). Aborda a responsabilidade do Estado Brasileiro de adotar medidas concretas para assegurar esse direito "nos setores de oportunidade de trabalho, remuneração, educação e tratamento policial, entre outros" (art. 1º). As políticas abrangem as questões de gênero e raça ao estabelecerem como metas, cotas de 20% para homens negros e 20% para mulheres negras no serviço público no setor privado (arts. 2º e 3º). O projeto cria mecanismos em que as repartições e empresas são obrigadas a prestar contas de suas iniciativas mediante relatórios periódicos, fiscalização pelo Ministério do Trabalho e criação de um fundo para desenvolver programas de estudo, ensino e aperfeiçoamento técnico das medidas de ação compensatória. O projeto cria, ainda, no art. 3º, § 5º, um incentivo fiscal para empresas do setor privado que demonstram resultados. O art. 7º estabelece: "Serão concedidas a estudantes negros bolsas de estudo de caráter compensatório" (id., ib., p. 100).

O termo "ação compensatória" tem duas implicações. Abdias optou, naquele momento, por evitar a expressão "ação afirmativa". Desde os anos 1940, ao defender a necessidade de medidas específicas favorecendo a inserção do negro na sociedade, cultura, educação, economia e política brasileiras, ele vinha sendo alvo da acusação de querer importar à nação brasileira o "problema dos outros" no exterior (Estados Unidos e África do Sul). Foi esse um dos argumentos dos parlamentares constituintes de 1946, diante do conjunto de medidas elaboradas pelos ativistas reunidos na Convenção Nacional do Negro, realizada em São Paulo (1945) e no Rio de Janeiro (1946). Abdias Nascimento levou o texto ao conhecimento do senador Hamilton Nogueira, que apresentou ao Congresso Nacional Constituinte uma proposta de medida constitucional elaborada com base nele. Apesar de receber declarações de apoio de vários partidos abrangendo um amplo espectro político, da União Democrática Nacional (UDN) até o Partido Comunista Brasileiro (PCB), a proposta foi rejeitada com o voto contrário do único deputado negro, Claudino José da Silva, do PCB. O conjunto dos congressistas entendia que faltavam evidências da existência no Brasil da discriminação racial ou de cor. Este não era, para eles, um problema brasileiro. A inclusão da proposta na nova carta magna poderia "restringir o amplo sentido da democracia" (Nascimento, 1976, p. 32-34).

Décadas depois, o PL 1.332/1983, propondo medidas afirmativas para combater o racismo, seria recebido como uma tentativa de importar, além do problema, a solução. Mas a solicitação de medidas constitucionais baseadas no "Manifesto à Nação" da Convenção Nacional do Negro, em 1946, antecedeu a decisão da Suprema Corte dos Estados Unidos no caso Brown vs. Board of Education, de 1954, que deflagrou o movimento dos direitos civis. Sete anos passariam, ainda, antes que o presidente John F. Kennedy assinasse a primeira medida de ação afirmativa nos Estados Unidos (Ordem Executiva 10.925), em 6 de março de 1961.

Denominar seu projeto de "Ação compensatória" e não de "Ação afirmativa" significava, para o então deputado Abdias Nascimento, relembrar e afirmar a origem brasileira da ideia de medidas positivas para a eliminação da discriminação racial no Brasil, uma vez que a proposta surgira no seio do movimento negro brasileiro ainda na primeira metade do século XX. A alegação de que se copiava uma iniciativa norte-americana não se sustentava, portanto, nos fatos históricos. O que não significa que o Manifesto da Convenção Nacional do Negro propusesse o mesmo elenco de medidas identificadas décadas depois como políticas de ação afirmativa. A linguagem e o conteúdo do manifesto o localizam no tempo. Mas não há dúvida de que ele anuncia o princípio da ação afirmativa: o da necessidade de medidas e políticas específicas para combater a discriminação e seus efeitos e para favorecer a construção da igualdade racial no país. O manifesto conclama a população negra a unir-se em torno das seguintes medidas (Nascimento, 1968, p. 59-61):

1. Que se torne explícita na Constituição de nosso País, a referência à origem étnica do povo brasileiro, constituído das três raças fundamentais: a indígena, a negra e a branca.

2. Que se torne matéria de lei, na forma de crime de lesa-pátria, o preconceito de cor e de raça.

3. Que se torne matéria de lei penal, o crime praticado nas bases do preceito acima, tanto nas empresas de caráter particular como nas sociedades civis e nas instituições de ordem pública e particular.

4. Enquanto não for tornado gratuito o ensino em todos os graus, sejam admitidos brasileiros negros, como pensionistas do Estado, em todos os estabelecimentos particulares e oficiais de ensino secundário e superior do País, inclusive nos estabelecimentos militares.

5. Isenção de impostos e taxas, tanto federais como estaduais e municipais, a todos os brasileiros que desejarem estabelecer-se com qualquer ramo comercial, industrial e agrícola, com o capital não superior a Cr$ 20.000,00.

6. Considerar como problema urgente a adoção de medidas governamentais visando à elevação do nível econômico, cultural e social dos brasileiros.

O primeiro item reivindica que fique explicitada na carta magna do país, "a origem *étnica* do povo brasileiro, constituído das três *raças* fundamentais". Essa linguagem remete à questão conceitual e linguística que envolve até hoje os termos "étnico" e "racial"; uma questão fundamentalmente de boa-fé. Assim, o manifesto apresentou, já desde 1945, os dois aspectos da ação afirmativa citados no início deste capítulo. Se o da esperança reside no princípio afirmativo contido nas propostas do manifesto, a menção da origem "étnica" de um povo brasileiro composto por "raças" corresponde ao aspecto da boa-fé. O manifesto antecipa a solução atualmente empregada em documentos oficiais, como a Resolução 001/2004 do Conselho Pleno do Conselho Nacional de Educação, quando estabelece as Diretrizes Nacionais para a Educação das "Relações Étnico-Raciais" e para a História e Cultura Afro-Brasileira e Africana. Essa solução resulta de uma longa e árdua trajetória de discussões e negociações em torno da conceituação do fenômeno que alguns afirmam ser "racial", e outros insistem em ver como exclusivamente "étnico". Os movimentos negros anteciparam, em décadas, a noção de construção social da categoria "raça" que mais tarde seria creditada aos cientistas sociais (Nascimento, E. L., 2003, p. 44-65). Os movimentos sociais antirracistas e anticolonialistas do século XX são os protagonistas da construção das bases de um pensamento pós-moderno cuja autoria seria atribuída aos intelectuais europeus. Mas esta é outra história.

A noção da origem "étnica" de um povo de três "raças", conforme o texto do Manifesto da Convenção Nacional do Negro de 1945 e 1946, expressa a boa-fé de quem fala, de forma direta e simples, a partir da realidade social vivida na pele e na trajetória pessoal dos indivíduos e do grupo alvos da discriminação, na tentativa de dialogar com os outros sobre a possibilidade de construir soluções para a convivência em uma sociedade mais justa e igualitária. Desde aquela época, a resposta vem revestida da autoridade acadêmica de um pensamento consagrado por uma elite branca, cujos privilégios se sustentam na recusa pura e simples do diálogo proposto e na negação dos seus próprios privilégios e da realidade social vivenciada pelos grupos discriminados.

O mote preferido dessa recusa vem em uma atitude de má-fé: acusar de racistas os que lutam contra o racismo, alegando que eles advogam a volta à noção biológica de raça. Intelectuais e formadores de opinião empregam o peso de sua bagagem acadêmica para desautorizar e desmoralizar as políticas afirmativas com base nessa alegação, quando eles têm todas as condições de conhecer perfeitamente a noção de raça como categoria social, e não biológica. A questão do racismo passa, então, a ser objeto de um discurso dominante, cuja voz e alcance reverberam ampliados em poderosos órgãos da mídia escrita, falada, televisada e eletrônica. Assentado sobre essa postura de má-fé intelectual, tal discurso mobiliza a boa vontade da população, que quer se afirmar antirracista, a partir de uma falsa oposição entre supostos democratas, que não aceitariam "criar divisões" com base em critérios genéticos, e supostos racistas que advogam ações afirmativas com base em tais critérios. A única hipótese alternativa à da má-fé seria a de seus enunciadores não lerem ou não entenderem os textos de seus próprios colegas e daqueles que criticam. Acostumado, desde os anos 1950, às acusações de que a reivindicação da identidade negra se ampara em noções biológicas de raça, Abdias Nascimento realçou o imperativo da ênfase nas seguintes linhas escritas há mais de trinta anos: "Aviso aos intrigantes, aos maliciosos, aos apressados em julgar: o vocábulo raça, no sentido aqui empregado, se define somente em termos de história e cultura, e não em pureza biológica". Duas páginas à frente: "Reitero aqui a advertência aos intrigantes, aos maliciosos, aos ignorantes, aos racistas: neste livro, a palavra raça tem exclusiva acepção histórico-cultural. Raça biologicamente pura não existe e nunca existiu" (Nascimento, 1980, p. 270 e 272).

A outra face da má-fé intelectual dos partidários do discurso dominante está no fato de eles tratarem o critério genético-biológico como se resumisse em si o fenômeno do racismo. Em se tratando de estudiosos do tema, seria difícil supor que ignorem o fato histórico de que uma série de critérios e justificativas já articulava a suposta inferioridade do negro-africano séculos antes de surgirem as teorias de cunho genético e biológico. Tais teorias vieram confirmar e dar novo verniz "científico" às noções anteriormente estabelecidas na filosofia e na teologia sobre hierarquia racial (Poliakov, 1974; Munanga, 1999; Nascimento, E. L., 2003, p. 44-65, 157-181). Segundo autores que trabalharam com a noção da inferioridade genético-biológica, a principal função de tal noção é confirmar a suposta inaptidão dos povos negro-africanos para construir civilização e tecnologia. O etnólogo Oliveira Vianna (1934, p. 285), um dos principais autores brasileiros nessa linha de pensamento, assim anuncia a conclusão a que suas pesquisas o conduziram: "Até agora, a civilização tem sido apanágio de outras raças que não a raça negra". O cerne da questão reside aí. Com ou sem, antes ou depois do critério biológico, a negação da capacidade intelectual e civilizatória dos povos negro-africanos esteve sempre na base dos preconceitos que se traduzem em discriminação e que perpetuam desigualdades.

Esse fato se reveste de grande importância para as políticas afirmativas, uma vez que seu impacto positivo sobre vidas reais depende da efetivação das conquistas pessoais que as políticas facilitam. Quando o aluno cotista consegue o seu diploma, ele busca se inserir no mercado de trabalho ou continuar a carreira acadêmica em contextos condicionados pelos valores da sociedade. Se estes forem empecilhos ou barreiras à sua inserção, o objetivo final da política afirmativa se torna comprometido. Ou seja, mesmo que as medidas afirmativas produzam resultados constatados em estatísticas, existe o risco de neutralização dos benefícios se persistir a ideologia racista. Nesse sentido, é preciso evitar tratar o racismo como um conjunto de desigualdades raciais mensuráveis por estatísticas. Tal enfoque corre o risco de contribuir para esvaziar o racismo de sua função ideológica de dominação, sua natureza e efeitos psicológicos, e seu impacto concreto e marcante como dimensão do imaginário social capaz de sustentar, contra o efeito das medidas afirmativas, as bases sociais da discriminação.

Reinaldo da Silva Guimarães (2013) acompanha as trajetórias profissionais de pessoas que se beneficiaram do programa de acesso à PUC-Rio. O conjunto de testemunhos ratifica a ação afirmativa como uma política da boa-fé. O estudo revela os benefícios trazidos aos bolsistas, às famílias e às comunidades. Há um duplo efeito multiplicador: objetivo, trazendo melhorias materiais às famílias e ações sociais às comunidades; e subjetivo, criando referências inspiradoras de autoestima e confiança para grupos, famílias e indivíduos que prosseguem na busca de oportunidades. A trajetória desses indivíduos demonstra o elevado mérito de quem supera inúmeros obstáculos, ao contrário da suposição de que desfrute de privilégios concedidos. E comprova a persistência de obstáculos raciais a serem superados no caminho de quem tenta e de quem conseguiu se inserir no mercado de trabalho. O diploma de graduação não garante uma inserção não subalternizada. Nesse particular, a condição racial influi bastante, em razão da persistência dos parâmetros sociais do racismo no imaginário social brasileiro.

Essa constatação remete à segunda implicação da escolha do termo "ação compensatória" na proposta legislativa do então deputado Abdias Nascimento. Na época em que ele apresentou o PL 1.332/1983, o multiculturalismo e a diversidade eram propostas ainda incipientes; não estavam na pauta das discussões como princípios capazes de orientar políticas públicas. O princípio da ação positiva era garantir à população historicamente discriminada uma melhor inserção nas diversas áreas da sociedade (emprego, educação, mercado de trabalho), compensando pela desvantagem competitiva imposta pela discriminação e pela condição histórica de exclusão. Com o tempo, a diversidade se estabeleceu como valor em si e como meta a ser atingida por meio da ação afirmativa. Nos Estados Unidos, em decisões judiciais como a da Suprema Corte no caso de Universidade de Michigan, a dimensão compensatória das políticas de ação afirmativa cedeu à diversidade o lugar de principal objetivo e justificativa dessas políticas. A ideia seria "esquecer" o passado e criar um novo padrão de convivência de pessoas de diversas origens na escola, no bairro e no local de trabalho. Por mais que esse resultado fosse implícito, a diversidade não era explicitada, em si, como objetivo principal nas propostas brasileiras até então. Mas o PL 1.332/1983 previa no art. 8º a inclusão obrigatória do ensino da história e cultura de matriz africana nos currículos escolares e acadêmicos, em todos os níveis (primário, secundário, superior e de pós-graduação). Assim, já incorporava o princípio da diversidade, visando criar as bases para transformar o referido imaginário social brasileiro.

A proposta do ensino da matriz africana e das relações étnico-raciais pode ser a mais transformadora no elenco de ações compensatórias ou afirmativas, porque os seus efeitos incidiriam sobre a população como um todo. As relações sociais na escola espelham as da sociedade; uma vez que os educadores consigam trabalhar essas questões com as crianças, abrem possibilidades de aumento de autoestima nas negras, bem como empatia e respeito pelo outro nas brancas. Ao passar incólume, a piada ou brincadeira racial pode deixar marcas negativas na pessoa-alvo, e também reforçar a falta de sensibilidade e a sensação de superioridade do enunciador. A intervenção do adulto pode operar um efeito crucial para ambas as personalidades em formação e para o grupo. Esse é apenas um exemplo das inúmeras situações que envolvem as relações étnico-raciais no universo interpessoal da escola. Essas questões afetam não só alunos, mas educadores e servidores. Desenvolver possibilidades e alternativas de intervenção no intuito de realizar esse potencial transformador é um desafio enorme e exige dedicação, compromisso, sensibilidade e competência dos educadores. Mas o desafio se multiplica e fica mais difícil superá-lo na medida em que a imagem do negro e de sua cultura continua atrelada aos estereótipos insidiosos e silenciados da eterna condição escrava ou subalterna "do negro" e de sua suposta falta histórica de desempenho intelectual. Esse fato se complica, ainda, quando são levados em conta os séculos de impedimento do acesso da população negra à educação e as péssimas condições do sistema de ensino no país. Além disso, prevalecem, entre os profissionais da educação, os efeitos do discurso dominante incentivado pelo poder midiático dos adversários das políticas afirmativas. Esse discurso reforça diariamente a impressão da pouca importância, para a escola, das políticas afirmativas. Não raro, os educadores comprometidos com o esforço de implantação da política de ensino das relações étnico-raciais e da história e cultura de matriz africana são ativistas do movimento negro que podem ou não gozar da compreensão, solidariedade e colaboração dos colegas. Também não é raro o processo de estigmatizar o educador ativista como "aquela professorinha complexada" ou "aquele sujeito encrenqueiro". Cada instituição tem um quadro diferenciado de profissionais; cada instituição terá a sua experiência.

No art. 8º do PL 1.332/1983, o então deputado Abdias Nascimento propôs que os gestores do sistema de ensino federal, estadual e municipal trabalhassem "conjuntamente com representantes das entidades negras e com intelectuais negros comprovadamente engajados no estudo da matéria" para efetuar modificações nos currículos escolares e acadêmicos (Nascimento, 1983a, p. 100). Com certeza, esse processo se concretizou desde antes da promulgação da Lei 10.639/2003. Os ativistas e intelectuais negros estiveram e estão à frente das transformações do sistema de ensino.

Durante vinte anos entre a apresentação do PL 1.332/1983 e a promulgação da Lei 10.639/2003, e durante os dez anos da vigência desta, o Ipeafro vem acompanhando e se juntando ao conjunto do movimento social e aos educadores e gestores de boa-fé no esforço de contribuir para o desenvolvimento e aprofundamento dessas transformações.[1] Com base nessa experiência, tive a honra de organizar livros de referência para o tema em seus diversos aspectos,[2] com textos dos professores do curso de extensão universitária Sankofa: Conscientização da cultura afro-brasileira, o relatório do 1º Fórum Estadual sobre o Ensino da História das Civilizações Africanas na Escola Pública e o conjunto da simbologia do sistema de escrita africano, dos povos acã da África ocidental. Também tive a honra de organizar a Linha do Tempo dos Povos Africanos[3], peça que ilustra como os africanos produziram cultura e conhecimento durante milênios em liberdade e soberania. Apresentada como painel da exposição Abdias

1. Para uma visão resumida da evolução dessas políticas no referido período, ver Nascimento, E. L. (2008d).

2. A Coleção Sankofa, de quatro volumes (Nascimento, E. L., 2008a, 2008b, 2009a, 2009b).

3. Disponível em: <http://ipeafro.org.br/home/br/linha-do-tempo>. Acesso em: 12 maio 2013.

Nascimento Memória Viva[4], a Linha do Tempo serviu de tema para discussão entre educadores reunidos no fórum Memória viva e ação cultural na escola[5]. A Linha do Tempo e o respectivo Suplemento Didático ainda aguardam publicação para distribuição a escolas, gestores e educadores. Seus textos estão no *Caderno de Estudos* do fórum Educação Afirmativa Sankofa (Nascimento, E. L., 2010b, 2011).[6] Como parte desse fórum, a Oficina Matriz Africana e Ação Educativa, sob a coordenação das professoras Azoilda Loretto Trindade e Carla Lopes, aconteceu no espaço da exposição "África-Brasil, ancestralidade e expressões contemporâneas"[7].

Esse trabalho do Ipeafro com educadores tem como suporte o conteúdo do acervo documental e de obras artísticas de Abdias Nascimento, do Teatro Experimental do Negro e do projeto Museu de Arte Negra, que está sob a guarda do Ipeafro. O acervo foi declarado de interesse social por decreto do Presidente da República em junho de 2010; em 2011, o conjunto documental recebeu o registro regional de Memória de Mundo da Unesco. Com o objetivo de democratizar o conhecimento sobre a história e a cultura de matriz africana e garantir a preservação do acervo documental e museológico de Abdias Nascimento, o Ipeafro vem realizando o trabalho de tratamento técnico para sua conservação, digitalizando os itens do acervo com o objetivo de colocá-los à disposição do público por meio da rede mundial de computadores. O conteúdo do acervo é útil para educadores, estudiosos e pesquisadores. Democratizar o acesso a esse conteúdo significa facilitar ao povo brasileiro e aos afrodescendentes a possibilidade de conhecer a apreciar o patrimônio cultural e histórico que lhes pertence.

---

4. Realização do Ipeafro. Curadoria de Elisa Larkin Nascimento; design museográfico de Afonnso Drumond. Arquivo Nacional do Rio de Janeiro, 2004-2005; Galeria Athos Bulcão, Teatro Nacional, Brasília, 2006; II Conferência de Intelectuais Africanos e da Diáspora, Caixa Cultural Salvador, 2006.

5. O Ipeafro realizou o Fórum Memória Viva e Ação Cultural na Escola, com apoio da Fundação Cultural Palmares, Ministério da Cultura (Arquivo Nacional do Rio de Janeiro, 2010).

6. O Ipeafro realizou o Fórum Educação Afirmativa Sankofa com apoio da Seppir (Rio de Janeiro, 2010; Duque de Caxias, 2011; Campos dos Goytacazes, 2012). *O Caderno de Estudos* foi distribuído gratuitamente aos educadores que participavam do Fórum e da Oficina Matriz Africana e Ação Educativa.

7. Realização do Ipeafro. Curadoria de Elisa Larkin Nascimento; design museográfico de Afonnso Drumond. Primeira apresentação no Centro Cultural Justiça Federal, Rio de Janeiro, 2011.

As ações afirmativas de acesso às universidades são fundamentais para a política de ensino das relações étnico-raciais e da matriz africana de cultura e história, uma vez que sua implantação depende da adequada preparação dos docentes. No fórum do Ipeafro (2007, 2010), Elielma Ayres Machado apresentou a pesquisa Acompanhamento e monitoramento das políticas de ação afirmativa nas universidades brasileiras. Realizada de forma contínua pelo Nirema da PUC-Rio, sob a coordenação de Angela Randolpho Paiva, a pesquisa subsidia e atualiza os dados a respeito das políticas de ação afirmativa ao documentar e analisar os mecanismos legais adotados pelas universidades no que concerne a dinâmica da adoção de tais políticas nas universidades brasileiras desde 2002, ano de implantação das primeiras medidas.

No seminário Ação afirmativa em perspectiva comparada, de 2012, Elielma e Angela apresentaram dados atualizados dessa pesquisa, informações que embasaram reflexão, análise e proposição de estratégias e perspectivas para o futuro desenvolvimento dos programas de ação afirmativa. Os dados também fundamentaram um rico diálogo com os representantes de outros países presentes no evento.

Assim, a pesquisa do Nirema e outras semelhantes, inclusive as que vierem a se realizar no interior de instituições universitárias que adotam políticas afirmativas, são indispensáveis ao acompanhamento, avaliação e aperfeiçoamento dos programas de ação afirmativa nas universidades. A avaliação crítica se torna imperativa no intuito de buscar o aprimoramento do funcionamento e dos resultados das políticas afirmativas. Nesse sentido, a evolução de programas de incentivo e apoio à permanência dos alunos poderia ser complementada por novas e continuadas iniciativas de acompanhamento das trajetórias dos alunos após a graduação. De forma semelhante, seria importante registrar o desenvolvimento de iniciativas de implantação da política de ensino das relações étnico-raciais e da história e cultura de matriz africana por parte de secretarias municipais e estaduais de educação, bem como por parte de unidades escolares. Iniciativas como as do Instituto de Advocacia Racial e Ambiental (Iara), sob a direção de Humberto Adami, ao interpelar o Conselho Nacional e os conselhos estaduais do Ministério Público sobre as políticas de ação afirmativa, a implantação da Lei 10.639 e o cumprimento do Decreto 4.228/2002, que estabeleceu metas de inclusão de negros nos cargos DAS da administração federal direta e indireta, vêm produzindo valiosa documentação que poderia subsidiar estudos e análises. Aliás, trata-se de um material que merece estudo e análise.

A experiência do Ipeafro ao trabalhar com educadores ratifica a ação afirmativa como uma política da boa-fé. Nos diversos municípios, encontramos gestores e educadores comprometidos, de forma entusiasmada, com a inclusão do estudo da história e cultura de matriz africana e das relações étnico-raciais nos currículos de suas secretarias e unidades escolares. Encontramos, também, o testemunho consistente da resistência, por parte de gestores e educadores, à implantação dessa política de ensino. No balanço, fica evidente que a resistência nasce do desconhecimento. Quando há boa-fé, a resistência se quebra conforme se conhece o assunto. Por isso, torna-se imprescindível aprofundar os estudos e as discussões junto aos educadores para superar a resistência por meio de informações consistentes e fundamentadas.

Reinaldo da Silva Guimarães (2013, p. 201-202) registra a boa-fé dos bolsistas quando conclui que

> quase a totalidade dos entrevistados, e principalmente aqueles que se declararam negros, pautaram suas vidas acadêmicas e profissionais não apenas no desejo de transformar a sua própria realidade material e cultural, mas, também, de contribuir para a transformação da realidade da sua comunidade. [...] Transformaram educação em valor familiar e comunitário, e deste "valor" extraem outros valores, éticos e estéticos.

A esperança que Abdias Nascimento afirma e valoriza na epígrafe deste capítulo é a mesma que move alunos, professores e gestores dos programas de ação afirmativa e de implantação da política de ensino das relações étnico-raciais e da história e cultura de matriz africana. O Ipeafro se engaja nessa mesma boa esperança de um Brasil que hoje é visto como exemplo e modelo por outros países que buscam alargar os horizontes de inclusão e participação positiva na sociedade de todos os segmentos de suas populações. Entretanto, nem só de esperança vivem os protagonistas da transformação. Precisam de aliados, parceiros, recursos, apoios. Em grande parte, o movimento social que atua na implantação das políticas afirmativas, em particular a do ensino da história e cultura de matriz africana e das relações étnico-raciais, desempenha o papel de executor de políticas públicas formuladas pelo Estado brasileiro. Ao Estado falta a flexibilidade de estrutura necessária para dinamizar e realizar as ações de transformação. Cabe ao Estado, portanto, dar suporte àqueles que executam, na prática e na ponta, as ações demandadas pelas políticas de transformação. No caso do fórum Educação Afirmativa Sankofa, o Ipeafro propõe uma ação contínua, e não um conjunto de eventos. A intenção é levar o fórum a diversos municípios do interior do estado do Rio de Janeiro, com ênfase na Baixada Fluminense. A cada ano, poderia ser realizado um fórum acompanhado da exposição em um município da Baixada e outro em uma das demais regiões do Estado, em parceria com a Uerj e a Secretaria de Educação do Estado do Rio de Janeiro, além das secretarias locais de educação e de cultura. A continuidade da iniciativa depende da decisão da Seppir/PR e do Ministério da Cultura no sentido de renovar o seu apoio para a realização dessa iniciativa.

A publicação da Linha do Tempo dos Povos Africanos e do respectivo Suplemento Didático é outra ação que aguarda a sensibilidade das autoridades e o investimento de recursos para ser concretizada. Nossa experiência, em cada fórum Educação Afirmativa Sankofa e em tantos outros momentos em que compartilhamos esse trabalho com escolas e educadores, mostra que a peça mobiliza o interesse de todos e que seu conteúdo é de grande utilidade para alunos, pesquisadores e educadores. O investimento do Estado na publicação e distribuição desse material é a única forma de realizar o seu potencial.

Referências bibliográficas

GUIMARÃES, Reinaldo da Silva. *Afrocidadanização*: Ações afirmativas e trajetórias de vida no Rio de Janeiro. Rio de Janeiro: Ed. PUC-Rio; São Paulo: Selo Negro, 2013.

MUNANGA, Kabengele. *Rediscutindo a mestiçagem no Brasil*: Identidade nacional versus identidade negra. Petrópolis: Vozes, 1999.

NASCIMENTO, Abdias. (org.) *O negro revoltado*. Rio de Janeiro: GRD, 1968.

________. Depoimento. In: CAVALCANTI, Pedro Celso U. et al. (orgs.) *Memórias do exílio*. Lisboa: Arcádia, 1976, p. 23-52.

________. *O quilombismo*. Petrópolis: Vozes, 1980.

________. *Combate ao Racismo*, v. 1. Brasília: Câmara dos Deputados, 47ª Legislatura, 1ª Sessão Legislativa, Separatas de discursos, pareceres e projetos n. 57, 1983a.

________. *Autobiografia*. In: ________. *Axés do sangue e da esperança*: Orikis. Rio de Janeiro: Achiamé, 1983b, p. 26.

________. *O quilombismo*. 2. ed. Brasília: Fundação Cultural Palmares, Ministério da Cultura; Rio de Janeiro: OR, 2002.

________. *Quilombo*. Edição Fac-similar do jornal dirigido por Abdias Nascimento. São Paulo: Ed. 34, 2003.

________. (org.) *A África na escola brasileira*. 2. ed. Brasília: Gabinete do Senador Abdias do Nascimento, 1991. Rio de Janeiro: Secretaria Extraordinária de Defesa e Promoção das Populações Afro-Brasileiras, Governo do Estado do Rio de Janeiro (Seafro), 1993.

NASCIMENTO, Elisa Larkin. *O sortilégio da cor*: Identidade, raça e gênero no Brasil. São Paulo: Selo Negro, 2003.

________. *A matriz africana no mundo*. Coleção Sankofa: Matrizes africanas da cultura brasileira, v. 1. São Paulo: Selo Negro, 2008a.

________. *Cultura em movimento*: Matrizes africanas e ativismo negro no Brasil. Coleção Sankofa: Matrizes africanas da cultura brasileira, v. 2. São Paulo: Selo Negro, 2008b.

________. A matriz africana no ensino: Evolução e iniciativas. Introdução à Parte II. In: ________. *Cultura em movimento*: Matrizes africanas e ativismo negro no Brasil. Coleção Sankofa: Matrizes africanas da cultura brasileira, v. 2. São Paulo: Selo Negro, 2008c.

________. *Guerreiras de natureza*. Mulher negra, religiosidade e ambiente no Brasil. Coleção Sankofa: Matrizes africanas da cultura brasileira, v. 3. São Paulo: Selo Negro, 2009a.

________. *Afrocentricidade, uma abordagem epistemológica inovadora.* Coleção Sankofa: Matrizes africanas da cultura brasileira, v. 4. São Paulo: Selo Negro, 2009b.

________. *Anais do Fórum Memória Viva e Ação Cultural na Escola.* Rio de Janeiro: Ipeafro; Brasília: Secretaria Extraordinária de Políticas de Promoção da Igualdade Racial, 2010a.

________. *Caderno de Estudos do Fórum Educação Afirmativa Sankofa.* Rio de Janeiro: Ipeafro; Brasília: Secretaria Extraordinária de Políticas de Promoção da Igualdade Racial, 2010b.

________. *Caderno de Estudos do Fórum Educação Afirmativa Sankofa.* 2. ed. Rio de Janeiro: Ipeafro; Brasília: Secretaria Extraordinária de Políticas de Promoção da Igualdade Racial, 2011.

NASCIMENTO, Elisa Larkin; GÁ, Luiz Carlos. (orgs.) *Adinkra*: Sabedoria em símbolos africanos. Rio de Janeiro: Pallas, 2009.

POLIAKOV, Léon. *O mito ariano*: Ensaio sobre as fontes do racismo e dos nacionalismos. São Paulo: Perspectiva/Edusp, 1974.

VIANNA, Francisco José de Oliveira. *Raça e assimilação.* 2. ed. São Paulo: Companhia Editora Nacional, 1934.

CAPÍTULO 5

O “DISCURSO FREYREANO” SOBRE AS COTAS RACIAIS: ORIGEM, DIFUSÃO E DECADÊNCIA

JOÃO FERES JR.
Professor de ciência política do Instituto de Estudos Sociais e Políticos (Iesp) da Uerj, é coordenador do Grupo de Estudos Multidisciplinares da Ação Afirmativa (Gemaa). Trabalha com os temas: teoria política, políticas de ação afirmativa, relações raciais, mídia e esfera pública, mídia e eleições, teoria da história conceitual e história dos conceitos de América, América Latina e civilização.

LUIZ AUGUSTO CAMPOS
Cientista político e professor da UNIRIO, é pesquisador associado do Gemaa. Publicou textos sobre ações afirmativas, gênero e representação política, e teoria política.

Introdução

Logo após entregar ao governo um manifesto contra as políticas de ação afirmativa racial intitulado "Todos têm direitos iguais na República Democrática", assinado por 113 pessoas, entre elas intelectuais, artistas e empresários, a antropóloga Yvonne Maggie (2006) em entrevista à *Folha de S.Paulo*, declara: "O estatuto [da igualdade racial] e as cotas nos pressionariam a não sermos mais brasileiros. Ao estabelecer a classificação dos brasileiros em duas raças, seremos uma outra nação".

A matéria em si é apresentada de maneira a dar máxima visibilidade à posição contrária de Maggie. Tanto a chamada "Estatuto criaria 'racismo de Estado', diz antropóloga" quanto seus dois subtítulos "Para professora, lei da igualdade racial institucionalizaria o preconceito e não ajudaria em seu combate na sociedade" e "Intelectual contrária às cotas defende criação de mais vagas e cursos na universidade pública em vez da reserva de cadeiras" reproduzem o que Maggie diz na entrevista, que é em si bem curta, respondendo a perguntas inteiramente amigáveis.

Maggie não foi a primeira intelectual a defender publicamente o argumento de que as cotas raciais têm o poder de destruir a identidade nacional, ainda que tenha participado ativamente da disseminação de tal ideia. Este capítulo pretende caracterizar o discurso que contém esse argumento, identificar alguns de seus formuladores e delinear os principais contextos em que surgiu, particularmente a academia, a mídia e o judiciário. Ainda que o núcleo semântico desse argumento tenha passado praticamente intacto em mais de uma década de debates sobre a ação afirmativa racial, o modo como ele foi empregado nesse período sofreu transformações retóricas importantes. Em um primeiro momento, a ameaça que as cotas apresentavam à identidade nacional era uma possibilidade, a qual deveria ser prudentemente considerada e debatida antes de que tais medidas se institucionalizassem. Em um segundo momento, porém, a ameaça à nacionalidade deixa de ser uma possibilidade para ser enquadrada como uma consequência necessária e inelutável. Se, de um lado, essa dramaticidade trágica catalisou a difusão do argumento, de outro, minou sua efetividade prática ao apostar alto em previsões que o tempo não confirmou.

A fim de demonstrar essa tese, este capítulo se baseia em um conjunto diverso de textos, analisados a partir de técnicas também múltiplas, que vão desde a interpretação direta de ensaios e documentos até a análise quantitativa de argumentos presentes em uma base com quase 2 mil textos jornalísticos. Essa combinação é necessária dada a heterogeneidade das fontes de pesquisa, que abrange textos acadêmicos e de opiniões judiciais, mais longos e estilisticamente complexos, além de matérias normalmente mais breves, numerosas e estilisticamente simples.

O que se segue está dividido em cinco seções. A primeira analisa a genealogia do discurso que contrapõe ações afirmativas raciais e identidade nacional. Esse argumento já foi articulado em meados da década de 1990 pelo então presidente Fernando Henrique Cardoso, no seminário organizado pelo Ministério da Justiça para debater a pertinência de ações afirmativas raciais à realidade nacional. A segunda seção mostra como o argumento ganha cores mais nítidas com a adoção de cotas raciais por algumas universidades públicas brasileiras a partir de 2003. É nesse momento que um grupo de intelectuais se organiza para barrar o avanço da política e, principalmente, dos projetos de lei sobre o tema em tramitação no Congresso Nacional. A terceira seção observa como o discurso foi potencializado pelos principais jornais brasileiros, sobretudo a partir de 2004. A quarta seção evidencia como a Arguição de Descumprimento de Preceito Fundamental 186, impetrada pelo Partido Democratas no STF contra o sistema de cotas raciais da UnB, se baseou quase totalmente no discurso mencionado. A seção final demonstra que, a despeito da sua ampla difusão, o discurso que contrapõe cotas raciais e identidade nacional não foi capaz de conter o avanço das medidas no país nem de influenciar a opinião jurídica a declarar sua inconstitucionalidade.

Curta genealogia de um discurso

O argumento de que a ação afirmativa é deletéria para a identidade nacional veio a público bem antes de se tornar corrente na cobertura da mídia. Ela está presente em Souza (1997b). Tal livro contém pronunciamentos realizados em 1996 no seminário internacional Multiculturalismo e racismo: O papel da ação afirmativa nos Estados democráticos contemporâneos, organizado no âmbito da Secretaria dos Direitos da Cidadania do Ministério da Justiça durante o governo Fernando Henrique. A despeito do título do evento fazer menção ao papel da ação afirmativa nos "Estados democráticos contemporâneos", o título do livro convida a pensar a questão na chave da nacionalidade, focando a comparação Brasil-Estados Unidos. Pensar a ação afirmativa racial não somente como uma política de Estado, mas sim como uma ameaça à nacionalidade, é uma perspectiva que está presente em vários dos vinte textos que compõem o livro, inclusive no pronunciamento de abertura do então presidente Fernando Henrique Cardoso (1997).

Cardoso começa seu texto já resgatando o tema da nação, e com ela a questão da raça: "Nós, brasileiros, pertencemos a uma nação cheia de contrastes e de desigualdades de todo tipo, mas também de diferenças – que não são só desigualdades – de raça, de cor, de cultura" (1997, p. 13).

Tal estado de coisas não redunda necessariamente em desvantagens, segundo o ex-presidente: "Isso, de certa forma, é um privilégio, o fato que nos permite – se nos organizarmos democraticamente – um benefício imenso" (id., ib.). Cardoso prossegue criticando a interpretação segundo a qual a profusão de nossas "diferenças" seria prova da ausência de preconceitos no Brasil. Recorre a uma narrativa biográfica para mostrar que a existência de preconceito racial no país, ideia por ele defendida quando ainda era aluno de Florestan Fernandes na década de 1950, encontrava imensa rejeição. Ele atribui isso à "tradição paternalista de nosso velho patriarcalismo" (Cardoso, 1997, p. 14). Tal tradição seria responsável inclusive pela hipocrisia de se escamotear a intolerância e o preconceito racial em narrativas "edulcoradas e adocicadas" (id., ib.).

Tal interpretação, contudo, é somente a preparação para uma guinada no argumento, marcada por uma formulação adversativa:

> Não devemos, entretanto, exagerar nessa crítica e nessa autocrítica, pois, se é verdade que existe, de um lado, a hipocrisia, há, de outro, a abertura. Essa ambiguidade convive na nossa formação cultural, e é preciso tirar proveito disso (id., ib.).

O ex-presidente argumenta que a cultura brasileira seria marcada pela ambiguidade, algo que ele chama de "rejeição do princípio da não contradição". Para corroborar sua posição, ele cita o trabalho de Roger Bastide, um de seus mestres, que identifica na cultura do candomblé a possibilidade de sustentação de uma contradição que não caminha para uma resolução dialética, o que seria uma qualidade fundamental da cultura brasileira. Essa "confusão", esse "não-cartesianismo" (sic), que, segundo ele, caracterizaria a nação brasileira, seriam qualidades que nos permitiriam pensar soluções criativas para expandir as possibilidades de democratização do país. E aqui começa a se delinear a posição de Cardoso (1997, p. 14) acerca das políticas de ação afirmativa:

> Nós, no Brasil, de fato convivemos com a discriminação e convivemos com o preconceito, mas "as aves que aqui gorjeiam, não gorjeiam como lá", o que significa que a discriminação e o preconceito que aqui temos não são iguais aos de outras formações culturais.

O recado contido nessa passagem é muito claro. Há discriminação racial no Brasil, contudo não devemos adotar aqui políticas que foram criadas para resolver o problema da discriminação racial nos Estados Unidos. Ou mais diretamente, não devemos adotar aqui políticas de ação afirmativa raciais nos moldes daquelas adotas nos Estados Unidos. Nas palavras do próprio:

> Devemos, pois, buscar soluções que não sejam pura e simplesmente a repetição ou a cópia de soluções imaginadas para situações em que também há discriminação e preconceito em um contexto diferente do nosso. É melhor, portanto, buscarmos uma solução mais imaginativa (id., ib., p. 15).

A despeito de sua formação acadêmica, Cardoso fala em um registro misto de intelectual e de político. Fica ao cargo de Jessé Souza, organizador do livro e do seminário, a versão intelectual mais bem acabada desse discurso. A questão tratada pelos dois autores é a mesma, como Souza (1997b, p. 35) explicita ao final do texto: "[...] tornar mais clara a opção de tomar um caminho próprio ou seguir a experiência americana que enfatiza, grandemente, a adoção de medidas compensatórias no campo jurídico (ações afirmativas)".

Tais medidas compensatórias, as ações afirmativas teriam, na visão de Souza, a finalidade de prover o reconhecimento ao grupo beneficiado. Citando os argumentos feitos por Charles Taylor em sua discussão acerca dos direitos das minorias canadenses, Souza enquadra as políticas de ação afirmativa como demandas pelo reconhecimento da diferença cultural. É dessa maneira que o autor descreve os militantes do movimento negro brasileiro, que na ocasião do seminário, já demandavam políticas de ação afirmativa: "Também no Brasil (...) existe toda uma defesa da especificidade africana por oposição à herança ibérica – o que, no próprio seminário, ficava evidente pelos trajes africanos de vários líderes negros, de modo a marcar uma origem especial" (Souza, 1997b, p. 28).

Na visão comunitarista de Souza, o problema de tais demandas é que elas se chocariam contra o núcleo da identidade nacional, constituído pelo mito da democracia racial, que teria decantado do trabalho de Gilberto Freyre ao âmbito da cultura popular a percepção de que o brasileiro tem de sua própria nação. Embora reconheça que o mito da democracia racial tenha uma faceta hipócrita, Souza (1997b, p. 31 e 34) destaca que tal hipocrisia seria compensada pelo fato de o mito constituir a base de uma identidade nacional positiva, já que

> nossa autoimagem conscientemente refletida pela ciência prima pela negatividade [...]. No entanto, como mito não tem a ver com mentira, mas com antecipações e desejos reais das comunidades humanas, não vemos como o mito da democracia racial brasileira não deva ser considerado um projeto sociopolítico interessante. [...] Poucos são os valores que logram essa posição, e sua força é enorme, visto que se referem à autoestima e à necessidade de identidade de todo um povo. Não aproveitar o potencial desses mitos responsáveis pela coesão social é pouco sábio. Negá-los como pura mentira é menos do que sábio, é perigoso.

De maneira similar a Fernando Henrique Cardoso, Jessé Souza caracteriza a identidade nacional como ambígua e vê na faceta positiva dessa ambiguidade o núcleo emancipador de um "projeto sociopolítico interessante". Para ambos, essa faceta positiva consiste na negação da existência do racismo ou de sua explicitação. Outro ponto de contato é o fato de ambos identificarem os Estados Unidos como origem da ação afirmativa racial, ou seja, de políticas de discriminação positiva baseadas em critérios de identidade racial, além, é claro, de rejeitarem essa solução para o caso brasileiro. Em suma, a identidade nacional baseada na negação do racismo, ainda que hipócrita, deve ser afirmada na rejeição da importação de soluções norte-americanas. Em outro comentário sobre o movimento negro, Souza afirma que eles veem o Brasil exclusivamente como o "reino da hipocrisia racial" e que miram os Estados Unidos, onde as desigualdades seriam supostamente explicitadas, como exemplo a se seguir, ato que Souza qualifica como "subserviência aos métodos e instrumentos" norte-americanos (1997b, p. 31).

Souza antecipou argumentos que logo depois seriam fartamente utilizados por aqueles que se opuserem às políticas de ação afirmativa implantadas a partir de 2003 (Maggie e Fry, 2002; Maggie, 2005; Fry, 2005b; Magnoli, 2009; Grin, 2010). Contudo, a ideia de que a importação de um modelo norte-americano contribuirá para a corrosão da identidade nacional ao racializar a sociedade brasileira aparece no discurso de Fernando Henrique e, sobretudo, no de Souza, como potencialidade; algo que intelectuais e gestores públicos brasileiros deveriam levar em conta ao pensar soluções para as desigualdades raciais locais. À medida que as ações afirmativas raciais deixaram de ser projeto para se tornarem fato, essa potencialidade foi sendo substituída por uma realidade palpável e trágica para os críticos das medidas.

O movimento dos intelectuais contra as cotas

O antropólogo Peter Fry (2000, p. 101) comenta os resultados (ou a falta deles) obtidos pelo seminário de 1996:

> Enquanto o evento foi realizado certamente para promover a ação afirmativa no Brasil, argumentos preventivos poderosos também foram levantados em nome da "democracia liberal" ou da "ima-

> ginação sociológica". [...] Se, por um lado, não deve haver dúvida [de] que o debate foi provocado pela experiência americana de ação afirmativa [alguns norte-americanos foram convidados para recordar tal experiência], por outro, isso revela claramente que o "modelo americano" não se tornou de modo algum hegemônico no Brasil.

Não deixa de ser irônico que tal assertiva tenha sido feita um ano antes de a Alerj aprovar uma lei implantando cotas raciais em todas as universidades do Estado. Por isso, não é gratuito que pouco depois da decisão da Alerj, Fry tenha acusado a casa legislativa, em um texto escrito com Yvonne Maggie (2004, p. 78), de "mudar a armadura da ideologia racial nacional sem debate nem votação".[1] Tal aprovação parece ter figurado para os antropólogos como "um raio em céu azul", expressão que, aliás, foi empregada por Edna Roland para qualificar o impacto da adoção de cotas sobre a opinião pública. Porém, não é só a falta de debate público que tornou ilegítima, segundo Fry e Maggie, a iniciativa da Alerj, mas sim, o fato de "a questão racial [estar] no epicentro da sociedade nacional de tal forma que as decisões tomadas agora, mesmo se tiverem pouco efeito no presente imediato, certamente definirão os contornos do Brasil do futuro".

Fry e Maggie sustentam o mesmo argumento presente nos discursos de Fernando Henrique Cardoso e Jessé Souza. Porém, adicionam um grau de dramaticidade às profecias, ainda vacilantes, feitas em 1996. O que era uma possibilidade a se levar em conta agora figura como algo que "certamente" definirá os "contornos do Brasil do futuro". Essa retórica mais assertiva se faz presente também no já citado manifesto contra as cotas, entregue por Maggie ao Congresso Nacional, no qual se afirma que "a nação brasileira passará a definir os direitos das pessoas com base na tonalidade da sua pele, pela 'raça'" (Manifesto, 2006), caso a Lei de Cotas e o Estatuto da Igualdade Racial fossem aprovados.

Na ocasião da publicação do primeiro desses manifestos, intitulado *Carta pública ao Congresso Nacional: Todos têm direitos iguais na Repúbli-*

---

1. Segundo Maggie e Fry, a Lei de Cotas foi aprovada por aclamação, como é praxe em muitas casas legislativas.

ca Democrática, O Globo publicou reportagem descrevendo o movimento como formado por "114 intelectuais, artistas e ativistas do movimento negro" (Weber, 2006), mas tal descrição encobre o papel de liderança dos intelectuais no grupo. Do total dos que assinaram o manifesto, 94 pessoas eram ligadas a instituições universitárias, na qualidade de professor ou pesquisador. Já os artistas eram somente oito, militantes de movimentos sociais também oito, mais dois jornalistas e dois políticos. O grupo de militantes é interessante, particularmente se comparado ao dos intelectuais universitários. A diferença não reside somente nos números. A distribuição dos intelectuais no território brasileiro é extremamente concentrada na cidade do Rio de Janeiro, que participa com 62 oposicionistas. Em segundo lugar, mas com menor intensidade, entram os paulistas, com 13 assinaturas – de paulistas, e não de paulistanos. Ou seja, os dois estados concentram 80% das assinaturas de intelectuais do manifesto. Já os militantes são quase todos de lugares periféricos na geografia da nação. Dois sindicalistas de Bauru (SP), uma militante de Macaé (RJ), outro de Joinvile (SC), outro de Serra (ES). Somente quatro deles são apresentados como portadores de alguma relação com o movimento negro: o de Macaé, o de Serra e uma pessoa de Bauru, e José Carlos Miranda, cuja assinatura no manifesto vem acompanhada do título: "Diretório Estadual do PT-SP, Coordenação do Comitê por um Movimento Negro Socialista (MNS)".

Miranda é uma figura peculiar nessa história. Com o movimento anticotas, ele adquiriu notoriedade. Assinou os dois manifestos e apareceu na cerimônia de entrega do primeiro aos presidentes das casas legislativas, que foi coberta pela mídia impressa e televisionada (Weber, 2006). Passou também a ter sua opinião considerada pelos jornais *O Globo* e *Folha de S.Paulo*, como um exemplo de militante do movimento negro contrário às cotas raciais (Lamego, 2007; Azevedo, 2007; Colucci e Toffoli, 2006). Foi até convocado a participar de audiência pública no STF, em março de 2010, para instrução dos ministros acerca das políticas de ação afirmativa racial, que eram, então, objeto de ADPF ajuizada na Corte pelo Partido Democratas (DEM).

O Movimento Negro Socialista, contudo, parece não experimentar o mesmo sucesso de seu líder, pelo menos se tomarmos por base seu site na internet. De construção simples, o site parece estar praticamente desativado. A atividade mais recente até a redação deste capítulo se encontra na página de "Artigos": uma postagem de julho de 2012 de um artigo sobre seminário da OAB-SP acerca do racismo e a reforma do código penal. Esse é precedido de uma só postagem em 2011, outra solitária de 2010 e duas de 2009. Na página "Notícias", a postagem mais recente é de fevereiro de 2011, e também é única nesse ano. As páginas de "Correspondentes" e a de "Fotos" não têm conteúdo. Em suma, ou o MNS desapareceu ou está tendo dificuldades de manter sua página na internet.

O movimento de oposição às cotas deu visibilidade a outros "movimentos sociais" no mínimo curiosos, como o "Movimento Contra o Desvirtuamento do Espírito do Programa de Ações Afirmativas", que teve acento e voz no *amicus curiae* do julgamento do STF, e o Movimento Pardo-Mestiço Brasileiro (Nação Mestiça), que também teve voz na audiência do STF de março de 2010. Este último, pelo menos, demonstra sinais de atividade em seu site.

Assim, parece incontestável a liderança dos intelectuais no movimento anticotas. Como o objetivo deste capítulo é examinar o perfil dos argumentos que esse movimento trouxe a público, optamos por fazer um exame mais a fundo de Fry et al. (2007). Os organizadores assumiram posição pública contrária às cotas, contribuindo para a causa ao escreverem artigos para jornal, concederem entrevistas a reportagens, além de participar de debates públicos, programas de TV etc. Além disso, o protagonismo de Maggie ultrapassou esse tipo de participação, já que ela se tornou porta-voz do movimento perante o Congresso Nacional e o STF.

O livro é, portanto, um retrato do movimento produzido pelo próprio movimento, ou melhor, por sua liderança. Contém cinquenta textos, de diversos autores, sendo 46 artigos de jornal ou revista, um prefácio, um preâmbulo e uma apresentação e, ao final, o texto integral da *Carta Pública ao Congresso Nacional*.

No prefácio, o cientista político Boliver Lamounier repete, de maneira sintética, os mesmos argumentos anteriormente adotados pelo ex-presidente e por Jessé Souza ao tratarem do tópico. Mas enquanto para Cardoso e Souza a questão era de uma eventual escolha, que se posicionava no futuro, para Lamounier (2007), o assunto se reveste de urgência e seu diagnóstico procura transmitir uma sensação de ameaça perante o fato de as cotas já estarem em pleno funcionamento. Lamounier descreve o livro como uma tomada de posição de cidadãos e estudiosos contra o plano de racialização da sociedade brasileira, expressado nos projetos de lei das cotas e do Estatuto da Igualdade Racial, ambos então em tramitação no Congresso Nacional: "O caminho descortinado pelos dois projetos será inócuo ou contraproducente no que se refere às desigualdades e terá efeitos colaterais sumamente indesejáveis no que toca à sociabilidade e à concepção política da nação brasileira".

O texto de Lamounier (2007, p. 11) ainda faz, como a de seus antecessores, alusão aos Estados Unidos, tomado como padrão de comparação.

> Não há como afirmar que as diferenças de cor no Brasil estejam impregnadas de ódios raciais daquele tipo e intensidade. Fazê-lo é desconhecer os dados básicos da questão. Se assim é, por que a temos discutido apenas como um pecado irremissível, nunca como um recurso ou ativo de que nos podemos valer na construção de uma sociedade mais justa? Por que ressaltar apenas o que divide e nunca o que aproxima os cidadãos – no limite, a própria igualdade da condição humana?

E, assim como seus antecessores, ele enxerga nas relações raciais que definem a nacionalidade um dado original, em vez de ser pensado como "pecado irremissível", deve ser tomado como "recurso ou ativo" para a construção de uma sociedade mais justa. O nível de intertextualidade aqui é altíssimo (Foucault, 1986), ou seja, o eco dos mesmos argumentos em textos de diferentes autores. Não se trata de coincidência fortuita, pois um estudo mais sistemático do *corpus* de textos que compõem o livro revela que o argumento conectando ação afirmativa e identidade nacional é um dos pilares fundamentais do discurso do movimento dos intelectuais contra as cotas.

Nossa análise de conteúdo do texto integral do livro *Divisões perigosas* resultou na identificação de 41 argumentos contrários às políticas de ação afirmativa racial. São eles, em ordem de frequência de uso:

Tabela 1: Argumentos presentes em Fry et al. (2007)

Argumento	N
AAR racializa a sociedade	45
AAR pode impor uma identidade bicolor	27
Classe importa mais que raça	21
O caminho é investir nas políticas universais	20
AAR se opõe à nossa tradição de mestiçagem	17
AAR oficializa o racismo	16
AAR ria/acirra conflito racial	14
AAR é ineficiente no combate às desigualdades	14
AAR viola o princípio da igualdade formal/institui privilégios	13
AAR resulta da captura do Estado por movimentos sociais	12
AAR importa um modelo estrangeiro	12
AAR pode excluir os brancos pobres	11
AAR pode dividir classes baixas	10
AAR pressupõe a existência biológica de raças	8
É difícil classificar racialmente as pessoas	8
AAR é intervenção do Estado nas relações sociais	7
AAR rompe com republicanismo brasileiro	6
AAR desrespeita a autoidentificação	5
O caminho é investir no ensino básico	5
AAR tende a beneficiar classe média/elite negra	4
AAR é inconstitucional/ilegal	4
AAR pode excluir grupos discriminados	4
AAR não deve ser reduzida às cotas	4
AAR é discriminação às avessas	3
AAR fracassou em outros lugares	3
O Brasil não é um país racista	3
Pobreza dos negros não se deve à discriminação	2
AAR é uma medida eleitoreira	2
AAR pode estigmatizar os beneficiários	2
O ensino já está se democratizando sem cotas	2
Racismo oculto é melhor que explícito	2
AAR cria intolerância entre os negros	1
AAR diminui a qualidade do ensino	1
AAR não leva em conta o mérito	1
AAR provoca ressentimento nos brancos	1

AAR tende a se perpetuar	1
Não há ainda resultados positivos conclusivos	1
Não há o que reparar pois todo brasileiro é afrodescendente	1
AAR é uma forma de dirimir os efeitos da escravidão no presente	1
Outro	17

A longa lista captura os argumentos da maneira quase literal como ocorrem nos textos. Para melhor compreendermos o todo do discurso anticotas, é preciso agrupar tais argumentos por critérios de proximidade semântica. Assim, a lista pode ser dividida em três núcleos discursivos: Raça e identidade nacional; Estado e cidadania; Procedimentos e resultados.

Tabela 2: Argumentos do *cluster* "Raça e identidade nacional"

Argumentos	N
AAR racializa a sociedade	45
AAR pode impor uma identidade bicolor	27
Classe importa mais que raça	21
AAR se opõe à nossa tradição de mestiçagem	17
AAR cria/acirra conflito racial	14
AAR importa um modelo estrangeiro	12
É difícil classificar racialmente as pessoas	8
O Brasil não é um país racista	3
Não há o que reparar pois todo brasileiro é afrodescendente	1
TOTAL	148

Esse primeiro núcleo é o mais relevante para este capítulo, porque toca exatamente a questão do suposto impacto das políticas de ação afirmativa racial sobre a identidade nacional. É importante notar que os argumentos desse núcleo ocupam um espaço epistemológico bem definido, pois são de natureza sociológica ou antropológica, com a exceção do último, que é quase irrelevante.

O segundo núcleo é denominado Estado e cidadania, composto por argumentos mais próximos às disciplinas do direito e da ciência política.

Tabela 3: Argumentos do *cluster* "Estado e cidadania"

Argumentos	N
AAR oficializa o racismo	16
AAR viola o princípio da igualdade formal/institui privilégios	13
AAR resulta da captura do Estado por movimentos sociais	12
AAR pressupõe a existência biológica de raças	8
AAR é intervenção do Estado nas relações sociais	7
AAR rompe com republicanismo brasileiro	6
AAR desrespeita a autoidentificação	5
AAR é inconstitucional/ilegal	4
AAR não leva em conta o mérito	1
TOTAL	72

Por fim, o terceiro núcleo é composto por um amplo número de argumentos que têm por finalidade mostrar que as ações afirmativas não devem funcionar seja por partirem de pressupostos errados, seja por produzirem efeitos indesejados. O núcleo "Prodecimentos e resultados" ocupa um espaço epistêmico mais difuso, que toca a sociologia, além da administração pública, o estudo de políticas públicas e a economia.

Tabela 4: Argumentos do *cluster* "Procedimentos e resultados"

Argumentos	N
O caminho é investir nas políticas universais	20
AAR é ineficiente no combate às desigualdades	14
AAR pode excluir os brancos pobres	11
AAR pode dividir classes baixas	10
O caminho é investir no ensino básico	5
AAR tende a beneficiar classe média/elite negra	4
AAR pode excluir grupos discriminados	4
AAR não deve ser reduzida às cotas	4
AAR é discriminação às avessas	3
AAR fracassou em outros lugares	3
Pobreza dos negros não se deve à discriminação	2
AAR é uma medida eleitoreira	2
AAR pode estigmatizar os beneficiários	2

O ensino já está se democratizando sem cotas	2
Racismo oculto é melhor que explícito	2
AAR cria intolerância entre os negros	1
AAR diminui a qualidade do ensino	1
AAR provoca ressentimento nos brancos	1
AAR tende a se perpetuar	1
Não há ainda resultados positivos conclusivos	1
TOTAL	93

Como se nota pela simples contagem de frequências das ocorrências dos argumentos no livro, segundo as tabelas, o núcleo "Raça e identidade nacional" é de longe o mais presente: mais que o dobro da frequência de "Cidadania e Estado" e aproximadamente uma vez e meia a de "Procedimentos e resultados". Ele também está presente em um maior número de textos no livro, 39, enquanto argumentos do núcleo "Estado e cidadania" são empregados em apenas 29 textos, e "Procedimentos e resultados" em 28. No livro, há somente duas críticas às cotas como "golpe fatal na ideologia do mérito individual", como escreve o antropólogo Peter Fry, originalmente num artigo publicado no jornal *O Globo* em 23 de março de 2003. A outra crítica é mais indireta, presente no texto do historiador José Roberto Pinto de Góes, é a que defende a "meritocracia" contra a ideia de que o Estado deva promover os desprivilegiados, alterando as regras do jogo, contida nas "Diretrizes Curriculares para a Educação das Relações Étnico-Raciais e para o Ensino da História e Cultura Afro-Brasileira e Africana" (Fry et al., 2007).

O núcleo "Raça e identidade nacional" contém todos os elementos anteriormente identificados nas falas de Cardoso, Souza, Fry, Maggie e Lamounier. Ele compõe um discurso sobre o Brasil que podemos denominar "freyreano" por retomar uma concepção da identidade nacional legatária da obra de Gilberto Freyre. A despeito das ressalvas acerca da existência de desigualdades raciais e mesmo de discriminação no Brasil, encontradas em vários textos do livro, esse discurso ressalta "nossa tradição de mestiçagem", inclusive chegando, em alguns casos, a afirmar que "o Brasil não é um país racista" ou que aqui "é difícil classificar racialmente as pessoas". Esse seria o fulcro cultural que define a nacionalidade brasileira.

A ameaça a essa identidade advém da "importação de um modelo estrangeiro", que seria originário dos Estados Unidos. Vinte e três textos, ou seja, quase a metade do total, tomam os EUA como referência explícita de comparação. Há um duplo esforço aqui, o de mostrar que os Estados Unidos é diferente do Brasil, ou seja, de que "comparar os Estados Unidos ao Brasil é complicado" (Fry et al., 2007), e o de postular que nos Estados Unidos, as "já não há leis baseadas em raças, e as políticas de cotas foram vetadas pelo Judiciário e criticadas pelos cientistas sociais" (id., ib.), enquanto no Brasil, "políticas racialistas" estavam sendo implantadas. Há algo de paradoxal no fato de a exemplaridade norte-americana ser aceita, quando é para ser rejeitar as cotas, e rejeitada, quando é para aceitá-las. Contudo, não se espera coerência de um *corpus* textual de vários autores.

Na sequência desse núcleo de argumento, o qual denominamos "discurso freyreano", a suposta importação das políticas originárias dos Estados Unidos redundaria na importação de um sistema bicolor de identidade racial, própria daquele país. Tal sistema promoveria a "racialização da sociedade brasileira", criando ou acirrando o "conflito racial" em nosso seio e destruindo, assim, "nossa tradição de mestiçagem", como vimos o cerne de nossa identidade nacional.

A mídia e os argumentos contra as AAR

A circulação do discurso freyreano sobre as cotas raciais foi muito além do círculo acadêmico. Graças à grande imprensa, ele se difundiu para além dos limites dos debates universitários. Entretanto, é importante destacar que o discurso freyreano só encontrou guarida nas páginas dos principais veículos de comunicação nacionais algum tempo depois da difusão de cotas raciais pelas universidades brasileiras.

Para entender como esse argumento foi potencializado na grande mídia, conduzimos um amplo estudo sobre o tratamento dado pelos principais veículos de imprensa do país às políticas de ação afirmativa. A pesquisa ainda em curso analisa todos os textos publicados sobre o tópico de 2001 a 2012, nas revistas semanais *Veja* e *IstoÉ* e nos jornais *Folha de S.Paulo, O Globo, Estado de S. Paulo, Estado de Minas* e *Correio Braziliense.* Este capítulo comenta resultados obtidos nas análises dos jornais *O Globo* e *Folha de S.Paulo*, campeões de venda no país, entre os grandes jornais,[2] entre 2001 e 2009, pois tal período captura todo o ciclo fundamental do debate, que vai desde o período de aprovação da Lei de Cotas no Rio de Janeiro em 2001 até a judicialização da controvérsia ocorrida quando da apresentação da ADPF 186 ao STF.

A pesquisa leva em conta uma série de variáveis pertinentes ao texto ou matéria, que é a unidade de análise: veículo, data, identidade do autor, profissão, carreira acadêmica, centralidade do tema da ação afirmativa racial etc. Porém, este capítulo analisa também como os prós e contras à ação afirmativa racial se distribuíram por esse universo de textos jornalísticos. Por isso, a tabela a seguir apresenta a lista de 48 argumentos contrários às ações afirmativas raciais codificados, bem como a quantidade absoluta e relativa de trechos em que eles foram detectados.

Tabela 5: Lista de argumentos contrários às ações afirmativas raciais

Argumentos	N	%
c01. AAR pode impor uma identidade bicolor	**84**	**3,2**
c02. Pobreza dos negros não se deve à discriminação	22	0,8
c03. Classe importa mais que raça	148	5,7
c04. AAR tende a beneficiar classe média/elite negra	33	1,3
c05. AAR cria/acirra conflito racial	**102**	**3,9**
c06. AAR dá margem a abuso de poder	5	0,2
c07. AAR é discriminação às avessas	157	6
c08. AAR é inconstitucional/ilegal	118	4,5
c09. AAR pode excluir grupos discriminados	27	1
c10. AAR é ineficiente no combate às desigualdades	59	2,3
c11. AAR resulta da captura do Estado por movimentos sociais	27	1
c12. AAR é solução paliativa	51	2
c13. AAR é intervenção do Estado nas relações sociais	9	0,3
c14. AAR é uma medida eleitoreira	45	1,7
c15. AAR é uma política neoliberal	4	0,2
c16. AAR pode dividir classes baixas	14	0,5

2. Ver a série histórica da venda de jornais, que comprova a liderança desses dois veículos há mais de dez anos. Disponível em: <www.anj.org.br/a-industria-jornalistica/jornais-no-brasil/maiores-jornais-do-brasil>.

c17. AAR é vulnerável à fraude	31	1,2
c18. AAR pode estigmatizar os beneficiários	64	2,5
c19. AAR fracassou em outros lugares	17	0,7
c20. AAR pode excluir os brancos pobres	58	2,2
c21. AAR oficializa o racismo	**71**	**2,7**
c22. AAR desrespeita a auto identificação	14	0,5
c23. AAR cria intolerância entre os negros	4	0,2
c24. AAR diminui a qualidade do ensino	99	3,8
c25. AAR não deve ser reduzida às cotas	38	1,5
c26. AAR não leva em conta o mérito	198	7,6
c27. AAR produzirá profissionais despreparados	55	2,1
c28. AAR provoca ressentimento nos brancos	11	0,4
c29. AAR rompe com republicanismo brasileiro	10	0,4
c30. AAR tende a se perpetuar	7	0,3
c31. AAR viola o princípio da igualdade formal/institui privilégios	98	3,8
c32. AAR pressupõe a existência biológica de raças	**63**	**2,4**
c33. Beneficiários não serão capazes de acompanhar o curso	52	2
c34. AAR importa um modelo estrangeiro	64	2,5
c35. AAR não basta sem medidas de permanência	52	2
c36. É difícil classificar racialmente as pessoas	107	4,1
c37. AAR se opõe à nossa tradição de mestiçagem	**77**	**3**
c38. Não há negros para preencher as vagas	13	0,5
c39. Não há ainda resultados positivos conclusivos	8	0,3
c40. O Brasil não é um país racista	**37**	**1,4**
c41. O caminho é investir nas políticas universais	90	3,5
c42. O caminho é investir no ensino básico	228	8,8
c43. O ensino já está se democratizando sem cotas	18	0,7
c44. Não é função da universidade estabelecer AARs	14	0,5
c45. Racismo oculto é melhor que explícito	**1**	**-**
c46. AAR racializa a sociedade	**113**	**4,3**
c47. Não há o que reparar pois todo brasileiro é afrodescendente	**11**	**0,4**
c48. Outro argumento	96	3,7

A intenção por trás do uso de um número tão grande de códigos é capturar o texto em sua dimensão mais literal, respeitando ao máximo a terminologia dos autores. Para facilitar a interpretação desses códigos, destacamos em negrito todos os argumentos que mobilizam o conceito de raça e/ou identidade nacional para criticar as cotas. O gráfico a seguir mostra o percentual de textos que possuem ao menos um desses argumentos destacados:

Gráfico 1: Quantidade relativa de trechos com argumentos sobre raça e identidade nacional por ano

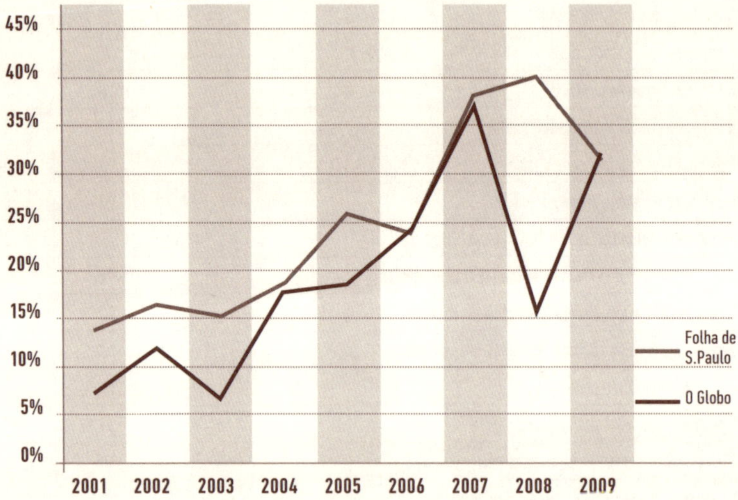

O gráfico anterior mostra que, com exceção da queda abrupta no jornal *O Globo* no ano 2008, logo retomada, a presença dos argumentos ligados à raça e à identidade nacional aumentou sua presença relativa nos dois jornais de forma consistente entre 2001 e 2009. Se em 2001 ele era mencionado em apenas 7% dos trechos do *Globo* e 14% dos trechos da *Folha*, em 2007, estava presente em 37% dos trechos codificados do *Globo* e 38% dos trechos da *Folha*. Logo, é evidente o sucesso desse conjunto de argumentos nos dois jornais analisados.

Dos 439 trechos em que esse conjunto de argumentos foi mencionado, 13,7% estavam em editoriais do *Globo*; 12,1%, em textos do colunista Demétrio Magnoli; 10% nos textos do diretor de jornalismo das Organizações Globo, Ali Kamel; 5% em textos assinados pelo já citado antropólogo Peter Fry e 4,3% em textos da também já citada Yvonne Maggie. Portanto, o protagonismo de Fry e Maggie foi exitosamente transferido da academia para a esfera pública, conquistando adeptos para seus discursos dentro da alta hierarquia dos jornais (o que é patente nos editoriais do *Globo* e nos textos de Kamel) e na figura de Demétrio Magnoli.

É preciso destacar que todos os partidários do discurso freyreano, discutidos até o presente momento, reconhecem em maior ou menor grau a discriminação e o preconceito existentes nas relações sociais brasileiras. Nenhum deles adere à ideia de que o Brasil é de fato uma democracia racial, como, aliás, nem Gilberto Freyre acreditava (Lehmann, 2008). Por isso, a entrada de Ali Kamel nesse debate a partir de 2004 reestruturou semanticamente o discurso freyreano. Ao contrário da maior parte de seus pares, o diretor de jornalismo das Organizações Globo defende que a existência de racismo no Brasil não é suficiente para que o país seja chamado de racista.

Esse entendimento, diluído em mais de 22 artigos publicados no *Globo* no período analisado, foi compilado e sistematizado no livro *Não somos racistas* (Kamel, 2006). Ao contrário do título grandiloquente, Kamel procura alertar, já nas primeiras páginas, que sim, existe de fato racismo no Brasil (2006, p. 20), mas existe "porque onde há homens reunidos, há também todos os sentimentos, os piores, inclusive" (id., ib.). Logo, o racismo aqui é reduzido àquele presente em qualquer coletividade humana. Contudo, ao contrário do que ocorre mundo afora, o Brasil "não somente não se queria assim como sempre condenou o racismo" (id., ib.). Desse ponto de vista, não somos racistas porque "somos uma nação que acredita nas virtudes da nossa miscigenação, da convivência harmoniosa entre todas as cores e nas vantagens, imensas vantagens, de sermos um país em que os racistas, quando existem, envergonham-se do próprio racismo" (id., ib., p. 40).

A interpretação de que o Brasil é tão (ou menos) racista do que qualquer outro país do mundo não é facilmente sustentável diante da imensa bibliografia sociológica mostrando que as desigualdades raciais no país são fortes e disseminadas, e Kamel tem consciência disso. *Não somos racistas* mostra a tese de que a permanência das desigualdades socioeconômicas entre pretos, pardos e brancos é um epifenômeno das desigualdades entre classes, uma vez que, segundo o jornalista, nenhum dado estatístico comprova a existência de discriminação racial no Brasil. Entre as análises do livro, merece destaque a interpretação da condição socioeconômica dos autodeclarados amarelos na PNAD. Estes recebem, em média, 7,4 salários mínimos, quase o dobro do que a população branca declara receber (id., ib., p. 59). Para Kamel, se a diferença entre os salários de brancos e negros é utilizada como indício de discriminação contra os negros, logo somos obrigados a concordar que existe uma discriminação dos amarelos em relação aos brancos (id., ib., p. 60).

Não há espaço para discutir aqui todos os malabarismos estatísticos feitos por Kamel para comprovar sua tese[3], mas vale destacar que ele ignora a bibliografia sobre as diferentes chances de mobilidade social entre brancos e não brancos, produzida por autores como Carlos Hasenbalg, Nelson do Vale Silva, Ricardo Henriques, Sergei Dillon Soares. O fato de Hasenbalg ser citado em uma passagem do livro indica que Kamel (2006, p. 20) não desconhece sua obra, apenas a ignorou.

Apesar de o livro ser apresentado na orelha como uma obra que responde ao avanço das cotas raciais, *Não somos racistas* mira em um inimigo muito mais amplo. Seu objetivo é "desmistificar o discurso oficial" e as "leituras apressadas de estatísticas oficiais que distorcem a realidade em favor de um Brasil bicolor" (Kamel, 2006, p. 41). A introdução das cotas raciais no Brasil, que no texto de Fry e Maggie (2004), era vista como um acontecimento acidental e oportunista, é interpretada por Kamel como consequência de um longo processo histórico de desconstrução do ideal de uma nação miscigenada, desconstrução encabeçada por intelectuais, como "Florestan Fernandes, Fernando Henrique Cardoso, Oracy Nogueira e, mais adiante, Carlos Hasenbalg" (id., ib., p. 20). Ainda que rejeitasse as cotas raciais, foi sobretudo Fernando Henrique Cardoso que, enquanto presidente, mais teria "contribuído para essa desconstrução identitária de longo alcance":

> Não importa que pessoalmente, ele rejeitasse, e ainda rejeite, as cotas — a adoção delas só se tornou possível porque, no governo, ele agiu de forma decisiva para que o ideal de nação miscigenada e tolerante fosse substituído pela nação bicolor em que brancos

3. Uma crítica a esses malabarismos pode ser encontrada em Petruccelli e Teixeira (2004).

> oprimem negros. É FH quem opera e institucionaliza essa mudança. O que o presidente Lula fez depois foi dar sequência, foi seguir adiante, e, também aqui, como em tudo mais, sem sutilezas e de maneira canhestra (Kamel, 2006, p. 19).

Em vez de ser vista como causa básica da desconstrução da identidade nacional, em Kamel, as cotas são encaradas como consequência do processo histórico bem mais amplo de renegação de nosso imaginário nacional. Mais do que uma nuance retórica, esse novo enquadramento para o discurso freyreano tem efeitos importantes no destino desse argumento. Sobretudo, ele tem ecos nas contribuições para essa linha argumentativa de outro ator midiático importante nesse debate: Demétrio Magnoli.

Assim como Kamel, Magnoli ganhou uma enorme projeção midiática depois da controvérsia das cotas raciais. De editor de livros de geografia para ensino médio e professor da PUC-SP, ele foi alçado ao posto de um dos principais intelectuais da imprensa brasileira, escrevendo para ambos os jornais incluídos no recorte, além de contribuir também para o *Estadão* e aparecer como comentarista em canais de TV aberta, como Globo e Bandeirantes, e fechada, como Globo News. Embora publique artigos sobre o assunto desde 2003, Magnoli nem sempre apelou para argumentos ligados à raça e à identidade nacional. Em um primeiro momento, ele esposava um discurso mais republicanista, que destacava como "a ação afirmativa tem evidenciado a fragilidade do princípio da igualdade política dos cidadãos no Brasil" (Magnoli, 2003) e como "o sistema de cotas ameaça submergir essa ilha de igualdade formal [que é o vestibular], destruindo o princípio do mérito acadêmico que regula o ingresso nas universidades" (id., ib.).

É apenas a partir de 2005, quando Magnoli se torna colunista fixo da *Folha*, que ele adere ao discurso freyreano. A partir daí, seus textos criticam a "construção da nação bicolor" – a mesma de que fala Kamel –, o "programa de reengenharia racial [que] almeja 'retificar' a obra do Império, passando uma borracha sobre a mestiçagem e suprimindo os 'pardos'" (Magnoli, 2005b). Tal "programa de reengenharia social" seria, segundo Magnoli, uma tentativa de produzir no Brasil identidades oficiais que dividem a população em etnias, algo muito semelhante ao processo social que levou à guerra civil entre tutsis e hutus em Ruanda. Em um comentário sobre o filme *Hotel Ruanda*, o qual retrata a guerra no país africano, Magnoli (2005a) acrescenta:

> *Hotel Ruanda* é uma reflexão de valor universal sobre a produção oficial de identidades "raciais" ou "étnicas". Sugiro que os distribuidores do filme emitam convites especiais para o presidente Lula, a ministra das cotas raciais, Matilde Ribeiro, a comissão do vestibular da Universidade de Brasília, que fotografa candidatos para comprovar sua negritude, e os responsáveis pelo censo escolar racial de 2005.

Se Kamel conectava o avanço das cotas raciais a uma revisão identitária mais ampla, a qual tem lugar na Academia Brasileira a partir da década de 1950, Magnoli vai muito além. Para ele, a introdução das cotas raciais é consequência direta da introjeção no Brasil de um modelo racista norte-americano, inoculado nas "ONGs racialistas" (Magnoli, 2008) do movimento negro pela Fundação Ford (Magnoli, 2007).

Tal entendimento é explorado e ampliado por Magnoli no livro *Uma gota de sangue*. Como o próprio título indica, seu objeto central não se limita à discussão das cotas raciais, mas se estende à crítica "das políticas racialistas" implantadas em vários países no decorrer da história. A despeito disso, Magnoli inclui nessa rubrica as cotas raciais, vistas como políticas que expressam o pensamento racialista próprio dos ideólogos do holocausto e do *apartheid* e que, por isso, ajudaram a manter a segregação racial no EUA, a fomentar o genocídio tutsi em Ruanda e a restaurar o sistema de castas na Índia. E por esse motivo, as cotas seriam uma peça fundamental dentro do "projeto de racialização das relações sociais" brasileiras (Magnoli, 2009, p. 365).

Ao radicalizar o discurso freyreano, conectando as cotas raciais a um processo mundial mais amplo de racialização dos problemas sociais, Magnoli leva esse discurso ao paroxismo. Em seu livro, a racialização é apresentada como um perigo para todas as nações indistintamente. As cotas raciais foram tão nocivas nos Estados Unidos quanto o *apartheid* na África do Sul ou a guerra civil em Ruanda. Justamente por isso, elas colocam um futuro nefasto no horizonte de possibilidades independentemente da idiossincrática identidade nacional. Essa mudança retórica não ficou restrita aos textos de Magnoli. A crítica às cotas como medidas racialistas se desprenderam de uma idealização da identidade nacional à medida que o tempo passou. O gráfico a seguir mostra os quatro argumentos sobre raça e identidade nacional mais citados nos textos do *corpus*: c05. AAR cria/acirra conflito racial; c32. AAR pressupõe a existência biológica de raça; c37. AAR se opõe à nossa tradição de mestiçagem; e c46. AAR racializar a sociedade. Embora os quatro argumentos tenham trajetórias mais ou menos ascendentes, o mais diretamente ligado ao discurso freyreano (c37) assume uma trajetória decadente após 2005.

Gráfico 2: Evolução temporal dos principais argumentos do *cluster* "Raça e identidade nacional"

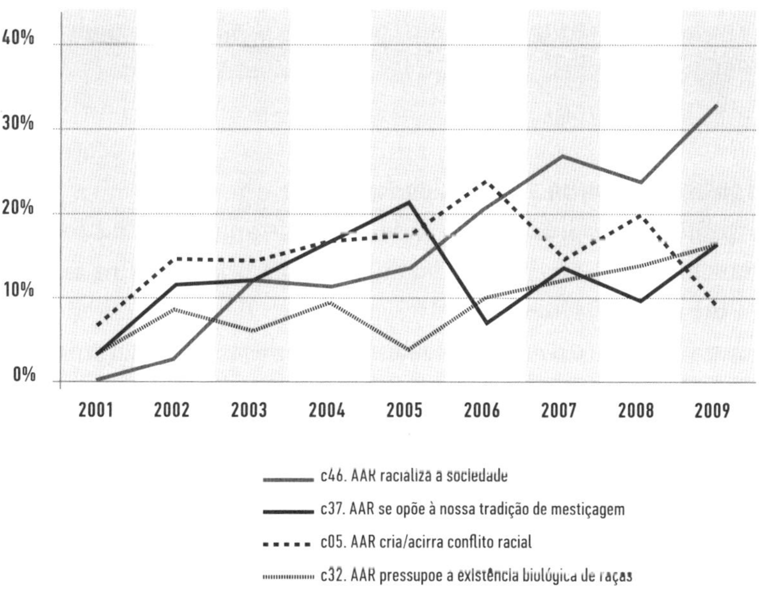

A ideia de que ações afirmativas raciais são políticas perigosas porque racializam toda e qualquer sociedade substitui paulatinamente o discurso de que elas seriam particularmente nocivas à singular sociedade brasileira. Ao se radicalizar, o discurso freyreano deixa de ser freyreano porque abdica cada vez mais da referência à identidade nacional antropofágica e miscigenada. As cotas raciais são entendidas como medidas para todos os países, e não apenas para aquela singular nação miscigenada chamada Brasil. Esse entendimento contraria, até certo ponto, o discurso freyreano mais original que insiste na tese da singularidade nacional. Partidários desse argumento, como Peter Fry, se opõem à ação afirmativa racial no Brasil, mas não adotam a mesma postura ao tratar de outros países "já racializados". Em uma entrevista ao caderno Mais da *Folha*, Fry (2005a) confirma essa interpretação:

> No caso da África do Sul, acho que não havia alternativa. A ação afirmativa em sociedades calcadas na ideia de raça é uma consequência lógica. Ao mesmo tempo que fizeram isso, imaginaram uma ação pública que não fosse racialmente determinada. Tanto é que inventaram o termo "rainbow nation", uma nação arco-íris. Achei isso tão interessante, porque era olhar um pouco para o Brasil.

Os argumentos contra as cotas no Judiciário

É possível supor que a difusão cada vez mais ampla do discurso freyreano nos meios intelectuais e midiáticos tenha criado alguns obstáculos para a difusão das ações afirmativas raciais no Brasil. A despeito do crescimento do número de universidades com políticas de discriminação positiva para negros (gráfico 2), o discurso freyreano foi um dos principais responsáveis pelos quase três anos que o Projeto de Lei 73/1999 (Lei de Cotas) ficou engavetado na Câmara dos Deputados. Isso porque a tramitação do projeto foi substantivamente prejudicada pela apresentação, em 2009, ao STF da Arguição de Descumprimento de Preceito Fundamental (ADPF) 186, impetrada pelo Partido Democratas (DEM) por meio de sua representante legal, Roberta Kauffmann.

Já tivemos a oportunidade de analisar o conteúdo e as inconsistências da ADPF (Feres Jr. et al., 2010). Agora, abordamos a centralidade do argumento sobre raça e identidade nacional nessa peça jurídica, posteriormente analisada pela Corte Suprema nacional. O objetivo autodeclarado da ADPF 186 é contestar a constitucionalidade de uma política que implica a "implementação de um Estado racializado" e colocar em discussão "se o racismo institucionalizado, nos moldes em que é praticado nos Estados Unidos, em Ruanda e na África do Sul, será a medida mais adequada, conveniente, exigível e ponderada, no Brasil, para a finalidade a que se propõe: a construção de uma sociedade mais justa, igual e solidária" (Kauffmann, 2009, p. 26).

Gráfico 3: Quantidade de universidades que adotaram ações afirmativas para negros por ano

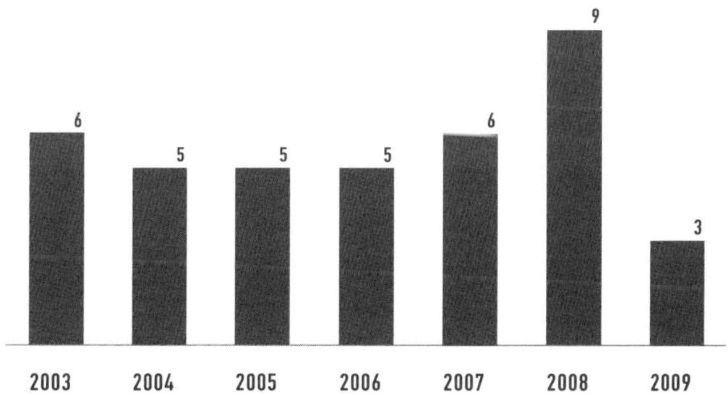

Vale notar os ecos da versão que Demétrio Magnoli deu ao discurso freyreano na ADPF. Não apenas a equivalência construída entre as cotas raciais e o *apartheid* sul-africano ou a guerra civil em Ruanda, mas também por haver uma ênfase muito maior nos perigos universais colocadas pelo conceito de raça do que nas idiossincrasias da identidade nacional. Não que a ADPF se furte de fazer uma análise da formação social nacional com vista a comprovar a impertinência das cotas raciais à realidade local. Como Kamel, a procuradora Roberta Kauffmann também enfatiza os equívocos da "análise superficial dos dados estatísticos relacionados ao negros" (id., ib., p. 26) e defende que "no Brasil, ninguém é excluído pelo simples fato de ser negro, diferentemente do que aconteceu em outros países, como Estados Unidos e África do Sul" (id., ib., p. 28). Mas, em vez de apelar a uma visão mítica da identidade nacional, a ADPF prefere adotar uma estratégia mais "científica" ao insistir que "pesquisas sobre ancestralidade genômica realizada com líderes negros brasileiros pelo professor geneticista Sérgio Pena" (id., ib., p. 30) comprovam que "no Brasil, há brancos na aparência que são africanos na ancestralidade [...] e há negros na aparência que são europeus na ascendência" (id., ib.).

A pesquisa do geneticista Sérgio Pena já era comentada pela mídia antes de Kauffmann mobilizá-la. Embora a pesquisa seja mencionada como "apoio científico" para a tese da miscigenação, ela vai além ao concluir que a pesquisa genética não pode, de modo algum, ser utilizada para estabelecer a afrodescendência das pessoas. Como diz Pena no trecho citado na ADPF, "poderia a nossa nova capacidade de quantificar objetivamente, através de estudos genômicos, o grau de ancestralidade africana para cada indivíduo fornecer um critério científico para avaliar a afrodescendência? A minha resposta é um enfático não" (Pena apud Kauffmann, 2009, p. 31). É a própria inexistência da raça enquanto conceito científico que inviabilizaria ações afirmativas raciais.

Apenas 10% das quase oitenta laudas da ADPF trabalham a concepção de identidade nacional para criticar as cotas raciais. Nelas, Kauffmann defende que, ao contrário do que ocorre nos Estados Unidos, o Brasil foi historicamente uma nação que recusou um sistema de classificação racial bipolar. Logo, "a intensa miscigenação brasileira inviabiliza a pretensão de criar programas afirmativos baseados na raça porque não haveria como determinar quem efetivamente é negro no Brasil" (Kauffmann, 2009, p. 63). A partir daí, Kauffman reproduz o discurso e, eventualmente, as palavras contidas no já referido trabalho de Jessé Souza, sempre com o objetivo de destacar que embora "se discorde tanto da existência da democracia racial, como do homem cordial no Brasil, não se pode negar a importância oriunda da fixação desses mitos" (Kauffmann, 2009, p. 64) e, em seguida, acrescenta (id., ib., p. 67):

> E é nesse sentido que deve ser compreendida a importância da fixação do mito da democracia racial no consciente coletivo brasileiro. Desse modo, o mito servirá como freio na conduta humana,

> fixando o paradigma do comportamento que se espera do homem médio e o modelo da atitude e das reações que devem ser tomadas e seguidas.

Mais importante do que resumir os argumentos contidos na ADPF 186 é destacar como ela se baseia em uma interpretação do discurso freyreano que enfatiza mais os paradoxos do conceito de raça do que nas contradições entre as ações afirmativas raciais e a suposta identidade nacional brasileira. De um lado, tal estratégia retórica parece mais adequada a uma peça jurídica que argumenta pela inconstitucionalidade de uma medida, pois não é uma norma constitucional o caráter essencialmente miscigenado e racialmente harmônico do Brasil. Por outro lado, a insistência nos paradoxos do conceito de raça parece não ter tido o efeito previsto. Sobretudo porque a interpretação que prevaleceu no julgamento da ADPF em 2010 foi a de que as ações afirmativas raciais se servem do conceito de raça justamente para dissolver as distinções baseadas na raça existentes na sociedade. Nos termos do relator da ação, o ministro Ricardo Lewandovski (2010, p. 21):

> Outro aspecto da questão consiste em que os programas de ação afirmativa tomam como ponto de partida a consciência de raça existente nas sociedades com o escopo final de eliminá-la. Em outras palavras, a finalidade última desses programas é colocar um fim àquilo que foi seu termo inicial, ou seja, o sentimento subjetivo de pertencer a determinada raça ou de sofrer discriminação por integrá-la.

Não é pertinente, diante dos objetivos definidos por este capítulo, discutir em detalhes a deliberação promovida pelo STF sobre a ADPF 186. O objetivo principal é destacar como o discurso freyreano paulatinamente marginalizou o elemento que originalmente lhe caracterizava: a defesa de uma dada concepção de identidade nacional. No lugar, a ênfase recaiu sobre os problemas do conceito de raça e de sua aplicação como critério para a redistribuição de recursos e direitos sociais. Mas, como contraefeito, essa estratégia retórica não parece ter sido capaz de capturar o modo ambivalente como as ações afirmativas raciais lidam com a categoria "raça".

Considerações finais

Este capítulo buscou evidenciar que o chamado "discurso freyreano contra as cotas" possui um núcleo semântico sólido, resistente a mudanças e esposado por um grupo extenso de atores sociais. Mas, simultaneamente, cada um dos principais publicistas desse discurso introduziu nuances retóricas importantes ao mobilizá-lo. Quando a ação afirmativa racial ainda era apenas uma possibilidade longínqua, a contradição entre ela e a dita identidade nacional figurava como uma potencialidade a ser considerada pelos gestores, como Fernando Henrique Cardoso e Jessé Souza recomendavam em 1996. A partir do momento em que a medida é aprovada pela Alerj em 2001, o discurso freyreano adquire cores mais nítidas e dramáticas nas tomadas de posição de Fry e Maggie.

Contudo, mais que profetizar uma catástrofe, os antropólogos naquele momento clamavam por mais debate, apenas. Com a rápida difusão de ações afirmativas para outras instituições, a partir de 2003, o esperado debate público veio, mas, junto dele, veio também um conjunto de discursos mais catastrofistas, difundidos basicamente pelos grandes jornais do país. A partir daí, a mídia potencializou as tomadas de posição de autores como Ali Kamel e Demétrio Magnoli, ambos comprometidos em conectar as cotas raciais e uma cosmologia racialista mais ampla e, por isso, nefasta. Em vez de contrapor "cotas raciais x identidade nacional", um número crescente de publicistas passou a seguir Magnoli ao argumentar que políticas racialistas (cotas incluídas), quando adotadas por qualquer sociedade (miscigenada ou não) que se propõe republicana, produzirão a divisão de seus cidadãos em raças, o que, por seu turno, trará o conflito racial e até a guerra civil. Longe de permanecer restrita aos textos de Magnoli, essa nova estrutura retórica foi incorporada pelo conjunto de textos midiáticos e, sobretudo, pela Arguição de Descumprimento de Preceito Fundamental 186 impetrada contra as cotas raciais.

No entanto, a difusão cada vez mais ampla e a dramaticidade retórica cada vez mais intensa do discurso freyreano parece ter sido inversamente proporcional à sua capacidade de obliterar a institucionalização das ações afirmativas raciais. Não apenas a decisão do STF considerou a ação afirmativa racial um expediente totalmente constitucional, como tais políticas se expandiram rapidamente pelo território nacional até se tornarem mandatórias nas universidades federais depois da aprovação da Lei Federal 12.711/2012. O que determinou, então, a marginalização do discurso freyreano?

Difícil responder de forma assertiva a essa questão. Todavia, é possível estabelecer algumas hipóteses explicativas. Em primeiro lugar, a dramaticidade retórica adquirida pelo discurso freyreano conduziu, de certo modo, ao paroxismo. A ênfase nos perigos da racialização levou à "universalização dessas ameaças". Antes vistas como um risco à identidade nacional, as cotas raciais passaram a ser enquadradas como um perigo para qualquer sociedade.

Em segundo lugar, as pesquisas de opinião sobre o tema, principalmente a patrocinada pelo Instituto Datafolha, mostraram ser grande a aceitação da política pela população. Dentro da amostra pesquisada pelo instituto, em 2008, 51% das pessoas se declararam favoráveis às ações afirmativas para negros. Mais recentemente, o Ibope reproduziu uma pesquisa semelhante e concluiu que o apoio às políticas subiu para 62% da população nacional. Embora o resultado esteja aberto a interpretações diferentes, fica difícil, depois desses números, afirmar que tais medidas são contrárias à identidade cultural daqueles que justamente se declaram favoráveis a ela. Apenas uma interpretação essencialista e elitista da identidade nacional que apelasse para a "inconsciência" e "in consequência" dos brasileiros que apoiam a política seria capaz de deslegitimar completamente essas pesquisas.

Entretanto, a principal explicação para os insucessos do discurso freyreano parece ter uma terceira razão. Desde a década de 1990, ele assumiu um tom profético, embebido na retórica do efeito perverso, segundo a qual uma ação feita para debelar um mal acaba por produzir mais daquele mesmo mal (Hirschman, 1991). Se, por um lado, isso serviu para desacelerar a institucionalização legal das cotas, por outro serviu também para expor o discurso ao teste da realidade. Em outros termos, o fato de que as profecias feitas pelo discurso freyreano não tenham se concretizado em mais de dez anos acabou por enfraquecê-lo. Como pesquisas têm sugerido (Schwartzman e Silva, 2012; Schwartzman, 2009; Nery e Costa, 2009; Weller e Silveira, 2008), a fraqueza das clivagens étnicas no Brasil tem funcionado mais como imunização do que como catalisadora da "racialização" tão temida pelos partidários do discurso freyreano. A aposta de que as ações afirmativas sozinhas seriam capazes de reverter esse quadro parece exagerada e irreal.

Referências bibliográficas

AZEVEDO, Ana Lúcia. O Brasil em preto e branco. *O Globo*, 29 abr. 2007.

CARDOSO, Fernando Henrique. Pronunciamento do Presidente da República na Abertura do Seminário Multicultralismo e racismo. In: SOUZA, Jessé. (org.) *Multiculturalismo e racismo*: Uma comparação Brasil-Estados Unidos. Brasília: Paralelo 15, 1997, p. 13-17.

COLUCCI, Claudia; TOFFOLI, Daniela. Votação do estatuto racial fica para 2007. *Folha de S.Paulo*, 7 jul. 2006.

FERES JR., João et al. Cotas no STF: Os argumentos como eles são. *Insight Inteligência*, v. 12, p. 124-136, 2010.

FOUCAULT, Michel. *The archaeology of knowledge*. Londres: Tavistock, 1986.

FRY, Peter. Politics, nationality, and the meanings of "race" in Brazil. *Journal of the American Academy of Arts and Sciences, DAEDALUS*, v. 129, n. 2, p. 83-118, 2000.

________. A feijoada mudou. *Folha de S. Paulo*, 19 jun. 2005a.

________. *A persistência da raça*: Ensaios antropológicos sobre o Brasil e a África austral. Rio de Janeiro: Civilização Brasileira, 2005b.

FRY, Peter et al. (orgs.) *Divisões perigosas*: Políticas raciais no Brasil contemporâneo. Rio de Janeiro: Civilização Brasileira, 2007.

GRIN, Mônica. *Raça*: Debate público no Brasil (1997-2007). Rio de Janeiro: Mauad/Faperj, 2010.

HIRSCHMAN, Albert O. *The rhetoric of reaction*: Perversity, futility, jeopardy. Cambridge, Mass.: Belknap Press, 1991.

KAMEL, Ali. *Não somos racistas*: Uma reação aos que querem nos transformar numa nação bicolor. Rio de Janeiro: Nova Fronteira, 2006.

KAUFFMANN, Roberta. Arguição de Descumprimento de Preceito Fundamental 186. Brasília: STF, 2009.

LAMEGO, Cláudia. Decisão sobre cotas nos EUA repercute no país. *O Globo*, 30 jul. 2007.

LAMOUNIER, Bolívar. Prefácio. In: FRY, Peter et al. (orgs.) *Divisões perigosas*: Políticas raciais no Brasil contemporâneo. Rio de Janeiro: Civilização Brasileira, 2007, p. 9-12.

LEHMANN, David. Gilberto Freyre: A reavaliação prossegue. *Horizontes Antropológicos*, v. 14, n. 29, p. 369-385, 2008.

LEWANDOWSKI, Ricardo. Íntegra do Voto do Relator da Arguição de Descurmprimento de Preceito Fundamental 186. Brasília: STF, 2010.

MAGGIE, Yvonne. Mário de Andrade ainda vive? O ideário modernista em questão. *Revista Brasileira de Ciências Sociais*, v. 20, p. 5-25, 2005.

MAGGIE, Yvonne; FRY, Peter. O debate que não houve: A reserva de vagas para negros nas universidades brasileiras. *Enfoques, Revista eletrônica*, v. 1, n. 1, p. 93-117, 2002.

________. A reserva de vagas para negros nas universidade brasileiras. *Estudos Avançados*, v. 50, n. 18, p. 67-80, 2004.

________. Estatuto criaria "racismo de Estado", diz antropóloga. *Folha de S. Paulo*, 23 jul. 2006.

MAGNOLI, Demétrio. O princípio ausente. *Folha de S.Paulo*, 29 jul. 2003.

________. O país das cotas e do genocídio. *Folha de S.Paulo*, 19 ago. 2005a.

________. Pardos. *Folha de S.Paulo*, 21 abr. 2005b.

________. Nós, o povo. *O Globo*, 1 jul. 2007.

________. A história que contamos às crianças. *O Globo*, 20 maio 2008.

________. *Uma gota de sangue*: História do pensamento racial. São Paulo: Contexto, 2009.

MANIFESTO Todos têm direitos iguais na República Democrática, em *Manifesto contra as cotas entregue ao Congresso Nacional*, 2006.

NERY, Maria da Penha; COSTA, Liana Fortunato. Afetividade entre estudantes e sistema de cotas para negros. *Paideia (Ribeirão Preto)*, v. 19, p. 257-266, 2009.

PETRUCCELLI, José Luis; TEIXEIRA, Moema De Poli. O que não se diz. *O Globo*, 6 dez. 2004.

SCHWARTZMAN, Luisa. Seeing Like Citizens: Unofficial Understandings of Official Racial Categories in a Brazilian University. *Journal of Latin American Studies*, v. 41, p. 221-250, 2009.

SCHWARTZMAN, Luisa; SILVA, Graziella. Unexpected narratives from multicultural policies: Translations of affirmative action in Brazil. *Latin American and Caribbean Ethnic Studies*, v. 7, p. 31-48, 2012.

SOUZA, Jessé. Multiculturalismo, racismo e democracia: Por que comparar EUA e Brasil? In: ______. (org.) *Multiculturalismo e racismo*: Uma comparação Brasil-Estados Unidos. Brasília: Paralelo 15, 1997a, p. 23-38.

______. *Multiculturalismo e racismo.* Uma comparação Brasil-Estados Unidos. Brasília: Paralelo 15, 1997b.

WEBER, Demétrio. Intelectuais lançam manifesto contra cotas. *O Globo*, 30 jun. 2006.

WELLER, Wivian; SILVEIRA, Marly. Ações afirmativas no sistema educacional: Trajetórias de jovens negras da universidade de Brasília. *Revista Estudos Feministas*, v. 16, p. 931-947, 2008.

PARTE II

A EXPERIÊNCIA NORTE-AMERICANA

CAPÍTULO 6

O SUPREMO TRIBUNAL DOS ESTADOS UNIDOS E A AÇÃO AFIRMATIVA: O CASO DO ENSINO SUPERIOR

RANDALL KENNEDY

Professor titular da Faculdade de Direito da Universidade de Harvard, pesquisa a intersecção dos conflitos raciais e as instituições legais, leis de relações raciais e a Suprema Corte. Conhecido por suas opiniões independentes, publicou inúmeros artigos e livros, entre os quais *Race, crime and the law*, que recebeu o Robert F. Kennedy Book Award.

A forma como o Supremo Tribunal lida com a controvérsia sobre ação afirmativa no ensino superior reflete o pensamento e os sentimentos da elite governante da nação. Assim, ao longo dos últimos trinta anos, a jurisprudência do Tribunal é marcada por ambivalência, confusão, tendência evasiva, ofuscação e inconsistência. Em vez de oferecer prescrições perspicazes que aliviem as tensões raciais americanas, o Tribunal postulou decisões *ad hoc*, que apenas refletem essas preocupações. O modo como isso ocorre não deve provocar decepção, pois este resultado era totalmente previsível. Raramente o Tribunal se afasta muito da "corrente dominante" de opinião pública da elite. Se a corrente dominante está dividida, então o Tribunal também está.

A relação do Supremo Tribunal com a ação afirmativa racial no ensino superior é um drama com três atos principais até agora: (1) A reitoria da Universidade da Califórnia vs. Bakke (1978); (2) Grutter vs. Bollinger e Gratz vs. Bollinger (2003); e (3) Fisher vs. Texas (2012).

Bakke

Em 1974, Allan Bakke processou a Universidade da Califórnia – Faculdade de Medicina em Davis. A origem da sua reclamação foi uma política sob a qual Davis separou 16 de cem vagas para "negros", "asiáticos", "indianos" ou "mexicanos" "desfavorecidos" que fossem qualificados. Os candidatos considerados não associados a esses grupos não eram elegíveis às vagas reservadas.[1] Bakke era um homem branco que se candidatou a uma vaga na Faculdade de Medicina. Rejeitado duas vezes pelo

1. Os objetivos e critérios estabelecidos inicialmente pelas autoridades em Davis são notavelmente confusos. Em 1973, os candidatos à Davis receberam a seguinte notícia sobre o programa especial: "Uma subcomissão especial da Comissão de Admissão, formada por professores e estudantes de medicina de grupos minoritários, avalia as inscrições de candidatos economica e/ou educacionalmente desfavorecidos. O candidato pode designar no formulário de inscrição que ele solicita tal avaliação. As minorias étnicas não são categoricamente consideradas pelo [programa especial] a menos que elas sejam de meios desfavorecidos", Regents of the University of California v. Bakke, 438 U.S. 265, 272 (1978). Uma interpretação plausível é que o programa especial estava aberto a todos, independentemente da raça, mas que as minorias raciais receberiam uma preferência dentro dele. Vários brancos, de fato, se inscreveram por meio do programa especial. Nenhum foi admitido e, posteriormente, os tribunais descobriram que, na verdade, o programa especial considerava apenas os candidatos de minorias raciais. Ibid. em 276, 289. ("O programa especial de admissões é, inegavelmente, uma classificação baseada em raça e etnia [...]. [C]andidatos brancos podiam concorrer apenas por 84 vagas [...] em vez das cem abertas para candidatos de minorias").

programa "regular" de admissão à Davis, foi recusado também por todas as 12 escolas de medicina para as quais se candidatara. Essas rejeições provavelmente ocorreram em parte devido à sua idade: fuzileiro naval veterano, em torno dos 30 anos, Bakke era mais velho do que a maioria dos estudantes de medicina que estava entrando.

Bakke suspeitava de que candidatos com históricos inferiores ao seu, em termos de notas de testes padronizados, foram aceitos em Davis por meio de seu programa "especial" de admissão, o que foi confirmado posteriormente. A média das notas de Bakke em ciências era 3,44; a média, em geral, dos candidatos especiais que foram admitidos era 2,62. Sua pontuação em ciências no Medical College Admission Test (MCAT – Teste de admissão para a Faculdade de Medicina) foi 97; a pontuação média em ciências no MCAT entre os candidatos especiais que foram admitidos foi 37. Este programa foi supervisionado por um comitê separado para o qual foram enviadas as inscrições daqueles que queriam ser considerados membros "desfavorecidos" de "grupos minoritários". O comitê especial flexibilizou os padrões típicos de Davis. Enquanto candidatos normais com médias abaixo de 2,5 eram sumariamente rejeitados, não havia uma nota mínima para os candidatos especiais. Além disso, a diferença nas médias das notas e nas pontuações do teste padronizado que distinguia os candidatos regulares dos especiais era visível. Em 1974, a média em ciências dos candidatos regulares admitidos era 3,36; para os admitidos de forma especial, 2,42. As pontuações médias no MCAT dos candidatos regulares admitidos eram 69 (verbal), 67 (lógica) e 82 (ciência); para os candidatos especiais admitidos, 34 (verbal), 30 (lógica) e 37 (ciência).

Antes de se instituir o programa especial, o número de minorias raciais admitido em Davis fora insignificante. Quando a faculdade abriu em 1968, com uma turma de cinquenta estudantes, havia admitido três pessoas de ascendência asiática, mas nenhum estudante negro, latino ou índio-americano. O programa especial foi inaugurado em 1970 e, em 1971, a turma que entrava cresceu para cem. Em 1971, quatro negros, nove latinos e dois asiático-americanos foram admitidos pelo programa especial; enquanto um negro, nenhum latino e oito asiático-americanos foram admitidos pelo programa regular. Em 1972, cinco negros, seis latinos e cinco asiático-americanos foram admitidos pelo programa especial; nenhum negro, nenhum latino e 11 asiático-americanos foram admitidos pelo programa regular.

Em 1974, o ano da segunda rejeição de Bakke, as 16 vagas do programa especial de admissão foram distribuídas para seis negros, sete mexicanos e três asiático-americanos. No programa regular de admissão, nenhum negro foi aceito, mas quatro latinos e cinco asiático-americanos foram aceitos. As vagas remanescentes da turma de 1974 que entrava foram presumivelmente ocupadas por brancos.

Bakke alegou que, ao favorecer candidatos de minorias com base na raça pelo programa especial de admissão, a universidade violara, entre outras coisas, o seu direito à igual proteção das leis, segundo a Décima Quarta Emenda. Um tribunal da Califórnia considerou o programa especial do curso de medicina uma cota racial que violava a Décima Quarta Emenda (assim como a constituição estadual e a Lei Federal dos Direitos Civis de 1964). Contudo, o tribunal se recusou a pedir a admissão de Bakke, concluindo que ele fracassou em demonstrar que poderia ser admitido mesmo sem a existência do programa especial. O Supremo Tribunal da Califórnia concordou com a decisão constitucional do tribunal em um parecer escrito pelo juiz Stanley Mosk. Ele reconheceu o argumento com o qual acabaria por discordar:

Para atingir a meta americana de verdadeira igualdade de oportunidades entre todas as raças, é necessário mais do que simplesmente remover os grilhões das restrições formais do passado; na ausência de assistência especial, as minorias irão se tornar um "grupo que se autoperpetua na parte inferior de nossa sociedade, perdendo a habilidade e a esperança de ascender"[2].

De fato, Mosk declarou que o poder de persuasão deste argumento "não pode ser negado". No entanto, ele rapidamente acrescentou que existem "razões políticas ainda mais fortes contra admissões preferenciais com base na raça":

O efeito de divisão de tais preferências não precisa de explicação e suscita sérias dúvidas sobre se as vantagens obtidas pelos poucos favo-

---

2. Bakke v. Regents of the University of California, 553 P. 2d 1152, 1170 (Cal. 1976).

recidos valem o custo inevitável à harmonia racial. A ênfase exagerada na raça como critério será, sem dúvida, contraprodutiva: prêmios e punições, êxitos e fracassos provavelmente serão considerados em um contexto racial durante os anos da faculdade e além. Problemas pragmáticos certamente surgirão ao identificar grupos que deveriam ser favorecidos ou ao especificar seus números, e uma vez estabelecidas as preferências, serão difíceis de se alterar ou abolir; a natureza humana sugere que uma minoria favorecida estará tão indisposta quanto outras a renunciar a uma vantagem, caso tenham sido concedidas. Talvez o mais importante seja a constituição sancionar a discriminação racial contra uma raça – qualquer raça –, o que é um conceito perigoso repleto de potencial para uso indevido em situações que envolvem objetivos muito menos louváveis do que os manifestados no presente caso[3] .

Com relação à reparação, o Supremo Tribunal da Califórnia reverteu a decisão do tribunal de primeira instância, ordenando que Bakke fosse admitido imediatamente à Davis. Concluiu que, apesar de o programa especial de admissão ser inválido, a universidade tinha a obrigação de provar que, mesmo na ausência do programa, Bakke não seria admitido. Ao estipular que não poderia demonstrar isso, o Tribunal julgou que Bakke tinha direito à admissão.

A Universidade da Califórnia recorreu, então, ao Supremo Tribunal Federal, levando a uma das disputas mais ansiosamente aguardadas e atentamente observadas na história constitucional americana.[4] A resolução do Tribunal refletiu o estado fragmentado da opinião pública. Em um parecer de autoria do juiz John Paul Stevens, quatro juízes concordaram com o julgamento do Supremo Tribunal da Califórnia em favor de Bakke, mas se recusaram a chegar à questão constitucional. Em vez disso, o grupo de Stevens afirmou que, ao favorecer certos candidatos com base na raça, o programa especial violava a Lei dos Direitos Civis de 1964. Quatro juízes – William J. Brennan, Byron White, Harry Blackmun e Thurgood Marshall – mantiveram que o programa especial não violava a Lei dos Direitos Civis, nem a Décima Quarta Emenda.

---

3. Bakke, 553 P.2d __, 1171(Cal. 1976).

4. Ver Schwartz (1988); Dreyfuss e Lawrence (1979).

Com o Tribunal igualmente dividido, quatro contra quatro, o juiz Lewis F. Powell deu o voto decisivo, explicando-o em um parecer ao qual nenhum outro juiz se juntou. Ele concordou com o Supremo Tribunal da Califórnia de que o programa especial da Faculdade de Medicina Davis violou a Constituição Federal e que Bakke tinha o direito de ser admitido. Discordou do Supremo Tribunal da Califórnia e do grupo de Stevens pelo fato de ambos defenderem que a lei federal impedia qualquer consideração de raça na seleção de estudantes. Powell concluiu que a Lei dos Direitos Civis proibia apenas o que a Décima Quarta Emenda proscreveu. Então, ele concluiu que, embora a Décima Quarta Emenda proibisse grande parte da seletividade racial – inclusive esse programa especial –, não proibia todas as decisões racialmente seletivas. Powell defendeu que um programa de ação afirmativa racial devidamente concebido com a finalidade de alcançar a "diversidade" seria constitucional. Em seguida, ele esboçou o tipo de programa que imaginara como aceitável.

Assim, Powell deu e reteve os resultados desejados aos principais protagonistas no drama Bakke. Ele confirmou a ordem que abriu a porta da escola de medicina para o homem branco, que alegara ter sido vítima de discriminação reversa. Portanto, Powell decepcionou aqueles que argumentavam que a "discriminação benigna", favorecendo minorias raciais, deveria ter uma ampla margem de manobra e precisaria ser vista como algo totalmente diferente da "discriminação maligna" que há muito tempo ameaça as minorias raciais. Ao mesmo tempo, declarou explicitamente que a raça poderia ser um fator em um plano de ação afirmativa devidamente concebido. Desse modo, ele decepcionou aqueles que buscavam a exclusão total da seletividade racial nos processos de admissão às faculdades e universidades, como parte de um esforço mais amplo para criar imediatamente um regime *color-blind* que fosse legal.

O parecer crucial do juiz Powell provocou uma série de respostas.

Estudiosos de diferentes perspectivas ideológicas acharam que faltava algo em termos de estrutura judicial. O professor (posteriormente juiz) Harry T. Edwards deu ao parecer "nota baixa" (Edwards e Nordin, 1979, p. 113-114). O professor (posteriormente juiz) Guido Calabresi (1979) o ridicularizou como "equivocado". O professor Vincent Blasi (1979) disse que era "uma falha perturbadora [...] dar sentido coerente e prático aos nossos mais importantes ideais constitucionais". O professor Ronald Dworkin (1978) reclamou que o parecer de Powell não tinha "uma fundação intelectual sólida".

Alguns defensores da ação afirmativa interpretaram o parecer de Powell, inicialmente, como uma grande derrota. O reverendo Jesse Jackson pediu manifestações contra ele. Lerone Bennett, Jr. afirmou que o parecer mandaria os negros "de volta ao fim da fila" (apud Selmi, 1999). O respeitável presidente da Defesa Legal e do Fundo Educacional da NAACP, William T. Coleman, Jr., argumentou que Bakke "retorcia a Décima Quarta Emenda [...]: invoca uma emenda que foi aprovada em primeiro lugar, e principalmente para beneficiar os negros, para então derrubar uma ação do Estado que faz exatamente isso" (apud Selmi, 1999).

Outros defensores da ação afirmativa salientaram o que perceberam ser o aspecto positivo essencial da decisão: o fato de ela sustentar que, devidamente delimitada, a raça poderia desempenhar um papel legítimo no processo de admissão para instituições de ensino superior. O procurador-geral dos Estados Unidos, Griffin Bell, retratou o caso Bakke como "um grande ganho para a ação afirmativa. É a primeira vez que o Supremo Tribunal apoia a ação afirmativa e fez isso da maneira mais forte possível" (apud Babcock e Tofani). As observações do procurador-geral injetaram um pouco de otimismo na decepção. Afinal, em seu memorial ao Supremo Tribunal, o Departamento de Justiça havia apoiado o programa de ação afirmativa que Powell invalidara. Mas os defensores pragmáticos da ação afirmativa perceberam que não fazia muito sentido, tendo em vista seus objetivos, enfatizar o que eles não gostavam na sentença. Em vez disso, proclamaram o que viram como sua virtude. "A coisa mais importante", declarou Vernon Jordan, o então presidente da National Urban League [Liga Urbana Nacional], "é que a maioria do Supremo Tribunal apoiou o uso da raça como um fator permissível" (apud Babcock e Tofani).

Adversários leais à ação afirmativa racial também denunciaram Bakke quando foi anunciado, como eles sempre haviam feito. O professor (posteriormente juiz) Antonin Scalia observou que, embora o parecer de Powell possa ser lido como "um excelente meio-termo entre duas comissões da American Bar Association em alguma proposta legislativa insignificante", é "completamente inconvincente como uma análise honesta, dura e fundamentada de uma importante disposição da constituição" (Scalia, 148).

No entanto, o parecer de Powell também foi muito aplaudido. O elogio oferecido, na maioria das vezes, é de que foi uma proeza da habilidade judicial, pois produziu o acordo "salomônico", que reconciliava anseios antagônicos e sentimentos profundos (Lewis, 1978). Especulando que uma vitória do programa da universidade em Bakke poderia ter desencadeado uma reação legislativa esmagadora, os professores Kenneth Karst e Harold W. Horowitz sugeriram que "Powell pode ter resgatado a ação afirmativa da morte nas mãos do processo político" (Karst e Horowitz, 1979). Outra aclamação notável é feita em um artigo do professor Paul J. Mishkin, o principal autor do memorial para a Universidade da Califórnia no litígio Bakke. Embora a decisão de Powell tenha sido uma derrota para o seu cliente, Mishkin, mesmo assim concluiu que o Tribunal tinha chegado a um bom resultado.

A atitude do Tribunal em Bakke – a postura ambivalente que se fez possível pelo parecer do juiz Powell [...] – foi uma resolução sábia e política de um problema social extremamente difícil. O Tribunal pegou uma das questões mais tensas e polarizadas da nação e, ao lidar com ela, diminuiu muito a tensão. Diminuir a fervura no caldeirão intenso de questões raciais não foi [...] uma conquista pequena nem fácil (Mishkin, 1983).

Antes de oferecer a minha abordagem sobre o parecer de Powell, devo descrevê-lo com mais detalhes, o que se justifica em virtude da sua importância.

Powell sustentou que "distinções raciais e étnicas de qualquer tipo [por parte das autoridades públicas] são inerentemente suspeitas e, assim, pedem o mais exato exame judicial" (Bakke, 1978). Ele insistiu que todas e quaisquer distinções raciais deveriam desencadear o mesmo exame no inquérito judicial – o que ele chamou de "escrutínio rigoroso". Em conformidade com o escrutínio rigoroso, os juízes abandonam a sua deferência habitual à conduta governamental, a sua presunção habitual de que tal conduta é legítima. Ao aplicar o escrutínio rigoroso, os juízes são céticos em relação à conduta governamental em questão e, de fato, presumem que seja ilegítima. Sob um escrutínio rigoroso, uma política ou decisão só é válida se for apoiada por uma justificativa convincente e prevista de forma restrita para atingir esse objetivo.

Powell rejeitou a ideia de que as distinções raciais beneficiando minorias raciais ("discriminação benigna") deveriam ser avaliadas de forma mais diferenciada e tolerante do que as distinções raciais que as colocassem em relevo, ou privilegiam outros ("discriminação maligna"). Uma teoria por trás de se distinguir a discriminação benigna da maligna na lei constitucional é que a Cláusula de Igual Proteção da Décima Quarta Emenda foi estabelecida especificamente para beneficiar os negros, cuja maioria emergia da escravidão na década de 1860. Powell reconheceu que "muitos dos Autores da Décima Quarta Emenda conceberam como a sua função principal o preenchimento da grande distância entre os membros da raça negra e a 'maioria' branca" (id., ib., p. 293). Ele respondeu, no entanto, que "não é improvável que houvesse, entre os autores, muitos que aplaudiriam uma leitura da Cláusula de Igual Proteção que afirmasse um princípio de aplicação universal e fosse sensível à diversidade racial, étnica e cultural da nação" (id., ib.). Além disso, o texto da "própria Emenda foi formulado em termos universais, sem referência à cor, à origem étnica ou à condição de servidão anterior" (id., ib.).

Do ponto de vista de Powell, qualquer que fosse a situação no princípio da Décima Quarta Emenda, o país havia seguido em frente demográfica, moral, política e legalmente. Não era "mais possível fixar as garantias da Décima Quarta Emenda às lutas por igualdade de uma minoria racial", defendeu ele, porque "os Estados Unidos tornaram-se uma nação de minorias" (id., ib, p. 292). Abstendo-se da visão de uma ordem racial constituída principalmente de domínio branco e subordinação mestiça, Powell retratou os Estados Unidos como um conjunto de minorias em que

> cada uma tinha de lutar [...] para superar os preconceitos não de uma maioria monolítica, mas de uma 'maioria' composta de vários grupos minoritários de quem se dizia que [...] uma característica compartilhada era uma vontade de prejudicar outros grupos (id., ib., p. 295).

À medida que o país era preenchido "com a descendência de muitas terras", alegou Powell, o alcance da Cláusula de Igual Proteção da Décima Quarta Emenda foi gradualmente, e com razão, aplicado a todos os grupos raciais e étnicos em busca de proteção contra a discriminação oficial. Rejeitando argumentos de que a constituição deve ser interpretada, como pretendiam seus autores, em favor de uma interpretação assimétrica da Décima Quarta Emenda que concederia cuidado especial às minorias raciais, em especial aos negros, Powell declarou que

> o relógio de nossas liberdades [...] não pode voltar para 1868 [...]. É tarde demais para argumentar que a garantia de proteção igualitária para todas as pessoas permite o reconhecimento de divisões especiais que têm o direito a um grau de proteção maior do que o concedido aos outros" (id., ib.).

Outra teoria por trás da ideia de que as distinções raciais beneficiando as minorias raciais devem ser avaliadas mais tolerantemente do que as distinções raciais que beneficiam os brancos se baseiam na crença de que os brancos, como grupo, podem se defender de forma adequada no universo de políticas universais, enquanto os negros e outros grupos segregados, e historicamente estigmatizados, precisam de proteção judicial contra as maiorias preconceituosas (Ely, 1974). Powell rejeitou a sociologia em que essa teoria se baseia. Ele não viu a existência de qualquer hegemonia racial branca excessiva, mas sim, que "a 'maioria' branca é em si mesma composta por vários grupos minoritários, a maioria dos quais pode reivindicar uma história prévia de discriminação nas mãos do Estado e de indivíduos particulares"[5]. De acordo com Powell, não só é impossível imaginar todos esses grupos recebendo tratamento preferencial, porém mais problemático para os tribunais é a ausência de qualquer "base de princípios para decidir quais grupos mereceriam 'cuidado judicial especial' e quais não". Powell temia que "os tribunais passassem a ser solicitados a avaliar a extensão do prejuízo e, consequentemente, o dano sofrido por vários grupos minoritários". Ele antecipou que "no mo-

5. Regents of the University of California, 438 U.S. 295 (1978).

mento em que essas preferências começassem a ter o efeito desejado [...] novas classificações judiciais seriam necessárias". Acreditava que "o tipo de análise sociológica e política variável necessária para produzir tais classificações simplesmente não se encontrava dentro da competência judicial". E pensava que "ao mudar o sentido da [Décima Quarta Emenda] para estas considerações transitórias, [o Tribunal] estaria defendendo, como um princípio constitucional, que o escrutínio judicial de classificação com relação à origem racial e étnica pode variar de acordo com o fluxo e refluxo das forças políticas" (id., ib., p. 297-298). Powell concluiu que isso seria errado.

Tendo determinado que todas as discriminações raciais oficiais são suspeitas, ou seja, presumivelmente inválidas, Powell reconheceu, em seguida, que, em conformidade com a jurisprudência anterior, alguns tipos de discriminação racial são justificáveis. Mas as circunstâncias em que tais justificativas se aplicam são excepcionais. O Estado deve mostrar que tem uma razão "forte" para utilizar uma classificação racial e que a utilização da classificação racial está prevista de forma restrita para a finalidade que procura.

Examinando as razões proferidas por Davis para justificar seu programa especial de admissões, o juiz Powell recusou todas, exceto uma. Davis afirmou que seu programa especial de admissão foi justificado como uma estratégia para reparar os efeitos da discriminação social do passado. Esse raciocínio merece uma atenção especial, pois foi o que a Universidade da Califórnia e a maioria dos observadores viram como a principal justificativa para a ação afirmativa racial. A prioridade da lógica de reparação é evidente no memorial para a Reitoria da Universidade da Califórnia. Lê-se em parte pertinente de seu enunciado:

1. O legado da discriminação racial persistente na educação, na medicina e em outros campos é um fardo tanto para minorias apartadas e insulares como para a sociedade em geral [...].

2. O legado da discriminação continua a ser um fardo e a obstruir o progresso das minorias raciais apartadas e insulares.[6]

---

6. Memorial para requerente, Regents of the University of California v. Bakke, 438 U.S. 265 (1978). Ver Kurland e Casper (1977).

Elaborando sobre esses enunciados, os principais redatores do memorial, Paul Mishkin e Archibald Cox, observaram que "o desmantelamento das enormes estruturas da discriminação persistente exige grande resistência e coragem para manter o grande esforço necessário". Retrataram a assistência especial às minorias raciais como um aspecto essencial deste desmantelamento da opressão racial. Argumentaram que "não há qualquer substituto para o uso da raça como um fator na admissão se as escolas profissionais admitirem mais do que alguns candidatos isolados de grupos de minorias que são, há muito tempo, sujeitos à discriminação hostil e difundida". Eles alegaram que o desfecho do caso determinaria se as minorias raciais "devem ter acesso significativo ao ensino superior e a oportunidades reais para entrar nas profissões especializadas ou se devem ser penalizadas indefinidamente pelas desvantagens decorrentes da discriminação anterior difundida". Repetida e insistentemente, eles defenderam a política de demonstração de cuidado especial aos candidatos pertencentes às minorias raciais na competição por espaços escassos na Faculdade de Medicina de Davis, de modo a permitir que eles escapem às limitações impostas, de forma substancial, por privações enraizadas em erros históricos do passado.

O memorial dos Estados Unidos como *amicus curiae* também destacou a reparação da discriminação social histórica como a principal justificativa para a ação afirmativa, assegurando na parte pertinente:

1. A raça pode ser levada em consideração para combater os efeitos da discriminação prévia [...].

2. A Universidade concluiu acertadamente que uma ação sensível à minoria era necessária para reparar os efeitos remanescentes da discriminação do passado.[7]

O memorial declarou que "os efeitos da discriminação racial não são facilmente eliminados", que o Tribunal reconheceu "que a simples eliminação da discriminação futura pode muito bem ser insuficiente para

---

7. Memorial para os Estados Unidos como Amicus Curiae, Regents of the University of California v. Bakke, 438 U.S. 265 (1978). Ver Kurland e Casper (1977).

corrigir o que se passou antes" e que "a mera neutralidade, muitas vezes, é inadequada". Em outras palavras, como o requerente da universidade, o procurador-geral dos Estados Unidos deu prioridade à retificação como uma justificativa para o programa especial de admissão em Davis.

Powell rejeitou o raciocínio que justificou a ação afirmativa como uma solução para a discriminação social. Powell sustentou que o Estado certamente tem um "interesse substancial em melhorar ou em eliminar, quando possível, os efeitos debilitantes da discriminação identificada".[8] Aqui, no entanto, a discriminação não tinha sido "identificada" por conclusões legislativas, judiciais ou administrativas de violações constitucionais ou legais. Em vez disso, por conta própria, Davis procurou ajudar a reparar o que viu como a discriminação social generalizada que as minorias raciais confrontam historicamente. Powell objetou a isso, escrevendo que "a 'discriminação da sociedade' é um conceito amorfo de um dano que pode ser eterno em relação a seu passado" (id., ib.). Afirmou ainda que o Tribunal nunca antes "aprovara uma classificação que auxilia pessoas vistas como membros de grupos relativamente vitimizados à custa de outros indivíduos inocentes na ausência de conclusões judiciais, legislativas ou administrativas de violações constitucionais ou legais" (id., ib.). Aqui não houve tais conclusões. Davis não pretendia ter chegado a alguma e, de acordo com Powell, faltava a ela a capacidade institucional ou a autoridade para fazê-lo. Os tribunais e os legisladores podem fazer tais determinações, manteve Powell, mas não as instituições educacionais agindo por conta própria. Como Powell viu,

> o propósito de ajudar determinados grupos vistos pelo corpo docente da Faculdade de Medicina de Davis como vítimas de "discriminação social" não justifica uma classificação que impõe desvantagens a pessoas como [Bakke], que não têm qualquer responsabilidade por qualquer dano que os beneficiários do programa especial de admissão pensam ter sofrido. Assegurar o contrário seria converter uma solução até então reservada para as violações dos direitos legais a um privilégio que todas as instituições do país

8. Bakke, supra note __, 307. Regents of the University of California, 438 U.S. 307 (1978).

> poderiam conceder ao seu bel-prazer a quaisquer grupos vistos como vítimas de discriminação social (id., ib.).

Outra justificativa afirmada pela Davis, mas rejeitada por Powell, foi o objetivo de melhorar a prestação de serviços de saúde para as comunidades negras carentes. A teoria era que a formação de mais médicos negros melhoraria os serviços de saúde nas comunidades negras em que se esperava que esses médicos fossem atender. Powell achou esse raciocínio inadequado. Davis admitiu que não poderia garantir que os beneficiários do programa especial de admissão, de fato, "dariam um retorno" atendendo em comunidades de minorias especialmente necessitadas de seus serviços. Além disso, citando o juiz Mosk do Supremo Tribunal da Califórnia, Powell afirmou que

> há maneiras mais precisas e confiáveis de identificar os candidatos que estão realmente interessados nos problemas de saúde das minorias [...]. Um candidato de qualquer raça que já demonstrou preocupação pelas minorias desfavorecidas no passado e que declara que a prática em tais comunidades é o seu objetivo profissional principal seria mais propenso a contribuir para a redução da escassez de médicos do que aquele que é escolhido exclusivamente com base na raça e no desfavorecimento (id., ib., p. 311).

Isso nos leva à justificativa afirmada por Davis que Powell aceitou: o objetivo de alcançar um corpo discente diversificado. Afirmando que a autonomia acadêmica há muito é vista como uma preocupação especial da Primeira Emenda, Powell escreveu que "a autonomia de uma universidade para fazer seus próprios julgamentos quanto à educação inclui a seleção de seu corpo discente" (id., ib., p. 313). Afirmando que a autoridade de uma universidade para selecionar seu próprio corpo discente é uma implicação da autonomia acadêmica, Powell defendeu expressamente a concessão de deferência considerável aos julgamentos dos administradores acadêmicos. Ele insistiu que uma universidade "deve ter ampla autonomai ao fazer os julgamentos sensíveis a respeito de quem deve ser admitido" (id., ib., p. 314). Reconheceu que esta prerrogativa deve ser limitada, uma vez que "as limitações constitucionais que protegem os direitos individuais não podem ser ignoradas" (id., ib.). Mas ele acreditava que o direito geral de ser avaliado independentemente da raça poderia estar, de certo modo, subordinado pelo objetivo de uma universidade em criar o que ela considerava um ambiente acadêmico ideal. Diversas universidades, mais notavelmente Harvard e Princeton, argumentaram que a presença de vários tipos étnicos, inclusive a diversidade racial, era necessária para um ambiente acadêmico ideal. Powell aceitou este argumento, dizendo que, embora contrário às preocupações de Igual Proteção da Décima Quarta Emenda, o desejo de uma universidade pela "diversidade" "invoca um interesse constitucional compensatório [da Primeira Emenda]" (id., ib., p. 313). Louvando a "diversidade", Powell declarou que "se acredita que a atmosfera de especulação, experiência e criação – tão essenciais para a qualidade do ensino superior – se deve, em grande parte, à promoção de um corpo discente diversificado". Além disso, ele afirmou que, "sob esta luz, [Davis] deve ser vista como se estivesse buscando alcançar uma meta que é de suma importância para o cumprimento da sua missão" (id., ib.). Tentando dar especificidade ao valor da "diversidade", Powell afirmou que

> um estudante de medicina qualificado com uma origem particular – seja ela étnica, geográfica, culturalmente favorecida ou desfavorecida – pode levar, para uma faculdade profissional de medicina, experiências, perspectivas e ideias que enriqueçam a formação do corpo discente e melhor preparem seus graduandos para processar com compreensão seu serviço vital à humanidade (id., ib., p. 314).

Ao determinar que "o interesse da diversidade é importante no contexto de um programa universitário de admissões" (id., ib.), Powell voltou-se para saber se o programa de Davis foi estruturado de forma aceitável. Ele concluiu que neste quesito tinha falhado. Lembre-se do que o programa especial de admissão de Davis fez: reservou 16 de cem vagas para candidatos de minorias raciais desfavorecidos e qualificados que foram avaliados separadamente dos candidatos competindo por vagas no programa regular de admissão. Powell considerou este acordo inconsistente para alcançar o que chamou de diversidade "genuína". A diversidade "genuína" – "a diversidade que promove um interesse público irresistível" – engloba "uma gama muito mais ampla de qualificações e características da qual a origem racial e étnica, embora seja importante, é apenas um elemento" (id., ib., p. 315). Powell se queixou de que ao focar exclusivamente na diversidade racial e étnica, o programa especial de Davis mais atrapalhava que promovia a diversidade genuína. Powell também se opôs a outras características do programa de Davis, como a avaliação separada de candidatos "especiais", em oposição aos "regulares", e o número fixo de lugares reservados para o programa de ação afirmativa.

Powell contrastou o que ele viu como o plano imperfeito de Davis para alcançar a diversidade a um plano aceitável, de fato exemplar – o programa de admissão da Faculdade de Harvard. Powell ficou tão impressionado com a descrição de Harvard de sua filosofia de admissão que anexou a descrição ao seu parecer. Lê-se na parte pertinente:

> Em anos recentes, a Faculdade de Harvard expandiu o conceito de diversidade para incluir estudantes de grupos econômicos, raciais e étnicos desfavorecidos. A Faculdade de Harvard não recruta agora apenas californianos ou louisianos, mas também negros, mexicanos e outros estudantes de minorias.

Na prática, esta nova definição de diversidade significa que a raça é um fator em algumas decisões de admissão. Quando o Comitê de Admissões considera o grande grupo intermediário de candidatos, "admissíveis" e considerados capazes de desempenhar bem em seus cursos, a raça de um candidato pode fazer pender a balança a seu favor, assim como a origem geográfica ou uma vida passada em uma fazenda pode fazer pender a balança no caso de outros candidatos. Um menino fazendeiro de Idaho pode levar algo à Faculdade de Harvard que um de Boston não poderá oferecer. De modo semelhante, um estudante negro, normalmente, consegue levar algo que uma pessoa branca não pode oferecer (id., ib., p. 322-323).

Powell observou, com admiração, que em um programa como esse,

> a origem racial ou étnica pode ser considerada um "diferencial" no arquivo de um candidato específico, porém não isola o indivíduo de ser comparado a todos os outros candidatos para as vagas disponíveis. O arquivo de um candidato negro específico pode ser examinado por sua contribuição potencial à diversidade sem o fator da raça ser decisivo quando comparado, por exemplo, àquele de um candidato definido como um ítalo-americano se for considerado que o último pode demonstrar qualidades mais propensas para promover um pluralismo educacional benéfico (id., ib., p. 317).

Este tipo de programa, declarou Powell, "trata cada candidato como um indivíduo". Consequentemente,

> o candidato que perde a última vaga disponível para outro candidato que recebeu um "diferencial" com base na origem étnica não terá sido inteiramente desconsiderado para aquela vaga simplesmente por não ser da cor correta ou por ter o sobrenome errado. Significaria apenas que o seu conjunto de qualificações [...] não prevaleceu sobre o do outro candidato. Suas qualificações teriam sido consideradas de forma justa e competitiva, e ele não teria embasamento para reclamar de tratamento desigual com base na Décima Quarta Emenda (id., ib., p. 318).

Powell cita o seu parecer em Bakke como o mais importante que ele produziu durante sua atuação como ministro da Suprema Corte. Tem sido bastante influente, servindo como o principal modelo para a ação afirmativa racial no ensino superior por mais de um quarto de século. Infelizmente, é profundamente falho.

O equívoco mais consequente e lamentável de Powell foi a determinação de que reparar a discriminação social é uma justificativa insuficiente para a ação afirmativa racial. Ele mencionou brevemente que os Estados Unidos são "uma nação que enfrenta um legado de escravidão e de discriminação racial" (id., ib., p. 294). Mas a sua afirmação é apressada e parece ter pouco peso em sua análise. A aparente falta de valorização de Powell com relação ao histórico distinto de abuso de pessoas de cor, principalmente negros, é posta em nítida evidência pelo parecer do juiz Thurgood Marshall, que estabeleceu em detalhes e com sensibilidade o fardo do passado racial americano, começando pelos fundadores, que "deixaram claro que 'nós, o povo' (...) não incluía aqueles cujas peles eram da cor errada" (id., ib., p. 389). Marshall se lembrou da situação dos negros nos Estados Unidos antes da guerra como seres sem "qualquer direito que tivesse de ser respeitado pelo homem branco", e lembrou-se, também, da privação de direitos e da segregação dos negros após a Reconstrução. Ele observou que "as ações e inações combinadas dos governos estadual e federal mantiveram os negros em uma posição de inferioridade legal por mais um século após a Guerra Civil" (id., ib., p. 390). Marshall reconheceu os traços da hierarquia racial que continuam refletidos em todos os índices do bem-estar, desde a expectativa de vida à mortalidade infantil, à renda, à riqueza, à realização profissional, lembrando que, em 1970, enquanto os negros representavam cerca de 11,5% da população, eles constituíam apenas 1,2% dos advogados e 2% dos médicos. "A relação entre esses números e o histórico de desigualdade no tratamento dado ao negro não pode ser negada", declarou Marshall. "Em cada ponto, desde o nascimento até a morte, o impacto do passado se reflete na posição ainda desfavorecida do negro" (id., ib., p. 396).

Marshall fez um retrato sério, mas realista, de um país há muito governado de forma ilegítima por uma ideologia e prática de supremacia branca. Powell, por outro lado, obscureceu a realidade da supremacia branca – a monopolização extensiva do poder, da riqueza, do prestígio e da influência por caucasianos – com a sua invocação de "uma nação de minorias" na qual vários grupos religiosos e étnicos (judeus, católicos, irlandeses e outros) tiveram de enfrentar preconceitos básicos. É verdade, os preconceitos sociais de todos os tipos atingem uma grande variedade de grupos ao longo da história americana. Mas é enganoso sugerir que os preconceitos sociais são igualmente persistentes, confinantes ou prejudiciais. Embora brancos de vários tipos tenham encontrado intolerância nos Estados Unidos, apenas no que diz respeito a pessoas mestiças, a intolerância contou com a força do poder formal do Estado para efetuar exclusão e subordinação. Entidades privadas disseram aos irlandeses, judeus e católicos brancos para "ficarem de fora". Contudo, pelo menos entre os residentes, pessoas mestiças são as únicas que tiveram que "ficar de fora" por força da lei. Infelizmente, etnias brancas foram maltratadas. No entanto, em contraste com afro-americanos, asiático-americanos e índios americanos, as etnias brancas nunca tiveram de lidar com a força peculiarmente humilhante da escravidão, da segregação, da inelegibilidade para naturalização, das proibições de ser proprietário de terra e dos estatutos antimiscigenação.

O juiz Powell afirmou que reparar a discriminação social não garantia ser considerada uma "justificativa racionalmente convincente". Sua posição seria mais fácil de aceitar se ele tivesse, em algum momento, estabelecido os indícios que determinam a racionabilidade. Ele não fez tal contribuição. O juiz Powell rejeitou a discriminação social como sendo "amorfa". No entanto, ele abraçou a "diversidade" como uma justificativa importante para a seletividade racial. Por que alguém deveria ser persuadido de que a última tem mais peso e é mais urgente do que a primeira? Como pergunta o professor Vincent Blasi (1979), com ceticismo apropriado: "Pode haver alguma validade em uma conclusão [...] de que um Estado pode tomar decisões raciais conscientes em relação às admissões universitárias a fim de enriquecer o diálogo acadêmico, mas não em relação às injustiças de três séculos?".

No processo de defesa da "diversidade", Powell declarou que "se acredita amplamente que a atmosfera de 'especulação, experiência e criação' [...] é promovida por um corpo discente diversificado". Note que ele não disse que a diversidade realmente enriquece a atmosfera do colegiado de especulação, experimentação e criação. Ele apenas disse que "se acredita amplamente" que esses benefícios são promovidos pela diversidade – dificilmente uma recomendação infalível, dado o número de proposições errôneas nas quais "se acredita amplamente" que são verdadeiras. Para fundamentar sua afirmação de uma grande crença no valor da diversidade, Powell citou uma pessoa – o então presidente da Universidade de Princeton, William G. Bowen.

> [...] uma boa parte da aprendizagem ocorre de maneira informal. Ocorre por meio de interações entre os alunos de ambos os sexos, de diferentes raças, religiões e origens; que vêm de cidades e áreas rurais, de vários estados e países; que têm uma grande variedade

de interesses, talentos e perspectivas; e que são capazes, direta ou indiretamente, de aprender a partir de suas diferenças.[9]

Esta declaração apoia a afirmação de que o benefício educacional é derivado de um corpo discente diversificado. Mas Bowen prosseguiu e observou, em uma passagem também citada por Powell, que "na natureza das coisas, é difícil saber como e quando e mesmo se este 'aprendizado' informal 'através da diversidade' realmente ocorre ou não ocorre para todos" (id., ib.). O fato de que alcançar a "diversidade" pode ser considerado pelo juiz Powell uma justificativa convincente com base em um registro tão fragmentário, anedótico e provisório deveria ser preocupante.

Não é de forma alguma claro que a "diversidade" do juiz Powell é menos amorfa e mais importante do que o objetivo de reparar a discriminação social. Afinal, para repetir a condescendência de Bowen: na natureza das coisas, é difícil saber como e quando, e mesmo se o "aprendizado por meio da diversidade" de fato ocorre. Isso dificilmente parece mais sólido como base para a ação afirmativa racial do que procurar corrigir a discriminação social. Não é. Powell simplesmente tratou disso de forma mais deferente. Aplicou um olhar detalhista para a justificativa da discriminação social, mas um olhar muito menos exigente com relação à justificativa da diversidade, embora tenha alegado sujeitar ambas ao mesmo padrão severo de escrutínio rigoroso.

O juiz Powell rejeitou a discriminação social como justificativa adequada para a seletividade racial nas admissões universitárias. No entanto, como reconheceram os professores Kenneth Karst e Harold Horowitz (1979, p. 16) há décadas, "subjacente à abordagem do juiz Powell está o pressuposto não dito de que a história da discriminação racial no país, inevitavelmente, faz da raça uma consideração válida na fórmula da diversidade". Vários observadores questionam por que – se "a diversidade genuína" engloba todos os tipos de diferenças potencialmente instrutivas – a diferença racial, ou, mais especificamente, a diferença racial em uma pele de cor, parece ser sempre um fator especialmente importante nas admissões universitárias. A razão é que é "a história da subordina-

---

9. Regents of the University of California, 438 U.S. 312 n. 48 (1978).

ção racial, acima de tudo, que faz da raça algo socialmente significativo" (id., ib.). Quando Harvard faz alusão a um estudante negro trazer à universidade algo que uma pessoa branca não pode oferecer, refere-se, principalmente, a esse estudante trazer "uma herança de discriminação social do passado" (id., ib., p. 17). Apesar de seu pacote formal, a lógica da diversidade de Harvard foi completamente moldada por um propósito de reparação. Isso é verdadeiro a tal ponto que alguns observadores veem a justificativa da diversidade como, em grande parte, um pretexto elaborado destinado a encobrir o verdadeiro objetivo do programa da Harvard e de muitos outros como ele, um objetivo que Powell invalidou e, assim, colocou terra abaixo – isto é, o objetivo de remediar a discriminação societária.

O perspicaz biógrafo de Powell, o professor John Jeffries, argumenta que uma razão pela qual o juiz evitou a lógica da discriminação societária é que ele viu "pouca chance [de essa] lógica colocar qualquer limite significativo na duração de tais preferências". De acordo com Jeffries (2003, 1, 7),

> Powell pensava na ação afirmativa como uma transição, uma partida de curto prazo rumo ao ideal de color-blindness, justificado apenas pela necessidade contingente. Permitir que se continuasse a colocar minorias à parte até que todos os efeitos da discriminação societária do passado fossem eliminados poderia significar que isso duraria para sempre.

A descrição de Jeffries sobre o pensamento do juiz está correta. No entanto, é difícil ver como a lógica da diversidade aborda a ansiedade de Powell com relação à duração. Presumivelmente, as universidades sempre desejarão obter o "pluralismo educacional" que se diz resultar de corpos discentes diversificados. Se for assim, a lógica da diversidade poderia ser usada como um predicado para a ação afirmativa indefinidamente. Como observa George Will (2011), "preferências como recompensa por discriminações do passado devem ao fim e ao cabo se tornar implausíveis, mas a lógica da diversidade por preferências nunca expira".

Embora Bakke seja formalmente um caso, na realidade representa dois: o recurso apresentado pela Universidade da Califórnia-Davis e o recurso simbólico criado pelo juiz Powell, exemplificado com o programa de admissões da Faculdade de Harvard (Jeffries, 2003, 8). Enquanto Powell considerou o processo de Davis ilícito, ele considerou o processo de Harvard aceitável. No entanto, as distinções que Powell apontou entre eles eram escorregadias e enganosas. De acordo com Powell, o programa de Davis exibia "uma intenção direta de discriminar", enquanto "tal fragilidade não existe em um programa de admissões em que a raça e a origem étnica são apenas um elemento – a ser pesado de forma justa contra outros elementos – no processo de seleção".[10] Powell insinuou que a discriminação racial estava ausente do processo de admissão no estilo de Harvard porque o fator racial era "simplesmente um elemento" no programa. Mas a raça era também apenas um elemento no programa especial de Davis. Ambos os programas eram racialmente discriminatórios. Se um fator racial está presente, então já ocorre uma discriminação racial. Pode ser "positiva", "benigna" ou "afirmativa" e não "maligna", "excludente" ou "injusta", mas é, ainda assim, uma espécie de "discriminação". Se a raça é de algum modo levada em conta, isso significa que, em alguns casos, o fator racial será determinante, fazendo a balança pender de uma forma ou de outra por pouco.[11]

Powell protestou contra o programa de Davis que colocava à parte um número fixo de vagas (16 de cem), comparando-o desfavoravelmente com a fluidez e o caráter aberto aparentes do programa de Harvard. No entanto, o juiz Harry Blackmun observou devidamente que "a linha entre os dois é tênue e indistinta" (id., ib., p. 406). A autodescrição da política de admissões de Harvard é mais opaca do que a autoapresentação

10. Regents of the University of California, 438 U.S. 318 (1978).

11. Em controvérsias envolvendo discriminação racial por parte da polícia, "alguns tribunais argumentam que não há nada com que se preocupar se a raça é apenas um dos vários fatores levados em conta pela polícia para determinar uma suspeita. De fato, alguns tribunais estão sugerindo que decisões que distinguem pessoas com base em sua raça nem sequer constituem discriminação racial quando a raça não é a única consideração ou a consideração principal que levou ao tratamento desigual. Esta é uma visão profundamente equivocada. Mesmo que a raça seja apenas um dos vários fatores por trás de uma decisão, apenas tolerá-lo significa tolerá-lo como o fator potencialmente decisivo" (Kennedy, 1997).

da política de Davis. É, portanto, mais aceitável a alguns observadores. Contudo, sob as diferenças aparentes, elas se sobrepuseram no ponto essencial – ambas usaram a raça para aumentar a chance dos candidatos de minorias raciais, sem a intenção de excluir os brancos por qualquer animosidade ou indiferença a eles por motivos raciais. O juiz Powell sustentou que a diferença na forma somava a uma divisão substantiva: o programa de Harvard traria menos objeção da opinião pública do que o programa de Davis. Powell insistiu que isso tinha relevância porque as aparências importam: "O juiz deve satisfazer a aparência da justiça" (id., ib., p. 319). Entretanto, os críticos alegam justificadamente que a preocupação de Powell com as aparências se dividia em meras relações públicas, facilitando a elaboração de um compromisso de "diversidade" que persiste, em grande parte, com base em atitudes superficiais.

Grutter vs. Bollinger e Gratz vs. Bollinger

O segundo grande ato no drama da ação afirmativa no ensino superior envolveu as sentenças do Supremo Tribunal decorrentes de dois desafios ao programa de admissão da Universidade de Michigan. No entanto, uma apreciação plena dessas sentenças requer um pequeno recuo. Perto do final do século pós-Bakke, alguns juízes se libertaram do parecer de Powell. O exemplo mais importante é Hopwood vs. Texas,[12] um caso em que os candidatos brancos rejeitados pelo curso de Direito da Universidade do Texas processaram, alegando que o curso havia violado os seus direitos segundo a Cláusula de Igual Proteção da Décima Quarta Emenda. Os requerentes argumentaram que eles tinham o direito constitucional de serem avaliados pelo curso de Direito da Universidade do Texas em um processo no qual as considerações raciais estivessem ausentes e impedidas por completo. Um painel do Tribunal de Recursos dos Estados Unidos da Quinta Circunscrição concordou. Quando o parecer do juiz Powell em Bakke foi usado como um predicado para permitir que a faculdade usasse a raça como um fator na seleção de uma turma entrante "diversa", o juiz Jerry E. Smith respondeu que, para ele e seus colegas, a diversidade não era um interesse público que justificasse o uso de uma

12. Hopwood v. Texas, 78 F.3d 932 (5th Cir. 1996).

distinção racial prevista de forma restrita. Smith manteve que esta conclusão se baseava em três argumentos.

Primeiro, a visão do juiz Powell em Bakke não é um precedente que se vincula a esta questão porque nenhum outro juiz aderiu a ela. Em segundo lugar, a jurisprudência do Supremo Tribunal posterior a Bakke levantou dúvidas com relação à validade da teoria da diversidade de Powell. Em 1990, o Supremo Tribunal defendeu programas do Congresso que, com a finalidade da "diversidade", deram um impulso expressamente racial para empresários pertencentes a minorias raciais que pretendiam obter licenças para transmissão em rádio e televisão.[13] Mas nessa decisão, o Supremo Tribunal avaliou a distinção racial em questão apenas sob um nível "intermediário" de escrutínio judicial. Mais tarde, o Tribunal considerou que o escrutínio "intermediário" era insuficiente e que só o escrutínio "rigoroso" seria suficiente para validar as classificações raciais.[14] Como observou o juiz Smith, nenhum caso posterior a Bakke aceitou a diversidade como um interesse público em uma análise de escrutínio rigoroso.

O terceiro ponto do repúdio do juiz Smith ao parecer de Powell em Bakke foi um ataque à ideia de que as instituições públicas podem legitimamente considerar a raça como uma credencial que simboliza uma qualidade de valor para um empreendimento educacional. "A concepção do juiz Powell de raça como um fator 'diferencial'", queixou-se Smith, "permitiria que a raça sempre fosse um fator potencial no momento de tomar decisões sobre admissões", adiando indefinidamente "o objetivo final da Décima Quarta Emenda: o fim por parte do Estado de ações motivadas pela raça".[15] Smith também denunciou o uso credencial da raça apenas como uma nova forma de criar estereótipos, afirmando que "o uso de uma característica racial para estabelecer um pressuposto de que o indivíduo possui também outras características, que também são socialmente relevantes, exemplifica, incentiva e legitima o modo de pen-

13. Metro Broadcasting, 497 U.S. 547 (1990).

14. Adarand v. Peña, 515 U.S. 200 (1995).

15. Hopwood v. Texas, 78 F.3d 948 (5th Cir. 1996).

samento e o comportamento que subjaz a maior parte do preconceito e da intolerância nos Estados Unidos modernos".[16]

Embora Hopwood tenha provocado gritos de protesto, o Supremo Tribunal se recusou a revisá-lo. Em realidade, esperou sete anos para revisar o caso da seletividade racial nas admissões universitárias. Finalmente o fez em 2003, nos casos da Universidade de Michigan.

Jennifer Gratz e Patrick Hamacher se candidataram à Faculdade de Literatura, Ciências e Artes (LSA – College of Literature, Science, and the Arts) da Universidade de Michigan, foram rejeitados e processaram a universidade em 1997. Barbara Grutter se candidatou ao curso de Direito da Universidade de Michigan, não conseguiu entrar e também processou a universidade em 1997. Os dois grupos de requerentes alegaram que, como brancos desfavorecidos pelo programa de diversidade da universidade que acolhia minorias, eles foram vítimas de discriminação reversa inconstitucional. Em Gratz, um juiz distrital dos Estados Unidos, atento ao parecer do juiz Powell em Bakke, determinou que a "diversidade" é uma justificativa convincente para a seletividade racial nas admissões universitárias. O tribunal distrital também determinou que a política de admissões então existente na LSA fora devidamente prevista para atender às normas constitucionais, ainda que a versão anterior, enfrentada pelos requerentes, não tivesse sido devidamente prevista. Em suma, o tribunal distrital manteve o atual processo de admissão da LSA.

Em Grutter, o tribunal distrital dos Estados Unidos tomou o partido da requerente, mas foi revertido pela Sexta Circunscrição do Tribunal de Recursos dos Estados Unidos. O parecer desse tribunal, relatado pelo juiz presidente Boyce F. Martin, Jr., considerou o parecer do juiz Powell no caso Bakke controlador e achou que o processo de admissões do curso de direito da Universidade de Michigan era coerente a ele. Foi um parecer convencional que mascarou quaisquer emoções sentidas pelo autor. Os pareceres concordantes e dissidentes foram mais reveladores. Notável entre elas é uma opinião dissidente do juiz Danny Julian Boggs, que rejeitou a ideia de que Bakke impedia a consideração da questão da diversidade,

---

16. Id., ib. (apud Richard A. Posner), "The DeFunis Case and the Constitutionality of Preferential Treatment of Racial Minorities", *Supreme Court Review*, 1974, 12.

zombou da noção de que a diversidade poderia justificar a seletividade racial por uma universidade pública e atacou o que ele viu como projeto flagrantemente solto do programa da universidade. Também questionou a boa-fé da administração do curso de direito, dos especialistas acadêmicos que produziram estudos citados pela defesa e até mesmo do juiz presidente do seu tribunal. Boggs alegou que o juiz presidente manipulara os procedimentos para aumentar a probabilidade de os juízes pró-ação afirmativa prevalecerem. Essa acusação do desvirtuamento judicial provocou uma forte reação. O juiz Eric L. Clay descreveu a alegação de Boggs como "um ataque constrangedor e incompreensível à integridade do juiz presidente e a este Tribunal como um todo".[17] Similarmente, a juíza Karen Nelson Moore reclamou que Boggs e aqueles que aderiram ao seu parecer "causaram um grave dano não só para si mesmos, mas para este Tribunal e até mesmo para a nação [...]. [A] conduta deles [...] é nada menos do que vergonhosa" (id., ib., p. 752-753).

Tendo atacado uns aos outros em Grutter, os juízes da Sexta Circunscrição estavam se preparando para uma batalha no caso Gratz (é preciso lembrar de que ele só fora considerado por um juiz de primeira instância), quando o Supremo Tribunal encurtou o processo usual ao decidir rever ambos os casos juntos sem qualquer julgamento pela Sexta Circunscrição.[18]

Com a autoridade da jurisprudência de Bakke sendo questionada, com os ânimos judiciais alterados e todo o ensino superior aguardando ansiosamente, o Supremo Tribunal ouviu os argumentos em 1º de abril de 2003, e emitiu as decisões em 23 de junho de 2003. O resultado mimetizou Bakke. A maioria dos juízes abraçou expressamente, pela primeira vez, a proposição de que a "diversidade" é uma justificativa convincente para a seletividade racial nas admissões ao ensino superior. O Tribunal

---

17. Grutter v. Bollinger, 288 F.3d 732, 772 (6th Cir. 2002).

18. Um relatório interno da Sexta Circunscrição do Tribunal de Recursos concluiu que o juiz presidente Martin havia agido de forma inadequada no modo como lidou com o caso, mas não recomendaram qualquer ação disciplinar. O modo como a Sexta Circunscrição lidou com a questão foi posteriormente criticado por um relatório do Comitê de Estudos da Conduta Judicial e da Lei de Deficiência, presidido pelo juiz Stephen Breyer. Ver Implementation of the Judicial Conduct and Disability Act of 1980: A Report to the Chief Justice (September 2006), 76-78; Adam Liptak, "Court Report Faults Chief Judge in University Admissions Case", *New York Times*, 7 jun. 2003.

afirmou também as restrições de Powell com relação ao corte restrito. Isto levou à vitória do curso de direito no litígio Grutter e à derrota da LSA no litígio Gratz.

Esses casos serão analisados com mais atenção.

A juíza Sandra Day O'Connor escreveu o parecer do Tribunal em Grutter. Poderíamos muito bem ter esperado que ela condenasse o programa de diversidade do curso de direito. Ela denunciara, em casos anteriores, a seletividade racial governamental em prol das minorias raciais. Em 1990, em Metro Broadcasting vs. FCC, os Estados Unidos defenderam um programa racialmente seletivo, que visava ajudar as emissoras (ou potenciais emissoras) das minorias raciais com a finalidade de aumentar a diversidade da transmissão. O Tribunal julgou procedente o programa, baseando-se substancialmente no parecer do juiz Powell em Bakke. Falando em nome do Tribunal, o juiz William J. Brennan escreveu que, "assim como um 'corpo discente diversificado' que contribui para a 'troca saudável de ideias' é um 'objetivo constitucionalmente permitido' para os programas universitários de admissão racialmente conscientes se basearem", também é constitucionalmente permitido usar a seletividade racial prevista para facilitar a diversidade entre os licenciados de transmissoras, pois isso aumentaria a diversidade de pontos de vista e informações nas ondas radiofônicas, cumprindo também importantes valores da Primeira Emenda".[19] A juíza O'Connor discordou. Referindo-se explicitamente à lógica da diversidade, ela escreveu:

> O interesse em aumentar a diversidade de pontos de vista na transmissão não é claramente um interesse congente. É simplesmente muito amorfo, muito insubstancial, e não relacionado a qualquer base legítima para que possibilite o emprego de classificações raciais (id., ib., p. 612).

Em Grutter, no entanto, O'Connor mudou e substitui Powell como campeã conservadora indispensável da "diversidade". Escrevendo em nome da menor das maiorias, ela articulou duas proposições principais.

19. Metro Broadcasting, 497 U.S. 547, 568 (1990).

Primeiro, encerrou (pelo menos temporariamente) o debate sobre a situação do parecer de Powell em Bakke, declarando: "Apoiamos a visão do juiz Powell de que a diversidade do corpo discente é um interesse público cogente que pode justificar o uso da raça nas admissões universitárias".[20] "Os benefícios educacionais da diversidade", manteve O'Connor, "são substanciais e louváveis". Em sua opinião, a diversidade promove a compreensão inter-racial, ajuda a quebrar estereótipos raciais e permite que os alunos compreendam melhor as pessoas de raças diferentes. Ela aceitou o pedido, postulado pela universidade, de que "a discussão em sala de aula é mais animada, mais viva e, simplesmente, mais esclarecedora e interessante quando os alunos têm a maior variedade possível de origens" (id., ib., p. 330).

Ao ceder ao argumento de educadores de que a "diversidade" é essencial para o aprendizado ideal em seus *campi*, O'Connor permanecia dentro dos parâmetros estabelecidos por Powell. Mas, então, O'Connor acrescentou uma inovação. Ela afirmou que a diversidade era valiosa não só para a aprendizagem dentro do *campus* e, assim, não só para as faculdades, mas para os cenários após a universidade. Numerosos estudos mostram, relatou ela, que a diversidade do corpo discente "prepara melhor os estudantes para um mercado de trabalho e uma sociedade cada vez mais diversificadas e os prepara melhor como profissionais".[21] Esses benefícios, insistiu ela,

> não são teóricos, mas reais, uma vez que grandes empresas deixaram claro que as competências necessárias no mercado de hoje, cada vez mais global, só podem ser desenvolvidas através da exposição a pessoas, culturas, ideias e pontos de vista muito diversos".[22]

Além disso, alegou O'Connor,

---

20. Grutter v. Bollinger, 539 U.S. 325 (2003).

21. Id., ib., p. 330 (apud Brief for American Educational Research Association et al. as Amicus Curiae).

22. Id., ib., p. 330-331 (apud Brief for 3M et al. as Amicus Curiae and Brief for General Motors as Amicus Curiae).

> oficiais aposentados do alto escalão e líderes civis do exército dos Estados Unidos afirmam que, com base em suas décadas de experiência, um corpo de oficiais altamente qualificado e racialmente diverso [...] é essencial para a capacidade do exército de cumprir a sua principal missão, que é garantir a segurança nacional. [Contudo, no momento,] "o exército não pode atingir um corpo de oficiais que é tanto altamente qualificado quanto racialmente diverso, a menos que as academias de serviços e o ROTC usem políticas limitadas de admissão e de recrutamento racialmente conscientes".[23]

O exército argumentou que, para cumprir sua missão, "deve ser seletivo nas admissões [...] e deve treinar e educar um corpo altamente qualificado e racialmente diverso de oficiais em um cenário educacional racialmente diverso" (id., ib.). "Concordamos", declarou O'Connor em nome do Tribunal, que "se requer apenas um pequeno passo desta análise para concluir que as outras instituições mais seletivas do nosso país devem permanecer tanto diversificadas quanto seletivas".[24]

Depois de ter citado as virtudes da diversidade nas universidades, nas empresas de negócios e nas Forças Armadas, O'Connor foi ainda mais longe. Ela defendeu a valorização da diversidade para uma constituição política saudável, unificada e legítima. De acordo com a juíza, "para cultivar um conjunto de líderes com legitimidade aos olhos dos cidadãos, é necessário que o caminho para a liderança seja visivelmente aberto para os indivíduos talentosos e qualificados de todas as raças e etnias" (id., ib., p. 332).

Em segundo lugar, O'Connor anunciou a aprovação do Tribunal no que diz respeito à maneira com que a Universidade de Michigan tentara atingir a diversidade. Ela retratou um processo que era uma peneira rigorosa, recebendo cerca de 3.500 candidatos para uma turma de cerca de 350. Descrevendo as suas aspirações, a Faculdade de Direito disse que procurou admitir candidatos com uma "promessa significativa para o sucesso no curso de direito" e "uma forte probabilidade de sucesso na

---

23. Grutter v. Bollinger, 539 U.S. 331 (2003) (apud Brief for Julius W. Berton, Jr., et al. as Amicus Curiae.

24. Grutter v. Bollinger, 539 U.S. 331 (2003).

prática da lei e de contribuição, de diversas formas, para o bem-estar dos outros". A faculdade também disse que "procurou uma mistura de estudantes com diferentes formações e experiências que respeitarão e aprenderão uns com os outros". Ao decidir quem convidar para as suas classes, os profissionais de admissão ao curso de direito consideraram as médias das notas dos candidatos na graduação, suas pontuações no Law School Admission Test (LSAT – Teste de Admissão ao Curso de Direito) e outros indícios de realização e promessa, incluindo recomendações e as redações pessoais de admissão dos candidatos.

De acordo com a Faculdade de Direito, a "diversidade" foi um fator importante na avaliação de todos os candidatos. O objetivo "era conseguir uma diversidade com potencial para enriquecer a educação de todos e, assim, tornar [a] classe mais forte do que a soma de suas partes" (id., ib., p. 315). A faculdade não limitou os tipos de diversidade que poderiam receber um "peso substancial" no processo de avaliação, mas reconheceu expressamente "muitas bases possíveis para admissões baseadas em diversidade". No entanto, a faculdade reafirmou seu compromisso com

> um determinado tipo de diversidade, a diversidade racial e étnica, com especial preferência para a inclusão de estudantes de grupos que foram historicamente discriminados, como afro-americanos, hispânicos e americanos nativos, que sem este compromisso poderiam não ser representados em nosso corpo discente em números significativos.

Para conseguir a diversidade prevista, a faculdade tentou inscrever uma "massa crítica" de estudantes de minorias raciais para "garantir a sua capacidade de fazer contribuições únicas para o perfil do curso de direito" (id., ib., p. 316).

O Tribunal considerou, nas palavras da juíza O'Connor, que o programa de admissões da faculdade de direito trazia "a marca de um programa previsto de forma restrita" (id., ib., p. 334). Ele forneceu "consideração verdadeiramente individualizada" em que a raça foi utilizada de "forma flexível e não mecânica". Todos os candidatos, O'Connor observou, tiveram "a oportunidade de destacar as suas próprias contribuições potenciais à diversidade", e o curso de direito mostrou que realmente deu peso substancial a fatores além da raça, aceitando candidatos não minoritários com notas e resultados de teste inferiores aos de alguns candidatos de minorias sub-representadas que foram rejeitados. Todos os candidatos competiram um contra o outro para todas as vagas disponíveis na classe e nenhum número fixo ou uma proporção de vagas foi reservado exclusivamente para um grupo minoritário específico. Antecipando objeções à ambição do curso de direito de matricular uma "massa crítica" de estudantes de minorias, O'Connor garantiu ao plenário que o objetivo da faculdade não transformava seu programa em cota. A "cota", escreveu ela, "é um programa em que algum número fixo ou uma proporção das oportunidades são reservados exclusivamente para certos grupos minoritários". Por outro lado,

> um objetivo admissível [...] requer apenas um esforço de boa-fé [...] para se adequar à faixa demarcada pela própria meta [...] e permite a consideração da raça um fator "a mais" em qualquer caso dado ao mesmo tempo que se assegura que cada candidato "compete com todos os outros candidatos qualificados" (id., ib., p. 306).

O programa da Faculdade de Direito procurou um objetivo admissível, concluiu O'Connor, lembrando que, entre 1993 e 1998, o número de minorias raciais em cada classe entrante variou de 13,5 para 20,1, uma variação que ela considerou "incompatível com uma cota" (id., ib., p. 336).

O juiz presidente do Supremo, Rehnquist, escreveu para o Tribunal em Gratz, que gerava questões semelhantes às de Grutter, porém contra o cenário de um sistema de seleção diferente. Assim como o curso de direito, a LSA declarou que procurava uma "diversidade" amplamente concebida e que estivesse de acordo com as diretrizes estabelecidas no parecer do juiz Powell em Bakke. No entanto, ao contrário do curso de direito, que supostamente submeteu todos os alunos à mesma avaliação holística e individualizada, a faculdade concedeu aos candidatos de minorias raciais sub-representados um tratamento especial de maneira clara: conferiu automaticamente a qualquer candidato minoritário vinte pontos na competição de seleção, um número, indicou Rehnquist, que somava um quinto dos pontos necessários para praticamente garantir a admissão. Rehnquist observou que o objetivo era fazer com que o fator racial fosse decisivo para quase todos os candidatos de minorias minimamente qualificados.

A maioria do Tribunal – que incluía os juízes O'Connor e Breyer – estranhou os vinte pontos. Rehnquist reclamou que o benefício automático e para o contingente amplo de todos os candidatos de minorias raciais sub-representados estava em conflito com a exigência de avaliação flexível e individualizada do juiz Powell. Ele reclamou também do "diferencial" uniforme e, em sua opinião, do largo alcance dado às minorias. Sob o protocolo de admissões da faculdade, mesmo um estudante com "talento artístico extraordinário" receberia, no máximo, cinco pontos como bônus. No entanto, cada candidato de minorias sub-representadas receberia vinte pontos de bônus, somente por sua situação racial. O Tribunal viu esse recurso do processo de admissão da faculdade como uma falha que impedia a previsão restrita necessária para passar pelo escrutínio rigoroso. O Tribunal, portanto, reverteu a decisão do tribunal distrital que decidira a favor da faculdade.

Em suma, em Gratz e Grutter, o Tribunal ratificou o parecer do juiz Powell em Bakke. Considerou que a raça poderia servir como um "diferencial" para fins de diversidade, mas que qualquer processo usando a raça teria de ser previsto de forma restrita a fim de satisfazer o escrutínio rigoroso do Tribunal. O Tribunal considerou que o programa de admissões do curso de direito da Universidade de Michigan cumpriu a sua exigência, mas que o programa da LSA, não. A disposição do Tribunal em Gratz e Grutter provocou críticas internas. Em Gratz, os juízes Souter e Ginsburg discordaram da invalidação, feita pelo Tribunal, do processo de admissão da faculdade. Em Grutter, os juízes Rehnquist, Scalia, Thomas e Kennedy discordaram da validação dada pelo Tribunal ao processo de admissão do curso de direito.

Entre este turbilhão de críticas, três são particularmente notáveis. A primeira é que o Tribunal fez uma análise confusa do "escrutínio rigoroso". O objetivo do escrutínio rigoroso é armar o judiciário com um mecanismo para desmascarar propósitos ilícitos. Ele leva os juízes a tomarem medidas especiais para se certificarem de que a ação governamental em questão está realmente sendo tomada pelas razões expressadas oficialmente, para se certificarem de que a ação não é mais ampla do que o necessário para realizar a sua finalidade. O sentimento inspirador por trás da doutrina do escrutínio rigoroso é a desconfiança. Afinal de contas, invoca-se o escrutínio rigoroso quando o governo faz alguma coisa – por exemplo, traça uma linha racial – que leva à insegurança judicial, revirando a presunção de legitimidade normalmente desfrutada pelo governo.

Ambas as partes do Tribunal discordaram por diferentes razões da forma como a maioria lidou com o escrutínio rigoroso aplicado à ação afirmativa. A juíza Ginsburg reafirmou a sua oposição à aplicação do "escrutínio rigoroso" a todas as tomadas de decisão oficiais que são racialmente dependentes – tanto as leis Jim Crow quanto a ação afirmativa. "Mais uma vez", objetou Ginsburg, "o Tribunal "mantém que o mesmo padrão de avaliação controla a inspeção judicial de todas as classificações raciais oficiais" (id., ib., p. 298). Em sua opinião, "tomadores de decisão do governo podem distinguir corretamente entre as políticas de exclusão e inclusão" (id., ib.).

O'Connor responde dizendo que, ao contrário do que se pensava, o escrutínio rigoroso não representa uma sentença de morte para as distinções raciais governamentais. Não é fatal, na verdade, mas apenas um sinal doutrinal de que o Tribunal deseja investigar todas as distinções raciais de forma séria. Se, após a investigação, o governo puder mostrar a benignidade e a necessidade da política pública questionada, então ela sobrevive. Se o governo não conseguir fazer tal defesa, a política é devidamente invalidada. Isso não significa, na opinião do Tribunal, que todas as distinções raciais são similarmente ruins, apenas que todas podem estar contaminadas e devem, no início, ser examinadas cuidadosamente e com ceticismo.

A dificuldade com o escrutínio rigoroso moderado de O'Connor é que ele vai contra uma tendência generalizada de associar escrutínio rigoroso com ação governamental que garante não apenas ceticismo, mas hostilidade. Considerando o que o "escrutínio rigoroso" sugere para muitos juristas, a sua invocação gera uma tendência forte de ilegitimidade presuntiva que é extremamente difícil de dissipar. É verdade, O'Connor e o Tribunal aparentemente submeteram o plano de ação afirmativa do curso de direito de Michigan aos rigores do escrutínio rigoroso e concluíram que ele passou neste teste exigente. Contudo, observadores cuidadosos têm expressado dúvidas sobre a classificação do Tribunal. Eles cobram que, em Grutter, O'Connor facilitou para o plano de ação afirmativa do curso de direito e, ao fazer isso, corroeu a proteção do escrutínio rigoroso.[25] Se ela e seus colegas, embora pretendendo aplicar um escrutínio rigoroso, estavam tão dispostos a se submeter às autoridades educacionais, só se pode imaginar, com alarme, a deferência que eles estariam dispostos a mostrar aos policiais militares ou agentes de inteligência que desejassem investigar ou deter indivíduos com base racial, como foi o caso Korematsu.

Então, há uma força considerável na denúncia de que, em Grutter, o escrutínio rigoroso de O'Connor é problematicamente diluído. Ecoando o parecer de Powell em Bakke, ela expressamente concede deferência às autoridades universitárias com base em suas presumidas experiências como educadores. Em vez de rigorosamente interrogar a administração do curso de direito, o Tribunal de O'Connor aceitou suas reivindicações pelo valor aparente. Mas a deferência de O'Connor não para nas autoridades do curso de direito; estende-se também a *amici* e a apoios a bolsas de estudos dessas autoridades.

Além dos estudos e relatórios de especialistas que entraram em evidência no julgamento, pesquisas mostram que a diversidade do corpo discente promove resultados de aprendizagem e preparam os alunos para um mercado de trabalho e uma sociedade cada vez mais diversificados e os orientam melhor como profissionais [...]. Esses benefícios não são teóricos, mas reais (id., ib., p. 330).

Talvez a alegação dos especialistas seja precisa. O parecer de O'Connor, no entanto, não apresenta praticamente nenhum envolvimento com o conteúdo dessa alegação. A juíza cita de forma positiva estudos que supostamente "mostram que a diversidade do corpo discente promove

25. "Embora o Tribunal recite a linguagem da nossa análise de escrutínio rigoroso, a sua aplicação dessa revisão é sem precedentes na sua deferência". Grutter v. Bollinger, 539 U.S. 306, 380 (2003) (Rehnquist, C.J., dissidentes). "O Tribunal [....] não aplica o escrutínio rigoroso. Ao tentar dizer o contrário, prejudica tanto o teste quanto seus próprios precedentes controladores", id., ib., em 387 (Kennedy, J., dissidentes).

resultados de aprendizagem" sem mostrar qualquer consciência de que pelo menos alguns desses estudos têm sido fortemente contestados. Ela não se refere a críticas nem a estudos que chegaram a conclusões diferentes. Aparentemente envolvida com o escrutínio rigoroso, O'Connor valida uma ampla gama de bolsas de estudo – algumas delas acadêmicas, outros inspiradas na defesa de direitos (*advocacy*) – sem nenhum indício de ceticismo crítico, nenhum impulso para testar proposições, nenhum realismo aparente sobre a política do conhecimento (Pidot, 2007).

Uma segunda crítica do parecer do Tribunal, em Grutter, tem a ver com a má-fé: detratores acusam os defensores da ação afirmativa de serem tão comprometidos com ela que não toleram qualquer impedimento, nem mesmo o da lei, ou os compromissos com os papéis de autoridades, acadêmicos ou juízes. Eles acusam o Tribunal de facilitar essa negligência. Esta alegação é um elemento essencial da dissidência do presidente do Tribunal Rehnquist em Grutter. Abertamente rotulando o acusado de enganoso e o Tribunal de ingênuo, Rehnquist reclama que a "natureza aparentemente flexível do programa de admissões do curso de direito que o Tribunal considera atraente, parece ser, na prática, um programa cuidadosamente gerenciado que foi concebido para assegurar a representação proporcional dos candidatos de grupos minoritários selecionados".[26] O juiz Kennedy igualmente o condena, afirmando que o argumento do curso em favor de admitir uma "massa crítica" de estudantes de minorias nada mais é do que "uma ilusão usada pelo curso de direito para mascarar sua tentativa de [...] atingir metas numéricas indistinguíveis de cotas" (id., ib., p. 389).

Alegações de insinceridade, ou, de fato, completa enganação, têm acompanhado por muito tempo o debate da ação afirmativa. Uma crítica ao parecer de Powell em Bakke é se recompensava a obscuridade em vez da franqueza. Uma crítica da cultura acadêmica em muitos *campi* é que ela sufoca um debate saudável em relação à ação afirmativa, preferindo, em vez disso, o consentimento mecânico. Uma crítica de muitos defensores da ação afirmativa é que eles apoiam de forma desonesta a bandeira da "diversidade", embora o que realmente os mova sejam ou-

---

26. Grutter v. Bollinger, 539 U.S. 384-386 (2003).

tras metas, como a reparação ou a integração (Fitzpatrick, 2003; Schuck, 2002). Os adversários da ação afirmativa lamentam esta atitude evasiva, mas alguns defensores também o fazem, mesmo quando reconhecem que aspectos práticos – por exemplo, receber a aprovação dos tribunais – muitas vezes levam adeptos a adotar justificativas para exibi-las, em vez de adotar as que eles realmente mais favorecem.[27] Por isso, o juiz Ginsburg candidamente expressa uma preferência por programas de ação afirmativa "integralmente divulgados", ao contrário daqueles que são evasivos e que procedem com muitos meandros.[28]

Enquanto a maioria dos analistas que abordam a questão condena a tendência evasiva, quem sugeriu uma possível defesa para a evasividade foi Guido Calabresi (1978, p. 427-429): "Nós seríamos desonestos", sustenta ele, "se deixássemos de reconhecer que, por vezes, a franqueza total não é desejável ou desejada pela sociedade." Em sua avaliação, uma parte substancial do que era atraente no parecer de Powell em Bakke foi sua habilidade de subterfúgio. O que parecia dizer às universidades, observou Calabresi, era que

> não sendo descarado, não causando um escândalo, deixando-nos conciliar o que se faz com os fundamentos que podem ser aceitáveis para a maioria, vamos deixá-los trabalhar o seu próprio acordo tranquilo entre nossos ideais profundamente arraigados, mas inconciliáveis (id., ib., p. 431).

---

27. Vamos ser honestos: muitos dos que defendem a ação afirmativa em prol da "diversidade" estão, na realidade, motivados por uma preocupação que é consideravelmente mais cogente. Eles não estão inspirados por um compromisso com o que é, afinal, apenas uma hipótese contingente e pedagógica. Ao contrário, estão inspirados por um compromisso com a justiça social. Eles, com razão, defenderiam a ação afirmativa mesmo se as ciências sociais demonstrassem indiscutivelmente que a diversidade (ou sua ausência) não tem efeito algum (ou mesmo um efeito negativo) no ambiente de aprendizagem (Kennedy, 2003). Ver também Greenawalt (1979): "Eu ainda estou para encontrar um acadêmico que acredite que a principal motivação para a admissão preferencial tem sido promover a diversidade no corpo discente para melhorar a educação de todos os alunos"); Dershowitz (1979): "A razão de ser de programas de ação afirmativa racialmente específicos simplesmente nunca foi a diversidade em prol da educação. A história atribulada da 'diversidade' demonstra que ela foi concebida, em grande parte, como um disfarce para atingir outros objetivos legal, moral e politicamente controversos".

28. Grutter v. Bollinger, 539 U.S. 304 (2003).

Tudo o que se perde por tal abordagem, arrisca Calabresi, é a franqueza.

Uma terceira linha de ataque notável contra a validação de Gratz/Grutter da ação afirmativa powelliana veio do juiz Clarence Thomas. A forma vociferante com que execrou a política, seus administradores e seus defensores é bastante impressionante. "Tudo com que o curso de direito [da Universidade de Michigan] se preocupa", anunciou ele, "é a sua própria imagem diante das elites que tudo sabem, não resolvendo problemas reais como a crise do fraco desempenho do homem negro".[29] Thomas faz essa atribuição de egoísmo institucional sem oferecer qualquer evidência substancial e sem sugerir que a conduta da Faculdade de Direito poderia ter sido causada, pelo menos em parte, por generosas intenções.[30] Não se pode saber ao certo o porquê do maniqueísmo exagerado de Thomas. Os ingredientes podem ter incluído uma indignação ainda não processada por sua experiência dolorosa de confirmação e a raiva gerada pela percepção de que suas próprias realizações foram banalizadas pela percepção generalizada de que elas surgiram, em grande parte, a partir do *ethos* da ação afirmativa que ele tão apaixonadamente execrou: "[...] quando os negros tomam posições nos cargos mais altos do governo, da indústria ou do meio acadêmico, é hoje uma questão em aberto se a sua cor da pele desempenhou um papel em seu avanço" e, ainda, "a questão em si é o estigma" (id., ib., p. 373). É difícil de acreditar que as próprias inseguranças tortuosas de Thomas não estejam sendo expressadas, pelo menos em parte, nesta e em semelhantes declarações.

A característica mais marcante da crítica de Thomas à ação afirmativa está ligada à sua condição excepcional de juiz afro-americano solitário do Supremo Tribunal.[31] Os memoriais de Thomas refletem uma divisão de longa data entre os negros americanos – um conflito cujos

---

29. Grutter v. Bollinger, 539 U.S. 373 (2003).

30. Em outro momento de seu parecer dissidente em Grutter, Thomas escreve: "A decisão do curso de direito de ser uma instituição de elite faz pouco para promover o bem-estar do povo de Michigan ou qualquer interesse reconhecível do estado de Michigan". Thomas deixa de oferecer qualquer evidência ou argumento de apoio para essa proposição. É puro editorialismo.

31. Ver Merida e Fletcher (2008); Thomas (2002); Mayer e Abramson (1995).

protagonistas mais destacados foram Booker T. Washington e W. E. B. Du Bois. Thomas, como Washington, devia a sua importância a poderosos conservadores brancos que apreciavam sua mensagem de autoajuda negra, sua insistência de que a situação socioeconômica dos negros era mais autoinfligida do que uma consequência do racismo branco, e sua renúncia aos esforços de recuperar a compensação pelas injustiças raciais do passado. Washington foi generosamente recompensado por se recusar a exigir abertamente os direitos civis e políticos que os brancos estavam relutantes em reconhecer. Da mesma forma, Thomas foi generosamente recompensado por se abster da ação afirmativa e de outras políticas rejeitadas pelos conservadores raciais de hoje.

W.E.B Du Bois, o primeiro Ph.D. negro dos Estados Unidos, foi um dos fundadores da National Association for the Advancement of Coloured People (NAACP) e um manifestante incansável contra a supremacia branca. Um reformador, ele também era um elitista, famoso por sua afirmação de que a América negra precisava de um décimo talentoso que serviria como a vanguarda das massas negras. Du Bois foi o antecessor ideológico dos ativistas raciais que Thomas abertamente detesta. Da mesma maneira que Washington e outros, incluindo Marcus Garvey, acusaram Du Bois e a NAACP de estarem excessivamente investidos na promoção dos interesses das elites negras em detrimento das massas negras, Thomas também reprova os defensores da ação afirmativa que, a seu ver, não conseguem concentrar-se suficientemente nas minorias raciais com "verdadeiros" problemas – problemas mais graves do que a rejeição potencial de uma das vinte melhores faculdades de direito do país; problemas que impedem alguém de ser até mesmo um candidato plausível para qualquer faculdade de direito; problemas como o abandono do ensino médio ou ser atraído pela criminalidade. A ação afirmativa no curso de direito da Universidade de Michigan, observou Thomas, "não fez nada por aqueles que são muito pobres ou iletrados para que participassem do ensino superior de elite e, portanto, apresenta apenas uma solução ilusória para os desafios enfrentados pela nossa nação".[32] Este é um tropo clássico na retórica da reação: usando o igualitarismo utópico

32. Grutter v. Bollinger, 539 U.S. 354 n. 3 (2003).

e a decepção inevitável que o acompanha contra a reforma moderada (Hirschman, 1991). Ninguém alega que a ação afirmativa, sobretudo no ensino superior, seja uma panaceia para "todos os desafios enfrentados pela nossa nação". Thomas estava apenas criando uma farsa para derrubar. Ele afirmou que a ação afirmativa não fazia "nada" por aqueles que são incapazes de tirar proveito do ensino superior de elite. "Nada" era um exagero do caso (como Thomas estava acostumado a fazer). Jovens negros em Detroit que conseguem, de alguma forma, concluir o ensino médio com habilidades educacionais que dão a eles uma chance de terminar a faculdade provavelmente encontrarão uma série de instituições de ensino superior que darão a eles assistência – educacional, social e financeira – especial por causa do *ethos* da ação afirmativa que Thomas menospreza.

Grutter foi acolhido com alívio por muitos que temiam que o Tribunal estivesse prestes a repudiar Bakke. A decisão também foi aplaudida por alguns que acreditam que a elaboração da "diversidade" de O'Connor coloca o conceito em uma base muito mais ampla e mais forte do que aquela que Powell estabelecera. A diversidade de Powell foi um palpite pedagógico, a hipótese das autoridades educacionais de que o ensino melhoraria pela heterogeneidade no *campus*. A diversidade de O'Connor, ao contrário, continha não só a intuição pedagógica, mas as ideias que o Tribunal aparentemente evitara em decisões de ação afirmativa anteriores – a necessidade de modelos de minorias raciais, a importância de considerar como as minorias raciais avaliam se as instituições são justas, atenção não só à justiça em relação aos indivíduos, mas à justiça em relação aos grupos, o imperativo de facilitar a integração racial. O parecer de O'Connor lembrou, para alguns, as memórias do melhor da era Warren do Tribunal quando ela entoara que "a participação efetiva de membros de todos os grupos raciais e étnicos na vida civil da nossa nação é essencial se for para realizar o sonho de uma nação indivisível".[33]

A retórica expansiva de O'Connor em Grutter oferece o potencial para um rompimento judicial dos limites restritos em que a ação afirmativa está há muito tempo presa. Esse potencial tem sido reforçado pelas lei-

33. Grutter v. Bollinger, 539 U.S. 332 (2003).

turas fortes, instrutivas e esperançosas dadas em Grutter por intérpretes formidáveis, como Robert Post (2003), Jack Balkin (2005) e Cynthia Estlund (2005). Mas a linguagem judicial nunca se autoimpõe; seu destino é determinado pelo que os outros fazem com essa linguagem. A reeleição de Barack Obama, em 6 de novembro de 2012, aumentou drasticamente a probabilidade de que, no futuro, juízes e juízes ministros recém-nomeados estarão dispostos a nutrir e construir em cima da retórica expansiva de O'Connor em Grutter. Mas essa é uma possibilidade a longo prazo. Por enquanto, a retórica de O'Connor e, de fato, a própria realização que essa retórica procurou justificar estão nas mãos de uma maioria no Supremo Tribunal que tem mais chances de contrair ao invés de expandir os contornos atuais da jurisprudência da ação afirmativa.

Fisher vs. Universidade do Texas

Em 21 de fevereiro de 2012, o Supremo Tribunal anunciou que reveria o caso Fisher vs. Universidade do Texas em Austin,[34] um caso envolvendo duas candidatas brancas à Universidade do Texas (UT), Abigail Fisher e Rachel Michalewicz, que não foram admitidas na turma de graduação que teria início no outono de 2008. Elas entraram com uma ação, alegando terem sido vítimas de um processo que ilicitamente as discriminava por causa de sua raça. Lembre-se de que em 1996, em Hopwood, a Quinta Circunscrição do Tribunal de Recursos decidiu que a UT não poderia mais considerar a raça um diferencial para fins de obtenção de diversidade. O número de negros e latinos se matriculando na UT despencou. Posteriormente, a legislação foi promulgada com a finalidade de, entre outras coisas, usar meios "racialmente neutros" para ampliar a presença de negros e latinos no corpo discente. Esta legislação dizia que, com exceções irrelevantes, os alunos do último ano do ensino médio no Texas que estivessem entre os 10% melhores de suas séries ganhariam aprovação automática em qualquer universidade estadual do Texas. Um dos objetivos abertamente expressados dessa legislação era atender os melhores estudantes de minorias raciais. Isso permitiria que eles entrassem automaticamente na principal universidade do

34. Fisher v. University of Texas at Austin, 631 F.3d 213 (5th Cir. 2011).

Texas por serem os melhores alunos na escola onde cursavam o ensino médio, mesmo se o nível acadêmico de suas escolas fosse inferior ao de instituições semelhantes e mesmo se seus resultados em testes padronizados fossem inferiores aos dos concorrentes. Uma vez que escolas, refletindo padrões residenciais, são muitas vezes enclaves racialmente distintos, os legisladores pensaram que o Plano dos Dez Por Cento Melhores permitiria que os melhores alunos de minorias raciais passassem para o primeiro plano na competição por vagas nas universidades do Texas, sendo que, anteriormente, teriam ficado submersos em um mar de candidatos brancos mais bem credenciados.

O Plano dos Dez Por Cento Melhores conseguiu apenas modestamente aumentar o número de minorias raciais na UT. No primeiro ano do plano, a inscrição afro-americana na UT subiu de 2,7% para 3%, enquanto a matrícula de latinos subiu de 12,6% para 13,2%. Em 2004, as matrículas afro-americanas subiram para 4,5%, enquanto a matrícula de latinos subiu para 16,9%. Os brancos também eram elegíveis ao Plano dos Dez Por Cento Melhores e aproveitaram seus benefícios. Contudo, ele auxiliava minorias raciais de forma desproporcional. Em 2004, entre os calouros residentes do Texas, 77% dos estudantes negros matriculados e 78% dos estudantes latinos matriculados foram admitidos pelo Plano dos Dez Por Cento Melhores. Em contrapartida, apenas 62% dos estudantes brancos foram admitidos sob a égide desse plano.

Em 2003, a decisão do Supremo Tribunal em Grutter substituiu Hopwood, abrindo a porta no Texas, mais uma vez, para o uso explícito da raça como um diferencial nas admissões universitárias. A administração da UT seguiu esse caminho. Primeiro, ela encomendou estudos para ajudar a determinar se a universidade deveria complementar o Programa dos Dez Por Cento Melhores com uma camada de ação afirmativa sensível à raça semelhante à de Grutter. Um estudo examinou turmas menores (de cinco até 24 alunos) e constatou que, em 2002, 90% dessas turmas não tinham nenhum ou apenas um estudante negro, 43% não tinham nenhum ou apenas um estudante latino e 46% não tinham nenhum ou apenas um estudante asiático-americano. Um segundo estudo ouviu estudantes da graduação em relação às suas impressões da vida no *campus* e na sala de aula. Muitos estudantes minoritários relataram se sentirem isolados e a maioria deles disse que "não havia representação minoritária suficiente" nas salas de aula para que "os benefícios totais da diversidade ocorressem" (id., ib., p. 225).

Autoridades universitárias concluíram que a "diversidade" era essencial para a realização de suas missões, porque a inscrição de estudantes diversificados "quebra os estereótipos", "promove a compreensão inter-racial" e "prepara os alunos para um local de trabalho e para uma sociedade cada vez mais diversos". De acordo com a Proposta da UT para considerar raça e etnia nas admissões, o Texas não estava conseguindo reunir a "massa crítica" de estudantes sub-representados necessária para atingir os benefícios educacionais totais da diversidade. Para remediar esta percepção de fracasso, a UT passou a incluir a raça como um fator a ser considerado ao fazer seleções. É a reintrodução da raça como uma característica positiva no perfil de um candidato que as requerentes contestaram em Fisher.

Um tribunal distrital dos Estados Unidos decidiu a favor da UT. Um corpo da Quinta Circunscrição do Tribunal de Recursos dos Estados Unidos manteve a decisão do tribunal distrital. Escrevendo para o corpo unânime de três juízes, Patrick E. Higginbotham decidiu que a consideração da UT da raça como um diferencial era constitucional, mesmo tendo sida colocada além do Programa dos Dez Por Cento Melhores, que já era em si, motivada pelo desejo de alcançar mais "diversidade". Ele alertou que o "crescente número de minorias sendo admitidas [pela lei dos Dez Por Cento Melhores] lança uma sombra no horizonte com relação à legalidade, de outro modo, plana do programa de admissões no estilo de Grutter que tem [a raça como um diferencial]" (id., ib., p. 217). Ainda assim, para o juiz Higginbotham e seus colegas, o processo de admissões da UT como um todo era consistente com Grutter.

No entanto, a decisão da Quinta Circunscrição foi marcada por reservas. Primeiro, como mencionado anteriormente, o juiz Higginbotham evidenciou certa dúvida em relação à legalidade do programa de diversidade em que a raça é um diferencial, uma vez que se colocou por cima do Plano dos Dez Por Cento Melhores, que, por si mesmo, começara a corrigir as deficiências percebidas da diversidade. "Que o [Programa] dos Dez Por Cento [...] ameace destruir as fundações das quais a UT depende para justificar a implementação das políticas de Grutter", observou ele, "é uma discórdia à qual não falta vigor" (id., ib., p. 242). Em segundo lugar, outro juiz no júri, Emilio M. Garza, escreveu uma concordância especial em que se queixou amargamente do que via como precedente equivocado do Supremo Tribunal com o qual tinha de se conformar. Ele escreveu: "Eu concordo, porque, apesar da minha crença de que Grutter representa uma digressão no curso do direito constitucional, o parecer [do júri] é uma aplicação fiel, embora infeliz, desse equívoco. O Supremo Tribunal escolheu este caminho equivocado e só o Tribunal pode corrigir o erro" (id., ib., p. 247).

Em terceiro lugar, vários juízes da Quinta Circunscrição decidiram que o tribunal inteiro, *en banc*, revisasse o julgamento do júri.[35] Este esforço foi rejeitado. Mas a juíza presidente da Quinta Circunscrição, Edith H. Jones, e quatro colegas escreveram, mesmo assim, uma dissidência mordaz na qual ela acusou o júri de ter "essencialmente abdicado da revisão judicial" (id., ib., p. 303). Os juízes dissidentes que queriam a revisão diante de todo o júri se queixaram, entre outras coisas, de que o júri autorizara "o programa de admissões racialmente consciente da universidade embora uma lei estadual racialmente neutra [a Lei dos Dez Por Cento Melhores] já tivesse promovido um aumento da diversidade racial no *campus*" (id., ib.). De acordo com os dissidentes, "mais de 20% dos calouros que entram [na UT] já são afro-americanos e hispânicos, resultando em uma diversidade real, mesmo na ausência de um plano Grutter". A contribuição adicional à diversidade dada pelo plano de admissões da universidade que é racialmente consciente, eles afirmaram, era "mínima" e, portanto, longe de ser indispensável para a criação de uma "massa crítica" de minorias raciais sub-representadas. Nestas circunstâncias, segundo eles, o plano da UT representava apenas "preferências raciais gratuitas" e não deveria ser considerado um programa de ação afirmativa previsto de forma restrita que cumpria os requisitos do escrutínio rigoroso.

35. Painéis de três juízes escolhidos aleatoriamente de forma típica decidem casos para as 12 circunscrições federais do tribunal de recursos. Se um número suficiente de juízes votar para a reconsideração de uma decisão do painel, o caso é ouvido por todos os juízes ativos da circunscrição. Se uma maioria de juízes discordar do painel, seu julgamento se torna a decisão da circunscrição. Ver Fischer v. University of Texas, 644 F. 3d 301 (2011).

Embora os dissidentes não tenham conseguido convencer um número suficiente de juízes da Quinta Circunscrição a forçar uma nova audiência de Fisher, eles provavelmente desempenharam um papel ao atrair o interesse do Supremo Tribunal para o caso. Em 21 de fevereiro de 2012, o Tribunal anunciou que reveria o trabalho da Quinta Circunscrição, um movimento que alarmou os defensores da ação afirmativa e impulsionou os adversários.

As partes interessadas inundaram o Tribunal com memoriais. O requerente argumentou que a Quinta Circunscrição aplicou de forma errada a exigência reafirmada em Grutter de que qualquer uso da raça na tomada de decisões sobre admissões fosse submetido ao "escrutínio rigoroso". A Quinta Circunscrição errou, sustentou o requerente, ao permitir que a Universidade do Texas buscasse como objetivo espelhar os dados demográficos raciais do Estado – um objetivo que o requerente condenou como sendo um "equilíbrio racial", que era "claramente inconstitucional". O objetivo real por trás da "engenharia racial" da Universidade do Texas, acusou o requerente, não era a diversidade para fins pedagógicos, mas sim a efetivação de uma fórmula racial que fosse "puramente representacional".[36] Tendo impugnado o que se achava ser o real objetivo do Estado, em oposição ao meramente simbólico, o requerente, então, desafiou a necessidade da seletividade racial da Universidade do Texas. Asseverou que "não deveria ser permitido" que o acusado "empregasse preferência gratuita quando uma política racialmente neutra resultou em mais de um quinto dos candidatos entrantes na Universidade serem afro-americanos ou hispânicos" (id., ib., p. 20).

Finalmente, depois de ter argumentado que a Quinta Circunscrição errara, o requerente afirmou, em seguida, que, se a Quinta Circunscrição tivesse aplicado Grutter corretamente, então, esse precedente em si justificava a reconsideração. Declarou que "se a leitura da Quinta Circunscrição de Grutter é permitida, essa decisão deveria ser esclarecida ou reconsiderada para restaurar a integridade da garantia de igual proteção da Décima Quarta Emenda" (id., ib., p. 23).

36. Memorial para requerente, Fisher vs. University of Texas at Austin, Supreme Court of the United States, 19 (2102).

Diversos indivíduos e organizações apoiaram o requerente com *amicus curiae*. O ex-procurador-geral Edwin Meese, representando várias organizações, incluindo a Reason Foundation, a Individual Rights Foundation e a American Civil Rights Foundation, lançou um ataque direto a Grutter, pedindo para que fosse anulado. "A lógica da diversidade", Meese escreveu, "é um mero pretexto mascarando a discriminação injusta".[37] Advogados apresentando um memorial em nome dos intelectuais públicos contrários à ação afirmativa, incluindo Abigail e Stephan Thernstrom, de maneira semelhante pediram a anulação de Grutter. De acordo com eles, pesquisas "indicam que a diversidade gerada por admissões baseadas em raça simplesmente não levam aos benefícios pretendidos. Muito pelo contrário, a evidência sugere que o uso de admissões baseadas em raça, na verdade, prejudica as relações raciais no *campus* da faculdade e da universidade (...) [e] impactam negativamente os estudantes negros e latinos".[38]

Os advogados que representavam a Universidade do Texas salientaram a importância do *stare decisis*, enfatizando que "o plano de admissões da universidade foi inspirado no tipo de plano mantido em Grutter, elogiado pelo juiz Powell em Bakke".[39] Os representantes da Universidade do Texas notaram que o seu programa racialmente explícito de ação afirmativa diferia em certos aspectos da seletividade racial contestada em Grutter. Contudo, insistiram que essas diferenças deveriam tornar o programa da Universidade do Texas mais atraente, e não menos, para os céticos da ação afirmativa, particularmente para o juiz Anthony Kennedy, para quem foi dirigido o memorial repetidamente por parte do

---

37. Memorial de Abigail Thernstrom, Stephen Thernstrom e Russell Nieli como Amicus Curiae em apoio ao requerente, Fisher v. University of California at Austin, Supreme Court of the United States, 4 (2012).

38. Outros pediram a anulação de Grutter também. Ver, por exemplo, Brief Amicus Curiae of Pacific Legal Foundation, Center for Equal Opportunity, American Civil Rights Institute, National Association of Scholars, e Project 21 in Support of Petitioner: "Grutter é irremediavelmente falho e deveria ser anulado". Memorial de Amicus Curiae California Association of Scholars, Center for Constitutional Jurisprudence, Reason Foundation, Individual Rights foundation e American Civil Rights Foundation em apoio ao requerente, Fisher v. University of Texas at Austin, Supreme Court of the United States, 2 (2012).

39. Brief for respondent, Fisher v. University of Texas at Austin, Supreme Court of the United States, 1 (2012).

suplicante. Observando, por exemplo, que o juiz Kennedy se opusera ao plano de ação afirmativa do curso de direito de Michigan porque, para ele, a raça era usada "para atingir metas numéricas indistinguíveis de cotas", o memorial do inquirido em Fisher sustentou que "a Universidade do Texas não estabeleceu qualquer 'alvo' ou 'meta' para admissões de minorias" (id., ib., p. 2-3).

O requerente argumentou que a Universidade do Texas estava envolvida no "equilíbrio racial" na medida em que a população racial do estado constituía uma parte do predicado da estratégia global de admissões da Universidade do Texas. No entanto, a Universidade do Texas rebateu que não estava envolvida no equilíbrio racial e que os seus funcionários do processo de admissão não monitoravam a composição racial das turmas nem trabalhavam a partir de quaisquer metas raciais explícitas ou implícitas para alcançar qualquer alvo racial definido. Evitando compromisso político com a representação racial, os advogados da Universidade do Texas insistiram que "o objetivo da universidade ao considerar a raça foi alcançar os benefícios educacionais da diversidade" (id., ib., p. 30). Os advogados da Universidade do Texas admitiram que os funcionários atentaram para algumas comparações entre as proporções dos grupos raciais na população do Estado e as proporções dos grupos raciais na população estudantil da universidade. Contudo, essas comparações foram feitas apenas com o propósito de identificar problemas, e não de designar soluções. Eles escreveram que "o interesse de considerar esses dados não era o de garantir que a universidade atingisse alguma meta representacional; era avaliar se os grupos minoritários são sub-representados na universidade, porque, entre outras coisas, eles estão sistematicamente se saindo mal no processo de admissão" (id., ib., p. 31).

Os requerentes argumentaram que a diversidade racial gerada pelo Plano dos Dez Por Cento Melhores removeu a necessidade de um programa explicitamente baseado em raça de ação afirmativa. A Universidade do Texas rebateu com várias respostas. Ela declarou que, em Grutter, o Tribunal tinha "especificamente rejeitado o argumento de que os planos percentuais são uma alternativa completa, funcional e constitucionalmente exigida para a consideração individualizada da raça na revisão holística" (id., ib., p. 32). Refutando a crença, em certos meios, de que os planos percentuais constituem um processo sem custos, os advogados da Universidade do Texas afirmaram que os "planos percentuais têm sérias compensações educacionais". A universidade, segundo eles, "busca montar uma classe diversificada de inúmeras maneiras – incluindo a raça – para promover a sua missão de educar os alunos e prepará-los para serem os líderes de amanhã" (id., ib., p. 32). O plano de porcentagem, no entanto, "com o seu foco único em ranking escolar, torna tais julgamentos sutis impossíveis". Além disso, de acordo com os advogados da Universidade do Texas, o plano de porcentagem "exclui a consideração de outros critérios acadêmicos, incluindo a qualidade do ensino médio do candidato, a natureza de sua carga horária e seu desempenho em testes padronizados" (id., ib., p. 33).

Uma lacuna educacional do Plano dos Dez Por Cento Melhores, de acordo com Universidade do Texas, é que ele favorece substancialmente os melhores estudantes das minorias em escolas pobres e racialmente isoladas, mais do que os estudantes das minorias em escolas mais fortes e racialmente integradas. Mesmo quando os últimos estavam mais bem preparados do que os seus pares raciais de escolas mais fracas, eles encontraram-se frequentemente deixados de fora da categoria dos melhores 10% devido à força relativa das escolas integradas onde estudaram. Funcionários da Universidade do Texas queriam muito admitir e recrutar estes estudantes minoritários, a quem viam como tendo "grande potencial para servir como uma 'ponte' na promoção da compreensão inter-racial bem como na quebra de estereótipos raciais" (id., ib., p. 34). Enfatizando como a ausência de um plano de ação afirmativa explicitamente racial diminuiria significativamente a diversidade, mesmo com a continuação do Plano dos Dez por Cento Melhores, a Universidade do Texas postulou em seu memorial:

> O filho afro-americano ou hispânico de profissionais bem-sucedidos em Dallas, que tem uma boa pontuação no SAT e demonstrou capacidade de liderança em atividades extracurriculares, mas cai no segundo decil de sua classe do ensino médio (ou frequenta uma escola particular de elite que não tem ranking) não pode ser admitido sob a lei dos 10% melhores. A posição de requerente proibiria a

UT de considerar a raça de tal aluno na sua revisão holística também, ainda que a admissão pudesse ajudar a dissipar suposições estereotipadas (que talvez sejam reforçadas pelo Plano dos Dez por Cento Melhores) pelo aumento da diversidade dentro da diversidade.

Suplementando o memorial da universidade, estavam observações de defensores aliados da ação afirmativa racial. Em Grutter, memoriais *amicus curiae* de pessoas importantes nas instituições militares e comerciais parecem ter causado uma boa impressão na juíza O'Connor, que os cita claramente em seu parecer. Em Fisher, grupos similares expressaram as mesmas mensagens. Ex-oficiais superiores e líderes civis das Forças Armadas (incluindo o general Colin L. Powell, o general Wesley K. Clark e o almirante Bobby R. Inman) sustentaram que "um corpo de oficiais altamente qualificados e racialmente diversificados [...] é uma missão crítica de interesse pela segurança nacional".[40] Eles afirmaram que, "como foi o caso quando se decidiu Grutter, essas políticas racialmente conscientes são vitais para o aumento e a manutenção do grupo de militares altamente qualificados pertencentes a minorias" (id., ib., p. 2). Eles insistiram que "o cumprimento do interesse pela segurança nacional na diversidade do corpo de oficiais não deve ser ameaçado por uma decisão radical contra admissões racialmente conscientes" (id., ib., p. 3).

Em um memorial *amicus curiae* em nome de empresas líderes, incluindo American Express, Dow Chemical Corporation, Halliburton e Wal-Mart, os advogados argumentaram que o Supremo Tribunal "deveria reafirmar [...] que a busca consciente da diversidade nas decisões de admissão de instituições do ensino superior [...] é de alto interesse público" (id., ib., p. 2). Isso era importante para essas empresas, segundo eles, porque "o único meio de obtenção de um grupo de funcionários devidamente qualificado é através da diversidade em instituições de ensino superior, que estão autorizados a recrutar e instruir os candidatos mais

---

40. Brief of Lt. Gen. Julius W. Becton et al., as Amici Curiae in Support of Respondent, Fisher v. University of Texas at Austin, Supreme Court of the United States, 1 (2012).

qualificados das minorias e criar um ambiente em que todos os alunos possam significativamente expandir seus horizontes" (id., ib., p. 3).

O mais comovente de todos os memoriais submetidos ao Tribunal em Fischer foi o "Memorial da família de Heman Sweatt como *amicus curiae* em apoio aos inquiridos". Ele revisitou a experiência de Heman Marion Sweatt, que não recebeu admissão ao curso de direito da Universidade do Texas, em 1946. O presidente da universidade, Theophilus S. Painter, reconheceu, com franqueza louvável, que, exceto por uma consideração, Sweatt era "devidamente qualificado para admissão". Sweatt era qualificado, declarou Painter, "exceto pelo fato de ser um negro". Recusando-se a admitir Sweatt ao principal curso de direito do Estado, em vez disso, autoridades estaduais admitiram-no em uma faculdade de direito para negros que o legislativo do estado criou praticamente da noite para o dia. Ninguém se inscreveu para nenhuma das três aulas oferecidas pela faculdade de direito para negros e ela fechou após uma semana de sua abertura. Sweatt sustentou que o curso de direito feito às pressas e improvisado, patrocinado pelo estado ao qual fora admitido, era inferior ao renomado e influente curso de direito patrocinado pelo estado que o tinha excluído apenas por animosidade contra sua raça. Ele disse que isso viola a norma de "separados, mas iguais" de Plessy vs. Ferguson e entrou com uma ação pedindo que fosse admitido de imediato no curso de direito branco da Universidade do Texas. Os tribunais estaduais decidiram contra Sweatt, afirmando que (para a vergonha eterna deles) os dois cursos de direito eram "substancialmente iguais". O Supremo Tribunal, no entanto, decidiu em seu favor, observando que o curso branco era superior em recursos tangíveis – o número de professores, a área da biblioteca, o tamanho do corpo discente – e, mais importante, em recursos intangíveis: reputação, contatos, experiência, características que o Tribunal descreveu como "aquelas qualidades que são incapazes de se medir objetivamente, mas que tornam um curso de direito excelente".[41]

Sessenta e dois anos depois, a filha e os sobrinhos de Heman Sweatt pediram ao Tribunal para defender o programa de ação afirmativa da

41. Sweatt v. Painter, 339 U.S. 629, 634 (1950).

UT, que estava sendo atacado. Reconhecendo que seu parente fora reconhecido na UT de várias maneiras (indicação à cátedra, colóquios, a nomeação de uma parte do *campus*), a família Sweatt afirmou que "seria o compromisso [da universidade] com a criação de um corpo discente genuinamente diverso – baseado em uma análise holística da história e da personalidade única dos candidatos, e não apenas na sua raça – que melhor honraria Heman Marion Sweatt".

Mais do que qualquer outra apresentação ao Tribunal, o memorial da família Sweatt acentua o que deveria ser uma preocupação central: o assunto inacabado da retificação e da integração. Esta é uma questão intrínseca do meu trabalho, uma vez que meus próprios pais eram refugiados do Jim Crow no Sul: a segregação não está longe historicamente. Isso impactou diretamente os pais de milhões de americanos vivos hoje, reduzindo, muitas vezes, as suas oportunidades. Alguns, como a filha de Heman Sweatt, foram capazes de avançar e prosperar apesar dos impedimentos racistas. Contudo, muitos outros se viram bloqueados por confinamentos herdados que são espelhados por padrões austeros da disparidade racial que está presente em todo índice de desenvolvimento da sociedade americana, incluindo níveis de escolaridade.

O memorial da família Sweatt lembra aos leitores que, 45 anos após Sweatt vs. Painter, a segregação continuava contagiando o ensino superior no Texas. Em 1994, quando candidatos brancos rejeitados desafiaram os programas de ação afirmativa do curso de direito da Universidade do Texas, um juiz federal de instrução examinou em detalhes a patologia da segregação não curada em todos os níveis da educação pública no Texas, observando que "o problema das escolas segregadas não é um relíquia do passado".[42] O juiz Sam Sparks catalogou a longa história da segregação na escolaridade do Texas, incluindo a resistência notoriamente tenaz à dessegregação. O juiz Sparks observou que, mesmo enquanto ele lutava com o desafio pendente da ação afirmativa no curso de direito da Universidade do Texas, restava a séria questão de se saber se, no que diz respeito à dessegregação educacional, o Texas tinha cumprido, plena e finalmente, com os requisitos federais legais e constitucionais.

---

42. Hopwood v. Texas, 861 F.Supp 551, 554 (W.D. Tex. 1994).

Em deferência ao parecer do juiz Powell em Bakke, o juiz Sparks também defendeu a ação afirmativa racial na UT com a finalidade de alcançar a diversidade. Mas a necessidade da reparação foi o principal impulso do seu parecer. Discutindo a alegação do requerente de que qualquer tratamento racial preferencial é inconstitucional, o juiz Sparks declarou que "tal aplicação simplista da Décima Quarta Emenda ignoraria a longa história da discriminação racial difundida em nossa sociedade, motivo pelo qual a Décima Quarta Emenda fora adotada para reparar, e as dificuldades de alcançar o objetivo social de superação dos efeitos passados dessa discriminação" (id., ib., p. 553). Posteriormente, o juiz Sparks voltou a este tema, afirmando que "o raciocínio por trás da ação afirmativa é simples: como a sociedade tem uma longa história de discriminação contra as minorias, não é realista supor que a eliminação das barreiras possa, repentinamente, tornar os indivíduos minoritários iguais e capazes de aproveitarem todas as oportunidades" (id., ib., p. 554). De acordo com o juiz Sparks, "até que a sociedade supere suficientemente os efeitos de sua longa história de racismo difundido, a ação afirmativa é uma necessidade" (id., ib., p. 583). Aplicando essa ideia geral para as especificidades do curso de direito da Universidade do Texas, o juiz Sparks considerou que a ação afirmativa racial, devidamente concebida, era permitida lá, porque "o legado do passado [no curso de direito] deixou efeitos residuais que persistem no presente". De acordo com o juiz, "esses efeitos incluem a reputação da Faculdade de Direito que persiste na comunidade minoritária [...] como um curso de brancos [...]. Um programa de ação afirmativa é, portanto, necessário para recrutar estudantes minoritários por causa da discriminação do passado" (id., ib., p. 572).

O juiz Sparks invalidou o programa específico de ação afirmativa que estava em vigor quando os requerentes de Hopwood se inscreveram para admissão, determinando que ele não seguia adequadamente as diretrizes postuladas pelo juiz Powell em Bakke. Mas ele enfaticamente endossou uma ação afirmativa racial devidamente prevista no curso de direito da Universidade do Texas, porque "a superação dos efeitos da discriminação passada é uma meta importante para a nossa sociedade" (id., ib., p. 577).

O Tribunal de Recursos dos Estados Unidos anulou o juiz Sparks, sustentando que a raça não poderia ser usada de forma alguma na seleção de estudantes, rejeitando, especificamente, a dessegregação como base válida para o programa de ação afirmativa do curso de direito da Universidade do Texas.[43] Enquanto a diversidade era uma preocupação secundária para o juiz Sparks, ela era a principal preocupação para os seus supervisores de recursos. Eles descartaram a teoria da diversidade do juiz Powell, determinando que ela era incapaz de justificar o uso da raça na admissão de alunos. Escrevendo para o tribunal, o juiz Jerry E. Smith afirmou que a concepção do juiz Sparks de uma categoria de reparação para a ação afirmativa era excessivamente expansiva. O juiz Sparks tinha apontado para a discriminação injusta pelas escolas públicas de ensino básico e fundamental e pela Universidade do Texas como um todo. Ao fazê-lo, declarou o Tribunal de Recursos, o juiz Sparks tinha lançado sua rede de forma muito ampla, abordando um erro histórico que, embora lamentável, estava longe demais do curso de direito para ser uma categoria adequada lá para a ação afirmativa racial. O Tribunal de Recursos insistiu que o único mau procedimento racial pertinente para avaliar a ação afirmativa no curso de direito era o mau procedimento por parte do próprio curso de direito. O Tribunal de Recursos também rejeitou a conclusão do juiz Sparks de que os efeitos da própria discriminação racial do passado do curso de direito eram suficientemente evidentes para justificar uma solução racialmente seletiva. Negando que a reputação ruim do curso de direito entre os negros fosse um vestígio de erros do passado, o que garantia a ação afirmativa, o Tribunal de Recursos observou que "simplesmente o conhecimento de um fato histórico não pode justificar classificações raciais atuais [...]. [É] a própria enormidade dessa tragédia [histórica] que dá resolução ao desejo de nunca mais querer repeti-la e encontrar uma ordem jurídica em que as distinções baseadas na raça não terão lugar".[44] Negando que a percepção dos negros de um ambiente racial hostil era um vestígio da segregação, o que garantiria

43. Hopwood v. Texas, 78 F.3d 932 (5th Cir. 1996).

44. Id. ib., p. 953, apud Maryland Troopers Ass'n. v. Evans, 993 F.2d 1.072, 1.079 (4th Cir. 1993).

uma solução racialmente seletiva, o Tribunal de Recursos declarou que não houve uma demonstração de ação por parte da universidade que contribuísse para qualquer tensão racial.

Na verdade, de acordo com o Tribunal de Recursos, "qualquer tensão racial no curso de direito é certamente resultado da discriminação social presente e, se influenciou de algum modo, foi contribuindo com a consideração evidente e prevalecente da raça nas admissões em vez de ter aliviado a consideração" (id., ib.). Finalmente, negando que a escassez de negros no curso de direito fosse um vestígio de mau procedimento no passado, o Tribunal de Recursos decidiu que, na medida em que essa sub-representação era principalmente atribuível a atos ou omissões, e não era diretamente cobrada do curso, não havia base para uma solução racialmente seletiva no curso de Direito. De acordo com o juiz Smith, "a discriminação passada na educação, além dessa do curso de Direito, não pode justificar a presente consideração do aspecto externo nas admissões do curso de Direito" (id., ib., p. 954).

A decisão do Tribunal de Recursos sobre as contínuas implicações do passado dos maus procedimentos raciais pelas autoridades estaduais no Texas nunca foram revistas pelo Supremo Tribunal, que se recusou a revisar Hopwood. Então, sete anos mais tarde, nos casos da Universidade de Michigan, o Tribunal indiretamente anulou Hopwood ao julgar, em contravenção direta à Quinta Circunscrição, que o parecer de Powell em Bakke era vinculativo e, portanto, que a raça poderia permissivelmente ser levada em consideração por programas devidamente concebidos de ação afirmativa. Contudo, o Tribunal nunca enfrentou a forma como o Tribunal de Recursos lidou com Hopwood como um caso de dessegregação. Fisher ofereceu ao Tribunal essa possibilidade na medida em que, como Hopwood, envolveu o curso de direito da Universidade do Texas. Essa instituição, ao contrário das anteriores que ajudaram a gerar a jurisprudência da ação afirmativa do Tribunal, de fato excluiu ou discriminou categoricamente os negros com base em suas raças até 1950 e depois. No entanto, com exceção do memorial da família Sweatt e poucos outros, os defensores em Fisher dera pouca atenção ao tema da reparação, favorecendo o tema da diversidade. Nos argumentos orais de Fisher, não houve discussão alguma de discriminação racial histórica injusta cometida pelas instituições de ensino do Texas e nenhuma alusão a Sweatt vs. Painter. No entanto, o memorial da família Sweatt demonstra louvavelmente que, para julgar Fisher corretamente, a experiência dolorosa de Heman Sweatt não é nem antiga nem irrelevante.

Ainda assim, por todas as suas virtudes, o memorial da família Sweatt manifesta também problemas que são patentes na nossa legislação de relações raciais. Embora seja, em parte, um pedido sincero, o memorial se junta, em última análise, a um modo discursivo que foge a um reconhecimento completo do nosso passado oneroso. Uma das razões é que não há nenhum indício no memorial de que a decisão do Supremo Tribunal em Sweatt vs. Painter era em si cúmplice da sinistra ficção racista da segregação. Sweatt não invalidou a segregação racial, mas apenas afirmou que as autoridades do Texas não conseguiram cumprir a norma de "separados, mas iguais" e que o requerente negro estava, assim, no direito da solução extraordinária de admissão a uma instituição de "brancos". Certamente, Sweatt foi um passo à frente para a justiça racial. Contudo, foi um passo adiante em um ambiente legal no qual a mentira da inocência da segregação ainda tinha influência. Lembre-se de que quando Sweatt foi anunciado, Brown vs. o Conselho de Educação ainda estava a quatro anos de acontecer.

O memorial da família Sweatt torna célebre a decisão de Sweatt, declarando:

> Em Sweatt, este Tribunal reconheceu pela primeira vez que, no ensino superior, a interação de ideias e a troca de pontos de vista entre os alunos são críticos [...]. Foi em Sweatt – não em Bakke – que o Tribunal achou pela primeira vez que a diversidade, incluindo a diversidade racial, era um componente fundamental para o ensino superior eficaz.[45]

No entanto, o mais errado na exclusão de Heman Sweatt do curso de direito da Universidade do Texas não foi a privação à "diversidade"

45. The Sweatt Family Brief in support of respondent, Fisher v. University of Texas at Austin, Supreme Court of the United States, 1 (2012).

a que ele e outros foram submetidos. Se o curso alternativo de direito para negros que as autoridades do Texas criaram da noite para o dia oferecesse mais diversidade do que o curso de direito da Universidade do Texas, o acordo ainda teria sido escandaloso e intolerável. A privação fundamental não era pedagógica, mas a privação da dignidade humana básica por força de uma política chocante baseada e que se expressa na noção de que os negros são uma casta degradada, que deve ser separada dos brancos de modo a evitar a contaminação deles.

Embora o memorial da família Sweatt relacione louvavelmente a experiência dolorosa de Heman Sweatt às questões apresentadas em Fisher, ele fica dentro de um quadro que permanece indevidamente restrito. Por um lado, desiste cuidadosamente de justificar expressamente a ação afirmativa com base na retificação, e buscando invocar e replicar Bakke e Grutter, o memorial apoia a "diversidade" a cada momento. Abertamente apelando para uma concessão favorável do elusivo juiz Kennedy, o memorial, finalmente, se acomoda com as correntes ascendentes da legislação das relações raciais, uma vez que pede ao Supremo Tribunal que se abstenha de cortar o regime de admissões do Texas.

Não reluto tomar esse rumo para fazer uma causa avançar. Contudo, alguns defensores deveriam estar dispostos a dar voz a argumentos pela justiça reparadora, mesmo que eles já tenham sido rejeitados pela maioria dos juízes. As coisas mudam. Vejamos o parecer da juíza O'Connor em Grutter. A composição do Supremo Tribunal evolui. Argumentos que já foram pensados implausíveis se tornam convincentes se forem apoiados com força suficiente. Desde Bakke, o Supremo Tribunal rejeitou de forma equivocada a retificação da "discriminação social" como base para a ação afirmativa racial. Esse é um argumento, no entanto, que deve ser preservado para o bem das futuras possibilidades, apesar da atual desaprovação judicial.

Espera-se amplamente que o Supremo Tribunal reverterá a decisão do Tribunal de Recursos que julgou procedente a ação afirmativa na Universidade do Texas. Uma possibilidade é que o Tribunal usará Fisher como uma oportunidade para litigar novamente Grutter e anulá-lo. Grutter foi decidido por uma maioria de 5 a 4. Um membro essencial da coalizão majoritária e a autora do parecer anunciando a decisão do Tribunal foi Sandra Day O'Connor, agora aposentada. Ela foi substituída pelo juiz Samuel Alito, um conservador ideologicamente duro e intelectualmente confiante que parece ser hostil à ação afirmativa. Outra recém-chegada, a juíza Elena Kagan (que substituiu o juiz John Paul Stevens), quase certamente teria votado pela defesa da decisão do Tribunal de Recursos. Contudo, absteve-se, tendo tomado uma posição no litígio apoiando a Universidade do Texas como a advogada-geral dos Estados Unidos antes de sua indicação pelo presidente Barack Obama. Uma maioria de juízes teria que se esforçar um pouco para reverter Grutter, mas eles podem muito bem fazê-lo, temendo que o tempo esteja se esgotando no bloco conservador, dadas as vagas do Supremo Tribunal que provavelmente abrirão durante o segundo mandato do presidente Obama. Apreensivos sobre o que um Tribunal mais liberal poderá fazer no futuro, o bloco conservador pode decidir atacar agora, cercando futuros juízes com precedentes que levarão tempo para serem corroídos, para escaparem ou para serem anulados.

Outra possibilidade mais provável é que o Supremo Tribunal reverterá o Tribunal de Recursos por motivos mais restritos, determinando que a ação afirmativa racial na Universidade do Texas é desnecessária e, portanto, excessiva, levando em conta a diversidade racial obtida por meio do Plano dos Dez Por Cento Melhores.

Uma decisão do Supremo Tribunal restringindo categoricamente a raça em decisões de admissão – em outras palavras, nacionalizando a Proposição 209 e Hopwood vs. Texas – teria consequências importantes no ensino superior, uma vez que a maioria das faculdades e universidades tem, há décadas, invocado a diversidade powelliana para orientar seus esforços de recrutar e admitir as minorias raciais, que, sem uma ajuda especial, perderiam para concorrentes mais bem preparados. Tal decisão afetaria diretamente todas as universidades públicas. Também afetaria a maioria das instituições privadas, na medida em que o acesso delas aos fundos do governo federal está legalmente condicionado ao cumprimento das normas constitucionais federais antidiscriminação. Os protocolos que faculdades e universidades têm aperfeiçoado e invocado ao longo das últimas décadas, incluindo a repetição ritualística e encantatória dos termos "diversidade" e "holística", seriam presumivelmente repensados e reformulados a um custo considerável. Alternativas que parecem "racialmente neutras" provavelmente tomariam o lugar, em muitas instituições, da seletividade racial explícita. Esta tem sido a experiência de faculdades e universidades nos estados em que a ação afirmativa racial foi proibida por iniciativa dos eleitores. Ainda assim, como o litígio Fisher mostra, pode haver diferenças significativas nos efeitos de distribuição da seletividade racial explícita contra os regimes racialmente neutros. E há alguma probabilidade de que, em certas instituições, a descontinuação da seletividade racial à moda antiga Bakke-Grutter seja substituída por nada, e não por alternativas criativas.

As ramificações serão mais modestas se o Tribunal derrubar o programa de ação afirmativa racial do Texas por conta da presença do Plano dos Dez Por Cento Melhores. Funcionários e estudantes no Texas serão afetados, é claro. No momento, no entanto, existem poucas ou nenhuma outra universidade pública que tenha exercido o que as autoridades no Texas fizeram em termos de colocar a ação afirmativa da diversidade racial ao lado de um plano de porcentagem que se diz racialmente neutro.

As decisões do Supremo Tribunal importam. Contudo, elas raramente são, ou nunca são, conclusivas com relação a disputas profundamente sentidas e fortemente contestadas. As decisões não são autoexecutáveis. Elas exigem interpretação e acompanhamento. Podem flexionar uma conversa, mas não acabar com ela. Não importa a decisão do Tribunal em Fisher, a controvérsia da ação afirmativa continuará a reverberar.

A ação afirmativa racial continuará a ser uma presença significativa na vida americana no futuro próximo, independentemente de como o Supremo Tribunal julgar Fisher. A homogeneidade racial em instituições-chave, tão prevalecente e tida como certa antes da década de 1960 – gabinetes presidenciais, turmas em faculdades, o corpo docente nas universidades de elite, redações, delegacias, corpo de oficiais militares, diretorias, conselhos administrativos, quadros de favorecidos por títulos honorários compostos só por brancos –, é inconcebível hoje. As minorias raciais são muito menos propensas a enfrentar os muros inflexíveis do preconceito encontrados pelas gerações anteriores. Um maior número de minorias raciais, além disso, se mantém em competições com colegas brancos, embora os brancos ainda tendam a superar os negros e os latinos por uma ampla margem em testes padronizados. Refletir e reforçar essas mudanças são sentimentos presentes que reagem negativamente à homogeneidade racial na vida institucional. A maioria dos americanos deseja escapar da atração gravitacional de um passado racial feio do país. Se a ação afirmativa se fizer necessária para realizar essa ambição, eles vão aceitá-la, ainda que disfarçada.

A ação afirmativa disfarçada, mas à plena vista, inclui "políticas racialmente neutras" estabelecidas com a finalidade de elevar os negros e outros grupos marginalizados, mas não fazendo qualquer referência à raça em suas embalagens. O Plano dos Dez Por Cento Melhores do Texas é um exemplo de tal política. É racialmente neutro no sentido de que a raça não desempenha nenhum papel explícito imediato nos critérios que determinam a elegibilidade para os benefícios do plano. Um estudante que faz parte dos 10% melhores de uma escola de ensino médio recebe o benefício de admissão automática para UT seja qual for a sua raça. A mesma regra aplica-se igualmente – de forma neutra – para todos. Por outro lado, o Plano dos Dez Por Cento Melhores é racialmente consciente; o seu objetivo evidente era aumentar o número de negros e latinos admitidos à UT após a decisao em Hopwood invalidar o uso da seletividade racial direta pela universidade. O fato de esses programas serem chamados de "racialmente neutros", apesar do claro propósito de ajudar as minorias raciais, reflete um anseio de realizar objetivos conflitantes: um fim à ação afirmativa racialmente seletiva e uma insistência simultânea para que algo seja feito para promover os interesses das minorias raciais. O uso de uma nomenclatura enganosa ou ofuscante para encobrir realidades raciais não é nada novo. A constituição anterior à guerra que apoiou a escravidão nunca usou o termo "escravidão". E ao longo de décadas, "separados, mas iguais" foi considerado uma distinção racial inocente. Políticas "racialmente neutras" que são de fato racialmente conscientes de uma forma positiva são simplesmente as mais recentes em uma longa série de ficções jurídicas na legislação americana de relações raciais.

Referências bibliográficas

BABCOCK, Charles R.; TOFANI, Loretta. The reaction: All sides optimistic, a ruling with something for everyone. *Washington Post*, 29 jun. 1978.

BALKIN, Jack. Plessy, Brown, and Grutter: A play in three acts. *Cardozo Law Review*, 26, p. 1.689, 2005.

BALL, Howard. *The Bakke Case*: Race, education, and affirmative action, 2000.

BLASI, Vincent. Bakke as precedent: Does Mr. Justice Powell have a theory? *California Law Review*, 67, p. 21, 1979.

CALABRESI, Guido. Bakke as pseudo-tragedy. *Catholic University Law Review*, 28, p. 427-429, 431, 1978.

DERSHOWITZ, Alan. Affimative actions and the Harvard College Diversity. Discretion Model Paradigm or Pretext. *Cardoso Saw Review* 1, p. 379, 407, 1979.

DREYFUSS, Joel; LAWRENCE, Charles. *The Bakke Case*: The politics of inequality, 1979, III.

DWORKIN, Ronald. The Bakke decision: Did it decide anything? *New York Review of Books*, 17 ago. 1978.

EDWARDS, Harry T.; NORDIN, Virginia. (orgs.) Higher education and the law. Cambridge, MA: Harvard Institute for Educational Management, 1979.

ELY, John Hart. The constitutionality of reverse discrimination. *University of Chicago Review*, 41 (1974): 723.

ESTLUND, Cynthia. Putting Grutter to work: Diversity, integration, and affirmative action in the workplace. *Berkeley Journal of Employment and Labor Law*, 14, 2005, 1.

FITZPATRICK, Brian T. The diversity lie. *Harvard Journal of Law and Public Policy*, 27, p. 384, 2003.

GREENAWALT, Kent. The unresolved problems of reverse discrimination. *California Law Review*, 67, p. 87, 112, 1979.

HIRSCHMAN, Albert O. *The rhetoric of reaction*: 1991.

JEFFRIES, JR., John C. Bakke revisited. *The Supreme Court Review*, 2003, 1, 7, 8.

KARST, Kenneth L.; HOROWITZ, Harold W. The Bakke opinions and equal protection doctrine. *Harvard Civil Rights-Civil Liberties Law Review*, n. 14, 1979, 7; n. 16.

________. Affimative reaction. *The American Prospect*, 1 mar. 2003.

KENNEDY, Randall. *Race, crime and the law*, 1997, 148.

KURLAND, Philiph; CASPER, Gerhard. (orgs.) Landmark briefs and arguments of the Supreme Court of the United States. *Constitutional Law* 1977 Term Suplement, v. 99.

LEWIS, Anthony. A solomonic decision. *New York Times*, 29 jun. 1978.

MAYER, Jane; Abramanson, Jill. *Strange justice*: The selling of Clarence Thomas, 1995.

MERIDA, Kevin; FLETCHER, Michael. *Supreme discomfort*: The divided soul of Clarence Thomas, 2008.

MISHKIN, Paul J. The uses of ambivalence: Reflections on the Supreme Court and the Constitutionality of affirmative action, *University of Pennsylvania Law Review*, 131, p. 907, 929, 1983.

PIDOT, Justin Intuition or proof: The social science justification for the diversity rationale in Grutter v. Bollinger and Gratz v. Bollinger, *Stanford Law Review*, 59, 761 , 2007.

POST, Robert. Foreword: Fashioning the Legal Constitution: Culture, Courts, and Law – *Harvard Law Review*, 117, 4 , 2003.

SCALIA, The disease as cure, 148.

SCHUCK, Peter H. Affirmative action: Past, present and future. *Yale Law & Policy Review*, 20, 1, 34 , 2002.

SCHWARTZ, Bernard. *Behind Bakke*: Affirmative action and the Supreme Court, 1988.

SELMI, Michael. The life of Bakke: An affirmative action retrospective. *Georgetown Law Journal*, 87, p. 981, 1.005, 1999.

THOMAS, Andrew Peyton. *Clarence Thomas*: A biography, 2002.

WILL, George. The unintended consequences of racial preferences. *Washington Post*, 30 nov. 2011.

CAPÍTULO 7

A DISCUSSÃO JUDICIAL DAS AÇÕES AFIRMATIVAS ÉTNICO-RACIAIS NO BRASIL

THULA RAFAELA DE OLIVEIRA PIRES
Doutora em Direito Constitucional e Teoria do Estado pela PUC-Rio. Professora de Direito Constitucional, trabalha com os temas: teoria do reconhecimento, direito constitucional, direitos humanos e racismo.

Fruto da luta do movimento negro pelos direitos civis e políticos nos Estados Unidos na década de 1960, as ações afirmativas são um poderoso mecanismo no combate à discriminação, na medida em que procuram minimizar as desigualdades existentes na sociedade. Elas podem estabelecer ligações entre diversos eixos de classificação social, incluindo raça, gênero, orientação sexual, classes sociais e outras formas de "categorização", ampliando o leque de proteção do direito das minorias, em suas especificidades.

Utiliza-se como conceito-base[1] o desenvolvido por Joaquim Barbosa (Gomes, 2001, p. 6-7), em que tais medidas são caracterizadas de forma ampla, contemplando a promoção da igualdade material e neutralização de qualquer forma de discriminação, tanto as mais flagrantes como aquelas estruturais e impregnadas na sociedade, orientando transformações sociais e culturais de promoção do respeito.

Este capítulo discute o tema das ações afirmativas no Brasil do ponto de vista jurídico, especialmente as que utilizam o critério étnico-racial para definir seus destinatários, de modo que se perceba a influência das discussões norte-americanas na doutrina e jurisprudências pátrias, e as especificidades do debate brasileiro.

As ações afirmativas de corte étnico-racial no cenário jurídico brasileiro

De acordo com o levantamento feito por Carlos Alberto Medeiros (2005, p. 123), a ideia de dispensar um tratamento positivamente diferenciado a determinados grupos em função da discriminação de que são vítimas já é uma realidade no Brasil há algum tempo. O autor cita como exemplos dessas medidas: a Lei dos Dois Terços, da década de 1930, que garantia participação majoritária de trabalhadores brasileiros nas empresas em funcionamento no território nacional, em razão da discriminação que

---

1. Segundo Joaquim Barbosa (Gomes, 2001, p. 6-7) as ações afirmativas "consistem em políticas públicas voltadas à concretização do princípio constitucional da igualdade material e à neutralização dos efeitos da discriminação racial, de gênero, de idade, de origem nacional, de compleição física e situação socioeconômica. Impostas ou sugeridas pelo Estado, por seus entes vinculados e até mesmo por entidades puramente privadas, elas visam a combater não somente as manifestações flagrantes de discriminação, mas também a discriminação de fundo cultural, estrutural, enraizada na sociedade. De cunho pedagógico e não raramente impregnadas de um caráter de exemplaridade, têm como meta, também, o engendramento de transformações culturais e sociais relevantes, inculcando nos atores sociais a utilidade e a necessidade de observância dos princípios do pluralismo e da diversidade nas mais diversas esferas do convívio humano".

trabalhadores nativos estavam enfrentando em relação aos imigrantes europeus; normas que garantem cotas de 5% nas empresas com mais de mil empregados e de até 20% nos concursos públicos para garantir o emprego a portadores de deficiência (Lei 8.112/90); outras que fixam percentuais entre 30% e 70% para garantir a participação de mulheres nas listas de candidatos dos partidos políticos (Lei 9.504/97); normas que instituem tratamento diferenciado para crianças, adolescentes, idosos, pequenos e microempresários, entre outros.

Apesar da experiência de adoção de políticas afirmativas em território nacional há pelo menos sete décadas, percebe-se que a aceitação pública da medida depende do tipo de critério usado para determinar o grupo social por ela alcançado. Em Estados Democráticos de Direito, o tratamento desigual entre grupos sociais está admitido sempre que se consiga comprovar a necessidade de sua utilização como mecanismo de garantia das condições materiais e simbólicas para o exercício da dignidade. Como modelo de Estado comprometido com ideais republicanos, a adoção de privilégios injustificáveis se configura como absolutamente incompatível com este desenho institucional. Em relação às mulheres, pessoas portadoras de deficiência, origem nacional, idade e classe social, a sociedade brasileira reconhece a vulnerabilidade dos grupos e por consequência tendem a justificar moralmente a adoção das medidas afirmativas a eles relacionadas.

Em um contexto em que os "lugares de poder são hegemonicamente brancos, e a reprodução institucional desses privilégios é quase automática" (Bento , 2005, p. 166), há uma maior mobilização no sentido de questionar a necessidade, viabilidade ou mesmo constitucionalidade das políticas que se utilizam de critérios étnico-raciais para garantir condições de dignidade a pretos e pardos.[2]

---

2. O racismo atinge o ser humano internamente, quando forja e perpetua visões depreciativas e viciadas acerca da própria personalidade e, externamente, quando define os limites e condições em que se darão as trocas intersubjetivas entre os seres humanos. Ao hierarquizar pessoas e definir lugares socialmente determinados a partir de fenótipos e da aparência, impacta diretamente na construção da autonomia dos sujeitos. Entendendo o processo de individualização pela integração e generalização das expectativas que as pessoas que se tem como interlocutores fazem de nós, as ações autônomas decorreriam, por consequência, das interpretações e relações que são estabelecidas entre essas diversas expectativas. Nessa perspectiva, o indivíduo constitui sua personalidade de maneira sadia quando as expectativas de comportamento no ambiente social, generalizadas normativamente, lhe

Políticas públicas de corte racial que pretendem coibir atos discriminatórios (preventiva e repressivamente); de construção da memória e valorização das culturas, saberes e formas de vida experimentadas; que ampliam o acesso ao mercado de trabalho, instituições públicas e privadas de ensino e pesquisa, partidos políticos e outros espaços de interlocução e representatividade são medidas que pretendem alterar a condição histórica de desrespeito, invisibilidade e subcidadania dos negros e se orientam à promoção do reconhecimento desse grupo social.

Mais do que uma fórmula abstrata de distribuição igualitária de posições, as políticas afirmativas obrigam a sociedade a observar os lugares sociais em que as pessoas foram colocadas pela história, inclusive pela história de sua opressão e por suas vontades e estratégias de sobrevivência (Lima, 2009). Rompem com a lógica de silenciar e invisibilizar conflitos sociais e permitem que a sociedade discuta e dispute um modelo alternativo de organização. Descortinam e desmistificam padrões de dominação, opressão e violência naturalizados e permitem que não apenas as mesmas vozes, mas outras também se manifestem sobre os efeitos gerados por esses padrões.

O embate público sobre ações afirmativas fomenta não apenas o maior conhecimento acerca dos não brancos como dos brancos também.[3] Os primeiros passam a ter sua voz, experiência e demandas colocadas na esfera pública em condições mais equitativas ao passo que o branco, pelo confronto com as denúncias produzidas, tem a oportunidade de ver-se como sujeito favorecido por um sistema de privilégios ao qual nem sempre deu causa e de tomar posição em relação a esse lugar a partir das escolhas de vida que assumiu.

Toda norma jurídica ao regulamentar uma conduta social precisa definir contingentemente os comportamentos que serão classificados

conferem respeito. O enfrentamento ao racismo passa necessariamente pela incorporação da dimensão racial à análise da sociedade e desse mesmo critério no processo de construção de outra estrutura social, comprometida desta vez com a equidade entre seres humanos.

3. Conforme analisa Maria Aparecida Bento (2005, p. 167), "o embate relativo às cotas para negros nos oferece, como efeito colateral, a possibilidade de melhor conhecer o branco".

como lícitos e os que se pretende recusar, dando a conotação de ilicitude. Esse processo de escolha não é feito naturalmente e, por mais que se pretenda universalizá-lo, sempre deixará à margem padrões de vida, sujeitos e identidades.

No Brasil, sob o manto da neutralidade e da color-blindness, a suposta indiferença face à identidade racial dos indivíduos produziu a naturalização da subcidadania e a pernóstica utilização de características étnico-raciais como mecanismos de exclusão. Romper com essa realidade pressupõe compartilhar uma color-consciouness orientada à promoção da igualdade, cidadania e respeito dos estratos tradicionalmente não reconhecidos. Nesse sentido, este capítulo não compartilha da máxima de que não houve segregação legal no Brasil contra não brancos, apenas os mecanismos normativos de segregação operaram segundo uma lógica distinta daquela evidenciada nos regimes internacionalmente reconhecidos de apartheid como os vivenciados, por exemplo, nos Estados Unidos e na África do Sul.

Um olhar mais cuidadoso da legislação pátria permite a verificação de uma série de normas jurídicas brasileiras de caráter essencialmente seletivo, cujo critério racial foi nitidamente utilizado para definir normativamente os grupos sociais a serem excluídos do acesso à terra e do exercício da cidadania. Apenas para fazer referência a algumas normas supostamente neutras, editadas no âmbito imperial ou federal, com efeito excludente, destaca-se: 1) a Lei de Terras (Lei 601, de 18 de setembro de 1850[4];

4. A Lei de Terras, de 18 de setembro de 1850, estabelecia a compra como a única forma de acesso a terra e abolia, em definitivo, o regime de sesmarias. A norma é apresentada como uma tentativa do governo imperial de regulamentar a questão agrária no país após a Independência. Algumas situações chamam a atenção para as circunstâncias de edição da lei. Em 1831, com a Lei Feijó se inicia a tentativa de proibição do tráfico de escravos no território brasileiro. Essa tentativa não foi bem-sucedida e somente em 4 de setembro de 1850, com a edição da Lei Eusébio de Queiroz, pode-se afirmar o compromisso oficial com o fim do tráfico no território brasileiro. No mesmo ano em que o Estado brasileiro recrudesce as políticas visando a extinção do tráfico negreiro em sua região e sinaliza à comunidade internacional o início de uma política antiescravista, inaugura uma política agrária seletiva e excludente, de modo a garantir que a população negra não seja enquadrada na categoria de "proprietário".

2) a Lei 1.331-A, de 1854[5]; 3) o Decreto 528, de 1890[6]; 4) o Código Penal da Primeira República, Decreto 847, de 11 de outubro de 1890, principalmente nos arts. 402 a 404[7]; 5) a Constituição Federal de 1934

---

5. Em 1854 foi aprovado o Regulamento para a reforma do ensino primário e secundário do Município da Corte. A Lei 1.331-A, publicada em 17 de fevereiro de 1854, regulamentava o acesso à educação estabelecendo como dignos de seu exercício os meninos livres e vacinados, não portadores de doenças contagiosas, conforme disposição do: "Art. 69: Não serão admitidos á matricula, nem poderão frequentar as escolas: §1° Os meninos que padecerem de moléstias contagiosas; §2° Os que não tiverem sido vaccinados; §3° Os escravos." Além da proibição expressa de matrícula dos escravos na referida legislação, para enfatizar a inacessibilidade dos negros ao ensino, a Resolução Imperial 382, de 1° de julho de 1854, proibia expressamente que escravos e os portadores de doenças contagiosas fossem alfabetizados: "Art. 35: Os professores receberão por seus discípulos todos os indivíduos, que, para aprenderem as primeiras letras, lhe forem apresentados, exceto os cativos, e os afetados de moléstias contagiosas". Tem-se com esses primeiros dois exemplos a expropriação dos bens constitutivos com mais impacto de mobilidade social: a terra e a educação. Privar os negros da condição de letrados e proprietários implica condicioná-los e às suas gerações a uma situação de subalternidade social difícil de ser revertida.

6. O Decreto 528, de 1890, regulamentava a imigração no Brasil. Diante da força das teorias eugênicas e políticas de embranquecimento do povo brasileiro como projeto de Estado, essa legislação favorecia abertamente a imigração europeia e restringia a imigração de não brancos "Art. 1°: É inteiramente livre a entrada, nos portos da República, dos indivíduos válidos e aptos para o trabalho, que não se acharem sujeitos a ação criminal de seu país, excetuados os indígenas da Ásia ou da África, que somente mediante autorização do Congresso Nacional poderão ser admitidos de acordo com as condições que forem então estipuladas".

7. O Código Penal da Primeira República, Decreto 847, de 11 de outubro de 1890, pode ser considerado o marco legislativo republicano de criminalização do negro e da pobreza. No seu Capítulo XIII – "Dos Vadios e Capoeiras", ao criminalizar a vadiagem e a capoeira, o Estado assume publicamente quem é o seu inimigo, ao dispor: "Art. 402: Fazer nas ruas e praças públicas exercício de agilidade e destreza corporal conhecida pela denominação Capoeiragem: andar em carreiras, com armas ou instrumentos capazes de produzir lesão corporal, provocando tumulto ou desordens, ameaçando pessoa certa ou incerta, ou incutindo temor de algum mal; pena de prisão celular por dois a seis meses. Parágrafo único. É considerada circunstância agravante pertencer o capoeira a alguma banda ou malta. Aos chefes ou cabeças, se imporá a pena em dobro; Art. 403: No caso de reincidência será aplicada ao capoeira, no grau máximo, a pena do art. 400. Parágrafo único. Se for estrangeiro, será deportado depois de cumprida a pena; Art. 404: Se nesses exercícios de capoeiragem perpetrar homicídio, praticar alguma lesão corporal, ultrajar o pudor público e particular, perturbar a ordem, a tranquilidade ou segurança pública ou for encontrado com armas, incorrerá cumulativamente nas penas cominadas para tais crimes". A leitura dos tipos penais enunciados permite compreender que se trata de legislação que coíbe uma prática, persegue um grupo social, por pressupor sua nocividade, há desproporcionalidade na aplicação das penas em relação aos supostos danos causados pelas condutas, além de ser uma legislação expressamente direcionada à cultura negra. As teorias lombrosianas com grande força entre os acadêmicos da época reafirmam, na esfera penal, algo que o Estado brasileiro já tinha se pronunciado em matéria de imigração, acesso à educação e à terra: o negro não deve ser tratado como cidadão. Em relação ao crime de vadiagem, defende-se o seu corte prioritariamente racial. Além de ser uma contradição em si punir alguém por nada fazer, não é coincidência que essa forma de repressão tenha ingressado na legislação brasileira em 1890. Um dos efeitos gerados pela abolição da escravatura foi a alteração significativa do desenho social das cidades. A não absorção dos libertos como trabalhadores agrícolas assalariados, porque substituídos pelo imigrante europeu, levou um grande número de negros a se deslocar para as cidades à

nos arts. 121 e 138[8]; e, por fim, 6) o Decreto-lei 7.967, de 18 de setembro de 1945[9].

A eficiência da crença na universalidade e neutralidade do direito iluminista, aliada no contexto pátrio com o compartilhamento do mito da democracia racial, fez com que discussões envolvendo a utilização do direito para enfrentamento das flagrantes desigualdades raciais passassem ao largo da dogmática jurídica. Soma-se a esses fatores o esvaziamento das discussões acerca da justiça (e outras questões de caráter substantivo) que dominou o modo de pensar e realizar o direito ao longo do século XIX e primeira metade do século XX por força do positivismo formalista, bem como o elitismo característico dessa área do conhecimento, formada basicamente por pessoas oriundas das classes dominantes e comprometidas com a manutenção do *status quo.*

Até que fosse adotada a política de cotas[10] para o ingresso em algumas universidades públicas brasileiras, o debate jurídico-doutrinário

---

procura de outras formas de sustento. A exclusão desse contingente das atividades remuneradas os colocava à margem do modelo político-econômico que se pretendia imprimir à recente República brasileira e fazia deles os sujeitos, por excelência, a serem banidos do espaço público. Após a Abolição: encarceramento e correção moral para a garantia da ordem pública.

8. A Constituição de 1934, pensada no momento em que a ideia de democracia racial começava a se desenvolver, mostra a tentativa de assumi-la e a força da crença na supremacia branca. Trata-se de uma constituição que incorporou pela primeira vez a proibição da determinação de privilégios baseados em origem, sexo, raça, profissão, classe riqueza, crenças religiosas ou ideias políticas: "Art. 113: A Constituição assegura a brasileiros e a estrangeiros residentes no País a inviolabilidade dos direitos concernentes à liberdade, à subsistência, à segurança individual e à propriedade, nos termos seguintes: 1)Todos são iguais perante a lei. Não haverá privilégios, nem distinções, por motivo de nascimento, sexo, raça, profissões próprias ou dos pais, classe social, riqueza, crenças religiosas ou ideias políticas". Mas que previu o ensino da eugenia: "Art. 138: Incumbe à União, aos Estados e aos Municípios, nos termos das leis respectivas: (...) b) estimular a educação eugênica"; e fixou restrições étnicas na seleção dos imigrantes: Art. 121, § 6º: "A entrada de imigrantes no território nacional sofrerá as restrições necessárias à garantia da integração ética e capacidade física e civil do imigrante".

9. O Decreto-lei 7.967, art. 2º, dispôs, até 1980, sobre a Política de Imigração e Colonização brasileira, determinando: "Atender-se-á, na admissão dos imigrantes, à necessidade de preservar e desenvolver, na composição étnica da população, as características mais convenientes da sua ascendência europeia, assim como a defesa do trabalhador nacional".

10. De acordo com Paiva (2006), três fatores foram fundamentais para a adoção das ações afirmativas: o primeiro deles se refere ao reconhecimento oficial do Estado brasileiro da existência do racismo. Este se deu não apenas através da manifestação expressa do então presidente da República Fernando Henrique Cardoso, em seminário sobre o tema em Brasília, no ano de 1996, como também pelos estudos feitos na década de 1990 por órgãos governamentais, notadamente o Ipea, que demonstraram a continuidade e a cor da desigualdade social brasileira. O segundo fator de grande importância foi

sobre as ações afirmativas se limitava a poucos autores[11], a avaliações do modelo estadunidense e sua viabilidade na realidade pátria. Com a adoção das cotas nas universidades públicas, a discussão jurídica acerca das ações afirmativas foi popularizada, mas ficou vinculada a essa modalidade específica.

Defende-se constitucional e racionalmente a adoção do critério étnico-racial para referidas políticas na medida em que:

> Quase metade da população brasileira (pretos e pardos) sofre de mecanismos sociais de exclusão que não são remediados pela igualdade formal do direito; 2) há comprovação de desigualdade pronunciada entre brancos e não brancos em nossa sociedade, expressada em diferenciais de renda, educação e ocupação; 3) essa desigualdade tem resistido à passagem do tempo e ao processo de modernização do sistema produtivo e das instituições políticas e sociais do país; 4) os cargos e posições de maior prestígio em nossa sociedade são quase exclusivamente ocupados por pessoas brancas (Feres Jr., 2004, p. 300).

As ações afirmativas de corte étnico-racial configuram políticas públicas de distribuição de condições materiais e construção de condições simbólicas de integração e valorização dos negros na estrutura social brasileira e podem ser concebidas de diversas maneiras, dependendo da atuação que pretendem. Podem ser classificadas como: a) políticas repressivas: aquelas que buscam criminalizar atos racistas e punir seus acusados; b) políticas de valorização: as que ampliam a noção de reconhecimento, através do reforço da identidade e da construção de subjetividades; c) políticas de combate à desigualdade: procuram desenvolver

---

todo o processo de preparação, participação e desdobramentos da Conferência Mundial contra o Racismo, realizada em Durban, em 2001, marcando o compromisso do Estado brasileiro perante a comunidade internacional com a adoção de ações públicas de reparação da desigualdade de acesso à educação e ao trabalho. Por fim, destaque para a criação dos Pré-Vestibulares Comunitários, que já na década de 1990 passaram a preparar para o processo seletivo de entrada nas universidades outro contingente de candidatos.

11. Exerceram importante papel nesse momento juristas como Hedio Silva Jr., Joaquim Barbosa Gomes, Carlos Alberto de Medeiros, Sergio Abreu e Cármen Lúcia Antunes da Rocha.

medidas que proporcionam igualdade racial em determinados setores; d) políticas de combate ao racismo institucional: as que fortalecem programas de treinamento e educação sobre discriminação racial para juízes, advogados, policiais e outros agentes da lei; e) políticas de ampliação de espaços de interlocução e representatividade política: as que incentivam associações, instituições e movimentos populares de combate ao racismo.

Há, para todas as modalidades, absoluta consonância com as finalidades e objetivos definidos na Constituição Federal de 1988, conforme foi explicitado pela mais alta corte nacional, manifestação que passa a ser trabalhada a seguir.

Ações afirmativas no STF

Como guardião da Constituição, coube ao STF decidir de maneira definitiva, com efeitos *erga omnes* e vinculantes[12] a favor da constitucionalidade da política de cotas adotada no âmbito de universidades federais. Por meio da Arguição de Descumprimento de Preceito Fundamental[13] (ADPF) 186, o Partido Democratas questionou a violação de preceito fundamental da Constituição supostamente praticada pelo Conselho de Ensino, Pesquisa e Extensão da UnB por ter aprovado sistema de cotas para processo seletivo de ingresso naquela instituição pública de ensino superior.

---

12. Os efeitos *erga omnes* determinam que a decisão tem eficácia contra todos, isto é, suas implicações extrapolam as partes envolvidas no caso concreto e incidem sobre todos os que estão sob a jurisdição do Estado brasileiro. O efeito vinculante de uma decisão judicial implica determinar que o teor daquela decisão deve ser observado obrigatoriamente não apenas pelos demais órgãos do Poder Judiciário, como também por todos os órgãos da administração pública direta e indireta em todas as esferas federativas.

13. A Arguição de Descumprimento de Preceito Fundamental é uma ação constitucional prevista no art. 102 § 1º da Constituição Federal e regulamentada pela Lei 9.882/99. Sendo uma ação de competência originária do STF, busca-se através dela questionar abstratamente qualquer ato do Poder Público (federal, estadual, municipal e inclusive órgãos da administração indireta) que lesione ou ameace preceito fundamental. Embora haja muita discussão sobre o que constitui a ideia de 'preceito fundamental', podem ser considerados como tais os princípios fundamentais (art. 1º ao art. 4º da CF); os direitos fundamentais (por exemplo, aqueles contidos entre os arts. 5 e 17 da CF); os princípios constitucionais sensíveis (art. 34, VII); os princípios da administração pública, (art. 37 da CF); e, as cláusulas pétreas (art. 60, § 4 da CF). As decisões do STF em sede de ADPF têm eficácia contra todos e efeito vinculante.

Na audiência pública[14] convocada em virtude da ADPF 186 e do Recurso Extraordinário 597.285 (contra a UFRGS pela adoção de política semelhante) foram expostos perante a Corte Suprema os principais argumentos que envolvem o tema. Entre eles, destacam-se: 1) o alcance do princípio da igualdade; 2) uso do critério racial para definir o grupo-alvo da política afirmativa; 3) a miscigenação como marca da sociedade brasileira; 4) o mito da democracia racial; 5) a noção de meritocracia nas sociedades contemporâneas; 6) diversidade e multiculturalismo; e, 7) violações históricas de direitos e reparação.

A disputa em torno do alcance do princípio da igualdade envolve não apenas a transformação em norma do texto geral e abstrato previsto no art. 5º, *caput*, da CF, mas, sobretudo, a postura do Estado frente aos sujeitos.[15] A garantia do reconhecimento do outro dentro do contexto das democracias contemporâneas exige do Estado, de um lado, a adoção de uma postura neutra e universalista,[16] de outro, obri-

---

14. A lista de autoridades com competência para impetrar ações constitucionais de índole abstrata como a ADPF, a Ação Direta de Inconstitucionalidade e a Ação Declaratória de Constitucionalidade está prevista no art. 103 da CF e se limita a admitir a atuação: do presidente da República, Mesa do Senado Federal; Mesa da Câmara dos Deputados; Mesa de Assembleia Legislativa ou da Câmara Legislativa do Distrito Federal; do governador de Estado ou do Distrito Federal; do procurador-geral da República; Conselho Federal da Ordem dos Advogados do Brasil; partido político com representação no Congresso Nacional; confederação sindical ou entidade de classe de âmbito nacional. Em tese, seriam essas as autoridades e instituições com competência para influenciar o processo de interpretação abstrata da constituição. Com o intuito de democratizar o processo de atribuição de sentido ao texto constitucional, as leis que regulamentam a tramitação das referidas ações trazem, entre outras, o instituto das audiências públicas. Através dessas audiências, membros da sociedade civil e representantes de instituições públicas e privadas têm a possibilidade de expor no espaço público suas perspectivas e convicções acerca do tema a ser decidido pelo Tribunal. Tal como acontece no Poder Legislativo no curso do processo de elaboração das normas, a mais alta corte do Poder Judiciário nacional abre suas portas para que os destinatários da norma constitucional (os próprios titulares do Poder Constituinte) possam influenciar diretamente o processo de atribuição de sentido e significado ao texto positivado.

15. Nesse sentido destacou a vice-procuradora-geral da República, Deborah Duprat: "A política de cotas pretende romper com uma lógica de sociedade homogênea, cega às diferenças, expressão da imposição de um padrão de sujeito pelas elites dominantes e exclusão, dominação e invisibilidade dos diferentes". Os trechos destacados da Audiência Pública podem ser conferidos nas Notas Taquigráficas disponibilizadas na página do STF: <www.stf.jus.br/arquivo/cms/processoAudienciaPublicaAcaoAfirmativa/anexo/Notas_Taquigraficas_Audiencia_Publica.pdf>. Acesso em: 6 maio 2011.

16. A defesa desta postura de Estado foi feita pela professora do Departamento de Antropologia da Faculdade de Filosofia, Ciência e Letras Humanas da USP, Eunice Ribeiro Durham, que destacou: "Numa sociedade complexa, diferenciada e competitiva, o combate a todas as formas de discriminação e de racismo consiste primordialmente em exigir a aplicação de critérios universalistas todas

ga o ente público a valorizar as diferenças para combater as desigualdades.[17]

A política universalista, pautada na igual dignidade dos cidadãos, resultou em uma política cujo conteúdo está ancorado na crença na igualdade de direitos e merecimentos. A neutralidade em relação às perspectivas culturais e demais metas coletivas alimenta um modelo de aplicação uniforme das regras que definem os direitos fundamentais, desconsiderando metas coletivas. A política da diferença, por sua vez, redefine a não discriminação, exigindo que as particularidades constituam a base de um tratamento diferencial. Conforme explicitado por Taylor (2001, p. 67), "uma sociedade supostamente justa e cega às diferenças não só é inumana – na medida em que suprime as identidades – mas também, de maneira sutil e consciente, resulta discriminatória".

---

as vezes em que for necessário estabelecer uma seleção para qualquer emprego, cargo, função ou posição social e em exigir o respeito a padrões universais de respeito à dignidade das pessoas". Além dela, manifestou-se no mesmo sentido o professor George de Cerqueira Leite Zarur, da Faculdade Latino-Americana de Ciências Sociais: "Do ponto de vista da definição de Darcy Ribeiro e da melhor tradição em antropologia, não se pode distinguir as pessoas pela aparência ou pela raça. Do que se deduz que não se aplica, neste caso, a regra de se tratar desigualmente os desiguais, pois seres humanos pretos, brancos ou quaisquer outros não são desiguais. O 'tratar desigualmente os desiguais', legítimo quando se aplica a mulheres ou deficientes físicos, se usado para justificar políticas raciais cai na vala comum do modismo do 'juridicamente correto', a versão forense do 'politicamente correto' – superficial".

17. Defenderam essa posição: Deborah Duprat, vice-procuradora-geral da República: "Constituição de 1988 'recupera o espaço ontológico das diferenças' ao valorizar todos os grupos culturais formadores da sociedade brasileira e estipular cotas especificamente para mulheres no mercado de trabalho, e para pessoas portadoras de deficiência nos cargos públicos. Porque as cotas – antes de atentar contra o princípio da igualdade – realizam a igualdade material; por outro lado, elas são a porta de entrada para que estas instituições assumam o caráter plural"; o professor Leonardo Avritzer (UFMG): "Nos últimos cinquenta anos [...] foi se introduzindo processos de ação afirmativa. E o mais interessante é que esses processos de ação afirmativa, eles não foram introduzidos a partir de critérios que negavam a ideia de igualdade. Pelo contrário. A ação afirmativa, ela é introduzida no sentido de aprimorar a ideia de igualdade civil. [...] Ela está fundada naquilo que John Rawls [...] denominou do princípio da diferença. [...] A diferença na tradição liberal é justificável, se ela ocorre na expectativa de beneficiar aqueles que estão em situação desfavorável. Ou seja, a igualdade civil liberal, ela não faz tábula rasa das condições que antecederam a sua própria vigência. Pelo contrário. A igualdade civil é um esforço que exige a produção ativa pelo Estado dessa própria igualdade. E nenhuma instituição é mais relevante nesse processo que as instituições de ensino superior, que as instituições universitárias. Senhores ministros, a universidade só é capaz de cumprir sua missão de produzir conhecimento se há diversidade de atores e de saberes no seu interior"; e a Dra. Sueli Carneiro: "Dentre vários autores, Norberto Bobbio, por exemplo, nos mostra sob que condições é possível assegurar a efetivação dos valores republicanos e democráticos. Para ele impõe-se a noção de igualdade substantiva, um princípio igualitário porque elimina uma discriminação precedente".

A Dra. Denise Carreira, relatora nacional para o direito humano à educação, defendeu, na audiência, a necessidade da adoção das políticas afirmativas em conjunto com políticas sociais de caráter universalista para enfrentar as desigualdades raciais que marcam historicamente a educação brasileira.[18] Nessa perspectiva, a igualdade é afirmada nas suas concepções formal e material. A primeira exige o tratamento igualitário dos sujeitos por parte do Estado em todos os momentos em que estiver diante de atores sociais com relações equitativas de poder; à segunda, cabe atuar na promoção de relações equilibradas de poder através de políticas públicas destinadas a grupos em situação de vulnerabilidade política, social, cultural e econômica. Conjuga-se nesses termos "uma igualdade que reconheça as diferenças e uma diferença que não produza, alimente ou reproduza desigualdades".[19]

O texto constitucional brasileiro é indiscutivelmente comprometido com a redução de todas as formas de desigualdade e enfrentamento de qualquer manifestação de preconceito ou discriminação. Houve uma opção muito evidente do Constituinte originário por diagnosticar seus principais desafios sociais e oferecer bases normativas capazes de justificar intervenções estatais para sua superação. Além de enunciados de conotação universal, outros criam obrigações pela proteção específica de grupos vulneráveis. A falaciosa tentativa de aproximar qualquer tratamento diferenciado de uma forma não republicana de ação estatal é incompatível inclusive com a leitura estritamente exegética do texto

18. Nas suas palavras: "É importante ressaltar que não se trata de esperar a melhoria da qualidade da escola pública para se alcançar a maior democratização do acesso ao ensino superior para populações negras, indígenas e pobres, entre outras. É necessário conjugar no tempo estratégias, ações e políticas que agilizem o processo histórico rumo a uma maior igualdade na educação brasileira e a superação de um modelo educacional ainda predominantemente eurocêntrico. É também fundamental reconhecer que nenhuma política universal é igualmente para todos ou neutra quando falamos em desigualdades, argumento utilizado para questionar as ações afirmativas. Toda política universal, de uma forma ou de outra, contribui para a manutenção, o acirramento, ou a transformação das desigualdades entre grupos humanos, e muitas geram até verdadeiras violências institucionais justificadas por princípios ditos universais". Na mesma linha de argumentação, Flávia Piovesan, professora da PUC-SP e PUC-PR e representante na audiência pública da Fundação Cultural Palmares, afirmou: "O temor à diferença é fator que permite compreender a primeira fase de proteção dos direitos humanos, marcada pela tônica da proteção geral, genérica e abstrata, com base na igualdade formal. Torna-se, contudo, insuficiente tratar o indivíduo dessa forma. É necessária a especificação do sujeito de direito, que passa a ser visto em sua peculiaridade e especificidade".

19. Conforme manifestação de Luis Inácio Lucena Adams, advogado-geral da União.

constitucional.[20] Nesse sentido, o ministro Cesar Peluso[21] afastou expressamente o argumento de que as cotas seriam discriminatórias, pois ignorariam as próprias discriminações, formuladas pela Constituição, na tutela de grupos atingidos por alguma espécie de vulnerabilidade sociopolítica.

Os ministros do STF, de maneira unânime, se propuseram a demonstrar o compromisso do texto vigente com a concepção de igualdade material, garantindo, assim, o mesmo tratamento para sujeitos em situação de igualdade e tratamento diferenciado para indivíduos em situação de desigualdade como condição necessária para promoção da isonomia. A comprovada vulnerabilidade de determinado grupo social autorizaria constitucionalmente a adoção de políticas públicas específicas destinadas à sua superação[22].

Um ponto de forte enfrentamento entre os que são favoráveis à adoção da política de cotas se trava em torno da definição do critério a informar essas políticas públicas. Nesse sentido, na audiência pública, houve aqueles que justificaram a utilização do critério racial[23] (normalmente,

---

20. Além de juridicamente inconsistente, alerta João Feres Jr. na audiência pública, "é crucial reconhecermos no plano moral e legal a distinção entre discriminação negativa, aquela que tem por fim o malefício daqueles que são discriminados, e a discriminação positiva, aquela que tem por objetivo promover aqueles que se encontram em situação de marginalização social. Não é concebível que nos aferremos a um sistema moral incapaz de distinguir, por exemplo, a ação de confinar um grupo de pessoas em campos de concentração e exterminá-las coletivamente em câmaras de gás, da ação de dar maiores oportunidades de educação para um grupo ao qual esteve alijado do espaço universitário na história do nosso País".

21. É importante ressaltar que até a presente data, ainda não foi divulgado pelo STF o inteiro teor do acórdão ora trabalhado. Assim, a referência aos votos dos ministros ampara-se nos trechos divulgados oficialmente pelo órgão no Informativo 663. Disponível em: <www.stf.jus.br/arquivo/informativo/documento/informativo663.htm>. Acesso em: 20 maio 2012.

22. É representativo dessa linha de argumentação o voto do ministro relator Ricardo Lewandowski, que afirma: "A toda evidência, não se ateve ele [constituinte de 1988], a proclamar o princípio da isonomia no plano formal, mas buscou emprestar a máxima concreção a esse importante postulado, de maneira a assegurar a igualdade material ou substancial a todos os brasileiros e estrangeiros que vivem no país, levando em consideração – é claro – a diferença que os distingue por razões naturais, culturais, sociais, economicas ou até mesmo acidentais, além de atentar, de modo especial, para a desequiparação ocorrente no mundo dos fatos entre os distintos grupos sociais". Íntegra do voto disponível em: <www.stf.jus.br/arquivo/cms/noticiaNoticiaStf/anexo/ADPF186RL.pdf>. Acesso em: 25 abr. 2012.

23. O senhor Erasto Fortes de Mendonça (doutor em Educação e coordenador-geral de Educação em Direitos Humanos da SEDH): "A Secretaria Especial dos Direitos Humanos compreende também a

sem excluir a possibilidade de conjugá-lo com critérios de outra natureza, como o econômico), outros que consideram inadmissível a utilização do critério racial na sociedade brasileira e que veem o critério econômico como o mais adequado para dirimir desigualdades[24].

---

especificidade da discriminação racial, cuja correção não é capaz de ser alcançada por medidas de proteção dirigidas a segmentos vulneráveis economicamente, ainda que se evidencie a presença marcante de negros nesse segmento. Não parece ter o mesmo significado no Brasil ser branco pobre e negro pobre, uma vez que este é discriminado duplamente pela sua condição socioeconômica e pela sua condição racial. O racismo não pergunta às suas vítimas a quantidade de sua renda mensal. A Dra. Maria Paula Dallari Bucci, secretária de Ensino Superior do Ministério da Educação: "Existe uma distância histórica no campo da educação, e essa distância se reproduz ao longo dos anos quando comparamos os dados educacionais de negros e brancos. [...] Historicamente, a melhora do ensino como um todo não é suficiente para quebrar uma desigualdade histórica e persistente. Quando se avalia a evolução da escolaridade média no Brasil percebe-se a evolução, em número de anos, da escolaridade dos brasileiros. Há uma evolução em dois sentidos: há mais brasileiros frequentando a escola de maneira geral e os brasileiros têm mais anos de escolaridade. Isso indica uma melhora geral no panorama educacional brasileiro. O que é impressionante nesse desenho é que há uma distância que permanece intocada nos últimos 20 anos, houve uma melhora educacional, mas ela não fez nenhum movimento na escolaridade dos negros. Portanto, se as políticas públicas, se os governos pretendem atacar esse problema, é preciso assumir a necessidade de se fazer uma reflexão. Quero, então, aqui acentuar a questão da legitimação das ações afirmativas, em especial aquelas que têm corte racial, menos pelo passado e mais pelo futuro". O professor João Feres Jr. (Iuperj) destacou: "O argumento de que a desigualdade no Brasil é de classe e não de raça parece à primeira vista muito convincente, mas não é verdadeiro. Ele é falsificado por estudos de mobilidade social [...]. Para o mesmo nível de renda, ou seja, mesma origem social, brancos têm probabilidade de ascensão bem maior que pretos e pardos. [...] Em comparação com os brancos, os não brancos sofrem uma desvantagem competitiva em todas as fases do processo de transmissão do *status*. [...] A diferença de mobilidade social mostra que na sociedade atual existe, sim, discriminação, tratamento desigual, baseado em raça. Também ancorado em estudos sobre mobilidade social, o professor Marcelo Tragtenberg (UFSC) evidenciou: "Um estudo de Carlos Costa Ribeiro, que é contrário às cotas raciais, mostra que a mobilidade é diferente para negros e brancos acima de sete anos de escolaridade e vai piorando conforme cresce o nível de escolaridade. Portanto, há mais desigualdade racial de mobilidade para negros de classe média em relação a brancos do que para negros pobres. [...] As cotas para negros abrangem negros que não fizeram todo o ensino fundamental em escola pública. Os que fizeram ensino público são insuficientes para o preenchimento das cotas, eles são aproximadamente metade dos estudantes. Isso se dá, segundo a nossa interpretação, pela dizimação da população negra através do trajeto educacional e social para a universidade. Não há estudantes formados que possam entrar na universidade que venham só de escola pública, daí a necessidade de priorizar os de escola pública, mas abrir a possibilidade aos de outro percurso escolar que possam ingressar na universidade. A outra questão óbvia é que o racismo atinge a todos, os de escola pública e os de escola particular".

24. A advogada do partido Democratas na ADPF 186, Dra. Roberta Fragoso Menezes Kaufmann, sustenta: "Não se discute nesta ação sobre a constitucionalidade de ações afirmativas como gênero para proteção de minorias. Faço essa constatação e essa observação porque nós não discutimos nesta ação as cotas para índios. A discussão que se trata neste tema é apenas relativa a cotas para negros, cotas raciais. É preciso, nesse sentido, identificar o que em cada sociedade deva ser considerada minoria apta à proteção estatal. É importante que isso seja analisado, porque aqui ninguém discute, por exemplo, ações afirmativas para mulheres, para deficientes físicos, para idosos, para deficientes mentais [...]. E, por fim, também não se discute nesta ação, porque é indiscutível e é inquestionável, a existência de racismo, de preconceito e de discriminação em nossa sociedade. Somos, sim, uma sociedade muito racista. Porém o racismo deve ser exemplarmente combatido, como de fato o é aqui

Conforme afirmado pelo Egrégio Tribunal em decisão anterior envolvendo prática de racismo (Caso Elwanger, HC 82.424 QO/RS), o uso do critério racial não é tomado em sua concepção biológica, mas como categoria histórico-social. Se a realidade testemunha o uso da raça na construção de hierarquias entre seres humanos, cabe utilizá-lo para desconstruí-las.[25] A constitucionalidade das cotas raciais foi afirmada pelo ministro relator nos seguintes termos:

> Para as sociedades contemporâneas que passaram pela experiência da escravidão, repressão e preconceito, ensejadora de uma percepção depreciativa de raça com relação aos grupos tradicionalmente subjugados, a garantia jurídica de uma igualdade meramente formal sublima as diferenças entre as pessoas, contribuindo para perpetuar as desigualdades de fato existentes entre elas.

---

no Brasil, a partir de leis severas que punem a pessoa racista, inclusive transformando o racismo como prática de crime inafiançável e imprescritível, tal qual é também em relação a outras minorias que são objeto de racismo, de preconceito e de discriminação e que não necessariamente são objeto de uma política estatal por meio de cotas, como por exemplo o nordestino, os homossexuais, os testemunhas de Jeová, os Hare Krishnas, as diversas minorias presentes em nossa sociedade em que não necessariamente será combatida a discriminação por meio de política de cotas. À medida que adotarmos cotas sociais e considerando a estatística aqui largamente apresentada de que 70% dos pobres são negros, atingiremos o desiderato da integração sem correr o risco da racialização do País. Não podemos ignorar o preço que pagaremos por essa racialização". No mesmo sentido o senador Demóstenes Torres (DEM): "A realidade é que somos mestiços. Nosso grande problema é a pobreza que, aí sim, é estrutural. O racismo no Brasil não é estrutural, nem institucional". Eunice Durham (USP) acrescentou: "As cotas partem do pressuposto de que os 'negros' não estão conseguindo competir com os brancos no vestibular. De fato, isto é verdade na medida em que esta população enfrenta obstáculos sociais muito sérios na sua trajetória escolar, que dificultam o acesso ao ensino superior. Mas a solução das cotas não se encaminha no sentido de propor uma ação afirmativa que permita aos brasileiros com ascendência africana superar deficiências do seu processo de escolarização e o estigma da discriminação mas a de reivindicar que, para os 'negros', os critérios de admissão precisam ser menos rigorosos. [...] Mas, ao oficializar a 'raça' como critério de admissão, pressupomos que todos os portadores de traços 'negroides', mesmo os de família de faixa de renda mais elevada, filhos de pais mais escolarizados, e que tiveram melhores oportunidades de receber uma boa formação escolar, são igualmente incapazes de competir com os brancos e que por isso devem ser igualmente beneficiados pelo sistema de cotas. Fortalece-se, deste modo, a falsa identificação entre ascendência africana e inferioridade intelectual, ao pressupor que nenhum negro pode competir com os brancos".

25. Nesse sentido afirma o Ministro Relator: "Tal como os constituintes de 1988 qualificaram de inafiançável o crime de racismo, com o escopo de impedir a *discriminação negativa* de determinados grupos de pessoas, partindo do conceito de raça, não como fato biológico, mas enquanto categoria histórico-social, assim também é possível empregar essa mesma lógica para autorizar a utilização, pelo Estado, da *discriminação positiva* com vistas a estimular a inclusão social de grupos tradicionalmente excluídos".

> Como é de conhecimento geral, o reduzido número de negros e pardos que exercem cargos ou funções de relevo em nossa sociedade, seja na esfera pública, seja na privada, resulta da discriminação histórica que as sucessivas gerações de pessoas pertencentes a esses grupos têm sofrido, ainda que na maior parte das vezes, de forma camuflada ou implícita.
>
> Os programas de ação afirmativa em sociedades em que isso ocorre, entre as quais a nossa, são uma forma de compensar essa discriminação, culturalmente arraigada, não rara, praticada de forma inconsciente e à sombra de um Estado complacente.
>
> [...] justiça social, hoje, mais do que simplesmente redistribuir riquezas criadas pelo esforço coletivo, significa distinguir, reconhecer e incorporar à sociedade mais ampla valores culturais diversificados, muitas vezes considerados inferiores àqueles reputados dominantes. Esse modo de pensar revela a insuficiência da utilização exclusiva do critério social ou de baixa renda para promover a integração social de grupos excluídos mediante ações afirmativas, demonstrando a necessidade de incorporarem-se nelas considerações de ordem étnica e racial.

O professor da UnB José Jorge de Carvalho utilizou o espaço da audiência pública para demonstrar à sociedade brasileira os motivos e a forma pela qual aquela universidade resolveu instituir programa afirmativo com viés racial.[26] O fato de as estruturas de poder brasileiras serem repre-

---

26. Nas suas palavras: "A proposta de cotas na UnB surgiu como uma resposta a uma constatação de que o espaço acadêmico da universidade era altamente segregado racialmente. Como consequência dessa segregação, foi gerado um ambiente hostil para os poucos estudantes negros que dele faziam parte. Para compensar esse clima, o movimento em torno das cotas congregou um coletivo multirracial de estudantes negros, estudantes brancos, de professores negros e professores brancos e do próprio movimento social negro. [...] No ano 2000, já como parte da formulação da proposta de cotas, realizamos dois censos de identificação de importância estratégica para a defesa da necessidade das cotas para negros. O primeiro censo foi dedicado a saber a quantidade dos professores negros na universidade. Sem muita dificuldade, constatamos que a UnB tinha apenas 15 professores negros no seu quadro de 1.500 docentes. [...] 99% dos seus professores eram brancos e apenas 1% dos docentes negros, em um País em que os negros eram então 48% da população nacional. Outro censo realizado simultaneamente visava identificar a porcentagem de estudantes negros pobres na UnB, justamente para testar a hipótese das chamadas cotas sociais. A UnB contava naquele momento com 20 mil estudantes de graduação e, desses, quatrocentos residiam na Casa do Estudante da UnB (CEU). Reconhecidamente ali residiam 2% de estudante de renda mais baixa da universidade. Para

sentadas por agentes predominantemente brancos gerou a naturalização de suas presenças e da subrepresentação dos não brancos nos mesmos espaços. O sistema de privilégios que engendra e retroalimenta essa realidade se viu ameaçado com a adoção das ações afirmativas nas universidades públicas nacionais. Chegar à universidade garante não apenas mais oportunidades de emprego e aumento de renda, como permite aceder a uma das principais responsáveis pela atribuição de sentido que se confere ao mundo. Manter o confinamento racial nas universidades é manter intocadas epistemologias e interpretações do mundo dele decorrentes.

A entrada de novos sujeitos nesses espaços de produção e reprodução do conhecimento implicará não apenas a inserção desses beneficiários no mercado de trabalho e na pirâmide social em outros termos, como mais profundamente demandará a necessidade de reflexão pela própria elite cultural pátria dos padrões de ciência desenvolvidos e sua responsabilidade pela invisibilidade racionalmente amparada de determinados sujeitos. Uma vez empoderados academicamente, esses novos sujeitos passarão a denunciar visões reducionistas, folclóricas e inadequadas difundidas acerca do real, disputando não apenas vagas na universidade, mas outros lugares sociais até então negados.

A potência de gerar transformação dessa medida, que pela adoção do critério étnico-racial pode atingir metade da população brasileira (incluindo pretos, pardos e, em algumas universidades, os indígenas) pode evidenciar o espaço midiático conferido aos seus opositores e a reação apaixonada da elite nacional que não havia se manifestado com tamanho fervor em relação às demais políticas afirmativas adotadas desde a década de 1930.

No intuito de desacreditar a política de cotas de viés racial, o país das grandes contradições utiliza-se, como o fez em outros momentos

---

a nossa grande surpresa, havia apenas dez estudantes negros no CEU, não contando obviamente com estudantes africanos que lá residiam. Se a tese de que os estudantes negros estariam incluídos entre os pobres fosse correta, e por este motivo as cotas raciais não seriam necessárias, deveriam existir pelo menos 180 estudantes negros residentes na CEU, porém não era isso que acontecia. Ao invés de 48% de estudantes negros, apenas 2,5% dos estudantes mais pobres. Em outras palavras, se a desigualdade social explicasse a hierarquia racial brasileira, os negros não poderiam ser tão poucos, numericamente, justamente na faixa dos estudantes mais carentes. Na verdade, seguindo a pirâmide geral da desigualdade brasileira, eles deveriam ser maioria nessa faixa de renda. A constatação da exclusão racial, nos dois extremos da hierarquia acadêmica, foi decisiva para fundamentar a necessidade de cotas para negros na UnB".

políticos, da mestiçagem como lema da unidade nacional e como marca da singularidade de seu povo. Por conveniência, os discursos e efeitos de séculos de imaginário da supremacia branca são aplacados para garantir que a massa de excluídos se veja representada em narrativas e interpretações de um Brasil misturado, harmônico, onde não há conflitos raciais.

A cegueira à cor que não regula as relações mais cotidianas é afirmada e compartilhada por toda a população. Os mesmos que reconhecem a existência do racismo na sociedade seriam aqueles incapazes de identificar "negros" e "brancos" na miscigenada sociedade brasileira. Ora, se mais de 95% da população admite haver racismo, é porque há um contingente significativo de brasileiros, favoráveis ou contrários às ações afirmativas, que identifica sem grandes dificuldades quem é branco e quem não é.

Não se está aqui advogando a essencialização das identidades, muito menos das relações raciais. Os brasileiros trazem em si e em seus fenótipos o reflexo de uma formação social pluriétnica e plurirracial, mas o reconhecimento do óbvio fato de o povo brasileiro ser majoritariamente mestiço (tanto entre brancos como entre negros, e com certa intensidade entre os indígenas) não deve servir como um meio para: i) invisibilização ou não reconhecimento de dilemas e demandas sociais de determinados grupos raciais e étnicos não mestiçados, menos mestiçados ou dos coletivos que, embora mestiçados, tenham forjado identidades coletivas fundadas racial ou etnicamente; ii) forma de perpetuação e consagração de antigas assimetrias raciais; iii) desconhecimento quanto à realidade de que a mestiçagem não impede, por si só, a existência de práticas discriminatórias entre pessoas de aparências físicas diferentes (Paixão, 2006, p. 73).

Conscientes da impossibilidade de defender a ideia de democracia racial em virtude dos indicadores sociais que demonstram o grau de desigualdades entre brancos e negros, alguns pensadores passam a defender a figura desse mito[27] como fundador de um ideal a ser alcançado. O mito

---

27. Sobre a ideia de democracia racial, a Dra. Sueli Carneiro se utilizou das reflexões do psicanalista Contardo Calligaris: "De onde surge, em tantos brasileiros brancos bem intencionados, a convicção de viver em uma democracia racial? Qual é a origem desse mito? A resposta não é difícil, diz ele, o mito da democracia racial é fundado em uma sensação unilateral e branca de conforto nas relações inter-raciais. Esse conforto não é uma invençao, ele existe de fato, ele é efeito de uma posição dominante incontestada. Quando eu digo incontestada, afirma Calligaris, no que concerne à sociedade brasileira, quero dizer que não é só uma posição dominante de fato – mais riqueza, mais poder –, é

forjado a partir da década de 1930 para escamotear a segregação e exclusão de direitos a que ficou submetida a população não branca após abolição oficial da escravidão conviveu com políticas públicas de exclusão e inferiorização do não branco sem que fosse evocado para combatê-las.

Quando lutas por reconhecimento do povo negro questionam seu significado político-cultural, pretende-se resgatá-lo como o traço cultural responsável pela não existência de conflitos raciais violentos em solo pátrio.

Ao contrário do discurso de que as cotas acirram as diferenças, a vice-procuradora-geral da República Deborah Duprat defende que elas refletem uma política na qual as diferenças se encontram e se celebram, ao passo que a sociedade hegemônica confina os diferentes aos espaços privados. As relações sociais não se tornarão menos ou mais racializadas pelo uso do critério racial na produção de dados estatísticos e na implementação de políticas públicas direcionadas. Os dez anos de adoção da política de cotas em universidades públicas demonstraram isso na prática. A construção das identidades, a partir de dimensões raciais ou de qualquer outro fator, se amparada na noção de respeito, não redundará na negação do outro, tampouco no acirramento entre grupos culturais distintos.

Todos os eventos históricos representativos da utilização da noção de *raça* como meio de violação de direitos e de extermínio de pessoas foram amparados em concepções hierarquizantes e depreciativas acerca de grupos humanos. Com chancela científica ou como construção político-social, a ideia de raça, mas não apenas ela, opera na construção da alteridade e, por conseguinte, das identidades individuais e coletivas. O que faz com que delas derive convivência respeitosa ou perseguição é o compromisso com o reconhecimento no primeiro caso, e encarar o outro como inimigo, no segundo.

O temor de que a política de cotas represente o acirramento de tensões entre brasileiros só faz sentido para aqueles que veem seres humanos como passíveis de serem hierarquizados e que ignoram tratar-se de uma políti-

---

mais do que isso, é uma posição dominante de fato, mas que vale como uma posição de direito, ou seja, como efeito não da riqueza, mas de uma espécie de hierarquia de castas. A desigualdade no Brasil é a expressão material de uma organização hierárquica, ou seja, é a continuação da escravatura. Corrigir a desigualdade que é herdeira direta, ou melhor, continuação da escravatura, diz Calligaris, não significa corrigir os restos da escravatura, significa também começar, finalmente, a aboli-la".

ca de reconhecimento. O que está acostumado a excluir outrem por vê-lo como inferior teme sofrer prejuízo pelo empoderamento do oprimido. Os que defendem a gramática do respeito sabem que qualquer política pública orientada nesse sentido objetiva tão somente garantir que todo e qualquer ser humano seja tratado com mesma estima e consideração.

O STF brasileiro atestou, por unanimidade, que a política de cotas representa uma política pública de reconhecimento de uma parcela da população brasileira historicamente violentada, material e simbolicamente[28], e que tem no texto da CF de 1988 um importante aliado no processo de construção de uma realidade mais igualitária e justa.

As discussões sobre a desconsideração da meritocracia por parte dos defensores das políticas de cotas seguem a mesma análise empreendida até aqui. A crença na meritocracia como condutora dos processos seletivos utilizados pelas sociedades burguesas só pode ser compartilhada por aqueles que dessa ideia se beneficiam. Sabe-se que os vestibulares feitos para ingresso nas universidades não objetivam aferir conhecimento ou capacidade do candidato, mas identificar grupos sociais que tiveram acesso a determinadas gramáticas previamente definidas, mas afirmadas como necessárias para o bom desempenho no curso de nível superior.

Exige-se do candidato um aporte cultural incompatível com aquele difundido nos espaços não privilegiados da sociedade, não por que sem ele o desenvolvimento acadêmico fique prejudicado – porque aqueles que ultrapassaram a barreira demonstraram a possibilidade de garantir aproveitamento, mesmo diante de pontos de partida tão desiguais –, mas para que a comunidade universitária não seja "descaracterizada" e as estruturas sociais sectárias sejam mantidas.[29] Segundo ainda o ministro Marco

28. Em seu voto, o ministro Lewandowski ressalta: "Tais programas trazem, pois, como um bônus adicional, a aceleração de uma mudança na atitude subjetiva dos integrantes desses grupos, aumentando a autoestima que prepara o terreno para a sua progressiva e plena integração social".

29. Quanto ao tema da *meritocracia*, afirma o ministro relator: "Não raro a discussão que aqui se trava é reduzida à defesa de critérios objetivos de seleção – pretensamente isonômicos e imparciais –, desprezando-se completamente as distorções que eles podem acarretar quando aplicados sem os necessários temperamentos. De fato, critérios ditos objetivos de seleção, empregados de forma linear em sociedades tradicionalmente marcadas por desigualdades interpessoais profundas, como é a nossa, acabam por consolidar ou, até mesmo, acirrar as distorções existentes. Os principais espaços de poder político e social se mantêm, então, inacessíveis aos grupos marginalizados, ensejando a reprodução e perpetuação de uma mesma elite dirigente. Essa situação se afigura ainda mais grave quando tal concentração de privilégios afeta a distribuição de recursos públicos. Como é evidente,

Aurélio Melo: "Meritocracia sem 'igualdade de pontos de partida' é apenas uma forma velada de aristocracia". Políticas de cotas não eximem o cotista de demonstrar desempenho e afirmar sua capacidade. São submetidos aos mesmos exames que os demais candidatos, apenas garante-se que a disputa se dê em condições mais equitativas.

Políticas universais de educação são complementares e necessárias para a adoção responsável da política de cotas. O ensino público de qualidade que beneficiou a elite brasileira passou a ser sucateado a partir do momento em que houve a exigência constitucional de sua universalização e proibição do trabalho infantil. A partir do momento em que todos os brasileiros passam a frequentar as escolas públicas, percebe-se a diminuição dos investimentos, a perda de valor dos profissionais de educação e o consequente reflexo na qualidade da educação fornecida. Todo esse déficit não se deu pelo despreparo dos novos alunos, mas por circunstâncias que objetivavam mantê-los à margem.

O ministro Gilmar Mendes alertou, em seu voto, que a diminuta presença de negros nas universidades decorreria do contexto histórico escravocrata brasileiro e da má qualidade das escolas públicas. Porém, não se poderia dizer que a fórmula estaria na melhoria dessas instituições educacionais, sob pena de se comprometer gerações que estariam na fase de transição desses estabelecimentos de ensino para o vestibular.

A dívida com a educação pública deve ser sanada e as ações afirmativas só têm a fomentá-la.[30] Não apenas porque aumenta o contingente de profissionais capacitados a atuarem nas salas de aula, mas também por suscitar a construção de novas pedagogias e ampliar o número de cidadãos cujas vozes são ouvidas nos espaços representativos e dos que atuarão na construção de políticas e na fiscalização dos recursos públicos.

---

toda seleção, em qualquer que seja a atividade humana, baseia-se em algum tipo de discriminação. A legitimidade dos critérios empregados, todavia, guarda estreita correspondência com os objetivos sociais que se busca atingir com eles.

30. A política de cotas nas universidades públicas, como modalidade de ação afirmativa, foi em grande medida complementada pela instituição do ProUni nas universidades privadas. O programa também foi alvo de ação direta de inconstitucionalidade movida igualmente pelo Partido Democratas e julgada em maio de 2012, oportunidade em que os ministros e ministras do STF reafirmaram os argumentos explicitados até então. Portanto, é patente a compatibilidade do modelo de ações afirmativas baseadas em critérios raciais e sociais com o desenho constitucional adotado a partir de 1988.

Não houve a pretensão de esgotar e explicitar todos os argumentos levados à audiência pública, tampouco os evidenciados nos votos dos ministros do Supremo. A escolha dos trechos pretendeu apresentar alguns dos argumentos que são defendidos na esfera pública brasileira sobre o tema e permitir, através deles, algumas reflexões necessárias sobre essas medidas de promoção da igualdade racial e do reconhecimento dos negros na realidade pátria.

Reparação x diversidade: Afinidades e diferenças nas jurisprudências do STF brasileiro e a Corte Suprema estadunidense

Entre os pontos que não foram desenvolvidos até aqui e que marcam o embate jurídico das ações afirmativas também na Suprema Corte norte-americana, estão os que levantam as questões da "diversidade e multiculturalismo" e "violações históricas de direitos e reparação".

O argumento da diversidade admite a adoção de políticas de ações afirmativas como mecanismos de garantia da pluralidade em ambientes de ensino, trabalho, repartições públicas, entre outros. É a possibilidade de conviver com as diferenças que avalizaria medidas afirmativas em processos seletivos, por exemplo. Quando se fala em reparação, por sua vez, defende-se a correção da injustiça gerada pelo legado escravista através de ações públicas voltadas à promoção da igualdade dos negros.

No Tribunal constitucional estadunidense, o argumento da diversidade suplantou o argumento da reparação.[31] Já os ministros do STF

31. A exposição da jurisprudência da Suprema Corte americana sobre o tema das ações afirmativas estará amparada inicialmente nas análises de Patrícia Jerônimo (2010). A discussão pela constitucionalidade das ações afirmativas nos EUA se inicia com a interpretação que deve ser conferida à Décima Quarta Emenda – votada pelo Congresso em 13 de junho de 1866 e ratificada em 9 de julho de 1868 – responsável por estatuir a exigência constitucional da isonomia: "Todas as pessoas nascidas ou naturalizadas nos Estados Unidos, e sujeitas à sua jurisdição, são cidadãos dos Estados Unidos e do Estado onde tiverem residência. Nenhum Estado poderá fazer ou executar leis restringindo os privilégios ou as imunidades dos cidadãos dos Estados Unidos; nem poderá privar qualquer pessoa de sua vida, liberdade, ou bens sem processo legal, ou negar a qualquer pessoa sob sua jurisdição a igual proteção das leis" (*verbis*). De acordo com Jerônimo (2010, p. 412), a Décima Quarta Emenda foi introduzida em 1868 e o exato conteúdo da cláusula foi, desde sempre, objeto de intensos debates e continua controverso. Nessa disputa se encontram duas leituras do texto constitucional americano: uma que declara que a Constituição exige do governo uma total indiferença face à identidade racial dos indivíduos (*color-blindness*) e outra que permite a consideração da raça sempre que esta se destine a promover a integração dos grupos minoritários e evitar a (re)segregação da sociedade (*color-consciousness*). No caso *Strauder vs. West Virginia* (1880) a interpretação da cláusula da igual proteção se deu no sentido de invalidar a ex-

deram ao argumento da diversidade a mesma ênfase que o da reparação, embora no senso comum, o primeiro argumento encontre muito mais apoio que o segundo[32].

Em determinada passagem de seu voto, o ministro Lewandowski afirma, em nítida defesa da diversidade, que:

> O grande beneficiado pelas políticas de ação afirmativa não é aquele estudante que ingressou na universidade por meio das políticas de reserva de vagas, mas todo o meio acadêmico que terá

---

clusão de negros do serviço de júri. Alguns anos depois, em *Plessy vs. Ferguson* (1896) a Suprema Corte Americana legitimou a cláusula dos "separados, mas iguais", declarando-se impotente para combater os preconceitos racistas da população. Nesse contexto prevaleceu como suficiente para garantia da igualdade o fato dos serviços prestados a brancos e negros serem equivalentes, mesmo que em separado. A partir de 1954 e principalmente com a intensificação do movimento pelos direitos civis da década de 1960 passam a ser adotadas em todo o território dos EUA programas de ações afirmativas no plano do ensino, emprego e adjudicação de obras públicas. O questionamento desses programas levou o Tribunal a decidir em *Brown vs. Board of Education* (1954) pela inconstitucionalidade da segregação racial nos estabelecimentos públicos de ensino e, finalmente em *Johnson vs. Virginia* (1963) a corte estendeu o mesmo raciocínio a todos os espaços públicos. Em 1978, o argumento da diversidade é o principal a justificar a constitucionalidade dos programas de ação afirmativa. É na ação *Regents of University of California vs. Bakke* que o tribunal extremamente dividido (5 votos a 4) pronuncia-se pela constitucionalidade do programa de admissões da Escola de Medicina da Universidade da Califórnia (Davis). Randall Kennedy, no capítulo anterior, alerta para o fato de que a Faculdade de Medicina adotou o especial programa de admissão através do argumento da reparação, como estratégia para corrigir os efeitos da histórica discriminação social dos negros. O procurador-geral dos EUA também destacou a reparação como justificativa para as ações afirmativas. Em 2003, novamente o tribunal será levado a enfrentar a questão, desta vez através da contenda *Grutter vs. Bollinger*. Vinte e cinco anos depois do caso Bakke, com uma composição majoritariamente conservadora, a Suprema Corte surpreende a opinião pública ao endossar o posicionamento de que a diversidade do corpo discente é um interesse estadual premente capaz de justificar o uso do critério racial nos processos de admissão nas universidades. Em 2007, com o julgamento *Parents Involved in Community Schools vs. Seattle School District nº 1 et al.*, há uma significativa mudança de posicionamento da Suprema Corte que passa a declarar a inconstitucionalidade do emprego de classificações raciais em processos seletivos. Em uma inversão bastante questionável da interpretação consolidada no caso Brown, o juiz Roberts, com apoio dos juízes Scalia, Thomas e Alito, afirmou "em deferência" a esse precedente que, do mesmo modo que em 1978 a Décima Quarta Emenda proibiu os Estados de tratarem as crianças americanas de forma diferente independentemente de cor ou raça. Atualmente, as escolas deveriam ser impedidas de atentar para cor da pele ao decidirem os critérios de admissão. O juiz Kennedy, por sua vez, embora votando pela inconstitucionalidade dos programas sob análise, sustentou que os decisores públicos podem utilizar-se do critério racial sem receio de incorrer em práticas inconstitucionais para garantir a todos, independentemente de sua origem racial iguais oportunidades educativas. Em 2007 apenas o juiz Stephen Breyer assumiu a defesa do argumento da reparação alegando que os distritos tem um interesse legítimo em reparar os danos presentes resultantes de discriminação passada.

32. Apenas para exemplificar, utiliza-se do argumento que o antropólogo e professor da Faculdade Latino-Americana de Ciências Sociais George Zarur defendeu na audiência pública: "Mestiço com muito orgulho declaro não sentir a menor culpa pelo fato de minha bisavó materna de pele mais clara ter, talvez, maltratado minha outra bisavó materna de pele mais escura – talvez o inverso tivesse acontecido também. Além disso, ninguém pode ser considerado culpado por supostos crimes cometidos por seus antepassados".

> a oportunidade de conviver com o diferente ou, nas palavras de Jürgen Habermas, conviver com o outro.
>
> [...] É preciso, portanto, construir um espaço público aberto à inclusão do outro, do *outsider* social. Um espaço que contemple a alteridade. E a universidade é o espaço ideal para a desmistificação dos preconceitos sociais com relação ao outro e, por conseguinte, para a construção de uma consciência coletiva plural e culturalmente heterogênea, aliás, consentânea com o mundo globalizado em que vivemos.

Antes de qualquer análise que se possa empreender sobre essa linha argumentativa, principalmente quando comparamos a sua utilização por tribunais americanos, é necessário enfatizar que o termo abarca sentidos distintos aqui e lá. Na lógica norte-americana, existe um elo entre diversidade[33] e diferença. Para eles, a grande vantagem estratégica de usá-la como legitimadora das ações afirmativas está na celebração da diferença e nos ganhos que o contato com o diferente pode representar para indivíduos e instituições. Ainda que amparada em concepções superficiais de identidades, reforçando estereótipos nem sempre vinculados à noção de respeito, diversidade nos Estados Unidos da América pressupõe a noção de diferença. No Brasil, de outro modo, os que falam em diversidade celebram a ideia de mistura e, portanto, de cortina para as diferenças.

---

33. De acordo com Randall Kenedy em seu capítulo neste livro, o argumento da diversidade torna-se especialmente atraente pelos seguintes motivos: 1) A diversidade se ampara em argumento não acusatório, não depende de predicados de má conduta ou injustiça, com isso, poderia minimizar a raiva acesa quando brancos são colocados na condição de herdeiros dos opressores, beneficiários de privilégio racial ou autores de práticas racistas; 2)Diversidade como iniciativa pragmática para fazer o que é preciso para tornar as organizações mais capazes de realizar suas funções essenciais: Ação afirmativa como prática capaz de trazer melhorias para bens, produtos e serviços e não como um auxílio especial para minorias raciais ou exigência de justiça distributiva, 3) Evita o confronto com assuntos espinhosos: ao invés de ressaltar o sistema de opressão gerado pela escravidão e sua perpetuação através de novas práticas sociais, a lógica da diversidade se apresenta como otimista e preocupada em gerar melhores desempenhos em instituições e relações sociais complexas. Com isso, evitaria que brancos se vissem fora do gancho moral do racismo e tiraria dos não brancos a sensação, para alguns, de sentirem-se inferiores como beneficiários das ações afirmativas; 4) A lógica da diversidade move o centro das atenções das deficiências percebidas de negros para seus pontos fortes percebidos. Ela afirma que indícios convencionais de talento, realização e potencial de contribuição devem ser complementados por outros indicadores que tem até agora sido negligenciados. Nesse sentido, vincula-se com a meritocracia porque a seletividade racial traz à tona algo que candidatos brancos não podem oferecer.

Nesse sentido, ressalta-se que o argumento da diversidade é muito sedutor para um país marcado pela ideia de democracia racial. E por isso mesmo, deve merecer um olhar bastante cuidadoso para que não descaracterize os próprios objetivos das ações afirmativas. Se um dos principais legados das ações afirmativas é exatamente o de fomentar a discussão da questão racial em um país que ainda concede credibilidade ao mito da democracia racial, usar a diversidade para evitar assuntos espinhosos e afastar o enfrentamento de "verdades perturbadoras" tende a limitar os efeitos das ações afirmativas.

O "preconceito a ter preconceito" que caracteriza as relações sociais brasileiras fica igualmente protegido pela noção de diversidade, e como o efeito gerado é o de escamotear conflitos patentes e desonerar a todos pela convivência inerte com uma realidade tão desigual e opressora, mais cuidado se deve ter com sua utilização.

Entretanto, o STF não se manifestou apenas pela diversidade, pois as análises que se centraram no princípio da igualdade tocaram no argumento da reparação. O ministro Luiz Fux afirmou que a construção de uma sociedade justa e solidária tal como preconizada no art. 3º da Constituição imporia a toda a coletividade a reparação de danos pretéritos, a adimplir obrigações morais e jurídicas. Os ministros Gilmar Mendes e Celso de Mello se utilizaram da expressão "medidas compensatórias" para se referirem às ações afirmativas.

A ideia de reparação está cercada de mitos que precisam ser desfeitos para um olhar mais atento da realidade. Normalmente, aqueles que se colocam contrários ao argumento da reparação atribuem a essas medidas a pecha de políticas voltadas ao passado. A reparação, seguindo essa lógica, implicaria em uma busca retrospectiva por justiça, a partir da atribuição de responsabilidade às gerações atuais por danos cometidos por seus ascendentes e que se perpetuam ao longo dos tempos. Seria, portanto, uma medida com caráter meramente retaliativo, com baixa carga de transformação do olhar que se produz sobre o outro.[34]

---

34. Curioso pensar que na Revolução Haitiana esse mesmo argumento não foi utilizado pelas elites que exigiram dos ex-escravos indenizações pelas "expropriações" que estariam sofrendo com o fim da escravidão e tomada das propriedades pelos revolucionários. Enquanto no primeiro caso a reparação decorreu de uma relação madura e civilizada entre ocorrência de dano e responsabilização

Neste capítulo, a leitura que se faz da reparação se situa em direção oposta. É com olhar prospectivo que se defende a necessidade de assumir as ações afirmativas com caráter reparatório. A atribuição de responsabilidades e de divisão de ônus entre os diversos grupos sociais brasileiros pelos danos causados à parcela significativa da sociedade é vista como condição necessária para a construção de uma sociedade mais fraterna, plural e igualitária. Até porque aqueles que dizem que não podem ser responsabilizados pelo que não fizeram não assumem o fato de que são beneficiários de um sistema de privilégios. Mesmo não tendo participado diretamente na construção desse sistema, atuam diretamente na sua preservação e colhem as vantagens de pertencerem a grupos definidos como dignos de respeito, em detrimento de outros.

Resgatar a memória e poder contar as contribuições de cada grupo invisibilizado pela história oficial brasileira pressupõe a noção de que os atuais e futuros integrantes dos grupos tradicionalmente não reconhecidos possam pertencer a essa história e se verem retratados nela como sujeitos de igual estima e consideração. Essa necessária redefinição dos papéis sociais racialmente distribuídos, de modo que qualquer ser humano possa realizar seus projetos individuais e coletivos de vida boa só pode ser efetuada com o enfrentamento, sem mitos, dos pressupostos que sustentam uma sociedade racista.

Defende-se, portanto, um modelo de reparação pública para que toda a sociedade responda por sua atuação, no mínimo omissa, frente ao racismo institucional e estrutural ainda existente. Ao contrário da ideia de vingança privada, a reparação é orientada por pressupostos de solidariedade na medida em que pobres, ricos, brancos e não brancos têm atuação direta sobre os recursos que financiariam políticas afirmativas. Em políticas públicas de reparação, estão envolvidos, portanto, agressores diretos e indiretos e vítimas diretas e indiretas do racismo.

Defende-se, ainda, que a justificativa da reparação não exclua as demais trabalhadas ao longo deste capítulo e que também não seja tratada

---

pelos atos praticados, no caso brasileiro todas as expropriações cometidas através de gerações e cujos efeitos se perpetuam até os dias atuais são tratados como apelos retrospectivos baseados em sentimentos de rancor, retaliação ou vingança.

no debate público das ações afirmativas em segundo plano ou repleta de considerações equivocadas. Apesar de a análise ter sido encadeada a partir das discussões relacionadas à política de cotas nas universidades públicas, o objetivo foi ressaltar as ações afirmativas como políticas de reconhecimento e, com isso, como importante instrumento de transformação das relações sociais.

Nenhuma norma ou política pública isolada conseguirá romper os grilhões que ainda acorrentam na subcidadania grande segmento da população brasileira. De outro modo, a mudança de perspectiva em relação ao outro não é construída com falas retóricas de igualdade, sem impacto nas relações cotidianas. A construção do incômodo frente a não presença do outro nos espaços privilegiados e na esfera pública tem nas ações afirmativas – sejam elas repressivas, de valorização, de combate à desigualdade, de combate ao racismo institucional, de ampliação de espaços de interlocução e representatividade política – instrumento de luta por dignidade e respeito.

Considerações finais

As discussões jurídicas estadunideses acerca das ações afirmativas de corte étnico-racial inspiraram a adoção desse modelo de política de promoção da igualdade no Brasil. Mas, ao contrário do que se supunha, as discussões levantadas pela implementação de algumas dessas medidas na realidade pátria foram pautadas pela análise das especificidades da formação social brasileira.

Desde a chegada dos primeiros negros nesse território, as identidades do grupo racial composto por pretos e pardos foram forjadas a partir de estereótipos negativos sobre si mesmos. Os negros representam a alteridade a ser negada, aqueles cujos fenótipos, formas de vida e expressões culturais utilizados como critério para definir o que não se quer ser ou o que não se deve ser em uma sociedade pautada por padrões de comportamento modernos ocidentais. Corporificam características usadas para justificar moralmente sua subalternização, infantilização e exclusão dos meios materiais, simbólicos e políticos em disputa.

Enquanto a naturalização pressupõe a defesa de instituições modernas neutras, que reforçam a crença nos critérios "meritocráticos" e "igualitários", que fundamentaram a emergência dessa forma sectária de ver o mundo, o enfrentamento dos padrões morais que orientam as relações sociais exige uma atuação diferenciada dos entes públicos e a constante denúncia e insurgência frente aos mecanismos de subordinação. A determinação "natural" da alteridade isenta de responsabilidade política aqueles que se beneficiam de uma condição privilegiada.

A luta antirracismo pressupõe uma mudança significativa não apenas no referencial simbólico que rege as relações sociais, mas também na atuação dos agentes públicos e instituições frente à questão. Com a promulgação da Constituição de 1988, percebe-se que o tratamento normativo da questão racial passa a ser desenvolvido em termos mais afinados com a ideia de real promoção da igualdade e combate à discriminação, agregando medidas afirmativas, transformativas e repressivas de combate à discriminação racial.

Mesmo com amparo constitucional, a adoção das ações afirmativas de corte étnico-racial ainda teve que esperar mais de dez anos para virar realidade. As polêmicas suscitadas pela sua implementação colocaram na esfera pública questões cruciais da estrutura social brasileira e possibilitaram que instituições democráticas fundamentais (Congresso Nacional, Assembleias Legislativas, Tribunais de Justiça e Tribunais Superiores) reafirmassem o compromisso com a igualdade e redefinissem o acesso à educação (bem de incontestável relevância para mobilidade social).

Para que os efeitos das ações afirmativas no desenho social possam ser expressivos e reais, o aperfeiçoamento dos modelos adotados deve ser frequente e *respeito* deve ser a palavra de ordem das relações sociais. Apesar da lacuna quanto ao tratamento do tema no âmbito jurídico-doutrinário até o início deste século, pode-se dizer que a decisão do STF na ADPF 186 está afinada com as contribuições teóricas mais importantes sobre o tema.

Referências bibliográficas

BENTO, Maria Aparecida Silva. Branquitude e poder: A questão das cotas para negros. In: SALES, Augusto dos Santos. (org.) *Ações afir-*

mativas e combate ao racismo nas Américas. Brasília: MEC/Unesco, 2005, p. 165-177.

DOUZINAS, Costas. *O fim dos direitos humanos*. São Leopoldo: Unisinos, 2009.

FERES JR., João. Ação afirmativa no Brasil: Fundamentos e críticas. *Econômica*, Rio de Janeiro, v. 6, n. 2, p. 291-312, 2004.

GOMES, Joaquim Barbosa. *Ação afirmativa e princípio constitucional da igualdade*. Rio de Janeiro: Renovar, 2001.

HONNETH, Axel. *Luta por reconhecimento*: A gramática moral dos conflitos sociais. São Paulo: Ed. 34, 2003a.

________. *Redistribution or recognition?* A political philosophical exchange. Londres: Verso, 2003b.

________. *Sofrimento de indeterminação*: Uma reatualização da filosofia do direito de Hegel. São Paulo: Singular/Esfera Pública, 2007.

JERÔNIMO, Patrícia. Aprender o respeito pela diferença. O elogio da diversidade acadêmica na Jurisprudência do Supremo Tribunal Federal Norte-Americano. In: SARMENTO, Daniel et al. (coords.) *Igualdade, diferença e direitos humanos*. Rio de Janeiro: Lumen Juris, 2010.

KENNEDY, Randall. *The Federal Constitutional Law of Racial Affirmative Action in Higher Education in the United States*: Description, Critique, Prognosis. Mímeo, 2012.

LIMA, Carlos A. M. Observações de um historiador sobre questões que devem ser lembradas a partir da adoção de políticas afirmativas. In: DUARTE, Evandro C. Piza et al. (coords.) *Cotas raciais no ensino superior*. Curitiba: Juruá, 2009, p. 219-229.

MEDEIROS, Carlos Alberto. *Na lei e na raça*: Legislação e relações raciais, Brasil-Estados Unidos. Rio de Janeiro; DP&A, 2004. Coleção Políticas da Cor.

________. Ação afirmativa no Brasil: Um debate em curso. In: SALES, Augusto dos Santos. (org.) *Ações afirmativas e combate ao racismo nas Américas*. Brasília: MEC/Unesco, 2005, p. 122-139.

PAIVA, Angela Randolpho. *Direitos, desigualdade e acesso à universidade*. 30° Encontro Anual da Anpocs, 24 a 28 de outubro de 2006.

Grupo de Trabalho. Dilemas da modernização periférica. Mímeo, 2006.

PAIXÃO, Marcelo. *Manifesto antirracista*: Ideias em prol de uma utopia chamada Brasil. Rio de Janeiro: DP&A/LPP/Uerj, 2006.

TAYLOR, Charles. *El multiculturalismo y la política del reconocimiento.* México: Fondo de Cultura Económica, 2001.

CAPÍTULO 8

BRASIL, ESTADOS UNIDOS E A QUESTÃO RACIAL: A FERTILIDADE DE UM CAMPO CHEIO DE ARMADILHAS

CARLOS ALBERTO MEDEIROS
Mestre em Ciências Jurídicas e Sociais pela UFF, é autor de *Na lei e na raça: legislação e relações raciais, Brasil – Estados Unidos* e coautor de *Racismo, preconceito e intolerância*.

A decisão, surpreendentemente unânime, do STF que manteve as políticas de ação afirmativa com recorte racial, ao rejeitar uma ação direta de inconstitucionalidade contra o sistema de cotas adotado pela UnB, assinala, no âmbito jurídico, uma era de mudanças no campo das relações raciais iniciada na década de 1970 e que ganhou ímpeto particular no último decênio. De ignorada, negligenciada e desprezada, a questão da raça passa a ter peso em um debate público acalorado que não poderia deixar de se refletir – apesar dos esforços de uma mídia comprometida com a manutenção do *status quo* – nos campos político e acadêmico. Quase simultaneamente, a Suprema Corte norte-americana, no caso Fisher *vs.* Universidade do Texas, defronta-se mais uma vez com uma ação semelhante, porém com uma acentuada diferença: ao contrário de sua correlativa brasileira (criada, por sinal, à sua imagem e semelhança), a Corte americana atual tem forte tendência a suprimir essa política, ou pelo menos restringi-la amplamente, apenas pelo fato político, com frequência ignorado, de ser predominantemente conservadora, o que, como mostra Randall Kennedy, quase invariavelmente se reflete em suas decisões sobre o tema nas últimas décadas. A virtual simultaneidade dessas decisões opostas sobre um mesmo assunto, mais do que inspirar uma discussão circunscrita aos limites do direito, estimula-nos ao engajamento em um exercício certamente arriscado, mas potencialmente fértil, que é a comparação entre as duas sociedades no que se refere à questão de raça.

Na verdade, a comparação entre Brasil e Estados Unidos tem sido, há muito, um dos principais focos dos estudos de relações raciais nos dois países, especialmente no Brasil. Não seria exagerado afirmar que uma comparação positiva com os Estados Unidos nessa área faz parte do próprio DNA da identidade nacional brasileira, se considerarmos que um dos pilares dessa ideologia é o mito da "democracia racial" e que este, por sua vez, foi construído, ao menos em parte, com base nessa mesma comparação. Para isso, contribuiu o fato de o sociólogo Gilberto Freyre, principal articulador dessa ideia, ter estudado nos Estados Unidos, onde foi discípulo do antropólogo alemão Franz Boas, importante estudioso da questão de raça naquele país. Isso ajuda a explicar, entre outras coisas, a reação raivosa de muitos brasileiros identificados como "brancos" diante não apenas das políticas de ação afirmativa, existentes ou propostas, em benefício da população negra, mas de qualquer postura que negue ou conteste a visão do Brasil, até pouco tempo atrás absolutamente preponderante, como o paraíso da "harmonia racial". Mas a imagem de nossa sociedade como virtualmente imune ao preconceito e à discriminação com base na raça também foi utilizada por estudiosos e ativistas norte-americanos interessados em encontrar e promover uma alternativa à dura realidade racial de seu próprio país.

Este capítulo pretende fornecer um panorama geral desse diálogo, levando em consideração as possibilidades e os limites de uma perspectiva comparativa. Comparar diferentes sociedades do ponto de vista de sua dinâmica social é tarefa ao mesmo tempo atraente, potencialmente produtiva, mas também perigosa, traiçoeira, cheia de percalços e armadilhas. Nesse sentido, a comparação Brasil – Estados Unidos, dessa perspectiva, tem contribuído para iluminar determinados aspectos das relações etnorraciais nas duas sociedades, por vezes exagerando sua importância relativa ou mesmo distorcendo seu impacto, enquanto ofusca ou negligencia, inconsciente ou deliberadamente, outros ângulos igualmente significativos. Como diz Sansone (2012), não

> é novidade o fato de as relações entre Brasil e Estados Unidos serem hoje um jogo de espelhos; algo que nos lembra as relações entre a Alemanha Ocidental e a Oriental: uma vivendo dos erros da outra. Nos anos que antecederam a Segunda Guerra Mundial, o Brasil era representado como um autêntico alter ego do sistema racial norte-americano, sua imagem ao revés. Do Brasil, servia sua função de espelho e de laboratório racial – onde podiam acontecer coisas impensáveis nos Estados Unidos da segregação. [...] Nos anos 1960, a imagem hegemônica nas ciências sociais com relação à situação etnorracial do Brasil muda radicalmente. Na década seguinte, o Brasil etnorracial deixa de ser fonte de inspiração para se tornar, nas ciências sociais norte-americanas, um anacronismo – algo que insiste em ir contra a correnteza da história supostamente universal das tensões etnorraciais.

Assim, é possível entender como as realidades de uma sociedade foram utilizadas, em determinados momentos, não somente para ressaltar o que se via como falhas ou problemas da outra, em comparação com as soluções, reais ou imaginárias, efetivas ou ilusórias, supostamente encontradas por aquela; como se construiu uma polarização em que Brasil, primeiro, e Estados Unidos, após a década de 1970, ocuparam o extremo positivo, o que influenciou – e, de certo modo, continua influenciando – tanto a autoimagem dos membros das respectivas sociedades quanto o planejamento e a implementação de iniciativas antirracistas nas áreas pública e privada.

Quando forem utilizados o conceito de raça e as categorias negro e branco, dele tributárias, nossa referência não será a biologia, mas a cultura e a história. Trata-se, na verdade, de construções históricas e sociais cuja elaboração teve início com os chamados descobrimentos, desenvolveu-se com a ciência moderna e suas preocupações taxonômicas, e consolidou-se entre fins do século XVIII e meados do XIX – o que levou o historiador Patrick Wolfe a afirmar que o conceito de raça é "endêmico à modernidade" (Wolfe, 2001). Não se trata, pois, de um produto da biologia e da genética, embora estas ciências tenham contribuído para legitimá-lo. Assim sendo, como diz um famoso sociólogo francês, a "desconstrução científica da raça biológica (...) não faz desaparecer a evidência da raça simbólica, da raça percebida e, invariavelmente, interpretada". Nessa visão, parecem ingênuas as tentativas de se fazer o que ele classifica como uma "eugenia lexical negativa que crê matar o racismo eliminando a palavra", o que favoreceria a "normalização do racismo simbólico" (Taguieff, 1995, p. 23-29).

Na verdade, raça é um conceito-chave em sociologia, sem o qual seria impossível, por exemplo, entender regimes como o *apartheid* sul-africano ou o Jim Crow do Sul dos Estados Unidos. Trocar raça por etnia – seis por meia dúzia? – também não resolve a questão, além de ser, em muitos casos, cientificamente problemático. Se negro é etnia, um zulu sul-africano ou um haussá nigeriano, por exemplo, pertenceriam, simultaneamente, a dois grupos étnicos: seriam zulus, ou haussás, e também negros. Não deixa de ser curioso, para dizer o mínimo, que esses esforços linguisticamente eugênicos se deem exatamente no momento em que o fator raça, historicamente um obstáculo existencial para a população negra – no Brasil, aquela que porta em seu fenótipo a marca da origem africana –, começa a ser usado como elemento positivo na identificação dos beneficiários de políticas públicas de caráter compensatório. Um caso bastante promissor para um estudo sobre as relações entre ciência e ideologia...

Da semelhança às diferenças

Não é difícil explicar por que a comparação entre as formas adotadas pelas duas sociedades no tratamento da questão de raça têm atraído, pelo menos desde as últimas décadas do século XIX, a atenção e os esforços não apenas de estudiosos das áreas de ciências humanas, sociais e jurídicas, mas de cidadãos comuns colocados de frente, pelas circunstâncias, com as duas realidades. Afinal, há semelhanças incontestáveis entre Brasil e Estados Unidos: ambos são donos de extensos territórios, originalmente habitados por povos autóctones, invadidos e colonizados por europeus com a ajuda involuntária de africanos escravizados. Vem daí o outro traço comum entre eles, ou seja, o fato de, por um período considerável de suas respectivas histórias, terem tido como pelo menos um dos sustentáculos de suas economias a exploração da mão de obra originária da África – o que ajudou a formatar não apenas modelos de exploração agrícola, mas também formas de convivência inter-racial bastante semelhantes, por exemplo, no Nordeste brasileiro e no Sul dos Estados Unidos. Demarcadas no espaço e no tempo, essas semelhanças não impediram que as duas sociedades tivessem uma trajetória crescentemente divergente, sobretudo a partir da década de 1860, com a abolição da escravatura nos Estados Unidos.

A explicação tradicional para essa divergência histórica costuma basear-se em aspectos de caráter etnocultural: as diferenças entre ingleses e portugueses em termos de história, cultura e, principalmente, religião. Qualquer que seja o grau em que estas possam ter se manifestado, contudo, um fator fundamental foi a estratégia adotada em relação ao território colonial: de exploração ou de ocupação. A colonização de exploração, como mostra Patrick Wolfe (2001) em um artigo seminal, não precisava de mão de obra abundante, podendo realizar-se até mesmo por franquia. Foi essa a estratégia adotada inicialmente por Portugal em relação à sua colônia na América do Sul. Isso explica a composição racial e de gênero do (futuro) Brasil nos primórdios da colonização portuguesa, em que a população branca era composta primordialmente por homens, destacando-se os historicamente famosos exilados e degredados, além de militares e aventureiros em geral. Em um ambiente como esse, a relação entre homens brancos e mulheres negras e indígenas, habitualmente forçada ou negociada em condições desfavoráveis a estas últimas, acontecia, por assim dizer, à margem e era tolerada, com maior ou menor grau de desconforto, pelas elites políticas e religiosas. Quando, no entanto, Portugal resolveu mudar esse objetivo estratégico, passando a mirar a ocupação de um território cada vez mais cobiçado por outras potências, além de sua expansão às custas das vastas extensões de terras concedidas à Espanha pelo Tratado de Tordesilhas, essa escassez relativa de homens brancos fez com que a miscigenação se transformasse de fato da vida em política de Estado. Portugal passa a estimular as relações sexuais, não necessariamente consagradas pelo matrimônio, entre homens brancos e mulheres não brancas, com o que se produz um amplo segmento mestiço. Os membros desse grupo, a partir da terceira ou quarta gerações, podiam ser incorporados, de acordo com a aparência fenotípica e com o grau de assimilação cultural, à parcela racialmente dominante da sociedade.

É essa a principal razão para o grau relativamente elevado de mestiçagem na sociedade brasileira, muito mais do que uma suposta tendência *mixófila* da parte dos portugueses (ver D'Adesky, 2001), de resto não detectada em grau semelhante em outros países de colonização portuguesa, especialmente na África. Cabe ressaltar que essa não foi absolutamente uma singularidade do empreendimento colonial português, já que decisões estratégicas de caráter semelhante foram tomadas em lugares tão distintos quanto a Carolina do Sul, nos Estados Unidos, ao final do século XVIII, quando mulatos foram incorporados a uma elite branca que enfrentava guerras simultâneas contra indígenas e espanhóis; a Austrália, onde, tal como no Brasil, os homens, em grande parte degredados e exilados, eram a maioria da população branca, e em que se acabou colocando em prática uma política assimilacionista vigorosa e, por vezes, violenta em relação à população aborígene; e em um lugar tão insuspeito de *mixofilia* quanto a Província do Cabo, na África do Sul, também no século XVIII, por motivos semelhantes (Wolfe, 2001).

Já nos Estados Unidos, com a exceção supramencionada, não houve *necessidade* da miscigenação. O que não significa que ela não tenha ocorrido – e em um volume considerável. Na verdade, a escravidão de africanos começou cerca de cem anos mais tarde na América do Norte em comparação com a colônia portuguesa da parte Sul do continente. Enquanto no Brasil, os primeiros registros de exploração de mão de obra escravizada datam de 1534, quando africanos nessa condição teriam sido levados para trabalharem em *plantations* de cana-de-açúcar na Capitania de São Vicente, no caso norte-americano, isso se deu quase um século depois. E com uma característica singular: durante algum tempo, lá conviveram duas formas de exploração do trabalho servil: a escravidão e a servidão. E foi entre escravos e servos, homens e mulheres, que teve início a miscigenação naquela sociedade. Embora deplorada pela elite e especialmente pela religião, essa mistura era tolerada, já que ocorria em seus escalões inferiores, entre pessoas já estigmatizadas. Isso, porém, não tardaria a mudar, com o deslocamento do eixo da escravidão para as colônias do Sul, onde se adotou a agricultura de *plantation*, caracterizada pela avidez de mão de obra (Wolfe, 2011).

As *plantations* do Sul dos Estados Unidos funcionavam em um sistema bastante semelhante ao de suas correlativas sul-americanas, e nelas os proprietários tinham um poder equiparado ao dos senhores feudais, incluindo o direito, frequentemente exercido, de se utilizarem de suas escravas para fins de satisfação sexual. O resultado inevitável, lá como cá, foi o surgimento de um número considerável de mulatos que, muitas vezes, embora não sendo oficialmente reconhecidos, obtinham vantagens do fato de serem filhos do senhor, chegando a ganhar terras e ajuda para se estabelecerem como homens e mulheres livres. Em um clássico das ciências sociais norte-americanas, Frasier (1957) – que também fez estudos sobre negros no Brasil – mostra o papel desempenhado por esses mulatos, que vieram a se tornar o núcleo central da futura classe média negra. E muitos deles se transformaram em proprietários de escravos – o censo americano de 1830 registra a existência de cerca de 10 mil escravos de propriedade de negros, principalmente na Virgínia e na Carolina do Sul, como revela Genovese (1968; 1989). Negros proprietários de escravos chegaram a lutar contra o Norte na Guerra de Secessão. Situações que muitos imaginam serem historicamente exclusivas do Brasil ou da América Latina...

Diferentemente do que ocorreu no Brasil, porém, nos Estados Unidos, a tendência predominante foi considerar os mulatos como negros. Mas isso se torna mais nuançado quando verificamos que a visão de quem seria considerado mulato, logo negro, se expandiu gradualmente no decorrer do tempo. De início, era considerado mulato quem tivesse ao menos um quarto de "sangue" negro – ou seja, pelo menos um dos avós –, passando depois para 1/16, 1/64 até chegar, já no início do século XX, à chamada *"one drop rule"*, ou regra de uma gota (de sangue), pela qual seria considerado negro quem tivesse um ancestral negro conhecido (Davis, 1991). As categorias "branco" e "negro", lá como cá, não nasceram espontaneamente, a partir apenas de diferenças fenotípicas facilmente constatáveis, mas constituem o resultado de um longo processo, ainda em curso. A título de exemplo, somente no século XX, irlandeses, italianos e judeus, assim como seus descendentes, passaram a ser considerados brancos nos Estados Unidos (Grosfoguel e Georas, 1999). E, curiosamente, como afirma López (1996), a justiça americana jamais conseguiu definir com precisão quem deveria ser considerado "branco"; somente quem não o seria. Desse modo, ironicamente, a ideia de "branco" nos Estados Unidos resultaria de uma dupla negação: é branco quem não é um não branco...

Na verdade, a *"one drop rule"* pode ser considerada a culminância de um processo de radicalização racial que teve início com a aboliçao da escravatura, após uma sangrenta guerra civil que deixou fraturas profundas entre as populações brancas do Sul, o qual teve sua infraestrutura arrasada, além da morte de centenas de milhares de pessoas, e as do Norte vitorioso. É quando se inicia a radicalização, em um processo em que o ressentimento dos pobres brancos do Sul foi habilmente explorado por uma elite desejosa de evitar a união de trabalhadores brancos e negros em sindicatos poderosos. É nesse período, no imediato pós-guerra civil, que aparecem as primeiras leis segregacionistas, além das milícias voltadas a manter o negro no "seu" lugar por meio do terror. Do ponto de vista jurídico, o grande marco desse processo é a decisão do caso Plessey *vs.* Ferguson, de 1896, em que a Suprema Corte americana adota a infame doutrina do "separados, mas iguais". Para o historiador Anthony

Marx (1998), a postura do governo central americano em relação ao Sul foi a de oferecer os negros em holocausto para fechar a fratura entre os brancos – o que também ocorreria décadas mais tarde, na África do Sul, após a derrota dos africâneres na Guerra dos Bôeres. A partir daí, a miscigenação entre brancos e negros nos Estados Unidos passou a ser praticada no volume reduzido que hoje parece tê-la caracterizado desde sempre. Mas os genes dos brancos continuaram a se misturar aos dos negros graças às uniões entre pretos e mulatos, de tal modo que grande parte da população afro-americana tem hoje ancestrais brancos, enquanto, em função, ao menos em parte, das mudanças de critério de classificação racial, estima-se que cerca de 5% da população branca daquele país tenham ancestrais africanos.

A regra de considerar os mulatos, definidos segundo critérios que variaram com o tempo, como negros não foi seguida em pelo menos dois estados americanos: a Carolina do Sul, já mencionada, onde mulatos ricos se incorporaram à elite branca, e a Louisiana, em que se constituiu uma camada intermediária de mestiços, os *black creoles* ou *creoles of color* (para distingui-los dos *creoles* brancos, descendentes de franceses), que não se misturavam nem com negros nem com brancos, praticando uma endogamia até hoje visível em famílias da região, compostas exclusivamente por mulatos claros, e recusando-se a ser vistos como praticantes de um tipo de cultura negra. Embora as diferenças entre negros e (*black*) *creoles* da Louisiana se tenham atenuado com o passar do tempo, particularmente após a década de 1960, muitos destes últimos ainda mantêm tradições que incluem particularmente a endogamia.

Imigração e branqueamento no Brasil

Embora não resultasse, como no caso americano, em uma profunda cisão na elite branca, a abolição da escravatura no Brasil também teve consequências que vão muito além do óbvio, ou seja, a mudança de condição social de todo um segmento da população. Uma delas foi a própria proclamação da República, resultado de um processo que ganhou ímpeto com a adesão, ao movimento republicano, de pessoas poderosas que se julgavam prejudicadas com a libertação dos escravos, e por ela, culpavam a monarquia. Mas o impacto da abolição já se fazia sentir bem antes, pelo menos desde a década de 1850, quando teve início uma política destinada não apenas a modernizar a sociedade brasileira, mas também a branqueá-la. Na visão racista que permeava o pensamento científico da época, especialmente nas ciências sociais e humanas, mas também em medicina e biologia, uma população como a brasileira (composta, segundo dados censitários de meados do século XIX, por cerca de 500 mil brancos, contra 1,5 milhão de negros, indígenas e mestiços) estaria necessariamente fadada ao fracasso. Para transformá-la em uma sociedade viável, especialmente após a abolição da escravatura, que uma parte importante da elite considerava inevitável em função das forças que moviam a Revolução Industrial, era preciso injetar-lhe um volume significativo de "sangue" branco – não de brancos quaisquer, mas preferencialmente de norte-europeus (Seyferth, 1998).

Essa injeção de "sangue" branco era considerada benéfica por duas ópticas diversas, embora confluentes. Para intelectuais da época, adeptos de doutrinas racistas europeias e norte-americanas, o mestiço constituía o pior dos males. Era um ser degradado, que teria perdido as qualidades mais positivas de seus grupos de origem (no caso do mulato, a força física do negro e a sagacidade do branco) e cujo destino seria perecer na competição com os mais aptos – os imigrantes provenientes da Europa Setentrional. Entre os adeptos desse "pessimismo racial", podemos relacionar a maior parte da intelectualidade brasileira desse período, que vai de meados do século XIX à segunda metade do século seguinte, incluindo expoentes da ciência e da literatura, como Euclides da Cunha e Monteiro Lobato, cuja obra infantil é objeto, atualmente, de ações na esfera judicial. Mas havia outra corrente no debate público brasileiro, para a qual a mestiçagem podia ser positiva, pelo menos para alguns de seus produtos. Haveria, assim, mestiços "inferiores" e "superiores", sendo estes últimos aqueles mais próximos dos europeus, tanto fenotípica quanto culturalmente. Dessa perspectiva, os imigrantes iriam misturar-se com a população local e, sendo superiores, sua carga genética acabaria se impondo. Foi essa a posição defendida pelo representante brasileiro no Congresso Mundial das Raças, realizado em Londres no ano de 1911. Segundo João Batista de Lacerda (1991), cujo texto foi apresentado em francês ("Sur le métis au Brésil"), o Brasil estava resolvendo seu "problema do negro" pela via da miscigenação e, dentro de cem anos, esse elemento negativo seria extirpado da sociedade. Embora não se tenha confirmado essa previsão, pode-se afirmar que a política de estímulo à imigração europeia foi extremamente bem-sucedida do ponto de vista de seus idealizadores. Em cerca de cem anos, entraram no Brasil aproximadamente 4 milhões desses imigrantes – número semelhante às estimativas sobre africanos trazidos para o Brasil como escravos –, deixando marcas profundas não apenas na demografia, mas na cultura e na política dos estados da região Sul, que na época incluía São Paulo.

A política de imigração brasileira é uma evidência da contradição entre discurso e prática na área de relações raciais. Logo após a abolição, em 1890, um decreto do presidente Deodoro da Fonseca proibia o ingresso no país, a não ser em condições excepcionais, de "indígenas da África e da Ásia" (a restrição aos asiáticos acabaria revogada, não sem um debate acirrado cujos argumentos incluíam a suposta "feiura" dos "chins" e a impossibilidade de se assimilarem). Mas a lei não falava especificamente em negros. A distância entre idealização e realidade ficou nítida com um incidente ocorrido em 1921, envolvendo afro-americanos e autoridades brasileiras (Gomes, 2003). Naquele ano, o governo de Mato Grosso publicou um anúncio em vários periódicos dos Estados Unidos com o objetivo de estimular a emigração de americanos para aquele estado, então escassamente povoado. O anúncio repercutiu em um jornal da comunidade negra, *The Baltimore Afro-American*, o que acabou encorajando um grupo de negros de Chicago a criar o Brazilian-American Colonization Syndicate, cujo propósito seria organizar a emigração de afro-americanos para o Brasil. Àquela época, um setor da intelectualidade e da militância negra defendia a ideia de que a solução dos problemas de sua comunidade era sair dos Estados Unidos – rumo à África, como sustentava o movimento liderado pelo jamaicano Marcus Garvey, ou talvez à América do Sul. E por que não o Brasil, cuja "harmonia racial" tantos louvavam?

Quando a notícia chegou ao Brasil, as reações variaram da perplexidade à indignação. Mas como? Logo agora que o "problema do negro" estava sendo resolvido com a imigração europeia e o branqueamento, como João Batista de Lacerda sustentara em Londres? E esses negros americanos não eram "dóceis" como os "nossos", poderiam causar problemas... Projetos de lei foram apresentados ao Congresso brasileiro no propósito de evitar essa tragédia, mas o Itamaraty foi mais ágil e eficiente: enviou uma ordem secreta à embaixada e aos consulados brasileiros nos Estados Unidos especificando que não se concedessem vistos a esses negros. Nenhum projeto de lei sobre o tema foi aprovado, mas a Constituição de 1934, considerada por estudiosos a mais racista por afirmar que a educação no Brasil deveria seguir os princípios da eugenia, estabelece cotas de imigração baseadas no número de pessoas vindas de determinado país nos últimos cinquenta anos. Passados 11 anos, já nos estertores da ditadura Vargas, o Decreto-lei 7.967, de 18 de setembro de 1945, explicita em seu art. 2º, que: "Atender-se-á, na admissão dos imigrantes, à necessidade de preservar e desenvolver, na composição étnica da população, *as características mais convenientes da sua ascendência europeia*, assim como a defesa do trabalhador nacional" (grifo nosso).

"Democracia racial": O poder do mito

Período especialmente turbulento, em que pontificavam discursos políticos totalitários, a década de 1930 é uma espécie de divisor de águas no que se refere ao debate sobre raça no Brasil. Um dos principais eventos nesse campo foi a fundação, em setembro de 1931, na cidade de São Paulo, da Frente Negra Brasileira, a maior organização antirracista surgida no Brasil na primeira metade do século XX – e talvez em todos os tempos. Constituída com o objetivo de promover a "elevação moral, intelectual, artística, técnica, profissional e física; proteção e defesa social, jurídica, econômica e do trabalho da Gente Negra", criando o "novo negro" e fazendo a "segunda abolição", a Frente Negra, que chegou a registrar milhares de membros, não apenas em São Paulo, mas em diversos estados brasileiros, incluindo a Bahia, acabou transformando-se em partido político em 1936, sendo fechada no ano seguinte em função do golpe do Estado Novo, que extinguiu a vida político-partidária no Brasil. Ideologicamente ambivalente, a Frente abrigava militantes de orientação direitista e se inspirava, ao menos em parte, nas ideias de Marcus Garvey, que se refletiam na constituição da Milícia Frentenegrina, braço armado da organização.

Mas é nessa década que surge a obra de Gilberto Freyre, especialmente *Casa-grande & senzala*, a qual estabelece novos paradigmas para os estudos sobre o tema, sendo responsável pela articulação final do mito da "democracia racial". Diferentemente da maior parte dos estudiosos que o haviam precedido, Freyre defende o primado da cultura sobre a biologia. Não haveria propriamente raças superiores e inferiores, apenas culturas mais ou menos avançadas. Ao mesmo tempo, ele enfatiza a chamada excepcionalidade brasileira do ponto de vista racial, exaltando a suposta harmonia que prevaleceria em nossa sociedade e minimizando o peso das evidências em contrário. Mais uma vez, a comparação com os Estados Unidos é elemento central no argumento. Mais do que isso: Freyre estudara nos Estados Unidos, onde foi aluno do antropólogo judeu alemão Franz Boas, radicado naquele país, cujas ideias tiveram grande impacto nas ciências sociais americanas. Antes de se tornar o "pai da antropologia cultural", como sustentado por teóricos (Stocking Jr., 2004), Boas foi um antropólogo físico, filiado a uma corrente que imaginava poder identificar a capacidade intelectual de um povo pela medição do volume do cérebro de seus membros. Ora, encontrando (a partir de uma metodologia equivocada, como hoje se sustenta) uma pequena diferença, na média, entre os cérebros de brancos e negros, a antropologia física concluía que deveria haver também uma pequena diferença média de inteligência entre os dois grupos, mas isso nada revelava em relação aos indivíduos. Ou seja, um negro podia ser mais inteligente do que um branco, e portanto, a discriminação a partir da aparência não faria sentido (Williams Jr., 1996). Ambígua como se apresente, essa formulação significou um avanço em uma sociedade como a norte-americana de então, com muitos setores tomados de uma verdadeira histeria racista. Mas suas ambiguidades não deixaram de se refletir em seu pupilo brasileiro, futuramente consagrado (Freyre, 1995; Williams Jr., 1996; Stocking Jr., 2004).

A obra de Freyre, longe de ostentar a originalidade que lhe é tão festejada em amplos setores da *intelligentsia* brasileira, representa, como mostra Michael Hanchard (2001), uma iniciativa relativamente tardia no seio de um empreendimento intelectual mais amplo, de âmbito latino-americano. Seu objetivo – razoavelmente atingido – foi fornecer uma estrutura teórica que pudesse dar conta de sociedades majoritariamente não brancas, ao mesmo tempo afastando o perigoso pessimismo da determinação "racial", ao aceitar e valorizar relativamente as "contribuições" de índios e/ou negros à formação de suas respectivas nacionalidades, e mantendo a hegemonia socioestético-cultural da minoria branca, aí incluídos os mestiços fisicamente mais assimilados ou assimiláveis. Nessa perspectiva, a ideia de "democracia racial", implicitamente presente na obra de Freyre, foi precedida no México pela de "*raza cósmica*", formulada pelo filósofo José Vasconcelos, na Venezuela pela do "*café con leche*", assim como pelas ideias do herói cubano José Martí (id., ib.). Todas essas formulações incluem a louvação de uma suposta permeabilidade da cultura ibérica, uma comparação favorável das relações raciais nessas sociedades *vis-à-vis* os Estados Unidos e a visão de um futuro em que a população desses países se tornaria mais ou menos uniforme – e com certeza mais europeia – do ponto de vista não apenas cultural, mas igualmente fenotípico. Ou, como se diz no Brasil, um dia teremos a "raça brasileira"...

Adotado pelo Estado Novo, ensinado nas escolas, divulgado pelos meios de comunicação, o mito da "democracia racial" se transformou naquilo que o intelectual italiano Antonio Gramsci denominava "senso comum", ou seja, as ideias das elites capilarizadas para o conjunto da sociedade. E não foram poucos os intelectuais estrangeiros que, seduzidos pelo mito, contribuíram para avalizá-lo, interna e externamente. Dois dos mais destacados entre estes foram o sociólogo Donald Pierson, que, tendo estudado as categorizações de cor na sociedade baiana, concluiu que a desigualdade nela prevalecente não poderia ser atribuída ao racismo, especialmente se avaliada pelo padrão norte-americano; e Charles Wagley, tal como Freyre, discípulo de Boas, e que alguns consideram o pai da antropologia brasileira, criador do conceito de "raça social" e considerado o responsável pela introdução do termo "democracia racial" na linguagem de ciências sociais (Pierson, 1942; Wagley, 1952). Por algum tempo, foi muito difícil contestar essas ideias, especialmente sendo negro, sem incorrer na acusação de "racismo às avessas". Mas isso começou a mudar a partir do início da década de 1950, quando a Unesco encomendou a um grupo de cientistas sociais brasileiros e estrangeiros, Wagley entre eles, uma pesquisa cujo objetivo era precisamente apresentar o Brasil como um exemplo de harmonia racial a um mundo traumatizado pelos massacres recentemente cometidos em nome da raça – um objetivo que a pesquisa, ironicamente, não conseguiu concretizar. E a Bahia constituía, desse ponto de vista, um foco privilegiado. Como relata Sansone (2012):

> Quando, no início da década de 1950, a Bahia se tornou o palco desse grande esforço para estudar as relações raciais no Brasil, a pesquisa foi encampada como uma parceria entre a Universidade Colúmbia e a Universidade da Bahia, com o apoio ativo do enérgico secretário estadual de Educação, Anísio Teixeira. De fato, a percepção de que a Bahia e o Brasil eram os lugares "ideais" para um tal projeto de grandes proporções e politicamente relevante sobre a cultura negra e as relações raciais no novo mundo foi o resultado de um processo mais longo, iniciado na década de 1930, [pelo qual] muitos estudiosos estrangeiros, especialmente norte-americanos e alemães, fugindo seja da segregação racial seja do nazismo, assumiram a representação oficial do Brasil como uma democracia racial. Como demonstrou o livro organizado por David Hellwig [...], a partir dos anos 1920, tanto acadêmicos como intelectuais negros baseados nos Estados Unidos passaram a retratar o Brasil como um *alter ego* da segregação vivida em seu país. Além desse livro, podem-se consultar as cartas enviadas por Du Bois aos presidentes brasileiros, assim como artigos de Ralph Bunche, Richard Pattee e Alain Locke, entre outros, em diversos periódicos norte-americanos, tais como *Journal of Negro History*, *Journal of Negro Education*, *Crisis* e *Phylon*. Para esses estudiosos afro-americanos, o Brasil era um modelo positivo para o futuro das relações raciais nos Estados Unidos.

Já na década anterior, Salvador foi o cenário de um debate envolvendo dois intelectuais afro-americanos, o sociólogo Franklin Frazier e o linguista Lorenzo Dow Turner, com o antropólogo judeu Melville Herskovitz a respeito das origens da "família negra": enquanto Herskovitz, com o apoio de Turner e tendo por base pesquisa realizada no terreiro do Gantois, enfatizava as diferenças culturais, Frazier, a partir de estudo no mesmo terreiro e com os mesmos informantes, salientava "a universalidade da condição humana e o caráter intrinsecamente mutável de todas as formas culturais e sociais" (Sansone, 2012). Sem conseguirem perceber a discriminação que, como negros, os atingia – apesar de americanos –, desprezados como o foram por membros de uma elite baiana que os via como "arrogantes" e "frajolas", Frazier (1942b) chegou a escrever um artigo cujo próprio título negava a existência de um modelo brasileiro de racismo: "Brazil has no race problem". Na verdade, a Bahia foi utilizada por esses estudiosos para confirmar hipóteses construídas tendo em vista o debate norte-americano a respeito de raça. Com efeito, a presença desses e outros intelectuais norte-americanos no Brasil tinha o suporte de instituições renomadas dos Estados Unidos, como as Fundações Guggenheim e Rosenwald, integradas ao esforço de estabelecer uma ponte de conhecimento entre as duas sociedades que pudesse favorecer o apoio brasileiro ao esforço de guerra americano, em uma política que ficou conhecida como de "boa vizinhança" e que envolveu, entre outras áreas, o cinema, trazendo para o Brasil o cineasta Orson Welles e os estúdios Disney, que, em suas produções, procuraram enfatizar a presença negra na população brasileira, ao lado da suposta "harmonia racial".

Em São Paulo, o grupo encarregado da pesquisa da Unesco constituiria o que se veio a chamar de Escola Paulista de Sociologia, composta, entre outros, por Florestan Fernandes, Octavio Ianni, Fernando Henrique Cardoso, Roger Bastide e Oracy Nogueira, que tendia a ver o racismo e a discriminação racial no Brasil como "reminiscências arcaicas" da escravidão, tendentes a desaparecer com a industrialização e modernização da sociedade brasileira. Essa ideia está presente em obras como *A integração do negro na sociedade de classes*, de Florestan Fernandes, *Capitalismo e escravidão no Brasil meridional*, de Fernando Henrique Cardoso, ou *Raça e mobilidade social em Florianópolis*, colaboração do futuro presidente com Octavio Ianni (Fernandes, 1978; Cardoso, 1962; Cardoso e Ianni, 1960).

Tendo estudado em uma cidade do interior paulista, Oracy Nogueira (1954), por exemplo, concluiu, entre outras coisas, que a diferença entre Brasil e Estados Unidos, do ponto de vista das relações de raça, era que lá prevaleceria o que chamou de "preconceito de origem", enquanto aqui predominava o "preconceito de marca", que atingia aqueles que portavam no fenótipo indicadores de sua origem africana. Nogueira identificou, assim, uma das principais divergências entre as duas sociedades, ao lado da segregação juridicamente imposta. Enquanto isso, estudando a situação no Rio de Janeiro, o sociólogo Luís Aguiar da Costa Pinto (1953), em estudo no qual utilizou metodologia quantitativa, chegou à conclusão de que as diferenças entre os dois países, desse ponto de vista, eram de grau, não de essência. Tudo o que havia ocorrido lá também havia acontecido aqui, e vice-versa, apenas com intensidades diferentes. Essa ideia fica reforçada com a leitura do texto resultante da pesquisa feita na Bahia por Thales de Azevedo (1953). Embora mais otimista que seus colegas do Sul, como sempre tenderam a ser os estudiosos focalizados no Norte e no Nordeste brasileiros – aspecto importante que costuma passar despercebido –, Azevedo fornece o exemplo da semelhança assinalada por Costa Pinto. Diz ele que os brancos, então, se queixavam de que os negros não estavam mais lhes cedendo seus lugares nos transportes públicos, como ditavam os costumes. Ou seja, essa prática infame, que imediatamente vinculamos ao Sul americano, também ocorreu no Brasil, por costume, e não por lei – uma questão de grau, como diria Costa Pinto.

Mas, na década de 1950, também ocorreria uma primeira aproximação, do ponto de vista jurídico, das duas sociedades no que tange à questão racial. Em 1951, foi aprovada pelo Congresso brasileiro a chamada Lei Afonso Arinos, que punia crimes decorrentes de "preconceito racial", implicando o reconhecimento formal, pelo Estado brasileiro, da existência de discriminação racial em nossa sociedade. Significativamente para nossa discussão, uma das principais evidências apresentadas para sustentar a necessidade da lei foi um incidente ocorrido com a coreógrafa afro-americana Katherine Dunham, discriminada em um hotel em São Paulo. Quase simultaneamente, em 1954, a Suprema Corte americana decidiu, no chamado caso Brown *vs.* Board of Education, ser inconstitucional a segregação racial nas escolas públicas, pondo fim à prevalência da doutrina do "separados, mas iguais" – que na prática, significava separados *e* profundamente desiguais. Mas enquanto a Lei Afonso Arinos, por seus próprios defeitos, em conjunto com a resistência do Judiciário em aplicá-la, teve impacto pouco mais que simbólico sobre as práticas racistas na sociedade brasileira, a decisão de Brown constituiu o marco inicial de uma série de conquistas que mudariam acentuadamente a posição dos negros nos Estados Unidos, possibilitando até que, algumas décadas mais tarde, um membro dessa comunidade atingisse a posição, inimaginável àquela época, de presidente da República.

Polaridade alterada

Mas o ataque final à ideologia da "democracia racial" teria início no princípio da década de 1970, em um processo em que a influência da comparação com os Estados Unidos mais uma vez se faria sentir. As grandes transformações na condição dos afro-americanos, iniciadas com a decisão de Brown, ganharam fôlego na década seguinte com o avanço da legislação consubstanciado na Lei dos Direitos Civis (Civil Rights Act) de 1964, no Estatuto dos Direitos Civis (Civil Rights Law) de 1968 e também na criação, no ano seguinte, da Comissão para a Igualdade de Oportunidades no Emprego (Equal Employment Opportunity Commission). Também naquela década, começaram a ser aplicadas políticas conhecidas sob o rótulo genérico de "ação afirmativa", destinadas a promover o ingresso e a promoção de negros – e, na sequência, de mulheres e membros de outros grupos ditos "historicamente discriminados" ou "tradicionalmente excluídos" – em áreas antes restritas do mercado de trabalho e na educação superior. Embora não tivessem obtido, com isso, a plena igualdade, os afro-americanos conseguiram mudar substancialmente tanto sua posição relativa na sociedade quanto a imagem projetada para si mesmos e para o mundo.

O impacto dessas transformações sobre a sociedade brasileira se deu por três vias: do ponto de vista do movimento social, com o surgimento de um novo tipo de organização negra que incorporava, se não as táticas do movimento negro americano, pelo menos a atitude a ele associada, com destaque para as preocupações de cunho identitário; em uma perspectiva intelectual-acadêmica, com a introdução de novas abordagens metodológicas, de caráter quantitativo, por obra de estudiosos formados ou pós-graduados nos Estados Unidos, como Carlos Hasenbalg; e pelo viés político, com o retorno ao Brasil de lideranças que haviam incorporado no exílio a preocupação com a questão racial. Mas cabe observar que, no plano popular, o principal veículo dessas ideias e atitudes não foram discursos nem tratados políticos, mas, principalmente, o cinema e a música, já que, por intermédio deles, promoveu-se uma nova "consciência negra", expressada em modismos, como o cabelo afro (no Brasil, curiosamente chamado "*black power*") e os trajes "étnicos", orgulhosamente exibidos em festas embaladas pela *soul music*. Uma influência que se fez sentir até mesmo em manifestações aparentemente autóctones, como os blocos afro de Salvador (Risério, 1981), causando preocupações tanto à direita quanto à esquerda do espectro político, como descreve Paulina Alberto (2009): enquanto os conservadores viam nas festas *black*, ao menos de início, o espectro assustador de grupos como os Panteras Negras, a análise simplista de uma esquerda ancorada no marxismo dos anos 1960 não conseguia enxergar nelas nada além de uma nefasta manifestação do "imperialismo ianque". O próprio Gilberto Freyre (1977), articulador-mor do mito da "democracia racial", não deixaria de se pronunciar a respeito, em um texto em que atribui os bailes de *soul* a estranho conluio envolvendo comunistas e imperialistas americanos no propósito maléfico de desestabilizar nossas harmoniosas relações de raça:

> Será que estou enxergando mal? Ou terei realmente lido que os Estados Unidos vão chegar ao Brasil [...] norte-americanos de cor [...] para convencer os brasileiros também de cor de que seus bailes e suas canções afro-brasileiras teriam de ser de "melancolia" e de "revolta"? E não, como acontece hoje [...], os sambas, que são quase todos alegres e fraternos. Se o que li é verdade, trata-se, *mais uma vez*, de uma tentativa de introduzir, num Brasil que cresce plena e fraternalmente moreno – que parece provocar ciúme nas nações que também são birraciais ou trirraciais – o *mito da negritude*, não do tipo do de Senghor, da justa valorização dos valores negros ou africanos, mas do tipo que às vezes traz a "luta de classes" como instrumento de guerra civil, não do Marx sociólogo, mas do outro, do inspirador de um marxismo militante que é provocador de ódios [...]. O que se deve destacar, nestes tempos difíceis que

> o mundo está vivendo, com uma crise terrível de liderança [...] [é que] o Brasil precisa estar preparado para o trabalho que é feito contra ele, não apenas pelo imperialismo soviético [...] mas também pelo dos Estados Unidos.

Ao menos para uma parcela significativa da academia e do movimento social, a polaridade se invertera: os Estados Unidos passaram a ser o polo positivo da comparação e o Brasil, antes o "paraíso", assumiu agora o papel de "inferno racial".

Na década de 1980, mudanças começaram a ocorrer nas duas sociedades. Do lado americano, a maré montante conservadora, iniciada com a era Reagan e a nomeação de juízes com esse viés para a Suprema Corte dos EUA, teve como consequência não apenas uma interrupção do avanço, mas até mesmo um ligeiro recuo, com a população negra perdendo algo de suas conquistas do ponto de vista econômico, como se reflete nos dados censitários (Conley, 1999). Um dos principais alvos da direita, as políticas de ação afirmativa, se não foram de todo proscritas, têm tido seu âmbito e escopo crescentemente limitados (Caplan, 1997; Kennedy, 2012). Simultaneamente, o fim da segregação nos lugares públicos e a ascensão social de uma parcela significativa da população negra geraram um ambiente em que a discriminação racial se tornou mais velada e sutil, em um modelo mais próximo ao brasileiro, levando alguns estudiosos a falarem, um tanto apressadamente, ao que parece, em uma redução do papel da raça como determinante das expectativas e possibilidades de sucesso socioeconômico na sociedade americana (Wilson, 1980). A eleição de um presidente negro, com toda a sua carga simbólica, não teve, até agora, um impacto mensurável sobre as condições de existência da população afro-americana, especialmente no que se refere a sua parcela que vive abaixo da linha de pobreza, cujas perspectivas se tornam cada vez mais sombrias em uma sociedade entregue à lógica insensível das grandes corporações.

Enquanto isso, ganhava corpo no Brasil uma tendência oposta. Primeiramente, o Estado vai reconhecendo paulatinamente a existência e as dimensões do problema racial, em um processo cujas principais etapas foram, em ordem cronológica: a incorporação de uma agenda negra à plataforma dos principais partidos políticos; o estabelecimento dos primeiros conselhos estaduais e municipais de defesa dos direitos do negro; a criação, pelo governo federal, da Fundação Cultural Palmares; a promulgação da Constituição de 1988, com dispositivos que possibilitaram o avanço da causa negra no âmbito jurídico; o reconhecimento, pelo governo federal, pela voz do presidente da República, do racismo como problema e a aplicação das primeiras medidas, ainda tímidas, de ação afirmativa; a adoção por diversas universidades públicas – por lei estadual, no Rio de Janeiro, ou por iniciativa de seus conselhos – de políticas de ação afirmativa em benefício de pobres, negros e indígenas; a aprovação da Lei 10.639, originária do Executivo, que inclui a história e a cultura africanas e afro-brasileiras nos currículos escolares; a criação pelo governo federal da Secretaria de Políticas de Promoção da Igualdade Racial (Seppir), exemplo seguido, em níveis diversos, por alguns estados e centenas de municípios brasileiros; finalmente, a decisão do STF, surpreendentemente unânime, considerando constitucionais as políticas de ação afirmativa. Não por acaso, no âmbito da América Latina, o Brasil se tornou uma espécie de paradigma do avanço na luta contra o racismo. Vale ressaltar, nesse processo, novamente a participação de fundações e outras instituições norte-americanas, agora empenhadas em mostrar aos brasileiros, e especialmente aos ativistas antirracistas, a experiência, ao menos parcialmente exitosa, de seu país no que se refere à redução das desigualdades raciais.

O que nos traz de volta à comparação Brasil – Estados Unidos. As mudanças ocorridas em décadas mais recentes nas duas sociedades parecem tê-las aproximado, a ponto de se falar em uma "brasilianização" da sociedade americana, simultaneamente a uma "americanização" da sociedade brasileira (Mitchell, 2003), lamentada por Pierre Bourdieu e Loïc Wacquant (1998) em um artigo panfletário que não honra a excelência acadêmica de seus autores, os quais aparentemente utilizaram o Brasil em uma disputa entre França e Estados Unidos pela hegemonia no campo cultural. Com isso, não se pretende negligenciar a existência de grandes diferenças entre as duas sociedades, por exemplo, no que se refere às possibilidades de ascensão social de suas populações negras, aspecto em que o Brasil continua na retaguarda, ou ao tipo de animosidade explícita que brancos americanos nutrem em relação aos negros em particular e aos não brancos em geral, para não mencionar a herança positiva da segregação e da *"one drop rule"*, que é a relativa unidade da população afro-americana sobre as diferenças de classe e tonalidade da pele.

Tudo isso, porém, está em processo de mudança por força, entre outros fatores, da demografia, com a presença crescente de latinos – que tendem a ter atitudes semelhantes às dos brasileiros em matéria de raça – na população americana, assim como com o crescimento do número dos americanos que se autodeclaram de origem mista e também com aumento das clivagens de classe entre os afro-americanos. Pode-se falar, portanto, em uma despolarização, com um achatamento das extremidades do espectro. Não havendo mais um modelo ou paradigma a ser seguido, torna-se ainda mais profícua, ao menos potencialmente, a cooperação entre intelectuais e militantes dos dois países na busca de soluções comuns para os problemas, que em ambos persistem, relacionados à raça.

Em um momento em que o Brasil assume a posição de *player* no jogo econômico internacional, transformando-se em um polo atraente tanto para investidores quanto para trabalhadores qualificados, ao mesmo tempo que começa a investir, ele próprio, na qualificação de estudantes e pesquisadores brasileiros em instituições internacionais, esse intercâmbio parece, mais do que nunca, um caminho promissor a ser trilhado.

Referências bibliográficas

ALBERTO, Paulina. When Rio was *black*: Soul music, national culture, and the politics of racial comparison in 1970s Brazil. *Hispanic American Historical Review*, v. 89, 2009.

ANDREWS, George Reid. *Blacks and whites in São Paulo, Brazil.* Madison: The University of Wisconsin Press, 1991.

________. Desigualdade racial no Brasil e nos Estados Unidos: Uma comparação estatística. *Estudos Afro-Asiáticos*, n. 22, 1992.

AZEVEDO, Thales de. *Les elites de couleur dans une ville brésilienne.* Paris: Unesco, 1953.

BASTIDE, Roger; FERNANDES, Florestan. *Relações raciais entre negros e brancos em São Paulo.* São Paulo: Unesco/Anhembi, s.d.

BOURDIEU, Pierre; WAQUANT, Loïc. Sur les ruses de la raison imperialiste. *Actes de la Recherche en Sciences Sociales*, v. 121, p. 109-118, 1998.

CAPLAN, Lincoln. *Up against the law.* Affirmative action and the Supreme Court. Nova York: The Twentieth Century Fund Press, 1997.

CARDOSO, Fernando Henrique. *Capitalismo e escravidão no Brasil meridional.* Rio de Janeiro: Civilização Brasileira, 1962.

CARDOSO, Fernando Henrique; IANNI, Octávio. *Cor e mobilidade social em Florianópolis.* São Paulo: Companhia Editora Nacional, 1960.

CONLEY, Dalton. *Being black, living in the red.* Race, wealth, and social policy in America. Berkeley/Los Angeles/Londres: University of California Press, 1999.

COSTA PINTO, L. A. *O negro no Rio de Janeiro*: Relações de raça numa sociedade em mudança. São Paulo: Companhia Editora Nacional, 1953.

D'ADESKY, Jacques. *Pluralismo étnico e multiculturalismo*: Racismos e anti-racismos no Brasil. Rio de Janeiro: Pallas, 2001.

DAVIS, F. J. D. *Who is black?* One nation's definition. University Park: The Pennsylvania State University Press, 1991.

DEGLER, Carl N. *Nem branco nem preto*: Escravidão e relações raciais no Brasil e nos Estados Unidos. Rio de Janeiro: Labor do Brasil, 1976.

DZIDZIENIO, Anani. *The position of blacks in Brazil.* Londres: Minority Rights Group, 1971.

FERNANDES, Florestan. *A integração do negro na sociedade de classes.* 3. ed. São Paulo: Ática, 1978.

FONTAINE, Pierre-Michel (org.). *Race, class, and power in Brazil.* Los Angeles: Center for Afro-American Studies, 1983.

FRAZIER, E. Franklin. The negro family in Bahia, Brazil. *American Sociological Review*, 7, p. 465-478, 1942a.

________. Brazil has no race problems. *Common Sense*, 11, p. 363-365, 1942b.

________. *Black Bourgeoisie.* Glencoe: Free Press, 1957.

FREYRE, Gilberto. *Casa-grande & senzala.* 33. ed. Rio de Janeiro: Record, 1995.

________. Atenção, brasileiros, *Diário de Pernambuco*, seção Opinião, A-13, 15 maio 1977.

GENOVESE, Eugene. *The Political Economy of Slavery*: Studies in the Economy and the Society of the Slave South. Middletown, Conn.: Wesleyan University Press, 1989.

________. Materialism and idealism in the history of black slavery in the Americas. *Journal of Social History*, 1 (4), 1968.

GOMES, Joaquim Barbosa. *Ação afirmativa & princípio constitucional da igualdade*. Rio de Janeiro/São Paulo: Renovar, 2001.

GOMES, Tiago de Melo. Problemas no paraíso: A democracia racial brasileira frente à imigração afro-americana (1921). *Estudos Afro-Asiáticos*, v. 25, n. 2, 2003.

GROSFOGUEL, R.; GEORAS, C. S. Coloniality of power and racial dynamics: Notes towards a reinterpretation of Latino Caribbeans in New York City. *Identities*, v. 7, n. 1, 1999.

HAMILTON, Charles V. et al. *Beyond racism*. Race and inequality in Brazil, South Africa, and the United States. Boulder/Londres: Lynne Rienner, 2001.

HANCHARD, Michael G. *Orfeu e o poder*. Movimento negro no Rio e São Paulo. Rio de Janeiro: Eduerj, 2001.

HARRIS, Marvin. *Town and country in Brazil*. Nova York: Columbia University Press, 1956.

HASENBALG, Carlos. *Discriminação e desigualdades raciais no Brasil*. Rio de Janeiro: Graal, 1979.

HERSKOVITZ, Melville. The negro in Bahia, Brazil: A problem in method. *American Sociological Review*, v. 8, n. 4, p. 394-404, 1943.

KENNEDY, Randall. *The federal constitutional law of racial affirmative action in higher education in the United States*: Description, critique, prognosis. Comunicação apresentada no Seminário Internacional sobre Ação Afirmativa: Processos, Conquistas e desafios, PUC-RJ, jun. 2012.

LACERDA, João Batista de. *Sur le métis au Brésil*. Paris: Imprimerie Devouge, 1911.

LANDES, Ruth. Biracialism in American society: A comparative view. *American Anthropologist*, v. 57, n. 6, p. 1.253-1.263, 1955.

________. A woman anthropologist in Brazil. In: GOLDE, P. (org.) *Women in the field.* Anthropological experiences. Berkeley: University of California Press, 1966, p. 118-139.

LEITE, José Correia; CUTI. ... *E disse o velho militante José Correia Leite.* São Paulo: Secretaria Municipal de Cultura, 1992.

LÓPEZ, I. F. H. *White by law.* Nova York/Londres: New York University Press, 1996.

MARX, Anthony. *Making race and nations*: A comparison of South Africa, the United States and Brazil. Cambridge: Cambridge University Press, 1998.

MEDEIROS, Carlos Alberto. *Na lei e na raça.* Legislação e relações raciais, Brasil – Estados Unidos. Rio de Janeiro: DP&A, 2004.

MEDEIROS, Maria Alice de Aguiar. *O elogio da dominação.* Relendo Casa-Grande & senzala. Rio de Janeiro: Achiamé, 1984.

MITCHELL, Michael. Changing racial attitudes in Brazil: Retrospective and prospective views. In: PERSONS, G. A. (org.) *Race and democracy in the Americas.* New Brunswick: Transaction, 2003.

MILLS, Gary B. Miscigenation and the free negro in antebellum "Anglo" Alabama: A reexamination of Southern race relations, *Journal of American History,* 68, 1981.

NOGUEIRA, Oracy. Preconceito racial de marca e preconceito racial de origem: Sugestão de um quadro de referência para a interpretação do material sobre relações raciais no Brasil. Anais do XXXI Congresso Internacional dos Americanistas, São Paulo, 1954, v. 1. [Republicado em *Tanto preto quanto branco:* Estudo de relações raciais. São Paulo: T. A. Queiroz, 1985.]

PIERSON, Donald. *Negroes in Brazil*: A study of race contact at Bahia. Chicago: University of Chicago Press, 1942.

RISÉRIO, Antonio. *Carnaval ijexá.* Salvador: Corrupio, 1981.

SANSONE, Livio. Um campo saturado de tensões: o estudo das relações raciais e das culturas negras no Brasil. *Estudos Afro-Asiáticos,* vol. 24, n.1, Rio de Janeiro, 2002.

________. Estados Unidos e Brasil no Gantois: O poder e a origem transnacional dos estudos afro-brasileiros. *Revista Brasileira de Ciências Sociais,* v. 27, n. 79, São Paulo, jun. 2012.

SEYFERTH, Giralda. Construindo a nação: hierarquias raciais e o papel do racismo na política de imigração e colonização. In: MAIO, Marcos Chor; SANTOS, Ricardo Ventura. *Raça, ciência e sociedade.* Rio de Janeiro: Fiocruz, 1998.

SKIDMORE, Thomas. *Preto no branco.* Raça e nacionalidade no pensamento brasileiro. Rio de Janeiro: Paz & Terra, 1976.

SMITH, Robert C. *Racism in the post-civil rights era.* Albany: State University of New York Press, 1995.

STOCKING JR., George W. (org.) *Franz Boas*: A formação da antropologia americana 1883-1911. Rio de Janeiro: Contraponto, 2004.

TAGUIEFF, Pierre-André. Pour combattre le Front National. *L'Événement du Jeudi*, Paris, nov. 1995.

TELLES, Edward. *Racismo à brasileira:* Uma nova perspectiva sociológica. Rio de Janeiro: Relume Dumará, 2003.

________.*Race in another America*: The significance of skin color in Brazil. Princeton/Oxford: Princeton University Press, 2004.

TURNER, Lorenzo Dow. Some contacts of Brazilian ex-slaves with Nigeria, West Africa. *Journal of Negro History*, XXVII, p. 55-67, 1943.

WILLIAMS JR., Vernon J. *Rethinking race.* Franz Boas and his contemporaries. Lexington: University Press of Kentucky, 1996.

WAGLEY, Charles. *Race et classe dans le Brésil rural.* Paris: Unesco, 1952.

WILSON, William Julius. *The declining significance of race.* Chicago: University of Chicago Press, 1980.

WOLFE, Patrick. Land, labor and difference: Elementary structures of race. *American Historical Review*, v. 106, n· 3, jun. 2001.

PARTE III

O RENASCIMENTO DA ÁFRICA DO SUL

CAPÍTULO 9

REPARAÇÃO RACIAL, IDENTIDADE NACIONAL E CIDADANIA NA ÁFRICA DO SUL PÓS-*APARTHEID*

ADAM HABIB

Professor de ciência política e reitor da Witwatersrand (Wits) em Johanesburgo, foi vice-reitor da Universidade de Johanesburgo. Publicou artigos e livro sobre a consolidação democrática na África do Sul, movimentos sociais contemporâneos e identidade nacional.

KRISTINA BENTLEY

Pesquisadora sênior do Departamento de Direito Público da Universidade da Cidade do Cabo, África do Sul, é professora da Universidade de Manchester, Inglaterra. Pesquisa governança democrática e direitos humanos.

Teriam a ação afirmativa e as iniciativas mais amplas de reparação realizadas pelo Estado pós-apartheid prejudicado o objetivo constitucional sul-africano de cultivar entre seus cidadãos uma identidade nacional cosmopolita e não racial? Elas violam os direitos dos cidadãos sul-africanos brancos? Teriam elas prejudicado a "unidade na diversidade", que é o objetivo explícito da constituição sul-africana? Estes questionamentos surgiram regularmente no discurso público na África do Sul há 15 anos e geraram um debate polarizado e pouco útil, dominado por dois conjuntos distintos de representantes do empreendedorismo ético.

De um lado, está um grupo de representantes brancos (e indianos e *coloured*) argumentando que a ação afirmativa é uma forma de discriminação reversa contra brancos e outros grupos raciais, e deveria ser imediatamente abandonada em favor de um sistema meritocrático de reconhecimento e avanço. Do outro, está um grupo composto essencialmente por representantes negros que reconhecem a necessidade da reparação, denunciam todos aqueles que dão voz a preocupações sobre isso, se queixam da irracionalidade daqueles que deixam a reparação histórica interferir com a sua consciência e fecham os olhos para o fato de a reparação prejudicar o objetivo constitucional de estabelecer uma identidade nacional. Nenhuma dessas abordagens extremas é útil. O resultado político da primeira abordagem deixaria as injustiças históricas intactas e daria continuidade às condições para uma revolução social. A última abordagem prejudica a possibilidade de uma identidade cosmopolita emergir e faz força contra o caráter cosmopolita da ordem mundial globalizada da contemporaneidade.

Este discurso polarizado não é particular à África do Sul. É típico do discurso público em grande parte do mundo, incluindo os Estados Unidos e a Europa Ocidental. E é um debate que se tornou ainda mais urgente em nível internacional, devido à guerra contra o terror e às investidas contra as liberdades civis feitas em nome da segurança no Ocidente. A constituição sul-africana, que reflete o objetivo de uma sociedade cosmopolita, uma tentativa de criar uma unidade a partir da diversidade, ocorre em um mundo em que outras nações mais prósperas estão implicitamente se afastando dessa tradição. Suas experiências positivas têm, consequentemente, o potencial de servir como uma luz de esperança a todos aqueles que não partilham a tese sobre a inevitabilidade do "choque das civilizações"[1].

Naturalmente, há grandes impedimentos estruturais para essa visão. Stuart Hall (1991), por exemplo, refletiu sobre as consequências do que ele denomina globalização econômica, ou seja, as transformações econômicas, incluindo a abertura da *commodity* global e dos mercados financeiros, a integração da fabricação e a relocação da produção industrial. Estas, juntamente com o aumento do fluxo de imigração internacional e da interdependência global, têm corroído as culturas nacionais e levado a uma cultura popular global e consumista, liderada pelos Estados Unidos, promovida e apoiada por poderosas partes interessadas tanto em países industrializados quanto em nações em desenvolvimento. Mas estes processos têm também marginalizado grandes setores da humanidade, particularmente aqueles nos países em desenvolvimento. Esta marginalização produziu uma contrarreação, que envolve um retorno ao local, ao que Hall se refere como etnia. Isto poderia facilmente assumir uma forma exclusivista, como ocorre em muitos casos, ou poderia criar uma contrapolítica progressiva do local. Assim, a globalização tem tanto o efeito de promover a mudança para uma tradição cosmopolita quanto, simultaneamente, de prejudicá-la ao criar condições que possibilitam o retorno de seus perdedores a uma política do local.

Estas condições e tendências sociais também são evidentes na África do Sul. Afinal, as elites políticas sul-africanas pós-*apartheid* muito rapidamente abraçaram os princípios essenciais da globalização econômica, que criou tanto vencedores quanto perdedores. Os vencedores exibem muitos dos mesmos valores e comportamentos de seus pares globais, identificados por Hall. Contudo, a imagem do lado dos perdedores é mais complexa. Alguns estão recorrendo a uma política do local tanto em sua forma progressiva quanto reacionária (Cock, 2006; Friedman e Mottiar, 2006; Desai, 2006), enquanto outros estão se organizando em identidades mais clássicas, como as classes, e em instituições tradicionais, como os sindicatos (Webster e Adler, 1999; Habib e Valodia, 2006). A complexidade é

1. Há também diversas contratendências na África do Sul, sendo que a mais trágica deve ser o devastador ataque xenófobo a migrantes transfronteiriços no município de Gauteng em maio de 2008.

naturalmente determinada pelas particularidades da transição sul-africana, que está simultaneamente passando por uma integração econômica à economia mundial e uma transição política que se afasta de uma política voltada para o racial, em que os direitos são estendidos, em particular, a grupos sociais anteriormente desfavorecidos. A atual estrutura do contexto nacional tanto apoia quanto inibe o objetivo de uma "unidade na diversidade" que define o espírito da constituição sul-africana.

Tem havido duas abordagens distintas ao problema de reparação na África do Sul, chamadas aqui de modelos "nativista" e "cívico". O primeiro modelo se preocupa com a representação demográfica e conta com uma construção da identidade nacional que requer que o Estado "represente" a população em termos proporcionais. O segundo considera que o projeto de reparação diz respeito, principalmente, à redução da pobreza, se concentra na prestação de serviços e dá menos ênfase à igualdade de emprego. Críticos acusam os defensores do primeiro modelo de seguirem um plano racial, ainda que se incluam as iniciativas do Estado para reduzir a pobreza e melhorar a prestação de serviços. Críticos do último modelo, por outro lado, acusam seus defensores de serem insensíveis às consequências racializadas do legado do *apartheid* e falsamente reivindicam uma solução *"color-blind"* para as injustiças herdadas pela África do Sul. Ambos os lados têm razão, mas são incapazes de criar uma solução abrangente para o desafio ao negar o valor das preocupações do outro.

A intenção deste capítulo é, portanto, tomar como ponto de partida a legitimidade tanto da reparação quanto de uma cidadania cosmopolita não racial. São três partes distintas: a primeira analisa textos sobre reparação e identidade nacional, detalhando experiências comparativas, que podem servir de exemplo para a África do Sul. Um pano de fundo conceitual para que se possa entender o espírito da Constituição sul-africana e a implementação da reparação no país desde 1994. Tais reflexões mais à frente defendem um modelo alternativo de reparação que seja mais compatível com as tradições políticas de não racialismo e objetive uma cidadania cosmopolita.

Cidadania, construção da nação e democracia deliberativa

Identidade na África do Sul é um assunto complicado. A raça é o vetor mais óbvio de identidade em qualquer país ou sociedade, mas isso adquiriu um significado maior na África do Sul devido ao histórico de racismo e discriminação. Relacionadas à raça – sobretudo na África do Sul –, estão as classes econômica e social, que pode ser igualmente de segregação, já que "pessoas em lados opostos da divisão socioeconômica [são normalmente] incapazes de entender e sentir empatia pelo outro" (Raz apud Barry, 2001, p. 79). Contudo, a raça, mais do que qualquer aspecto da identidade, continua no século XXI a se apresentar como um marcador permanente de identidade, diferença e, muitas vezes, divisão profunda. Isso é irônico, considerando que a raça é uma categoria social, e não biológica. De fato, como Dawkins (2004, p. 414) observa, "se levarmos em consideração a totalidade de genes, somos uma espécie muito uniforme".

Appiah e Gutmann fazem uma observação semelhante à de Dawkins sobre a homogeneidade racial: "A raça, como um conceito biológico, escolhe, na melhor das hipóteses, entre os seres humanos, classes de pessoas que compartilham certas características facilmente observáveis". Mas essas diferenças não são mais significativas e mais importantes do que qualquer outra diferença entre duas pessoas selecionadas aleatoriamente. Appiah e Gutmann citam Paul Hoffman, que demonstra que enquanto há em média 0,2% de diferença genética entre quaisquer duas pessoas no mundo, a raça (isto é, as características que nós interpretamos como constitutivas de raça) é responsável por uma diferença quase impossivelmente mínima de 0,012% na nossa composição genética (Appiah e Gutmann, 1996). No entanto, isso não significa que a raça seja insignificante como um aspecto da identidade – ao contrário.

De fato, na África do Sul, a raça, como um aspecto da identidade, é enfatizada em muitos aspectos como o principal marcador da desigualdade – política, econômica e social. É possível que não haja país algum no mundo tão obcecado com raça quanto a África do Sul. Em uma curta década, o país deixou de ser uma nação com um complexo sistema jurídico e institucional de racismo para se tornar uma democracia constitucional igualitária. Não é de se admirar, então, que as consequências dessas políticas raciais passadas persistam e continuem a impregnar a forma como sul-africanos de diferentes raças percebem uns aos outros. Além disso, a retórica da raça, da identidade e da desigualdade é frequentemente implantada pelo governo, seja para afastar as críticas (como no caso da postura do presidente Mbeki com relação ao HIV/Aids) ou para justificar certas políticas que dependem da categorização racial, como no caso da ação afirmativa e do Empoderamento Econômico Negro (*Black Economic Empowerment* – BEE).

Como, então, construir uma identidade nacional fora dessa diversidade racial? Três lições emanam dos esforços intelectuais e de pesquisa sobre identidade nacional realizados nas últimas duas décadas. Identidades nacionais são "comunidades imaginadas" (Anderson, 1983). Este é uma primeira lição a se considerar, especialmente com a atual glamourização das identidades raciais pelos políticos, ativistas e intelectuais, alguns dos quais têm impecáveis credenciais anti-*apartheid*. Na nova ideologia promovida por alguns desses políticos, ativistas e intelectuais anti-*apartheid*, identidades raciais socialmente construídas constituem o bloco cultural sobre o qual a sociedade se configura (Mangcu, 2001). A reafirmação de identidades raciais e o estabelecimento de espaços "culturais raciais" são vistos como necessários porque o legado do racismo institucionalizado não é meramente o resultado da desigualdade material, mas também um produto de uma norma cultural invisível que promove a "brancura". O problema com este argumento é que ele desprende as desigualdades "culturais" das suas dimensões materiais. Ambas as formas de desigualdade só podem ser verdadeiramente abordadas por meio da transformação das configurações sociais de poder que existem e se definem, em grande parte, pela distribuição desigual de recursos na sociedade.

Além disso, como alertou Khehla Shubane (1995, p. 16), tal reafirmação racial meramente possibilitou a confirmação de uma elite dentro dos grupos desfavorecidos. E, como Shubane argumentou, é "absurdo estender os benefícios da ação afirmativa para negros bem-sucedidos, como a vice-reitora da UCT (Universidade de Cape Town), Mampele Ramphele, ou o presidente e defensor da Telkom, Dikgang Moseneke, – para citar alguns –, simplesmente porque eles são negros". Contudo, é possível que o maior risco dessa nova ideologia seja a legitimaçao de todos os tipos de representantes do empreendedorismo étnico que começarão a usar a carta étnica quando não conseguirem o que querem. Faríamos bem em prestar atenção à advertência de Mahmood Mamdani (2001) que explicou a escorregadia lógica sistêmica da África, que cria um continente fracionado e politicamente dividido. Mamdani sugeriu que o verdadeiro crime do colonialismo foi politizar os povos nativos por meio da concessão de direitos civis a não nativos e da negação destes aos nativos que foram obrigados a viver sob o domínio tradicional. O nacionalismo dominante deu continuidade a esta tradição colonial, mas a subverteu, amarrando direitos aos nativos. Isso levou a uma política sem saída, já que envolvia a contínua privação política dos imigrantes de outrora, apesar de serem os produtos do que ele chamou de "dinamismo da economia de *commodity*". O resultado foi a politização da etnia e da disputa política. A solução de Mamdani: desafiar a ligação automática entre nativismo de um lado, e identidade e direitos políticos, do outro.

Uma segunda lição é que nenhuma identidade é fechada em si mesma, muito menos uma identidade nacional. Identidades nacionais são, por definição, sempre holísticas, incorporando outras identidades mais particularistas. Gerhard Mare (1992, p. 43), por exemplo, descreveu o nacionalismo como uma "coletividade supra-étnica – aquela que une as pessoas que de outra forma encontrariam seu maior sentimento de pertencimento em grupos étnicos, grupos religiosos, unidades produtivas e assim por diante". Portanto, todas as nações são coletivos imaginados de múltiplas outras identidades. A proeminência política dessas outras identidades e como elas se configuram em relação à identidade nacional diferem de lugar para lugar e de época para época. Assim, são um assunto de investigação, especialmente se o objetivo é entender o caráter social da sociedade, suas clivagens, e como é possível transcendê-las em um projeto de construção de uma nação única.

Finalmente, deve ser observado que as identidades nacionais são definidas, em parte, pelas influências intelectuais e culturais de outros contextos nacionais e geográficos, mesmo que os criadores dos mitos da nação frequentemente ignorem isso. As tradições igualitárias da cultura chinesa são tão determinadas pelo filósofo alemão Karl Marx quanto são pelo confucionismo. E os elementos mais igualitários das nossas próprias tradições africanas são tão definidos pelo nacionalismo socialista latino-americano de Che Guevara quanto pela política ujamaa de Nyerere, ou ainda pelo compromisso continental mais generalizado ao Ubuntu. Como afirma a geógrafa Doreen Massey (1993, p. 59),

> o que dá lugar a sua especificidade não é uma longa história internalizada, mas o fato de que ele se constrói a partir de uma constelação particular de relações, articuladas juntamente em um locus particular... Em vez de pensar em lugares como áreas com fronteiras, eles podem ser imaginados como momentos articulados em redes de relações e acordos sociais. E isto, por sua vez, permite um senso de lugar que é extra-vertido, que inclui uma consciência de suas ligações com o resto do mundo, que integra de forma positiva o global e o local.

Contudo, se as identidades nacionais são determinadas por influências universais, o que as confere um caráter nacional? Em outras palavras, se a sul-africanidade é constituída por uma coleção particular de influências intelectuais e culturais em ambos os lados de nossas fronteiras, o que faz alguém ser sul-africano? A resposta é: a ação humana. É a escolha individual que define uma identidade nacional. Como reflete Mahmood Mamdani (2001, p. 661): "Comunidades políticas não são definidas, em última análise, por um passado comum, mas pela resolução de forjar um futuro comum sob um só teto político, independentemente de seus passados serem similares ou diferentes". É a escolha e a consciência de uma pessoa que a define como sul-africana. Alguém é sul-africano porque quer ser sul-africano. Vive-se aqui e vê-se isso como um lar. Um indivíduo se descreve para o mundo exterior como sul-africano ao carregar o passaporte deste país e ao ter a sua cidadania. Sul-africanidade é uma identidade construída por escolha política, embora seja manifestada por meio de fronteiras geográficas e símbolos nacionais.

No entanto, como estas lições podem ser aplicadas em um contexto social marcado pela desigualdade econômica, o que em si é um produto histórico de destituição racial? Afinal, a desigualdade econômica provavelmente derrubará qualquer iniciativa de construção de nação. A resposta está no reconhecimento da necessidade de reparação. No caso da África do Sul, pessoas negras e a maioria africana, em particular, estiveram sujeitas, por mais de 350 anos, às formas mais humilhantes de opressão e exploração. Elas foram deliberadamente marginalizadas e desautorizadas como um grupo. Consequentemente, não se pode presumir que haverá um campo uniforme na África do Sul. Deixar o acesso ou a competição nos níveis social, econômico e político para o mercado simplesmente reproduziria as disparidades históricas do passado. Daria vantagem aos beneficiários da história racializada.

As lições, no entanto, também sugerem que a reparação precisa ser construída e realizada de forma compatível com este projeto de estabelecimento de uma única nação. Deve ser fundada sobre a construção de um regime de direitos uniforme, tanto em termos de benefícios quanto de responsabilidades, para todos os grupos sociais da sociedade. E deve também encorajar e permitir que os cidadãos escolham forjar um futuro comum por meio da criação de uma única entidade política. Então, qualquer avaliação de reparação deve se basear em dois critérios distintos; primeiro, na promoção bem-sucedida de um plano de justiça social, que se define por abordar as disparidades históricas; e, segundo, na facilidade do surgimento de uma consciência nacional que apoia e possibilita a formação, ou a sustentabilidade, de uma única entidade política nacional. Estes dois critérios podem estar em conflito, mas não precisam. Naturalmente, uma tensão sempre existirá entre os dois, mas essa tensão pode ser gerenciada. Fazer isso de uma forma que seja compatível com a construção da nação é algo que a África do Sul poderia aprender por meio das experiências comparativas de outros países.

Experiências comparativas e lições para a África do Sul

Como, então, realizar a reparação ao mesmo tempo que se desenvolve uma identidade nacional única? Talvez a resposta esteja em considerar qual o conceito de *identidade nacional* que as pessoas têm, se o tiverem. Bryan Barry (2001), ao considerar o problema de divisões étnicas e discriminação, argumenta que uma concepção formal (legal) de nacionalidade é insuficiente para gerar o nível de "igual consideração e respeito" por outros cidadãos com quem um indivíduo não se identifica de nenhuma outra maneira. Contudo, Barry não argumenta que a homogeneidade, ou a tentativa de criar uma identidade nacional homogênea, seja a solução. Ao contrário, o que se requer é uma noção mais *inclusiva* de identidade nacional, o que implicaria sentir empatia em relação ao destino dos outros e uma capacidade de se identificar com eles. E a forma de se conseguir isso, percebendo um sentimento de solidariedade, é através do compartilhamento das instituições e da redução das desigualdades materiais. Ele aponta para o fato de que o que é frequentemente visto como uma diferença cultural é, na realidade, uma diferença de circunstância material. Embora seja verdade que os muito ricos e os muito pobres possam ter dificuldade em ter empatia e se identificar uns com os outros, isto não é uma questão de diversidade cultural e nem deveria ser tratado como congruente com a identidade racial (Barry, 2001, p. 79).

Assim, o sucesso de uma democracia liberal, argumenta Barry, depende de certas atitudes dos cidadãos uns com os outros; sobretudo, que eles considerem os interesses de todos com igual relevância e que consigam identificar um bem comum e estejam preparados para fazer certos sacrifícios por ele. Barry denomina isso de *nacionalidade cívica*, em contraste com a *nacionalidade formal* (materializada em um passaporte) e a *nacionalidade étnica*, que pode se mostrar muito divisora por causa da sua demonização do "outro".[2] Raça e cultura, neste aspecto de nacionalidade, são duas das muitas facetas das complexas identidades de cada indivíduo. A identidade não é um "jogo de soma constante" que exige que uma identidade seja suplantada por outra; a identidade tem, sim, uma qualidade "aditiva", que é análoga à habilidade de aprender a falar mais de um idioma (Barry, 2001, p. 81). Então, embora deva haver algum grau de sobreposição na identidade das pessoas para que o nível necessário de "reconhecimento mútuo" e de empatia com o outro possa existir, isso não implica expurgar as diferenças. O importante é notar que, para ter sucesso, a democracia demanda reconhecimento mútuo. Para parafrasear Barry (2001, p. 82), "ser um sul-africano indiano ou um sul-africano judeu é uma maneira de ser sul-africano, não uma alternativa a isso"[3].

---

2. Uma noção de nacionalidade étnica foi o que mobilizou, com resultados tão trágicos, Ruanda e a antiga Iugoslávia.

3. Barry faz referência aos americanos irlandeses e italianos.

Dois importantes elementos precisam ser observados na tese de Barry. Em primeiro lugar, o reconhecimento mútuo só pode ocorrer por meio de diálogo e debate, não só entre cidadãos de diferentes "culturas", mas também entre cidadãos que compartilham aspectos de identidade, como raça, classe, etnia, língua ou religião; sobre quem eles realmente são. Este diálogo é importante no estabelecimento do princípio de que nenhum grupo ou pessoa tem monopólio sobre a verdadeira cultura e identidade, mas sim que este é um quadro em constante movimento, em que uma quantidade indeterminada de diferentes tipos de pessoas pode participar. Além disso, este diálogo entre pessoas diferentes é certamente a maneira mais eficaz (e provavelmente a única) de promover tolerância e entendimento, que Barry denomina como reconhecimento mútuo requerido pela nacionalidade cívica.

Em segundo lugar, a tese de Barry implica uma concepção de nação similar àquela de Anderson. Nações não são concebidas como entidades estáticas solidificadas, e sim como unidades políticas dentro de espaços geográficos para os quais uma fundação cultural é imaginada. Desse modo, essa fundação cultural e, portanto, a nação em si mesma, pode ser continuamente reinventada e reimaginada, com novos desenvolvimentos estruturais e a inclusão de novas pessoas na sociedade. Essa concepção de nação se distingue da tese do "choque da civilização", assim como das brutas experiências multiculturais da instituição liberal, cada vez mais fracassadas. O comum aos dois paradigmas é a suposição implícita de homogeneidade cultural. O primeiro usa sua concepção para negar a possibilidade de uma nação e de uma cidadania cosmopolitas. Vê um futuro de conflito e demanda uma mistura de rígidos controles de imigração e de assimilação dos imigrantes recentemente chegados. O último – multiculturalismo tosco – exige a coexistência de blocos culturais distintos. Seu perigo é que, na prática, finge não ver intrablocos em muitos casos de práticas antidemocráticas e de abuso dos direitos humanos. Portanto, este paradigma traz vantagens a elites culturais da sociedade. Mas o paradigma filosófico foi seriamente enfraquecido no mundo pós-11 de Setembro, particularmente nos Estados Unidos e na Europa Ocidental, onde sofreu ataque ideológico. Então, a concepção de nação de Barry é mais compatível com a ideia de uma cidadania cosmopolita, que é a base necessária para um mundo globalizado, assim como o seu resultado.

De qualquer modo, há um número de estudos de casos que exibem as formas concorrentes de nacionalidade – cívica e étnica – identificadas por Barry. Em todos eles, o desafio abordado era de que modo facilitar a justiça histórica enquanto se construía uma única identidade nacional. Dois modelos de reparação, compatíveis com as diferentes formas de nacionalidade, podem ser identificados. O primeiro, conhecido como o modelo nativista, identifica uma categoria de cidadãos desfavorecidos e os reconhece por meio de concessões políticas e socioeconômicas legitimadas com base na adesão a um grupo definido que se baseia em princípios étnicos, raciais ou culturais.

O caso mais notável desse modelo de reparação é a Malásia, onde 65% da população são de malaios indígenas (*Bumiputra*), 26% chineses, quase 8% indianos e por volta de 1% outros (Keong, 2004, p. 145). O idioma oficial é o malaio (*Bahasa Melayu*), mas fala-se bastante inglês. Sob o domínio britânico, os malaios gozavam de privilégios políticos especiais e os britânicos traziam trabalhadores imigrantes da China e da Índia, cujos descendentes tornaram-se posteriormente dominantes na economia. Em 1957, estendeu-se a cidadania aos chineses e aos indianos, embora os *Bumiputra* ainda continuassem a ter privilégios políticos. De qualquer modo, este acordo político se desfez em 1969 com as revoltas geradas, em grande parte, pelos altos níveis de pobreza e desigualdade na sociedade.

As revoltas levaram à adoção de novas estratégias de reparação, a Nova Política Econômica (New Economic Policy – NEP), implementada em 1971 para promover os direitos *Bumiputra*, eliminar a pobreza e amenizar as desigualdades econômicas e sociais entre grupos étnicos. Keong (2004, p. 146) informa que um Novo Plano de Desenvolvimento substituiu o NEP em 1991, mas continuava favorecendo os *Bumiputra* em termos de educação, emprego, poder político e riqueza. O NEP foi extremamente bem-sucedido na redução das taxas de desemprego em geral, sendo que os seus beneficiários eram principalmente os malaios indígenas. Na realidade, para os malaios chineses e indianos, o desemprego aumentou. Keong (2004, p. 146) também argumenta que o NEP dividiu a Malásia em *Bumiputra* e *não Bumiputra*, resultando em uma emigração em massa, em particular, da população malaia chinesa, estimando-se que 150 mil vivam em Cingapura e outros 40 mil nos Estados Unidos, Austrália e Nova Zelândia. A maior parte desses emigrantes é composta por profissionais altamente qualificados que são levados a procurar emprego em um ambiente meritocrático.

O modelo cívico de reparação, que é também competitivo, se concentra na afirmação dos cidadãos da categoria desfavorecida, embora o faça por meio de uma série de concessões políticas e socioeconômicas legitimadas não com base na adesão a um grupo racial, étnico ou cultural, mas sim em critérios mais objetivos, como a plena realização da cidadania. O mais conhecido exemplo africano para implementação desse modelo de reparação é a Tanzânia. Miguel (2004, p. 335), em um estudo comparativo de políticas públicas na Tanzânia e no Quênia, identifica uma série de intervenções políticas fundamentais tomadas pelo governo da Tanzânia, que definiu a sua estratégia de reparação. Primeiro, em meados da década de 1960, o inglês foi substituído pelo kiswahili (suaíli) como o sua língua oficial diferentemente de outros países, como o Quênia, que adotou uma abordagem multilíngue tendo o inglês como a língua do ensino médio e superior (Miguel, 2004, p. 335). O governo da Tanzânia argumentou que ao encorajar os cidadãos a falarem diversas línguas e preservarem ciosamente suas línguas, o Estado estava, na realidade, criando divisão étnica (e racial) e animosidade, em vez de inculcar igual respeito para com todas as línguas e culturas.

Em segundo lugar, funcionários públicos usaram a escola para focar em elementos comuns na história e na cultura da Tanzânia, conscientizando os alunos, como tanzanianos e africanos. A educação política está incluída no currículo do ensino fundamental e médio e é testada nos exames nacionais. Em terceiro lugar, a Tanzânia pós-independência começou a reformar as instituições do governo local e a fortalecer as democráticas. Além disso,

> as autoridades rurais tradicionais e o direito tribal consuetudinário herdado do período colonial foram completamente desmantelados na Tanzânia após a independência e isto pode ter desempe-

> nhado um papel na diminuição ainda maior do lugar da etnia na vida pública da Tanzânia (Miguel, 2004, p. 337).

Finalmente, os recursos estatais foram distribuídos igualitariamente na Tanzânia com relação a investimentos em educação, saúde e infraestrutura nas diferentes regiões. Ao focar na necessidade como um critério objetivo, em vez de favorecer o individual, a Tanzânia tem conseguido, de forma bem-sucedida, minimizar o elemento potencialmente explosivo da identidade. Miguel (2004, p. 339) conclui que, como resultado,

> cada vez mais, os indivíduos se identificam com todos os cidadãos como concidadãos tanzanianos em vez de se identificarem somente com a sua tribo. Portanto, eles estão dispostos a financiar bens públicos que beneficiam "outros" grupos. Em segundo lugar, na medida em que as reformas também aumentam as interações sociais interétnicas... Elas também aumentam a probabilidade de "sanções sociais" mais fortes entre grupos étnicos, reduzindo, assim, o parasitismo e melhorando a ação coletiva local.

Estas intervenções legislativas e públicas pelo Estado da Tanzânia, que possuem um caráter de reparação, têm o propósito de promover uma nacionalidade cívica. Cidadãos, seja qual for sua origem étnica, linguística ou religiosa, são levados a se envolver uns com os outros, estabelecendo, assim, fortes vínculos sociais. Relações interétnicas não tomam formas acrimoniosas e, de acordo com a pesquisa do Afro-Barómetro, tanzanianos têm os níveis mensuráveis mais altos de identidade nacional, apoio à democracia, confiança nas instituições governamentais e confiança em concidadãos (Miguel, 2004, p. 338).

Os exemplos malaio e tanzaniano descritos acima demonstram duas maneiras muito distintas de se abordar a reparação, com consequências muito diferentes para a construção da identidade nacional. O caso malaio é um exemplo da divisão causada pela nacionalidade étnica (por meio da implantação da identidade racial), enquanto a Tanzânia representa um caso contrastante de nacionalidade cívica. Tanto a Malásia quanto a Tanzânia são sociedades imensamente diferentes da África do

Sul e, consequentemente, seus casos não devem ser interpretados como modelos completamente apropriados para África do Sul. Em vez disso, esses casos devem ser tratados como exemplos de reparação que diferem dentro de um *continuum* de possibilidades. Qual tipo está sendo implementado na África do Sul e qual deve ser implementado requer uma análise específica do conjunto concreto de circunstâncias existentes na África do Sul contemporânea.

África do Sul: Reparação, sua implementação e suas consequências

Qual dessas experiências comparativas está se desenvolvendo na África do Sul? Claramente, a reparação está em curso na África do Sul há mais de uma década. Será esta iniciativa de reparação um exemplo de nacionalidade cívica ou étnica? Qual consequência isso traz? Ao abordar estas questões, pode ser útil começar notando o ponto óbvio de que a diversidade sul-africana é ampla e profunda. Andrea Baumeister (2003) faz a útil distinção entre *diversidade de primeiro* e *de segundo nível*, que pode ser aplicada ao caso sul-africano. A diversidade de primeiro nível reconhece as diferenças de cultura, crença e origem, mas, ainda assim, reconhece que todos os cidadãos têm a mesma relação com o Estado. Este nível de diversidade não procura assimilar diferentes grupos, mas sim permitir um grau de diversidade em termos de língua e cultura.

No entanto, pode-se descrever a África do Sul como tendo a *diversidade de segundo nível*. Embora todos os cidadãos tenham direitos iguais segundo a Constituição, na África do Sul, concedemos também direitos especiais – direitos que alteram a relação com o Estado – a determinados grupos de pessoas. Sobre essa relação, Baumeister (2003, p. 742) descreve "uma diversidade tão profunda está associada a exigências de estruturas institucionais e legais distintas e tipicamente implica em pedidos para direitos culturais corporativos". Contudo, na África do Sul, grupos aos quais são designados direitos especiais não são simplesmente definidos em termos culturais ou raciais. Na verdade, a legislação de reparação identifica três categorias de desfavorecidos bastante distintas que garantem a reparação: raça, gênero e deficiência. Isso representa um reconhecimento da dispensa constitucional pós-*apartheid* pelos pais fundadores (e pais eles eram) que, embora a discriminação racial fosse a manifestação mais óbvia do *apartheid*, implicitamente se escondiam em sua arquitetura política e socioeconômica duas outras formas de discriminação: de gênero e de deficiência. A transcendência das três categorias de desfavorecimento foi então definida como uma obrigação constitucional e uma prioridade política imediata.

Como resultado, a reparação é uma obrigação política explícita identificada na constituição sul-africana. A Seção 9 (2) da Constituição afirma explicitamente: "Para promover a realização da igualdade, medidas legislativas, assim como outras destinadas a proteger ou promover pessoas, ou categorias de pessoas, em desvantagem por discriminação injusta, podem ser tomadas". Este mandato de reparação foi constitucionalmente consagrado devido ao reconhecimento de que determinados grupos sociais na sociedade sul-africana foram discriminados historicamente. Portanto, a prioridade constitucional é criar um campo de oportunidade igualitário e abordar de maneira proativa as consequências das injustiças perpetradas historicamente. Nas palavras do preâmbulo da Constituição, seu objetivo é "curar as divisões do passado e estabelecer uma sociedade baseada em valores democráticos, justiça social e direitos humanos fundamentais" (Republic of South Africa, 1996a).

No entanto, a Constituição também reconhece direitos especiais para as comunidades culturais. Codificou-se isso em atos legislativos subsequentes, tais como o Ato de reconhecimento de casamentos costumeiros de 1998, o Ato de estrutura de liderança e governança tradicionais de 2003, o Ato de direitos a terras comuns de 2004 e o Ato do conselho de língua pan sul-africano de 1995. Todos contribuem com uma estrutura legal que é separada e projetada para atender os interesses de comunidades especiais. Além disso, elas são complementadas pelas comissões da Cláusula 9, constitucionalmente reguladas e, em particular, pela Comissão para promoção e proteção dos direitos das comunidades culturais, religiosas e linguísticas (CRL), que fazem parte da "distinta estrutura institucional" para apoiar os "pedidos de direitos culturais corporativos".

Contudo, a reparação para ambas as categorias em desfavorecimento não pode ser interpretada de uma maneira inadequada. Ela deve ser realizada no âmbito da Constituição e deve respeitar outras disposições nela consagradas. A Declaração dos Direitos, por exemplo, categoricamente consagra a disposição de igualdade para todos os cidadãos e insiste que o direito à discriminação justa deve ser realizado com respeito à cláusula geral da igualdade (Republic of South Africa, 1996a). Além disso, o preâmbulo da Constituição também declara que "a África do Sul pertence a todos aqueles que nela moram", e chama para realização da "unidade na diversidade". Este chamado implícito para o desenvolvimento de uma única nação é, talvez, o objetivo principal da Constituição sul-africana. Então, a reparação, como um mecanismo constitucional de justiça social, precisa ser construída e desenvolvida de uma forma que seja compatível com o objetivo de realizar o estabelecimento de uma única nação.

Essa dupla obrigação da Constituição – realizar a reparação e construir uma nação única – implica na tendência da Constituição para uma nacionalidade cívica, sugerindo que a África do Sul deveria, ao implementar a reparação, seguir o exemplo da Tanzânia, e não o da Malásia. Mas quais dessas experiências se refletem na implementação da reparação desde 1994? Responder a esta questão requer tanto um resumo da implementação da reparação na África do Sul quanto uma avaliação das suas consequências.

A implantação da reparação pelo governo sul-africano envolveu três elementos distintos. Em primeiro lugar, uma quantidade significativa de legislações genéricas e específicas foi aprovada para abordar a discriminação de raça, de gênero e de deficiência. O Artigo branco sobre a transformação do serviço público de 1995, o Artigo branco sobre ação afirmativa no serviço público de 1998, o Ato de igualdade de emprego, 55, de 1998, o Ato de promoção da igualdade e prevenção contra discriminação injusta, 4, de 2000, são todos exemplos da legislação genérica projetada para promover a pauta dos cidadãos negros e de outros historicamente desfavorecidos. Estes foram combinados com dois tipos distintos de atos legislativos. Alguns, como o Ato de término da gravidez, o Artigo branco sobre uma estratégia nacional integrada de deficiência de 1997, o Ato de promoção da justiça administrativa, 3 de 2000, e o Relatório sobre a igualdade dos deficientes no serviço público sul-africano, focam em afirmar grupos específicos enquanto outros, como a legislação de Empoderamento Econômico Negro (Black Economic Empowerment – BEE), os estatutos de transformação industrial, as políticas de educação e bem-

-estar, são direcionados a áreas específicas de atividade. Coletivamente, eles representam um impressionante arsenal legislativo aprovado desde 1994 para abordar as três formas distintas de discriminação visadas pela dispensa política pós-*apartheid*.

Em segundo lugar, a legislação tem sido acompanhada pelo estabelecimento de uma infraestrutura institucional para promover o plano de reparação. Em nenhum lugar se desenvolveram mecanismos mais coerentes para superar os legados da discriminação de raça e de gênero do que no domínio do local de trabalho e no mercado de emprego. Criaram-se várias instituições do mercado de trabalho para facilitar a negociação coletiva, promover condições mínimas de trabalho, a igualdade de emprego e coordenar diversas iniciativas de formação profissional. Tem-se desenvolvido uma arquitetura institucional semelhante na área da economia. A mais importante é a Comissão de Empoderamento Negro e outras instituições do BEE, que promovem práticas e políticas de aquisição governamental orientadas pelo BEE; cotas de licenciamento e comercialização; avanço negro rapidamente rastreado dentro de empresas estatais; privatização total ou parcial; iniciativas sindicais de capacitação; a promoção de estatutos de transformação industrial (que estabelece metas de longo prazo de capacitação) e pressões crescentes sobre as empresas para participarem do Investimento Social Corporativo. Finalmente, estes elementos da estrutura institucional são complementados por outro conjunto, comumente conhecido como instituições do Capítulo 9. Essas instituições – a Comissão por Igualdade de Gênero (Commission for Gender Equality – CGE), a Comissão de Direitos Humanos (Human Rights Commission – HRC), a Comissão de Promoção e Proteção dos Direitos de Comunidades Culturais, Religiosas e Linguísticas (CRL) e o Defensor Público – destinam-se a servir como uma ponte entre a sociedade civil e o Estado, comunicando as preocupações dos cidadãos historicamente marginalizados e defendendo os seus interesses.

Em terceiro lugar, implantou-se uma quantidade considerável de recursos financeiros para que o plano de reparação avançasse. Isso é direcionado a conjuntos diversos de grupos historicamente desfavorecidos por meio de várias instituições. As instituições BEE fornecem doações e empréstimos do cofre público para negros e outros grupos desfavorecidos, tendo em vista diversificar a propriedade e os perfis gerenciais das empresas sul-africanas. O sistema nacional de bolsas de estudo fornece recursos aos estudantes para permitir um aumento no ingresso de grupos historicamente desfavorecidos à universidade e às instituições de ensino superior. Subsídios de habitação são direcionados para tratar da falta de moradia de grupos específicos. E aumentou-se o orçamento do bem-estar para que o auxílio possa ser estendido e igualado em todos os grupos raciais. De setor em setor, os recursos foram utilizados para permitir a implementação da legislação de reparação e de transformação.

Essa iniciativa de reparação teve efeitos significativos, permitindo que os cidadãos tirassem recursos e privilégios do Estado e de outros agentes institucionais por pertencerem a grupos historicamente desfavorecidos. Estudantes dos grupos designados têm acesso preferencial às universidades e às escolas técnicas do país. De modo parecido, empregados dos mesmos grupos são favorecidos nas práticas de contratação e regulamentos promocionais nos setores público e privado. E, acima de tudo, homens e mulheres negros, que são empresários, receberam, em seu envolvimento com o mercado, vantagens tanto por meio de empréstimos públicos em condições preferenciais quanto por serem alvos de diversidade legislativa para setores específicos da economia. Na verdade, isso transformou um estado físico de pigmentação, de gênero e de deficiência em um bem valioso. A condição de ser "desfavorecido historicamente" se tornou uma moeda de troca, um recurso que permite que o indivíduo possa competir efetivamente no ambiente do mercado.

Embora a legislação identifique e dê preferência a três categorias muito distintas de desfavorecimento – raça, gênero e deficiência –, a real implementação tende a priorizar a primeira. Além disso, os benefícios da reparação não foram igualmente compartilhados entre os negros ou mesmo entre as comunidades africanas. Na realidade, a maior parte dos estudos independentes parece sugerir que os principais beneficiários da reparação são negros e mulheres sul-africanos nos escalões mais elevados da hierarquia de classes. Esse grupo não é tão estritamente definido, como a mídia e os partidos de oposição costumam retratar. Ainda assim, a análise empírica demonstra que as comunidades negras marginalizadas ou indigentes e as mulheres pobres, apesar de terem recebido alguns benefícios sociais sob a forma de aumentos de subsídios sociais e acesso aos serviços básicos (Policy Coordination and Advisory Service, 2003, p. 25-26), não foram priorizados pelos programas de reparação. De fato, a maioria dos estudos indica que a parte da renda nacional destes grupos pode, na realidade, ter sido reduzida nesse período, sugerindo que eles ainda estão trabalhando sob as consequências das práticas discriminatórias do passado.

Isso foi demonstrado de modo mais claro no Relatório da Comissão de Inquérito sobre um Sistema Abrangente de Segurança Social para África do Sul, nomeado pelo Departamento de Desenvolvimento Social, que indicou que o tamanho do componente africano no decil de renda mais rico aumentou de 9% em 1991 para 22% em 1996 (2002, p. 17). Mas o perfil racial do mais pobre se manteve negro, levando o relatório a concluir que a atual dispensa econômica beneficia somente uma pequena elite da população africana. O relatório apontou que o desemprego ficava em 36% para a população total e em 52% para mulheres africanas. Em sua visão, a pobreza era penetrante, de 45 a 55%. Cerca de 10% da população africana estava desnutrida e pelo menos 25% das crianças africanas eram raquíticas (Report of the Committee of Inquiry into a Comprehensive System of Social Security for South Africa, 2002, p. 225-276).

A conclusão de que a reparação foi distorcida a favor dos setores das comunidades desfavorecidas com mais vantagens foi confirmada por uma série de outros estudos independentes. O primeiro volume do *State of the Nation* (*Estado da nação*), por exemplo, concluiu que a África do Sul avançou na desracialização no ápice da estrutura das classes (Habib e Southall, 2003). Mas é precisamente aí que as identidades raciais estão sendo mais reificadas, pois é através da afirmação das identidades raciais que essas partes interessadas podem fazer avançar seus interesses materiais. Da mesma maneira, Neville Alexander (2002) argumenta que é principalmente a burguesia internacional e doméstica, tanto a tradicional quanto a recentemente criada, que se beneficiou da trajetória atual da transição. E estes estudos não foram os únicos a chegar a essa conclusão: de fato, não só chegaram a conclusões semelhantes em uma série de outros estudos acadêmicos (Bond, 2000; Terreblanche, 2000), mas também foram apoiados pelo Relatório de Desenvolvimento sobre a África do Sul das Nações Unidas de 2004, que concluiu que as políticas econômicas do regime pós-*apartheid* contribuíram imensamente para o aumento do desemprego e, assim, para o aceleramento da desigualdade e da pobreza na África do Sul (UNDP, 2003).

Os maiores avanços na superação da discriminação foram feitos em áreas onde o Estado mantém o controle ou exerce uma influência significativa (Policy Coordination and Advisory Service, 2003). Então, não é de se surpreender que tanto a representatividade racial quanto a de gênero tenham tido seus maiores sucessos no serviço público e nas paraestatais. Em situações em que o mercado foi o principal mecanismo institucional a ter efeito na reparação, como no caso agrário, o progresso foi comprometido. Isso ocorre, em parte, porque não é do interesse imediato do setor privado abordar as preocupações das comunidades carentes. Afinal, não se obtém lucro substancial servindo os interesses dessas comunidades, as mesmas nas quais a reparação deveria focar.

Mas também houve outras consequências não intencionais da implementação da estratégia de reparação. Alguns cidadãos brancos, indianos e mestiços viram os projetos de reparação como discriminação injusta e isto, em parte, é o fator responsável pelo aumento significativo da emigração. Enquanto a agência Estatísticas da África do Sul estima que por volta de 12 mil cidadãos emigraram desde 1994, uma agência de pesquisa independente apresenta o número de 24.952 (*Business Day*, 8 ago. 2003). É possível responder isso como mera hipocrisia. Afinal, muitos dos mesmos críticos eram beneficiários do programa de ação afirmativa do *apartheid*. Além disso, estudos monitorando as tendências de emprego descobriram repetidamente que cidadãos brancos ocupam a maior parte das vagas que abrem na economia sul-africana (Moleka, 2003), o que não deveria surpreender. Afinal, o *apartheid* assegurou que tanto as habilidades quanto as redes de contatos, sendo esta última o principal terreno de recrutamento para o setor privado, estão desproporcionalmente localizadas na comunidade branca. Ainda assim, a percepção entre brancos e outros cidadãos deveria ser preocupante não só por causa da perda de habilidades valiosas para a nação, mas também para o Estado, que deve permanecer consistente ao princípio de cidadania cosmopolita inscrito na Constituição.

A orientação racializada do projeto de reparação também levou a tensões no meio da população negra e, em particular, entre os cidadãos de ascendência africana, *coloured* e indiana. Em termos oficiais, a reparação é direcionada, inicialmente, à população negra, que é legislativamente definida de acordo com o sentido original do termo dado pela Consciência Negra, que incluía africanos, mestiços e indianos. Logo após 1994, no entanto, surgiram tensões em torno da igualdade de *status* entre estes grupos sociais presumidos pela legislação. Alguns membros da comunidade africana, por exemplo, sentiram que a inclusão de mestiços e indianos dentro do grupo beneficiado permitia que estes cidadãos monopolizassem injustamente as vagas oferecidas pelo projeto de reparação. Os representantes do empreendedorismo étnico das comunidades mestiças e indianas responderam alegando que esses grupos raciais são, mais uma vez, os alvos da discriminação. O debate, que se desenrolou nas páginas dos jornais nacionais e outros fóruns públicos, tornou-se amargo, polarizando o ambiente político e quebrando a unidade frágil e tênue dos primeiros anos do governo Mandela.

A implementação da reparação desde 1994 teve consequências positivas e negativas, intencionais e não intencionais. Contribuiu para garantir uma nação mais representativa demograficamente, embora isto não tenha sido realizado tão eficazmente ou até mesmo na forma como foi previsto pela legislação. Essa iniciativa de reparação pode ter também reificado identidades raciais e, como resultado, inibido o surgimento de condições para realização de uma cidadania cosmopolita. Nesse sentido, refletiu efetivamente as experiências de nacionalidade étnica típica do caso malaio, em vez da nacionalidade cívica apresentada na Tanzânia de Nyerere. Além disso, essas consequências provocaram um debate nacional com relação à estratégia de reparação. Também levaram a estudos oficiais, com maior destaque para o Revisão de Dez Anos e o Relatório Macrossocial. Contudo, também houve uma série de estudos acadêmicos independentes, dos quais uma análise é necessária para um entendimento do debate sobre identidade e cidadania na África do Sul.

Conceituando um plano de reparação alternativa

A Constituição sul-africana identifica duas funções distintas para o Estado: realizar a reparação de modo a dar autoridade aos que eram anteriormente desfavorecidos e, ao mesmo tempo, também estabelecer uma única nação. Este duplo compromisso com a justiça social histórica e a cidadania cosmopolita o torna parcial a uma nacionalidade cívica, que demanda a realização da reparação sem reificar a raça e comprometer o desenvolvimento de uma identidade nacional. No entanto, a visão descritiva da real implementação da reparação sugere que uma nacionalidade étnica tem se desenvolvido com o potencial de ter resultados muito negativos para o crescimento de uma nação coerente. Essa conclusão emana não apenas a partir da análise realizada na seção anterior, mas também de dois dos mais recentes estudos acadêmicos sobre a transição sul-africana.

Why Race Matters in South Africa [Por que a raça importa na África do Sul], de Michael MacDonald, começa identificando as duas opções enfrentadas pelo ANC (Congresso Nacional Africano) no início da transição: ou o sistema socioeconômico se transformava, ou se ajustava a ele. O autor argumenta que o poder do setor corporativo condicionou o congresso a adotar a última opção, deixando-o com o dilema de como legitimar o sistema. Sua resposta, ele argumenta, foi de desracializar o ápice do poder corporativo, criando uma classe média alta e burguesa que fosse negra. Isso, no entanto, só funcionaria se o interesse das elites negras fosse o mesmo da população negra como um todo. A única forma de fazer isso, argumenta MacDonald (2006, p. 174), seria com o avanço de uma concepção culturalista de política, que minimizava a concepção de nação, com a qual se travou a luta de libertação, especialmente nas décadas de 1970 e 1980. Ele argumenta que, nesta tradição intelectual, tanto o ANC quanto a Consciência Negra tenderam a uma definição política na qual a nação foi concebida como se tivesse se originado na experiência comum da opressão. A consequência prática do afastamento do ANC dessa tradição "é a reificação das identidades raciais, seu repúdio aos princípios do não racialismo e seu abandono da construção de uma pessoa não racial".

Da mesma maneira, Ivor Chipkin (2007) faz uma crítica ao nacionalismo africano da forma como ele veio a ser articulado e praticado pelas tradições do Estatuto da Consciência Negra da África do Sul. Refletindo sobre a prática de movimentos nacionalistas e sobre os escritos de teóricos políticos e filósofos, tanto na África do Sul quanto em outros lugares, conclui ele, ceticamente, sobre a capacidade de o nacionalismo servir de hospedeiro ideológico para a democracia e a liberdade, em particular devido à sua propensão para excluir aqueles que não se assemelham ao ser "nacional". Se a transição democrática da África do Sul permanecer verdadeira às suas obrigações constitucionais de liberdade e cosmopolitismo, então, de acordo com Chipkin, ela deve abandonar sua retórica exclusivista e suas credenciais nacionalistas e reimaginar as práticas democráticas. A partir dos trabalhos de Laclau e Mouffe, ele reimagina o ideal democrático de modo que a cidadania venha a ser definida não por limites territoriais, como foi tradicionalmente o caso, ou por marcadores étnicos, raciais ou culturais, mas sim por sentimentos de amizade e solidariedade reproduzidos por meio de interações obrigatórias pela prática democrática (Chipkin, 2007).

Ambas as obras questionam o projeto de reparação existente e são implicitamente críticos da nacionalidade étnica refletida e reforçada nele. Por exemplo, os autores argumentam explicitamente que as políticas de Estado existentes, incluindo o seu plano de reparação, prejudicam a tradição de não racialismo e da construção de nação sobre a qual a constituição sul-africana se fundou. Contudo, qual é a alternativa? É possível fazer avançar a reparação e abordar as injustiças históricas enquanto simultaneamente se constrói uma única identidade cosmopolita? Responder a isso não compreende apenas o valor instrumental de nos permitir efetuar uma estratégia de reparação com mais nuances e que seja constitucionalmente compatível, também poderia desempenhar um papel significativo na validação das premissas filosóficas sobre as quais a transição sul-africana se fundou, isto é, que a democracia e a estabilidade são possíveis em sociedades culturalmente e racialmente diversas. Isso é importante especialmente após o 11 de Setembro, em que governos, muitos deles de nações ricas e industrializadas, estão implicitamente presumindo que um "choque das civilizações" será inevitável e que a homogeneidade cultural é a fundação necessária para uma existência pacífica (Huntington, 2005; Putnam, 2007).

Tal debate tem ressonância com duas partes interessadas distintas: os políticos, legisladores e funcionários públicos sul-africanos e o universo acadêmico, cujos debates filosóficos sobre identidade se tornaram a base para as inovações políticas do governo em setores tão diversos como imigração, segurança e política internacional. Para o primeiro, a principal mensagem política a ser observada é que a atual implementação da reparação está tendo consequências não intencionais, sendo umas das mais importantes o enfraquecimento de uma identidade nacional. No entanto, eles também precisam reconhecer que a reparação adotada sobre diferentes princípios poderia ter o efeito de abordar a injustiça histórica enquanto facilita simultaneamente o estabelecimento de uma nação unida.

Isso se torna necessário porque sua implementação atual tem três limitações. Primeiramente, tem o efeito de presumir um campo de igualdade dentro da população negra, o que não é o caso. A desigualdade entre a população negra sul-africana tem crescido há quase duas décadas. O efeito disso é que setores da população negra em melhores condições monopolizam os benefícios das iniciativas de reparação. Em segundo lugar, a implementação da reparação tem, em alguns casos, comprometido a prestação de serviços aos cidadãos mais pobres, mais marginalizados. Classificamos esta declaração com o termo "implementação" porque a legislação sobre a reparação é categoricamente clara, dizendo que, em caso de candidatos "igualitários" não serem encontrados para cargos no serviço público, é ilegal negá-los para os demais cidadãos. No entanto, qualquer familiaridade que se tenha com o serviço público indica que isso se tornou uma prática generalizada. Além disso, praticamente todos os dias há matérias nos jornais sobre posições no serviço público que não são preenchidas, embora tenham candidatos brancos competentes disponíveis. Isso pelo fato de os principais indicadores de desempenho no serviço público serem determinados em termos estatísticos quantitativos, sem qualquer avaliação séria com relação à disponibilidade de candidatos igualitários no mercado. Então, gestores no serviço público são levados a não preencher uma posição, em vez de comprometer suas proporções de diversidade. O resultado é que, setor após setor, a prestação de serviço está sendo seriamente comprometida, impactando negativamente os mais pobres.

Mas como tal conclusão corresponde ao argumento de Jimmy Manyi, o presidente da Comissão de Igualdade, de que há candidatos igualitários suficientes disponíveis para os cargos vagos? Em um programa de rádio, em maio de 2007, ele argumentou que o grande problema é que os gerentes sul-africanos são particularmente pouco criativos ao combinar qualificações educacionais às exigências de trabalho (ver também *Sunday Times*, 8 jul. 2007). Ele argumentou, por exemplo, que graduandos das áreas de ciências humanas e sociais, muitos dos quais estão desempregados, poderiam ser recrutados para uma série de posições nos setores público e empresarial. Há, naturalmente, algum mérito em seu argumento. Profissionais qualificados nunca são simplesmente um produto de qualificações educacionais. Eles também se tornam qualificados como resultado de um conhecimento de experiência, que envolve orientação e supervisão quando o candidato está envolvido de verdade no trabalho. É por essa razão que bancos e de investidores em Wall Street se sentem confortáveis recrutando graduandos de ciências humanas e sociais das principais universidades de nação sem comprometer a eficácia e o resultado financeiro. Claramente, há uma margem maior para a contratação de graduandos na África do Sul se for reconhecido que isso envolveria orientação, supervisão e treinamento no trabalho.

Contudo, deve-se tomar cuidado para não levar o argumento longe demais. Embora sejam necessárias flexibilidade e imaginação para combinar qualificações educacionais às exigências de emprego, categorias específicas de trabalho requerem, sim, uma base mais bem definida de conhecimento e treinamento. Não se pode, por exemplo, pegar um formando em ciências políticas e colocá-lo em uma posição que exija um alto nível de conhecimento de engenharia. De forma semelhante, a formação médica é absolutamente necessária para uma posição que envolve cuidados de pacientes em hospitais. Ainda assim, a mesma rigidez na implementação da reparação parece evidente nestas profissões. O exemplo mais notório disso é a relutância do governo de Western Cape em preencher cargos de especialistas nos hospitais de Tygerberg e Groote Schuur porque candidatos do Programa de Equidade não foram encontrados (*Sunday Times*, 3 jun. 2007). O resultado foi o adiamento de muitas cirurgias necessárias, prejudicando pacientes que em quase todos os casos são cidadãos sem condições financeiras para bancar planos de saúde privados.

Finalmente, a implementação da reparação tem tido o efeito não intencional de aumentar a consciência racial e alienar uma parte dos cidadãos da África do Sul. Por mais injusto que isso seja para empresários, políticos e funcionários públicos, a alienação tem de ser abordada abertamente porque a Constituição sul-africana compromete a nação para o desenvolvimento de uma identidade nacional cosmopolita e determina que o Estado deve atuar de modo a facilitar este resultado. Então, é preciso que se desenvolva um mecanismo de reparação que possa simultaneamente abordar as injustiças históricas e possibilitar o desenvolvimento de uma identidade sul-africana cosmopolita.

A forma mais óbvia de fazer isto é, naturalmente, usando a classe como o critério de definição pelo qual se fará avançar a reparação. Uma série de estudiosos e formadores de opinião fizeram esta recomendação ao longo dos últimos anos (Republic of South Africa, 1996b; Adams, 2000; Habib, 2004; Alexander, 2006). Além disso, funcionários públicos e até mesmo o empresariado sul-africano começaram a incluir, cada vez mais, critérios materiais na construção de iniciativas de reparação. Isso é visto com mais evidência no caso das grandes iniciativas econômicas baseadas nos negros, que tentam assegurar a inclusão de novos grupos de empresários, trabalhadores, grupos comunitários, e até mesmo cidadãos comuns. Ainda assim, apesar dessa implantação da reparação com nuances, o governo e os servidores públicos relutam em rever e reorganizar abertamente o programa de reparação em uma base alternativa.

Esta relutância se deve, em parte, ao medo de que isso possa limitar o avanço da população negra e prejudicar a não racialização da sociedade sul-africana. E há alguma evidência de que o abandono de políticas de ação afirmativa baseadas em raça teve exatamente este efeito em outros lugares do mundo. Nos Estados Unidos, por exemplo, o abandono da ação afirmativa baseada em raça levou a uma diminuição drástica no número de matrículas de alunos negros em instituições de ensino superior (Sabbagh, 2007, p. 17-18). Mas é pouco provável que isso aconteça na África do Sul. Mesmo hoje, há uma enorme sobreposição das categorias de raça e de classe na África do Sul; além disso, os negros constituem a esmagadora maioria dos cidadãos do país. Então, uma iniciativa de reparação construída em bases alternativas – classe, por exemplo – poderia ter exatamente o efeito final de privilegiar cidadãos negros na África do Sul.

Esse ponto ressalta a importância da racionalidade contextual.[4] Com frequência, análises comparativas são levadas à abstração pelo contexto,

4. Para um relato sobre racionalidade contextual, ver Weick (1996).

resultando em conclusões equivocadas e políticas públicas inadequadas. Aplicar uma lente racional e contextualizá-la a um programa de reparação alternativo na África do Sul levaria à conclusão de que não só os cidadãos negros seriam privilegiados, mas também os setores pobres e desfavorecidos. E, por mais que isso possa não estar nos interesses imediatos de certos indivíduos, tanto nos meios empresariais quanto nos políticos, é compatível com a Constituição e com o plano político, tanto do ANC quanto de seus aliados.

Tal programa de reparação teria de ser construído sobre critérios "objetivos" alternativos, que não reforçassem as divisões históricas dentro da sociedade e que fossem compatíveis com um cruzamento das visões dos cidadãos sobre o que constitui "o equitativo" e o "justo". A empatia é tanto um elemento da condição humana quanto são as características mais destrutivas, por exemplo, o egoísmo. Além disso, há evidência significativa de pesquisas de opinião pública que demonstram que a maioria dos sul-africanos, negros e brancos, acredita que medidas públicas devem ser instituídas para proteger cidadãos pobres e marginalizados das consequências devastadoras de suas circunstâncias socioeconômicas (Seekings, 2005; IJR, 2003). De fato, pesquisas também demonstram que cidadãos individuais contribuem com cerca de 11 bilhões de rands anualmente para causas voltadas para a redução da pobreza (Everatt e Solanki, 2007). A tarefa estratégica essencial para responsáveis políticos e servidores públicos é construir a reparação sobre esses princípios compartilhados de modo que os laços de solidariedade possam ser promovidos entre os cidadãos. Afinal, sem esses laços de solidariedade, nenhuma identidade nacional cosmopolita é possível.

Assim, isso sugere que o meio mais óbvio de promover a solidariedade na identidade nacional seria usando a classe como o critério de definição para a reparação progredir. Uma perspectiva baseada em classe começou a ser formalmente promovida no debate sul-africano em um relatório minoritário da Comissão do Mercado de Trabalho de 1996, escrita pelo economista sul-africano Nicoli Nattrass, mas foi posteriormente articulada por uma série de pessoas interessadas nos rumos da sociedade, agrupadas em duas categorias: a primeira, descrita aqui como os subversivos e conhecida por ter como membros líderes da oposição e alguns membros da comunidade branca, atua com uma estratégia de classe como um meio para desviar a implantação de uma estratégia de ação afirmativa. De um ponto de vista otimista, essa estratégia de classe "subversiva" envolve uma intervenção voltada para a caridade que está direcionada à redução da pobreza, e não à transformação das características causais estruturais que tendem a reproduzir desigualdades raciais na sociedade (ver Leon, 2003).

Contudo, o segundo conjunto de interessados tem maior legitimidade e precisa ser levado mais a sério. Composto principalmente por intelectuais progressistas, este grupo efetivamente sugere que uma ação afirmativa baseada em classe seria muito mais eficaz para alcançar os fins desejados pela Constituição (Adams, 2000; Habib, 2004; Alexander, 2006). Seus argumentos se baseiam em três pilares. Em primeiro lugar, esses acadêmicos apontam para a sobreposição significativa entre as categorias raciais e de classe na África do Sul e, em particular, enfatizam o caráter racial da pobreza na sociedade. Uma estratégia substituiva pautada em classe, portanto, beneficiaria a população negra. Contudo, o programa também tem o benefício adicional de superar as deficiências de uma ação afirmativa baseada em raça. Considerando-se que seria definido por critérios materiais, não permitiria que os indivíduos com melhores recursos na comunidade negra monopolizassem os benefícios facilitados pelo programa de ação afirmativa. Também não permitiria a consolidação ou a reificação de identidades raciais que poderiam se tornar um obstáculo para o objetivo constitucional de uma sociedade não racial.

Esta estratégia de ação afirmativa substitutivista, baseada em classes, também tem duas fraquezas: presume implicitamente que o empoderamento econômico seja o único elemento necessário na afirmação de comunidades historicamente oprimidas. Contudo, não será a libertação psicológica, a libertação da mente escravizada, tão essencial quanto o empoderamento econômico neste projeto político? (ver Biko, 1978). Os defensores desta estratégia não falam sobre essta questão. Esta ação afirmativa substitutivista, baseada em classe, por melhor que seja implementada, simplesmente não desracializará setores da sociedade. Por exemplo, a desracialização da propriedade das empresas sul-africanas não ocorrerá automaticamente a partir deste programa de ação afirmativa baseado em classes. Dado o perfil racial de pobreza no país, poderia desracializar os escalões mais baixos da hierarquia de classes, mas, como aponta Ndletyana (2008), não se pode presumir que automaticamente fará a mesma coisa com os escalões superiores da estrutura corporativa da África do Sul. E desracializar este escalão superior da hierarquia de classes é um imperativo moral e estratégico tão importante quanto desgastar a correlação entre raça e pobreza na África do Sul.

Isso sugere que nenhum programa de reparação baseado em um único critério de definição, seja raça ou classe, terá chance de sucesso na realização de todas as obrigações constitucionais da África do Sul a este respeito. Somente uma iniciativa construída com mais nuances, incorporando tanto a raça quanto a classe, será capaz de abordar as complexas necessidades da África do Sul. Isso pode ganhar duas formas, sendo que uma já está em consideração nos círculos oficiais e parcialmente implementada na África do Sul: é um programa com um plano de reparação baseado em raça, mas fortemente qualificado por critérios de classe. Um exemplo é o programa Black Economic Empowerment (Empoderamento Econômico Negro – BEE) de base ampla. Sob pressão das ramificações do ANC e dos parceiros da Aliança Tripartida, o governo foi obrigado a ampliar os benefícios de seu plano de empoderamento econômico baseado em raça, de modo a favorecer as partes com menos recursos da comunidade com menos recursos.[5] O efeito final é um programa de reparação baseado em raça qualificado por critérios de classe.

Uma alternativa poderia ser um plano de reparação substitutivista, baseado em classes e também complementado por iniciativas mais específicas baseadas em raça. Esse programa de reparação baseado em classes seria principalmente para beneficiar os pobres sul-africanos, quase todos negros. Dessa forma, o programa teria o efeito duplo de desracializar e erradicar a pobreza na África do Sul. Mais iniciativas

5. Um exemplo é a venda de ações do gigante da telefonia celular MTN para o público e um limite para o número de ações que uma pessoa pode comprar. Essa estratégia evita que um pequeno grupo de ricos compre grandes blocos de ações em ofertas supostamente BEE.

baseadas em raça poderão ser implementadas em situações cujos objetivos, como a desracialização da estrutura de propriedade da África do Sul corporativa, provavelmente não serão impactados por esse plano de reparação substitutiva. Novamente, iniciativas existentes poderiam servir de exemplo. Os estatutos setoriais são, essencialmente, uma iniciativa baseada em raça, em que diferentes setores da economia foram alvos designados para a propriedade negra. Espera-se que os líderes corporativos nos setores relevantes facilitem este objetivo com recursos próprios. O sinal de incentivo encorajando-os a fazer isso é a contínua elegibilidade para os negócios do governo, para contratos e licenças para a exploração de recursos nacionais. O benefício desse plano de reparação abrangente é a habilidade de concentrar recursos estaduais limitados em comunidades pobres e marginalizadas, enquanto são usados os poderes de regulamentação do Estado para condicionar o setor privado a usar seus recursos para desracializar a economia de mercado.

Seríamos a favor deste programa de reparação com nuances, definido por classe, mas complementado por iniciativas baseadas em raça, e não do programa baseado em raça qualificado por critérios de classe que está em estudo, parcialmente implementado pelo governo. Ambos poderiam ter efeitos muito semelhantes de desracialização, empoderamento e redução de pobreza. A última iniciativa, no entanto, é mais vulnerável à reificação das identidades raciais, o que resultaria em um obstáculo para a construção de uma identidade não racial na África do Sul. O primeiro programa é mais propício para a realização dos dois objetivos da Constituição da África do Sul: efetuar a reparação para aqueles que foram historicamente desfavorecidos enquanto se constrói uma nação cosmopolita, não racial. Na verdade, está mais direcionado para abordar a questão nacional na África do Sul.

A abordagem sugerida aqui vai contra a corrente de pensamento tanto do governo quanto de seus críticos. O primeiro acredita que uma reparação definida racialmente é a única opção para a não racialização da África do Sul. Seus críticos ou negam a necessidade da reparação ou recomendam as classes como o seu princípio de organização. A evidência empírica desafia todas estas perspectivas e sugere não só que o governo está incorreto em presumir que somente uma reparação racialmente definida pode alcançar a desracialização, mas também que a atual implantação da reparação pode estar subvertendo outros objetivos constitucionais com os quais ela está comprometida. Contudo, além de argumentar que a necessidade de reparação não pode ser contestada, este capítulo sugere que a recomendação dos críticos com relação a um único mecanismo de reparação baseado em classe é muito grosseira e sem nuances suficientes para permitir que o governo alcance seus dois objetivos constitucionais: enfrentar a injustiça histórica e construir uma identidade nacional cosmopolita. Por outro lado, ao enfatizar que o princípio organizador seja a classe, apesar de ser complementada por iniciativas específicas racialmente definidas, obtém reparação de forma mais abrangente, compatível com a meta constitucional da África do Sul de construir uma nação cosmopolita unida.

O sucesso dessa experiência sul-africana de abordar a injustiça histórica enquanto simultaneamente se constrói uma identidade cosmopolita é importante não só para a formulação de políticas e a sua implementação, mas também para debates sobre identidade nacional nas academias nacionais e mundiais. Existem três tradições intelectuais evidentes neste debate. A primeira, conhecida como a tradição assimilacionista, define a nação previamente e exige conformidade para a adesão. É uma visão dominante no governo passado de direita dos Estados Unidos e é comum a algumas das próprias elites políticas da África do Sul, especialmente aquelas que defendem uma perspectiva africanista limitada. Para ambos, suas nações são definidas previamente. Para o primeiro, ser americano é falar inglês, adotar valores cristãos e ser definido por uma ética protestante. Para o último, ser africano é ter alguma pigmentação de pele, falar uma língua africana e adotar certos valores culturais coletivos. Qualquer um que queira pertencer à nação deve refletir sobre estas características e adotar estes valores, ou sofrerá exclusão.

Além das fronteiras da África do Sul, a expressão acadêmica mais proeminente desse discurso nativista é *Who are We? America's Great Debate* [*Quem somos nós? O grande debate da América*], de Samuel Huntington. Ao definir a identidade americana como sendo descrita pela língua inglesa, pelo cristianismo, pelo comprometimento religioso e pelos valores protestantes, Huntington (2005) insiste que os imigrantes recém-chegados ao território americano, especialmente os provindos da América Latina, sacrificam sua própria tradição, cultura e língua e assimilam as propriedades americanas como uma condição de adesão à nação. Para Huntington (2005), a nação é definida previamente. Pode ser multiétnica e multirracial desde que os novos cidadãos sacrifiquem tudo o que são e assimilem a definição tradicional do "branco, anglo-saxão, protestante" (WASP – "White, Anglo-Saxon, Protestant") do que significa ser americano – falar inglês, promover os valores cristãos mesmo se você for praticante de outra religião ou ateu e se comportar de uma maneira protestante, valorizando o mercado, o individualismo e o republicanismo.

A segunda tradição intelectual, conhecida como multiculturalismo, vê a nação como algo que abrange grupos culturais, étnicos e raciais de tamanhos variados e que deseja motivar uma conversa e facilitar a tolerância entre esses grupos (ver Barry, 2001, p. 112-154; e Kukathas, 1995). É uma visão comumente promovida na Grã-Bretanha e que ecoa na "Carta da Liberdade" (*Freedom Charter*). Novamente, é uma perspectiva promovida por muitas das nossas elites políticas e culturais em todo o espectro político. Todo debate na sociedade sul-africana está saturado de expressões como "eu sou um africâner", "africano", "mestiço", "indiano", como se fossem construções homogêneas. Esta perspectiva prioriza os interesses das elites culturais, econômicas e políticas dentro desses grupos. Então, o "africâner" é definido por sobrenomes como "van Schalkwyk", "Giliomee" e "Rupert", e um "africano" por "Mbeki", "Zuma" ou "Ramaphosa". Nessa visão, as aspirações e os interesses dos pobres são esquecidos.

Ambas as perspectivas são perigosas para a África do Sul e atropelam a sua evolução histórica e as bases filosóficas da sua constituição, pois ambas ignoram a principal lição da pesquisa sobre identidade na década de 1980, isto é, que todas as identidades são mitos. Podem ser mitos necessários, mas, ainda assim, são mitos e podem ser remodelados e reconstruídos para servir a fins alternativos.

Isso leva à terceira tradição intelectual, que fala sobre o que são nações e como elas são construídas. Esta perspectiva cosmopolita, da qual este capítulo é partidário, parte do pressuposto de que a história da humanidade é de entrelaçamento e integração, de constante evolução e recriação. O trabalho de Zolberg (2006) sobre essa tradição intelectual, também focado na experiência americana, é muito diferente daquela articulada por Huntington (2005). Em um estudo pioneiro da política de imigração nos Estados Unidos, Zolberg demonstra como a definição oficial do que é ser americano se transformou com as mudanças na política de imigração, como resultado de imperativos políticos, econômicos, de segurança e sociais. Zolberg (2006, p. 436) sugere que, com a política de imigração adotada em 1965, a América definitivamente abandonou tentativas de ser uma nação "WASP" e se redefiniu como uma nação pan-europeia, prometendo lealdade a uma bandeira sob uma divindade que era católica e judia, assim como protestante. Valeria a pena reconhecer que esta mesma legislação "simultaneamente ergueu uma barreira sem precedentes para a imigração dos negros das Antilhas (Índia Ocidental) e dos mexicanos, expressamente identificada como problemática por uma perspectiva de integração" (id., ib.).

Apesar disso, o estudo fornece um dos pilares empíricos para demonstrar a viabilidade de uma nação cosmopolita. Indica talvez da maneira mais dramática como a nação pode se redefinir e se reimaginar. Naturalmente, este processo gera reações dos primeiros imigrantes "nativistas", que tentam defender a antiga concepção de nação. Mas como os racistas de antigamente, estes novos nativistas serão, ao longo do tempo, deslegitimados e suas ideias ficarão para a história, desde que suas ideias sejam continuamente desafiadas e criticadas. Afinal, a transformação do globo, capturada sob a rubrica ideológica da globalização, borra as fronteiras nacionais, integra os povos e condiciona a humanidade a evoluir em uma direção cosmopolita.

De qualquer modo, a tradição cosmopolita na África do Sul reconhece que todos os cidadãos do país chegaram nessa ponta no sul da África como um produto da história; uma história de conquista e exploração, luta e liberdade, migração e assimilação. A Constituição sul-africana reconhece isso e presume que todos os seus residentes sejam sul-africanos, sejam eles descendentes do San e Khoi, que originalmente povoaram essa terra, dos povos Nguni e não Nguni, que migraram do interior do continente, dos boers e empreendedores europeus que vieram para colonizar, dos mineiros moçambicanos e swazi, que eram forçados a viver como trabalhadores imigrantes nas minas do país, dos judeus do Leste Europeu que fugiram da perseguição e dos filhos dos imigrantes indianos, que foram forçados a se deslocar como trabalhadores de plantação para as colônias britânicas do sul da África há cerca de 150 anos.

A Constituição não define a nação, além do fato de identificar valores democráticos essenciais para torná-la real. Este silêncio representa o reconhecimento de que a nação não pode ser definida para sempre. Ela evolui constantemente com a adesão de novas pessoas, sua assimilação e o espalhar de novos valores culturais. A nação é definida para um momento histórico por todos que querem fazer parte dela. Isto é uma visão de nacionalismo cosmopolita. É uma visão consistente com a constituição sul-africana e sua história. Contudo, é uma visão que também vem com responsabilidades; é uma visão que deve inspirar e que exige solidariedade e disposição daqueles que, não importa a cor, são favorecidos para sacrificar um pouco de modo a incluir os marginalizados.

Assim, se essa visão fosse realizada, teria valor não só para cidadãos sul-africanos, mas também para democratas não raciais pelo mundo. Isto ocorre no mundo globalizado porque emergiram poderosos impulsos políticos na América do Norte, na Europa Ocidental e nos países em desenvolvimento, que estão empurrando em direção a um nacionalismo religioso, racial ou cultural limitado. A ascensão de tais nacionalismos seria naturalmente desastrosa, pois anunciaria a realização da mais perigosa das fantasias, o "choque das civilizações", que a direita política e religiosa no mundo inteiro se afeiçoou em prever. Para aqueles no mundo que acreditam em um futuro alternativo, de uma mesma humanidade e de comunhão humana, uma transição política bem-sucedida na África do Sul seria uma luz na luta global contra a intolerância e o chauvinismo cultural.

Referências bibliográficas

ADAMS, K. *The colour of business*: Managing diversity in South Africa. Suíça: P. Schlettwein Publishing, 2000,

ALEXANDER, N. *An ordinary country:* Issues in the transition from apartheid to democracy in South Africa. Pietermaritzburg: University of Natal Press, 2002.

_________. *Affirmative action and the perpetuation of racial identities in post-apartheid South Africa.* Lecture delivered to the University of Fort Hare, East London, 25 mar. 2006.

ANC *Discussion document*: The national question, prepared for the ANC National General Council, 29 jun.-3 jul. 2005. Disponível em: <http://www.anc.org.za/ancdocs/ngcouncils/2005/nationalquestion.html>.

ANDERSON, B. *Imagined communities*: Reflections on the origin and spread of nationalism. Londres: Verso, 1983.

APPIAH, K. A.; GUTMANN, A. *Color conscious*: The political morality of race. Pinceton: Princeton University Press, 1996.

BARRY, Brian. *Culture and equality*: An egalitarian critique of multiculturalism. Cambridge, MA: Harvard University Press, 2001.

BAUMEISTER, A. Habermas: Discourse and cultural diversity. *Political Studies*, v. 51, p. 742, 2003.

BIKO, Steve. *I write what I like. A selection of his essays.* Johannesburgo: Macmillan, 1978.

BOND, P. *Elite transition*: From apartheid to neoliberalism in South Africa. Pietermaritzburg: University of Natal Press, 2000.

BUSINESS DAY, 8 ago. 2003.

CHIPKIN, I. *Do South Africans exist?* Nationalism, democracy, and the identity of 'The People'. Johannesburgo: Wits University Press, 2007.

COCK, J. Connecting the red, brown and green: The environmental justice movement in South Africa. In: BALLARD, Richard et al. (orgs.) *Voices of protest*: Social movements in post-apartheid South Africa. Pietermaritzburg: University of KwaZulu-Natal Press, 2006.

DAWKINS, Richard. *The extended phenotype*: The long reach of the gene. Londres: Oxford University Press, 2004.

DESAI, A. The Cape of good dope: A post-*apartheid* story of gangs and vigilantes. In: BALLARD, Richard et al. (orgs.) *Voices of protest*: Social movements in post-apartheid South Africa. Pietermaritzburg: University of KwaZulu-Natal Press, 2006.

EVERATT, David; SOLANKI, Geetesh. A nation of givers? Results from a national survey of social giving. In: HABIB, Adam; MAHARAT, Brij. (orgs.) *Giving and solidarity*: Flows for poverty alleviation in South Africa. Cape Town: HSRC Press, 2007.

EVERATT, D. The politics of poverty on South Africa. In: EVERATT, David; MAPHAI, Vincent. (orgs.) *The (real) State of the Nation*. Johannesburgo: Interfund, 2003.

FRIEDMAN, S.; ERASMUS, Z. Counting on "race": What the surveys say (and do not say) about "race" and redress. In: HABIB, Adam; BENTLEY, Kristina. (org.) *Racial redress and citizenship in contemporary South Africa*. Cape Town: HSRC Press, 2008.

FRIEDMAN, S.; MOTTIAR, S. Seeking the high ground: The treatment action campaign and the politics of morality. In: BALLARD, Richard et al. (orgs.) *Voices of protest*: Social movements in post-apartheid South Africa. Pietermaritzburg: University of KwaZulu-Natal Press, 2006.

HABIB, A.; VALODIA, I. Reconstructing a social movement in an era of globalisati. A case study of the Congress of South African Trade Unions (COSATU). In: BALLARD, Richard et al. (orgs.) *Voices of protest*: Social movements in post-apartheid South Africa. Pietermaritzburg: University of KwaZulu-Natal Press, 2006.

HABIB, A. Conversation with a nation: Race and redress in post-apartheid South Africa. In: PIETERSE, Edgar; MEINTJIES, Frank. (orgs.) *Voices of the transition*: The politics, poetics and practices of social change in South Africa. Cape Town: Heinneman Publishers (Pty), 2004.

HABIB, A.; DANIEL, J.; SOUTHALL, R. Introduction: The State of the Nation 2003-2004. In: DANIEL, John et al. (orgs.) *The State of the Nation 2003-2004*. Cape Town: HSRC Press, 2003.

HALL, S. The local and the global: Globalization and ethnicity. In: KING, A. (org.) *Culture, globalization and the world system:* Contemporary conditions for the representation of identity. Basingstoke: Macmillan Education, 1991.

HUNTINGTON, S. *Who are we?* America's great debate. Grã-Bretanha: The Free Press, 2005.

INSTITUTE FOR JUSTICE AND RECONCILIATION (IJR). *Revisiting reconciliation*: The people's view. Research Report of the Reconciliation Barometer Exploratory Survey, Cape Town, 2003.

KEONG, Yeogh Lam. Re-thinking Singapore's social compact. *Ethos*, 3. ed., out. 2007.

KUKATHAS, Chandran. Are there any cultural rights? *Political Theory*, 20, p. 105-139, 1995.

LEON, T. Africans who would close ranks are following in Verwoed's footsteps. *Sunday Times*, 3 ago. 2003.

MACDONALD, M. *Why race matters in South Africa*. Pietermaritzburg: University of KwaZulu-Natal Press, 2006.

MAMDANI, M. Beyond settler and native as political identities: Overcoming the political legacy of colonialism. *Comparative Studies in Society and History*, v. 43, 4. ed., 2001.

MANGCU, X. Liberating race from apartheid, *Transformation*, 47, 2001.

MARE, G. *Brothers born of warrior blood*: Politics and ethnicity in South Africa. Johannesburgo: Ravan Press, 1992.

MASSEY, D. Power geometry and progressive sense of place. In: BIRD, J. et al. (orgs.) *Mapping the futures*: Local cultures, global change. Londres/Nova York: Routledge, 1993.

MIGUEL, Edward. Tribe or nation? Nation-building in Kenya versus Tanzania. *World Politics*, 56, 2004.

MOLEKA, P. The South African graduate labour market, 1990-1998, report of the Human Science Research Council. Cape Town: HSRC Publishers, 2003.

NDLETYANA, Mcebis. *African intellectuals in the 19th and 20th century*. África do Sul: Paul & Co Pub Consortium, 2008.

POLICY COORDINATION AND ADVISORY SERVICES (PCAS). *The presidency, towards a ten year review*: Synthesis report on implementation of government programmes, out. 2003.

PUTNAM, Robert. E Pluribus Unum: Diversity and community in the twenty-first century. *Scandinavian Political Studies*, v. 30, n. 2, 2007.

REPUBLIC OF SOUTH AFRICA. Report of the Committee of Inquiry into a Comprehensive System of Social Security for South Africa: Transforming the Present- Protecting the Future. Pretoria: Department of Social Development, 2002.

________. *Constitution of the Republic of South Africa,* Act 108 of 1996. Pretoria: Government Printer, 1996a.

________. Report of the presidential commission to investigate labour market policy. Cape Town: Government Printer, 1996b.

SABBAGH, Daniel. *Equality and transparancy*: A strategic perspective on affirmative action in American law. Nova York: Palgrave Macmillian, 2007.

SEEKINGS, J. The colour of desert: Race, class and distributive justice in post-apartheid South Africa. *CSSR Working Paper,* n. 126, 2005.

SHUBANE, K. The wrong cure: Affirmative action and South Africa's search for racial equality. *Policy, Issues and Actors,* v. 8, n. 4, Johannesburgo: Centre for Policy Studies, 1995.

TAYLOR, R. South Africa: The role of peace and conflict-resolution organizations in the struggle against apartheid. In: GIDRON, Benjamin et al. *Mobilizing for peace*: Conflict resolution in Northern Ireland, Israel/Palestine and South Africa. Nova York: Oxford University Press, 2005.

TERREBLANCHE, S. *A history of inequality in South Africa 1652-2002.* Pietermaritzburg: University of Natal Press, 2000.

THE PEOPLE'S VOICES. Report of the Poverty Hearings, hosted by the South African NGO Coalition, South African Human Rights Commission, and the Commission on Gender Equality, 1998.

UNDP *South African Human Development Report.* Cape Town: Oxford University Press, 2003.

WEBSTER, E.; ADLER, G. Towards a class compromise in South Africa's 'double transition': Bargained liberalization and the consolidation of democracy, *Politics and Society,* v. 27, n. 3, 1999.

WEICK, K. An appreciation of social context: One legacy of Gerald Salancik. *Administrative Science Quarterly,* v. 41, 1996.

ZOLBERG, A. R. *A nation by design*: Immigration policy in the fashioning of America. Nova York: Russell Sage Foundation, 2006.

CAPÍTULO 10

AÇÕES AFIRMATIVAS, RAÇA, CLASSE E IDENTIDADE NACIONAL NO BRASIL E NA ÁFRICA DO SUL

GRAZIELLA MORAES SILVA
Doutora em sociologia pela Universidade de Harvard, professora do Instituto de Filosofia e Ciências Sociais da UFRJ e pesquisadora do Núcleo Interdisciplinar de Estudos sobre Desigualdade (Nied), no IFCS/UFRJ.

A comparação entre Brasil e África do Sul pode parecer estranha para alguns, afinal, trata-se de comparar países em diferentes continentes, com tipos de colonização diversos e dimensões, populacionais e geográficas bastante distintas: enquanto o Brasil foi uma colônia portuguesa que se tornou independente em 1822, a África do Sul foi colônia inglesa até 1948. A África do Sul tem um quarto da população do Brasil e 90% é considerada como não branca. Enquanto o Brasil tem apenas uma língua oficial, a África do Sul tem 11 desde o fim do *apartheid* no início da década de 1990.[1]

É possível encontrar, na literatura sociológica, comparações macro-históricas que tratam esses países como opostos, principalmente em suas formações raciais (Fredrickson, 2001; Marx, 1998): enquanto a África do Sul adotou, a partir da década de 1940 até os anos 1990, as infames políticas de segregação, conhecidas como o sistema de *apartheid*, o Brasil foi até recentemente idealizado como um paraíso racial.[2] Buscando compreender essas diferenças, autores tentaram tanto explicá-las a partir dos diferentes projetos de colonização e construção nacional (Ribeiro, 1996), como minimizá-las, identificando o forte racismo presente nos dois contextos (Guimarães, 1999; Winant, 2001).

A implementação de ações afirmativas no Brasil no período pós-conferência de Durban, no entanto, criou um novo quebra-cabeça de pesquisa: como países com histórias raciais tão diversas podem ter adotado o mesmo tipo de política, quase simultaneamente, para enfrentar suas desigualdades raciais.[3]

---

1. Hoje, o Brasil tem quase 200 milhões de habitantes, a África do Sul tem aproximadamente 50 milhões. No Brasil, pouco mais de 50% da população é considerada negra (43,1% se identifica como parda e 7,6% preta, de acordo com o censo de 2010). Na África do Sul, mais de 90% da população é considerada como não branca, ou politicamente negra: 2,5% se consideram indianos, 8,9% *coloureds* (traduzido livremente como mestiços) e 79% são considerados *black africans* (traduzido livremente como africanos negros). Além disso, esta última categoria é formada por diversos grupos étnicos, sendo Xhosas e Zulus os mais numerosos.

2. Mesmo que um grande número de autores nunca tenha deixado de notar que o Brasil foi o último país a abolir a escravidão nas Américas, em 1888, e o fez sem a implementação de nenhuma política de inclusão da enorme população de ex-escravos, por exemplo Boxer (1963) e Fernandes (1965).

3. Esses dois países se democratizaram no mesmo período e até recentemente competiam pelo posto de país mais desigual do mundo, com coeficientes Gini próximos de 0,6 (dados do Banco Mundial). Nos últimos anos, juntamente com Índia, China e Rússia, Brasil e África do Sul fazem parte dos Brics — grupo seleto de países em desenvolvimento com grande potencial econômico.

A partir desse quebra-cabeça, mesmo com perfis demográficos distintos, Brasil e África do Sul compartilham ao menos três características: a maioria dos pobres é negra (e a maioria dos negros é pobre), a maioria dos ricos é branca,[4] e poucos têm acesso ao ensino superior e a ocupações profissionais, principalmente entre os negros, o que parcialmente justifica a utilização de políticas de ação afirmativa semelhante[5] (Silva, 2006).

Por outro lado, mesmo utilizando a mesma política, Brasil e África do Sul definem, ou enquadram as políticas de ação afirmativa de forma bastante diversa. Na África do Sul, as justificativas para a implementação se pautam muito mais em argumentos de reparação histórica (em inglês, *redress*, conceito central do capítulo de Adam Habib e Kristina Bentley) e também da necessidade de criar rapidamente capital humano em um país majoritariamente negro. No caso brasileiro, argumentos pautados na reparação histórica são marginais, em parte porque retiram o foco da permanência da discriminação presente, atribuindo as desigualdades raciais contemporâneas a causas do passado, principalmente escravidão e diferentes desenvolvimentos regionais. Ironicamente, a referência à história é mais utilizada por aqueles que se opõem às ações afirmativas.

A justificativa central para a implementação de ações afirmativas no Brasil é seu papel de inclusão social (remedial). O crescente número de universidades cujo primeiro critério para inclusão nas cotas é socioeconômico (como evidenciado pela pesquisa do Nirema, apresentada nos capítulos 1 e 2) evidencia a centralidade deste argumento, mesmo que cotas raciais apareçam como um segundo recorte.

---

4. Uma diferença, no entanto, é que no caso da África do Sul a maioria dos brancos é rica, enquanto no caso brasileiro, a maioria dos brancos e negros pode ser considerada pobre ou de classe média baixa.

5. Em 2000, apenas 6,8% da população brasileira acima de 25 anos tinham um diploma de ensino superior. Na África do Sul esse número era de 8,4% (considerando a população acima de 20 anos, no censo de 2001). Entre negros brasileiros, apenas 2,3% (*vs.* 9,9% dos brancos) e entre negros sul-africanos 5,5% (*vs.* 29,8% dos brancos). De acordo com a PNAD de 2002, apenas 8% da população brasileira ocupava posições profissionais, entre negros essa percentagem era de 3,8%. Na África do Sul, de acordo com o censo de 2001, 12,4% da população tinha ocupações profissionais, entre negros este número era de 7,8% (*vs.* 33,4% entre brancos).

Este capítulo, no entanto, discute a importância de argumentos de diversidade, defendidos por parte dos movimentos negros e dentro de uma agenda de valorização do Brasil como um país multicultural. O argumento da diversidade defende que a inclusão de negros nas universidades é positiva para o próprio processo educacional, e é central, por exemplo, no caso das universidades americanas (Bowen e Bok, 1998). Aqui, o contraste com a África do Sul também é importante, já que no país os debates sobre diversidade são marginais, o que pode ser parcialmente atribuído ao medo de reproduzir o discurso da diferença presente nas políticas de *apartheid*.

Este texto parte do contraste entre Brasil e África do Sul para discutir dois pontos centrais no debate sobre ação afirmativa. Por um lado, apresenta como a articulação entre classe e raça na implementação de ações afirmativas têm sido discutida no contexto sul-africano e no contexto brasileiro. Por outro, discute o medo de que políticas de ações afirmativas criem e/ou reifiquem divisões étnico-raciais na comunidade nacional comumente conhecido na literatura sul-africana como a questão nacional.

I

O primeiro ponto a ser discutido é a afirmação implícita, e às vezes explícita, no texto de Habib de que um foco em classe é preferível a um foco em raça, porque permite o combate à desigualdade econômica sem essencializar categorias étnico-raciais. Tal afirmativa parte do pressuposto de que políticas de inclusão social devem ter um foco universal, baseado em critérios puramente socioeconômicos.

O pressuposto por trás da defesa de políticas universais parece ser o de que se as desigualdades socioeconômicas entre negros e brancos forem reduzidas, as diferenças também desaparecerão e poderemos viver em uma sociedade sem raça e cor (*color-blind*). Ou seja, se as desigualdades socioeconômicas entre grupos étnico-raciais forem reduzidas, o preconceito e a discriminação também o serão.

De acordo com o referencial teórico das fronteiras de Lamont e Molnár (2002), o argumento de Habib é de que a força das fronteiras socioeconômicas seria determinante da força das fronteiras simbólicas. De acordo com as autoras, as fronteiras sociais seriam manifestas de forma objetiva em acesso desigual a recursos e oportunidades e ilustradas, nesse caso, pelo índice Gini e outras formas de mensuração e desigualdade de renda, mobilidade ocupacional e/ou educação. As fronteiras simbólicas são definidas como distinções conceituais feitas por atores sociais para categorizar objetos e pessoas. No caso étnico-racial se tratariam de distinções entre quem somos "nós" e quem são "eles". Diferentemente do que argumenta Habib, as autoras defendem que a relação entre essas duas fronteiras é de dupla causalidade. Se as fronteiras socioeconômicas influenciam as simbólicas, as fronteiras simbólicas também podem influenciar as fronteiras socioeconômicas. Cabe às ciências sociais compreender as diferentes formas como essas fronteiras interagem.

Lamont e Bail (2005) analisam o "conteúdo" das diferenças étnico-raciais em diferentes países (Brasil, Canadá, Estados Unidos, Irlanda e Israel) e mostram como o pressuposto de que fronteiras socioeconômicas e simbólicas sempre caminham juntas não se verifica empiricamente. Fronteiras simbólicas fortes e socioeconômicas fortes separam israelenses de origem judaica e palestina. Esse também é, em parte, o caso americano, no qual a importante redução das fronteiras socioeconômicas durante as décadas de 1960 e 1970 não parece ter impactado a força das fronteiras simbólicas. Mas, no caso de canadenses de origem francesa e origem inglesa, existem fronteiras socioeconômicas bem fracas (a desigualdade entre esses grupos é bastante reduzida atualmente), mas fronteiras simbólicas muito persistentes (ilustradas pela segregação espacial, baixas taxas de casamento etc.). O caso irlandês se assemelha ao canadense, mesmo que as desigualdades socioeconômicas entre católicos e protestantes permaneçam mais altas. Finalmente, no caso de negros e brancos no Brasil, encontramos sólidas fronteiras socioeconômicas e fronteiras simbólicas bastante fracas: negros e brancos aqui se veem como parte de uma mesma comunidade nacional, têm gostos culturais semelhantes e taxas relativamente altas de casamento inter-racial.[6]

---

6. As altas taxas de casamento inter-racial se confirmam principalmente ao incluir os pardos dentro do grupo dos negros. Estudos mostraram que casamentos entre pessoas que se identificam como pretas e brancas, de acordo com as categorias censitárias são muito mais raros (Valle e Silva, 1991). No entanto, como a mensuração da desigualdade racial brasileira é feita desta forma, separando

Neste sentido, este conjunto de casos, sobretudo o exemplo brasileiro, questionam o pressuposto de Habib de que uma identidade nacional com fronteiras simbólicas mais fluídas entre negros e brancos pode ser uma solução, ou uma pré-condição, para a redução das desigualdades socioeconômicas entre negros e brancos na África do Sul.

Ao analisar o caso brasileiro com mais atenção, encontramos uma realidade quase oposta a tal pressuposto: uma correlação entre o fortalecimento de fronteiras simbólicas ou identidades raciais e a redução das desigualdades socioeconômicas ou do racismo. A pequena redução da desigualdade racial em tempos recentes no Brasil veio acompanhada de um fortalecimento da identidade racial por parte de pretos e pardos. Comparando os resultados dos *surveys* Datafolha de 1995 e 2008, é notável o crescente número de cidadãos que se identificam como negros no Brasil. A percentagem de pretos e pardos (segundo as categorias do IBGE) que se identificam como negros quando a pergunta é feita de forma aberta passou de 12,6% em 1995 para 25% em 2008.

Mesmo que a redução da desigualdade racial não possa ser diretamente atribuída à polarização da identificação racial, as próprias ações afirmativas que hoje beneficiam negros e brancos podem ser consideradas conquistas de movimentos negros, que lutam pela visibilidade da questão racial e pela identificação de pessoas afrodescendentes como negros (Paschell, 2011).

As pesquisas qualitativas sobre profissionais liberais negros no Brasil, presentes em Silva (2010) e Silva e Reis (2011), também mostram que a recente entrada dos negros em posições de comando no país também aumentou a consciência da discriminação racial nesses grupos, gerando maior identificação racial.[7] Ou seja, a maior mobilidade de negros no Brasil parece fortalecer, mais do que enfraquecer, as fronteiras simbólicas entre negros e brancos aqui.

O medo de que as ações afirmativas reifiquem divisões raciais e aumentem o racismo, no entanto, também aparece nas entrevistas com

---

brancos de não brancos (pretos e pardos, de acordo com as categorias do IBGE), a última afirmação se sustenta.

7. Pesquisa baseada em 160 entrevistas com pretos e pardos brasileiros.

profissionais negros. Esse parece ser um medo mais geral dos brasileiros: na pesquisa Datafolha de 2008, 62% dos respondentes afirmaram acreditar que a implementação de cotas nas universidades criaria atos de racismo. As primeiras pesquisas qualitativas sobre ações afirmativas no Brasil, no entanto, não apresentam fortes evidências de aumento de racismo nas universidades (ver Schwartzman e Silva, 2012). A seguir, trataremos mais detalhadamente sobre o impacto do uso de categorias raciais para a inclusão social, na forma de ação afirmativa, e sua possível ameaça à criação de uma comunidade nacional, como afirma Habib, ou ao fortalecimento de divisões perigosas, como discutido pelos críticos brasileiros desta política (ver Fry e Maggie, 2007).

II

Adam Habib remete a outro ponto central da literatura recente sul-africana: a questão nacional. Em linhas gerais, essa questão se remete ao dilema atual da África do Sul de como construir um país (ou uma nação) a partir de uma história de separação, discriminação institucionalizada e fortes diferenças culturais.

O chamado "milagre sul-africano", ou a transição do *apartheid* para a democracia sem uma guerra civil sangrenta, criou uma onda de otimismo no país no início da década de 1990. O Congresso Nacional Africano (CNA, em inglês African National Congress — ANC) de Nelson Mandela tinha uma história de apoio, ideologias não racialistas resumidas pelo *Freedom Charter*, um documento fundador do partido escrito em 1955. Desde que o CNA chegou ao poder, o partido seguiu fiel, ao menos oficialmente, a essa perspectiva não racialista resumida na caracterização de Desmond Tutu sobre a África do Sul como uma nação arco-íris (Tutu e Allen, 1994).

Uma série de estudos e pesquisas do final da década de 1990 e início dos anos 2000 confirmaram um surpreendente baixo índice de intolerância racial e política na África do Sul, levando em conta a quase meia década de políticas segregacionistas (ver Jung, 1998 e 2000). Esses estudos apontavam para o fortalecimento e aumento da relevância política da identidade nacional desde o fim do *apartheid*, o que, de acordo com analistas, geraria um enfraquecimento das divisões raciais.

Quase duas décadas depois da transição, no entanto, o otimismo sobre o milagre sul-africano é muito mais contestado. Uma parte dos acadêmicos sul-africanos passou a afirmar que as práticas do CNA, incluindo a imagem da nação arco-íris, reproduzem e até fortalecem as fronteiras raciais. Alexander (2003, p. 103), um acadêmico e ativista anti*apartheid*, resumiu essas críticas na afirmação de que a imagem do arco-íris mantém suas cores separadas. Alexander argumenta que a África do Sul deveria se definir como uma nação *Garieb* (literalmente, Grande Rio), ou um país onde a identidade principal é nacional.

Do outro extremo ideológico, alguns autores sul-africanos argumentaram que a própria ideia de não racialismo deveria ser abandonada por reproduzir de forma acrítica a exclusão racial e o privilégio branco. A ideia de não racialismo ignoraria a natureza racial (e sexista) de qualquer Estado-nação, reproduzindo a hegemonia dos grupos raciais no poder, política, social, cultural e economicamente. Como argumentado por Erasmus e Pieterse (1999, p. 171-172): "A ideia da nação arco-íris é extremamente precária e instável e necessariamente mediada por um excessivo sentimentalismo otimista e ingênuo (*happy--go-lucky*), como se buscasse compensar suas fragilidade". De acordo com MacDonald (2006), a ideia de nação arco-íris também rejeitaria o direito à diferença e à organização coletiva dos grupos historicamente constituídos.

Finalmente, outra parte de intelectuais africanos parece quase acreditar que a ideia clássica de nação poderia ser abandonada no caso sul-africano, já que, na prática, ela distingue entre sujeitos nacionais legítimos (que seriam os negros africanos), em vez de apresentar a ideia de cidadania universal (Boyce, 1999; Chipkin, 2007; Mare, 1999).

Em resumo, de diferentes perspectivas teóricas e ideológicas sobre o papel e o significado da construção da nação, a maioria dos acadêmicos sul-africanos acredita que, hoje, o seu país ainda esteja dividido por linhas raciais e étnicas e que essas divisões são um empecilho para a construção da Nova África do Sul, seja como nação ou como Estado de direito. De fato, pesquisas recentes mostram que as identidades raciais são apontadas como mais relevantes e centrais do que a identidade nacional sul-africana (Grossberg, Struwig e Pillay, 2006; Roefs, 2006).

As ações afirmativas de cunho racial aparecem muitas vezes como pivô desse conflito. Ao leitor brasileiro, é importante mencionar que ações afirmativas com foco racial, como o Fortalecimento da Economia Negra (Black Economic Empowerment ou BEE), e ações afirmativas de acesso à universidade foram sempre consideradas necessárias pelo governo sul-africano para compensar os anos de *apartheid*. Implementadas desde o início dos anos 1990, políticas de ação afirmativa são reconhecidas como legais e legítimas na Constituição do país. Seus críticos atuais, porém, argumentam que elas reificam as divisões raciais sem resolver as crescentes desigualdades socioeconômicas (ver Seekings e Nattrass, 2005). Habib e outros argumentam que o foco em raça não é mais necessário, principalmente porque classe e raça se sobrepõem em um país onde a maioria da população é negra. Nesse sentido, ações afirmativas seriam responsáveis por reificar as diferenças raciais ao mesmo tempo aumentando a desigualdade entre negros.

A experiência brasileira pode servir, mais uma vez, para iluminar o caso sul-africano e vice-versa. Enquanto os sul-africanos buscam criar a unidade na diversidade, no Brasil, o desafio é como reconhecer a diversidade na unidade ou como tornar a diversidade visível em um país onde a identidade nacional é essencialmente homogeneizadora.

Como a maioria dos países latino-americanos após a independência, intelectuais e elites brasileiras debatiam o desafio de construir uma nação em países onde indígenas e ex-escravos eram a maioria (Stern, 2003). A resposta mais comum a partir do final do século XIX foi a mestiçagem, seja como branqueamento ou como celebração da mistura racial (Silva e Reis, 2012).

As altas taxas de casamento inter-racial, a baixa segregação racial, mas principalmente a baixa percepção de conflitos étnicos raciais sustentaram, até recentemente, a crença do Brasil como um caso excepcional de harmonia racial, comumente chamado de democracia racial. Apesar do significado contestado e polêmico do termo democracia racial – às vezes definido como mito, às vezes como ideal –, essa ideia pode ser resumida como a crença de que as relações raciais brasileiras são mais tolerantes e inclusivas do que em outros países multirraciais, como os Estados Unidos e a própria África do Sul (Guimarães, 2001).

Uma consequência lógica, mesmo que nem sempre explicitada dessa crença, é a existência de uma forte identidade nacional em todos os grupos raciais brasileiros. De forma quase contraditória, apesar de o Brasil ser considerado um país multirracial, a identidade brasileira costuma ser compreendida como homogênea e monocultural: o produto da miscigenação.

Como na crítica de Erasmus e Pieterse (1999), essa crença na homogeneidade nacional coexistiu por muito tempo sem maiores conflitos, com uma realidade de fortes desigualdades raciais. Essas desigualdades têm sido documentadas de forma sistemática por estudos estatísticos desde a década de 1960 (ver Fernandes, 1965; Silva, 1979), mas apenas nos anos 1990 o Estado brasileiro reconheceu oficialmente sua existência e desenhou políticas para combatê-las.

As primeiras políticas de ações afirmativas, na forma de cotas raciais para vagas em determinados ministérios, começaram a surgir nesse contexto. Mas foi após a Conferência das Nações Unidas de 2001, em Durban, na África do Sul, que as cotas raciais se tornaram mais visíveis, quando passaram a ser implementadas nas universidades (Peria, 2004).

A implementação de cotas raciais criou um grande debate sobre a relevância e consequências de políticas públicas que focalizem raça. De acordo com pesquisas nacionais, a maioria da população, independentemente de sua cor ou raça, apoia tais políticas. No entanto, muitos temem que essas políticas criem divisões perigosas, ameaçando a unidade nacional brasileira, criando conflitos raciais e, para retomar os termos de Lamont, fortalecendo as fronteiras simbólicas entre negros e brancos no Brasil (Fry e Maggie, 2007).

Logo, como na África do Sul, uma das questões centrais no debate sobre ação afirmativa no Brasil é sobre suas consequências para o projeto nacional (ou de *nation-building*). Enquanto aqueles que apoiam tais políticas argumentam que a organização coletiva em torno de identidades raciais é legítima e ajuda a fortalecer a democracia brasileira, questionando o mito da democracia racial (Guimarães, 2007), os críticos acreditam que essas políticas podem dividir a nação, alimentando intolerância racial (Maggie, 2005).

No entanto, a oposição entre identidade étnico-racial e identidade nacional feita tanto pelos críticos brasileiros como pelos críticos sul-

-africanos, como Habib, identificam um jogo de soma-zero entre essas identidades que nem sempre é verdadeiro. A maioria desses estudos parte, explicita ou implicitamente, das hipóteses da Teoria de Identidade Social (*Social Identity Theory* ou SIT) sobre a correlação direta entre a centralidade ou força da identidade de um grupo e intolerância com relação aos de fora (Tajfel, 1982). O principal foco da teoria são variações ou assimetrias na identificação com a comunidade nacional entre grupos de minorias étnico-raciais. Em outras palavras: quanto mais forte fosse a identificação com um grupo étnico racial, mais fraca seria a identificação com a identidade nacional e maior a chance de ocorrerem conflitos étnico-raciais.

Estudos empíricos, no entanto, encontram resultados diversos e até contraditórios. Enquanto alguns confirmam os resultados de que a afirmação de uma identificação como minoria étnico-racial está relacionada a uma identidade nacional mais fraca, outros estudos encontraram uma correlação positiva ou nenhuma correlação entre esses dois tipos de identificação (ver Citrin, 2004; Sidanius et al., 1997).

A maioria desses estudos, no entanto, vem da psicologia social, discute mais as estratégias dos grupos minoritários para fortalecer sua autoestima e ignora os condicionantes macro-históricos dessa relação. Além disso, a maioria discute o caso norte-americano, limitando a possibilidade de generalização dos resultados para além deste contexto nacional.

Uma teoria mais recente e sociológica é a teoria de identidades casadas (*nested identities*, literalmente traduzido como identidades "aninhadas"). Proposta por Craig Calhoun (1994), defende a existência de ao menos dois objetivos da identidade, diferenciação e equivalência. Logo, diferentes identidades podem conviver e ser igualmente fortes sem conflito, desde que tenham diferentes papéis. Ao adotar a perspectiva de Calhoun, a existência de diferentes identidades étnico-raciais dentro de uma nação não leva necessariamente ao conflito nem gera divisões perigosas.

Em resumo, os riscos de aparecimento de divisões e conflitos raciais no Brasil e da essencialização das diferenças étnico-raciais do *apartheid* na África do Sul existem, mas não são consequências lógicas das políticas de ação afirmativa ou do fortalecimento das identidades étnico-raciais. Uma outra possível consequência dessas políticas, pouco discutida nos dois países em questão, é a valorização do espaço das universidades como um espaço de encontro entre diferentes grupos (Kymlicka, 2007). Para isso, é necessário pensar a diversidade como um valor e uma vantagem, e não como um problema que exige solução.

IV

Duas ressalvas sobre as análises de políticas de ações afirmativas. Em primeiro lugar, um lembrete de que, apesar de acreditar na comparação entre países como uma ferramenta importante para enxergar pressupostos feitos em cada contexto, as particularidades de cada caso não devem ser esquecidas. No caso das comparações entre projetos nacionais de ações afirmativas, as justificativas, as formas de implementação e as consequências devem ser analisadas em seu contexto geográfico e histórico.

Em segundo lugar, políticas de ação afirmativa só fazem sentido no acesso a recursos escassos, e por isso sao tão polêmicas.[8] Como políticas de redistribuição mais geral, no entanto, seu impacto tende a ser restrito, já que poucos recursos são de fato distribuídos. As implicações simbólicas das ações afirmativas são mais centrais: seja na dissociação entre negritude e falta de escolaridade, seja no reconhecimento de distintos tipos de desigualdade e das identidades étnico-raciais. Nesse sentido, as políticas de ação afirmativa já são um sucesso tanto no Brasil quanto na África do Sul.

Referências bibliográficas

ALEXANDER, Neville. *An ordinary country; issues in the transition from apartheid to democracy in South Africa*. Nova York: Berghahn Books, 2003.

BOWEN, William G.; BOK, Derek Curtis. *The shape of the river*: Long-term consequences of considering race in college and university admissions. Princeton: Princeton University Press, 1998.

BOXER, C. R. *Race relations in the Portuguese colonial empire, 1415-1825*. Oxford: Clarendon Press, 1963.

8. Isso também ajuda a entender por que as cotas para ingresso nas universidades públicas são tão polêmicas, enquanto políticas com o mesmo foco social e racial, como o ProUni, que garante acesso a um número ainda maior de estudantes de escolas públicas e negros ao ensino superior privado, não geram tanto debate.

BOYCE, Brendan P. Nation Building Discourse in a Democracy. In: PALMBERG, M. (org.) *National identity and democracy in Africa.* Pretoria: HSRC Press, 1999, p. 231-243.

CALHOUN, Craig. Social theory and the politics of identity. In: ________. (org.) *Social theory and the politics of identity.* Cambridge, Mass: Blackwell, 1994.

CHIPKIN, Ivor. *Do South Africans exist?: Nationalism, democracy, and the identity of the people.* Johannesburgo: Wits University Press, 2007.

CITRIN, Jack. Balancing national and ethnic identities: The psychology of E Pluribus Unum. *Weatherhead Center for International Affairs*, 2004.

ERASMUS, Zimitri; PIETERSE, Edgar. Conceptualising coloured identities in the Western Cape Province of South Africa. In: PALMBERG, M. (org.) *National identity and democracy in Africa.* Pretoria: HSRC Press, 1999, p. 167-187.

FERNANDES, Florestan. *A integração do negro na sociedade de classes.* São Paulo: Dominus, 1965.

FREDRICKSON, George. Race and racism in historical perspective: Comparing the United States, South Africa and Brazil. In: HAMILTON, C. et al. (orgs.) *Beyond racism*: Race and inequality in Brazil, South Africa and the United States. Boulder: Lynne Rienner, 2001, p. 1-28.

FRY, Peter; MAGGIE, Yvonne. *Divisões perigosas*: Políticas raciais no Brasil contemporâneo. Rio de Janeiro: Civilização Brasileira, 2007.

GROSSBERG, Arlene; STRUWIG, Jaré; PILLAY, Udesh. Multicultural national identity and pride. In: PILLAY, Udesh et al. (orgs.) *South African social attitudes*: Changing times, diverse voices. Cape Town: HSRC Press, 2006, p. 54-76.

GUIMARÃES, Antonio Sérgio. Combatendo o racismo: Brasil, África do Sul e Estados Unidos. *Revista Brasileira de Ciências Sociais*, 14, p. 103-117, 1999.

________. Democracia racial: O ideal, o pacto, e o mito. *Novos Estudos do CEBRAP*, 61, p. 147-162, 2001.

________. New ideological inflections in the study of racism in Brazil. In: *UCLA-Harvard Interdisciplinary Roundtable Conference*: Racial, and caste discrimination and remedial measures in global perspective. Los Angeles, 2007.

JUNG, Courtney. Identities in transtition: South Africans then and now. *Political Science*. New Haven: Yale University Press, 1998.

________. *Then I was black*: South African political identities in transition. New Haven: Yale University Press, 2000.

KYMLICKA, Will. *Multicultural odysseys*: Navigating the new international politics of diversity. Oxford: Oxford University Press, 2007.

LAMONT, Michèle; BAIL, Christopher. Sur les frontières de la reconaissance: Les catégories internes et externes de l'indentité collective. *Review Européenne des Migrations Internationales,* 21, p. 61-90, 2005.

LAMONT, Michèle; MOLNÁR, Virág. The study of boundaries in the social sciences. *Annual Review of Sociology,* 28, p. 167-195, 2002.

MACDONALD, Michael. *Why race matters in South Africa?* Durban: University of Kwazulu-Natal, 2006.

MAGGIE, Yvonne. Mario de Andrade ainda vive? *Revista Brasileira de Ciências Sociais,* 20, p. 5-25, 2005.

MARE, Gerhard. The notion of "Nation" and the practice of "Nation--Building" in post-apartheid South Africa. In: PALMBERG, M. (org.) *National identity and democracy in Africa*. Pretoria: HSRC Press, 1999, p. 244-260.

MARX, Anthony. *Making race and Nation*: A comparison of South Africa, the United States and Brazil. Cambridge: Cambridge University Press, 1998.

PASCHELL, Tiana. *States, movements and the new politics of blackness in Colombia and Brazil.* PhD dissertation of Sociology, Berkeley, 2011.

PERIA, Michelle. *Ação afirmativa*: Um estudo sobre a reserva de vagas para negros nas universidades públicas brasileiras. O caso do Estado do Rio de Janeiro. Antropologia Social, Museu Nacional, Universidade Federal do Rio de Janeiro, Rio de Janeiro, 2004.

RIBEIRO, Luiz Fernando F. da R. *"Apartheid" and "Democracia Racial"*: South Africa and Brazil in Contrast. Tese (Doutorado em Antropologia) – Universiteit Utrecht, Utrecht, 1996.

ROEFS, Marlene. Identity and race relations. In: PILLAY, B. et al. (orgs.) *South African social attitudes*: Changing times, diverse voices. Cape Town: HSRC Press, 2006, p. 77-97.

SCHWARTZMAN, Luisa Farah; SILVA, Graziella Moraes. Unexpected narratives from multicultural policies: Translations of affirmative action in Brazil. *Journal of Latin American and Caribbean Ethnic Studies*, 7, 2012.

SEEKINGS, Jeremy; NATTRASS, Nicoli. *Class, race, and inequality in South Africa*. New Haven: Yale University Press, 2005.

SIDANIUS, Jim et al. The interface between ethnic and national attachment: Ethnic pluralism or ethnic dominance? *Public Opinion Quarterly*, p. 102-133, 1997.

SILVA, Graziella Moraes. Ações afirmativas no Brasil e na África do Sul. *Tempo Social*, 18, p. 131-165, 2006.

________. *Re-making race and nation*: Black professionals in Brazil and South Africa. Sociology, Harvard University, Cambridge, MA, 2010.

SILVA, Graziella Moraes; REIS, Elisa P. Perceptions of social mobility, inequality and racial discrimination among black professionals in Rio de Janeiro. *Latin American Research Review*, 46, p. 55-78, 2011.

________. Multiple meanings of racial mixture. *Ethnic and Racial Studies* 35, p. 382-399, 2012.

STERN, Alexandra Menna. From mestizophilia to biotypology: Racialization and science in Mexico, 1920-1960. In: APPELBAUM, A. S. Macpherson; ROSEMBLATT, K. A. (orgs.) *Race and nation in modern Latin America*. Chapell Hill NC: The University of North Carolina Press, 2003, p. 187-210.

TAJFEl, Henri. *Social identity and intergroup relations*. Cambridge [Cambridgeshire]: Cambridge University Press, 1982.

TUTU, Desmond. *The rainbow people of God*: The making of a peaceful revolution. Nova York: Doubleday, 1994.

VALLE E SILVA, Nelson. Estabilidade temporal e diferenças regionais no casamento inter-racial. *Estudos Afro-Asiáticos*, 21, p. 49-60, 1991.

WINANT, Howard. *The world is a ghetto*: Race and democracy since World War II. Nova York: Basic Books, 2001.

PARTE IV

O CASO FRANCÊS

CAPÍTULO 11

A AÇÃO AFIRMATIVA *COLOR-BLIND*

DANIEL SABBAGH

Pesquisador senior na Sciences Po, Centre d'études et de recherches internationales (CERI/CNRS). Estuda políticas de ação afirmativa a partir de uma perspectiva comparada e multidisciplinar. É autor de *L'Égalité par le droit: Les paradoxes de la discrimination positive aux États-Unis* (Paris: Économica, 2003), François Furet Book Award. Publicou artigos em periódicos como *World Politics, Daedalus, Ethnic and Racial Studies, Political Science Quarterly*, e *Comparative Education Review*, além de um capítulo no *Oxford Handbook of Comparative Constitutional Law*, organizado por Michel Rosenfeld e Andras Sajo (Oxford: Oxford University Press, 2012). Juntamente com os sociólogos Devah Pager e Agnès van Zanten, coordenou o comitê acadêmico do Programa de Igualdade de Oportunidades da Fundação Franco-Americana.

Mesmo que equivocadamente, na França e no Brasil a ação afirmativa é amplamente percebida como uma política típica e essencialmente "americana" – o que significa, aqui, dos Estados Unidos. Portanto, considerarei o que se chama geralmente na França de "discriminação positiva" (*discrimination positive*) em relação à sua contraparte americana. Após comentários sobre o contraste prevalecente entre os dois países no que diz respeito à raça, três tópicos correlacionados serão considerados: em primeiro lugar, a noção de "diversidade" e o papel que ela desempenha no discurso público contemporâneo francês; em segundo lugar, a controvérsia com relação ao seu potencial de coleta de dados, no que se refere ao armazenamento e à política de uso dos dados estatísticos sobre a distribuição etnorracial da população francesa; e, em terceiro e último, a existência, na França, de um regime de ação afirmativa distinto daquele dos Estados Unidos, mas sem dúvida cada vez menos atuante.

A condição de "*color-blindness*" nos Estados Unidos e na França: Um estudo de contrastes

Nos Estados Unidos, embora algumas políticas que distribuem benefícios com base na raça ou na etnia, como a ação afirmativa, tenham frequentemente enfrentado de forma bem-sucedida desafios políticos e jurídicos, historicamente, o próprio princípio de classificação racial pelas autoridades do Estado enfrentou muito menos resistência (ver Schor, 2009). A Cláusula de Proteção Igualitária da Décima Quarta Emenda da Constituição, aprovada em 1868, segundo a qual "nenhum Estado poderá negar a qualquer pessoa sob sua jurisdição a igual proteção das leis", não pretendia originalmente incorporar uma regra geral de "*color-blindness*" (ver Bickel, 1955, p. 1-65; Kull, 1992; Schnapper, 1985, p. 753-798). Mais recentemente, na Califórnia, em 2003, quando a "Iniciativa de Privacidade Racial" levou a um referendo sobre uma medida – Proposição 54 – exigindo que "o Estado não deve classificar qualquer indivíduo por raça, etnia, cor ou origem nacional", esta restrição deveria ser aplicada exclusivamente à educação pública, à contratação pública e ao emprego público. Estes eram os três domínios nos quais a ação afirmativa já estivera em vigor e poderia ser restabelecida em algum momento – ou assim temiam os defensores desta iniciativa. De todo modo, diferentemente da Proposição 209 – que levara ao término de todos os programas públicos de ação afirmativa no Estado da Califórnia em 1996 (ver Chavez, 1999; Volokh, 1997) –, a Proposição 54 foi derrotada nas urnas, com aproximadamente 55% dos eleitores contra (ver Amar, 2005, p. 1.279-1.312). De maneira semelhante, em 1997, quando a Associação Antropológica Americana emitiu uma declaração defendendo a retirada da questão da raça do censo federal[1], esta posição foi diretamente rejeitada.

No entanto, na França, a raça e a etnia estão ausentes do formulário do censo, e a denúncia moral e política de *discriminação*, com base na adesão a um grupo, está muito ligada a uma hostilidade ao próprio princípio da *classificação* do Estado. O Conselho Constitucional não só manteve, em uma decisão de 1999, que a indivisibilidade do povo francês, consagrada no art. 1º da Constituição de 1958, impede "*o reconhecimento dos direitos coletivos* para qualquer grupo definido por uma comunidade de origem, língua, cultura ou crença", como também, diferentemente dos Estados Unidos, a questão legal sobre se uma *regra de "color-blindness"* deve ser inferida a partir do *princípio de igualdade* constitucionalmente fundamentado não foi deixada em aberto para os tribunais decidirem[2]. Decidiu-se de antemão e a resposta foi incorporada ao próprio texto da Constituição. Assim, o art. 1º da Constituição de 1958 prevê que "a França [...] deve garantir a igualdade de todos os cidadãos perante a lei, *sem qualquer distinção de origem, raça ou religião*" [grifo nosso]. Como resultado, usos corretivos ou "remediáveis" da raça por autoridades do Estado, de um ponto de vista legal, são colocados no mesmo plano do que aqueles "injustos" e são simplesmente descartados. Nenhuma política pública pode focar explicitamente em segmentos da população definidos por esses critérios proibidos, e essa proibição ainda permanece, em geral, incontestada até hoje. Além disso, por consequência de uma lei de 1978 (alterada em 2004), dados estatísticos divididos por raça ou etnia –

---

1. American Anthropological Association (1997), "Response to OMB Directive 15". Disponível em: <http://www.aaanet.org/gvt/ombdraft.htm>.

2. Sobre a distinção entre regras e princípios, ver Dworkin (1977, p. 22-28, 71-80).

"*statistiques ethniques*", como vieram a ser chamados em francês – não podem, de modo geral, ser coletados[3].

Além disso, esta diferença de *estrutura constitucional* tanto reflete como reforça uma diferença na *cultura pública*. Nos Estados Unidos de hoje, o vocabulário relacionado à raça ainda está muito presente, embora "raça", sem dúvida, denote menos a classificação anterior pseudocientífica que predominava de seres humanos em um conjunto de grupos distintos e hierarquizáveis do que o subconjunto de grupos que vivenciaram as formas mais graves de discriminação racista. A palavra ainda está em todos os lugares, apesar de o significado dominante ter mudado[4]. Na França, por outro lado, parcialmente como resultado da participação do governo de Vichy na detenção e deportação de judeus, que eram então identificados como uma raça distinta, a deslegitimação do racismo biológico desqualificou completamente a raça como uma categoria descritiva (ver Suk, 2007). Na verdade, a palavra "raça" se encontra em um número limitado de situações: é usada somente por frações mais radicais da extrema direita, por cientistas políticos estudando a história e os efeitos do racismo e por legisladores preocupados em proibir distinções baseadas nessa noção desrespeitosa. Aliás, a rejeição da raça permanece tão forte que até mesmo aqueles ativistas pedindo a coleta de dados estatísticos de minorias fenotipicamente definidas para fins antidiscriminatórios ainda estão relutantes em retirar o valor disso. Eles consideram mais prudente posicionar suas reivindicações sob a proteção da "diversidade". Um exemplo é o nome original da organização que mais tarde ficaria conhecida como o Conselho Representativo das Associações Negras (Conseil Représentatif des Associations Noires — Cran) foi Comitê para a Promoção da Diversidade na França (Cercle d'Action pour la Promotion de la Diversité en France — CAPDIV) e,

---

3. *Loi du 6 janvier 1978 relative à l'informatique, aux fichiers et aux libertés (modifiée par la loi relative à la protection des personnes physiques à l'égard des traitements de données à caractère personnel du 6 août 2004)*, art.8 (1) Disponível em: <www.cnil.fr/fileadmin/documents/approfondir/textes/CNIL-78-17_definitive-annotee.pdf>. A este respeito, a situação francesa é muito semelhante à de outros países da Europa Ocidental; dentro do contexto da Europa Ocidental, a exceção sendo o Reino Unido, e não a França. O que é, sem dúvida específico ao caso francês é a *intensidade* da controvérsia sobre "*statistiques ethniques*", e não o seu resultado.

4. Sobre o significado de raça no contexto dos EUA, ver Morning (2011).

mesmo agora, os funcionários do Cran evitam usar deliberadamente o termo raça[5]. Eles sabem que, no que diz respeito à coleta de estatísticas, assim como na maioria dos outros países da Europa Ocidental, a raça continua a ser uma categoria presumidamente ilegal e eles não têm nenhuma ilusão de que isso mudará em breve.

Diversidade ao modo francês

Acontecimentos relativamente recentes sugerem que há uma janela de oportunidade para uma medida de inovação. A criação, em 2005, de uma nova agência, a Alta Autoridade para Antidiscriminação e Igualdade (HALDE, sigla em francês), foi tida como um sinal do surgimento de um compromisso nacional para promover maiores oportunidades para populações minoritárias e imigrantes (embora esta organização tenha se tornado parte, desde 2011, de uma agência mais ampla chamada Défenseur des Droits, cujo domínio da regulação não está circunscrito a questões relacionadas à discriminação). Também, desde outubro de 2004, mais de 3.500 empresas assinaram uma "Carta da Diversidade", cujo nome reflete a circulação das estruturas e dos lemas americanos (ver Edelman et al., 2001, p. 1.589-1.641). Como assunto geral, a "diversidade" na França é hoje amplamente entendida como um termo abrangente, trazendo, em um único quadro analítico, questões de reconhecimento para minorias culturais e religiosas e discriminação contra grupos definidos em uma base etnorracial. O valor quase consensual da diversidade – o fato de que dificilmente alguém se oporia oficialmente a isso – deriva, em parte, da sua ambiguidade e da ausência de qualquer especificação legalmente fundamentada do que isso de fato significa.

No entanto, parece razoavelmente claro que a prática nascida nos Estados Unidos de usar a palavra "diversidade" como um código, como um

---

5. Isso se reflete na afirmação de Patrick Lozes, ex-presidente do Cran, em um encontro organizado pelo Conselho Nacional de Informação Estatística (Conseil National de l'Information Statistique – CNIS), em 12 de outubro de 2007: "Gostaria que pudéssemos expulsar definitivamente do nosso vocabulário a frase 'categorias etnorraciais', que se baseia em conceitos que a nossa história e a nossa moral da ciência rejeitam em si mesmas. Raças não existem, e não acho que a etnia é um conceito relevante no contexto francês. Não se trata de medir raças ou grupos étnicos, mas a diversidade da sociedade francesa" ("Formation Démographie, Conditions de vie", disponível em: <http://www.cnis.fr/Agenda/CR/CR_0405.PDF>, p. 19).

espaço eufemizado adequadamente reservado para a condição de raça, etnia e/ou "minoria visível", está agora dominante na França também. Na mídia convencional, a frase "*issu de la diversité*" (literalmente, "vindo da" – ou "nascido da" – "diversidade"), obscura e contorcida, substitui hoje "*issu de l'immigration*" (isto é, "imigrante geração-x") como a designação ubíqua, que engloba todos os indivíduos cuja origem ou aparência física funciona potencialmente como um estigma de "alteridade" (com a vantagem comparativa de incluir cidadãos franceses negros de territórios além-mar). Sobre isso, paradoxalmente, a "diversidade" deveria ser tanto um atributo da sociedade francesa em sua totalidade como o traço distintivo de um dos seus componentes.

Ainda assim, o grau em que os debates públicos franceses sobre "diversidade" focam – explícita ou implicitamente – na dimensão etnorracial varia de um domínio político a outro. Quando primeiro se definiu "diversidade" como uma meta para as instituições públicas, na década de 1990 – para o exército e a polícia especificamente e, então, para o serviço público como um todo –, a segunda geração de imigrantes africanos era claramente o alvo principal. Isso também era verdadeiro e permanece verdadeiro na política, em parte porque um plano especificamente projetado para aumentar o número de mulheres nas assembleias eleitas já estava em vigor com o nome de *parité*, enquanto o ex-presidente francês, Nicolas Sarkozy, era um imigrante de segunda geração da Hungria, este fato nunca foi apresentado como uma evidência do progresso da "diversidade".

Dentro da comunidade empresarial, houve um movimento perceptível de afastamento da ênfase inicial no componente etnorracial da diversidade, inicialmente refletido na "Carta da Diversidade" de 2004. Neste caso, primeiro, ampliou-se o significado predominante de "diversidade" de modo a englobar outras formas de discriminação (como deficiência, gênero e idade) e até mesmo fatores completamente fora do alcance da lei antidiscriminatória. Em segundo lugar, ao aumentar a gama de opções a partir das quais os departamentos de recursos humanos poderiam escolher na concepção de programas nesta área, essa expansão abriu o caminho para uma abordagem altamente seletiva da diversidade, uma abordagem na qual a maioria das empresas, agindo de forma independente uma da outra, faz, no entanto, a mesma escolha: privilegiar a deficiência, o gênero e a idade em detrimento da raça e da etnia, com a religião sendo ainda mais marginalizada (ver Doytcheva, 2010, p. 423-438). Quanto à natureza específica dos programas envolvidos, de modo geral, a ação afirmativa suave da variante "comunitária" – em oposição à contratação preferencial – é a única opção disponível. Seu objetivo é simplesmente trazer uma variedade mais diversificada de candidatos para a dinâmica de recrutamento (ou de promoção), somente permitindo a entrada de adesão a grupos no processo preliminar em que se aumenta o conjunto de onde eventualmente os candidatos serão selecionados, mas não no próprio nível de seleção.

No que diz respeito à conexão entre antidiscriminação e diversidade, há indiscutivelmente pelo menos uma característica específica do caso francês, perceptível na maioria dos domínios políticos, se não em todos: a ordem sequencial na qual a "antidiscriminação" e a "promoção da diversidade" surgiram na pauta política, que é exatamente o oposto da ordem nos Estados Unidos. Nos EUA, a ênfase na "diversidade" apareceu principalmente como uma racionalização *ex post facto* projetada para fornecer uma base mais sólida para programas de ação afirmativa, originalmente concebidos como um instrumento para combater o efeito da discriminação baseada em raça, e essa racionalização provocou apenas mudanças marginais na natureza desses programas[6]. Em contrapartida, na França, a circulação do paradigma da diversidade antecede, na verdade, não só a consciência generalizada das implicações da lei antidiscriminatória existente, mas também a implementação de políticas antidiscriminatórias do tipo coercivo que são eficazes. A diversidade é amplamente celebrada, apesar da discriminação ainda não ser levada tão a sério quanto deveria ser pelas autoridades do Estado como uma questão prática.

A controvérsia sobre "*statistiques ethniques*"

Indiscutivelmente, uma das características mais marcantes dessa controvérsia – que se expandiu além da esfera acadêmica – é a sua confusão,

6. Sobre admissões universitárias, ver Lipson (2009, p. 985-1.026); sobre emprego, ver Dobbin (2009).

que diz respeito tanto ao *tipo* de estatísticas de que se fala quanto aos *fins* aos quais podem razoavelmente servir[7].

Em primeiro lugar, a distinção entre as pesquisas especiais de natureza social-científica sobre a "diversidade" da população francesa, garantindo o anonimato dos entrevistados e a criação, pelo Estado, de uma nomenclatura de categorias etnorraciais oficial, padronizada, permanente e orientada para políticas, ou é vagamente percebida ou abertamente desafiada. Um exemplo, em resposta aos protestos e às obrigações legais percebidas, são algumas perguntas cuidadosamente elaboradas sobre a cor de pele (autodeclarada) dos entrevistados que tiveram eventualmente que ser removidas da pesquisa Trajetórias e origens, realizada pelo Instituto Nacional de Estudos Demográficos e pelo Instituto Nacional de Pesquisas Estatísticas e Econômicas, em 2008 e 2009. A primeira questão: "Em sua opinião, de qual cor de pele os outros pensam que você é?". A pergunta seguinte: "E você, de qual cor você diria que é?".[8]

A existência de duas questões distintas (de modo a enfatizar a potencial desconexão entre as "identidades de cor" autoatribuídas e as atribuídas por outros), a ordem em que essas perguntas foram feitas, o fraseado um pouco artificial e a possibilidade de marcar as opções "eu não sei" e/ou "eu me recuso a responder" eram evidências de como se considerava o tema sensível. No entanto, essas precauções foram infrutíferas na tentativa de isolar a pesquisa de uma hostilidade dirigida ao próprio princípio de raça ou de classificação baseada em cor. Diante de uma petição lançada por uma das principais organizações antirracistas francesas (SOS Racisme) e assinada por mais de 100 mil pessoas – incluindo o atual presidente François Hollande –, essas perguntas tiveram que ser retiradas. Este é apenas um exemplo do fato de que, na França, a própria ideia de um agente estatal pedindo às pessoas para se autoidentificar em termos raciais aciona uma resistência considerável, mesmo na ausência de qualquer consequência distributiva (ver Blum, 2002, p. 121-147).

---

7. Para uma visão geral, ver Centre d'analyse stratégique (2006).

8. Ver o relatório do Comité pour la Mesure de la Diversité et l'évaluation des Discriminations (COMEDD, 2010).

Em segundo lugar, embora normalmente se defenda a coleta de dados estatísticos sobre raça e etnia como uma pré-condição tanto para medir quanto para reduzir a *discriminação indireta* – isto é, discriminação da variedade de impacto díspar, que não depende de qualquer motivo ilegal para as decisões listadas nas leis proibindo a discriminação, mas desproporcionalmente sobrecarregam minorias etnorraciais sem ser justificável como uma questão de "necessidade da empresa" (ver Primus, 2003, p. 493-587) –, como um assunto prático, atingir aquele objetivo requer informação sobre a distribuição etnorracial de toda a população francesa que pode mais prontamente ficar disponível por meio do estabelecimento de uma nomenclatura nacional. No entanto, a possibilidade de uma nomenclatura etnorracial nacional foi explicitamente rejeitada por praticamente todos os interessados: pelo antigo HALDE[9], pela agência nacional de proteção de dados, pela Commission Nationale de l'Informatique et des Libertés (CNIL)[10] e pelas três associações antirracistas mais conhecidas – SOS Racisme, o Mouvement pour le Rapprochement et l'Amitié entre les Peuples (MRAP) e a Ligue Contre le Racisme et l'Antisémitisme (Licra) –, de tal forma que mesmo os mais radicais ativistas antidiscriminação estão relutantes em apoiar tal nomenclatura. De acordo com um estudo de 2006, feito pelos demógrafos Patrick Simon e Martin Clément, entre 30% e 50% de entrevistados de um dos grupos que iriam provavelmente se beneficiar com políticas de ação afirmativa, como os imigrantes de segunda geração do norte da África, ficariam ofendidos se pedissem para que eles se autoidentificassem através de categorias como "*arabe*" ou "*kabyle*" (Berberian) (ver Simon e Clément, 2006, p. 50-64). Resumidamente, tanto por razões legais quanto políticas, parece que a restrição da "*color-blindness*" veio para ficar.

---

9. Ver o Conseil National de l'Information Statistique, "Formation Démographie, Conditions de vie", reunião de 12 de outubro de 2007. Disponível em: < http://www.cnis.fr/Agenda/CR/CR_0405.PDF>, p. 9-10.

10. Ver a Commission Nationale de l'Informatique et des Libertés, "Mesure de la diversité et protection des données personnelles", 15 de maio de 2007. Disponível em: <http://www.cnil.fr/fileadmin/documents/approfondir/dossier/diversite/RapportdiversiteVD.pdf>, p. 18.

Em relação às opções disponíveis para aqueles a favor de adaptar o sistema francês de coleta de dados visando medir melhor a diversidade e fornecer a informação requerida por programas antidiscriminação, duas estratégias principais estão sendo consideradas no momento.

A primeira, apoiada pelo Conselho Representativo de Associações Negras, entre outros, consistiria em confiar na "sensação subjetiva de adesão" (*ressenti d'appartenance*), autodeclarada a um grupo presumidamente étnico ou racial que indivíduos seriam convidados a expressar (sem a obrigação de fazer). Contudo, há pelo menos dois problemas aqui. Um é que, na ausência de uma enumeração restritiva das categorias listando uma série de respostas possíveis, os dados assim recolhidos seriam incontrolavelmente diversos; e mesmo com uma enumeração desse tipo – à qual a maioria dos participantes nesse debate ainda se opõe –, os resultados podem muito bem variar enormemente de uma pesquisa para a outra para serem de fato úteis para fins antidiscriminatórios. Outro problema mais complicado reside na inadequação do princípio da autoclassificação em si para a coleta de dados sobre a discriminação. Um empregador que se sinta culpado por discriminar o faz com base na "raça" do candidato como percebido por ele ou ela, e não pautado na "comunidade" étnico-racial à qual o candidato pode "subjetivamente sentir" que ele pertence. No contexto francês, em que a maioria dos imigrantes africanos da segunda geração incorporou em grande medida a cultura pública republicana, cega à diferença, não há razão para supor que os resultados da autoclassificação e outras identificações atribuídas serão congruentes como seria natural; na medida em que eles forem, deve-se investigar empiricamente antes de se introduzir qualquer movimento em direção à coleta de dados com base na autoclassificação.

A segunda estratégia, apoiada pela agência nacional de proteção de dados, iria generalizar a coleta de dados objetivos tal como o local de nascimento e a cidadania no nascimento dos pais do entrevistado como um substituto reconhecidamente imperfeito para raça e etnia[11]. Embora

11. Para uma crítica sobre a dependência em tais substitutos – muitas vezes não reconhecidos como tais –, ver Simon (2008, p. 7-31).

essa informação já seja recolhida em grandes pesquisas públicas, seria agora recolhida também no censo. Por mais imperfeito e provisório que este acordo de curto prazo seja – considerando que o advento da terceira geração de imigrantes africanos em breve o tornará obsoleto –, funcionaria razoavelmente bem para pelo menos 80% da população-alvo se fosse imediatamente adotado[12].

O regime francês de ação afirmativa

Após esboçar o quadro geral em que o regime de ação afirmativa francês opera, agora será descrito dentro desta perspectiva comparativa, transatlântica.

Na realidade, o fato de as políticas de ação afirmativa serem legalmente obrigadas a ser – ou parecerem ser – *color-blind*, na França, isso não quer dizer que tais políticas sejam inexistentes. Elas existem, mas diferem dos programas baseados em cor ou em castas encontrados em países como Estados Unidos, Índia, Malásia, África do Sul, Reino Unido e Brasil, pois a raça ou a etnia não devem desempenhar qualquer papel no processo que levou à identificação dos seus beneficiários. No que diz respeito a eles, o critério principal não é a *raça*, mas o *lugar*, ou seja, a localização geográfica: em geral, os moradores de uma área designada como economicamente desfavorecida, indiretamente, se beneficiarão da contribuição adicional de recursos financeiros alocados por agências estatais para aquela área como um todo.

Ao mesmo tempo, o contraste entre o programa de ação afirmativa dos Estados Unidos e da França provavelmente não é tão gritante quanto parece. No caso da educação, por exemplo, um dos principais critérios usados para delinear as Zonas de Educação Prioritárias (Zones d'Éducation Prioritaire – ZEP), criadas por uma diretriz administrativa de 1981, é a proporção de estudantes estrangeiros, muitos dos quais podem ser classificados como não brancos do ponto de vista dos Estados Unidos. De uma forma geral, embora os programas franceses de ação afirmativa incorporem oficialmente uma abordagem de ação afirmativa baseada *em território* e *em classes*, eles também podem ser entendidos

---

12. Para mais informações sobre esta proposta, ver COMEDD, *Inégalités et discriminations*.

como meios de *indireta* e *implicitamente* focar em grupos que, no contexto americano, seriam considerados minorias "étnicas" ou "raciais", em particular o grupo de segunda geração de imigrantes norte-africanos e africanos subsaarianos. É no mínimo plausível ler esta política "*color-blind*" oficial como se participasse de um plano especificamente direcionado a acelerar a integração destes imigrantes da segunda geração à população através de uma "estratégia de substituição", aquela que opera de modo que o que parece ser um efeito colateral de uma regra distributiva aparentemente neutra é, na verdade, a razão pela qual essa regra foi promulgada, em um contexto no qual buscar o verdadeiro objetivo dos que tomam as decisões de uma forma mais direta, isto é, sem utilizar a regra neutra como um *proxy*, pode ser considerado ilegítimo (ver Elster, 1992, p. 116-120). O objetivo seria, então, maximizar a sobreposição entre os efeitos dos dois critérios de alocação – o oficial e o oficioso – ainda sem atingir o ponto em que a equivalência de fato entre estes dois instrumentos se tornaria tão completa que a intenção que explicaria a escolha do critério oficial não poderia ser negada de forma crível.

Muitos programas franceses de ação afirmativa podem ser entendidos como *proxies* (ver Alexander, 1992, p. 149-219), como substitutos funcionais, para os programas americanos de ação afirmativa, que são racialmente conscientes, na medida em que eles têm um impacto esperado e positivo desproporcional sobre os indivíduos de origem africana. As políticas francesas de ação afirmativa supostamente *color-blind*, em certa medida, podem ser conceituadas como uma espécie indireta de ação afirmativa orientada pela raça. A questão é se a sua dimensão racial é realmente intencional por parte dos responsáveis pela criação de tais programas ou apenas incidental. Com relação aos programas de ação afirmativa, isto não só é verdadeiro no campo do ensino fundamental e médio, mas também nas estratégias de desenvolvimento urbano, chamadas "*politique de la ville*", por meio das quais as autoridades estaduais oferecem cortes de impostos como incentivos para induzir as empresas a se localizarem em zonas desfavorecidas e obrigá-las a contratar jovens moradores dessas áreas (ver Donzelot, 2003). À primeira vista, os beneficiários desses outros programas de ação afirmativa baseados em território são selecionados de acordo com considerações estritamente *color-blind*. Para delinear as zonas francas estabelecidas em 1996, por exemplo, os critérios levados em consideração incluem o número de residentes, a base fiscal correspondente, a taxa de desemprego, a porcentagem de residentes com menos de 25 anos de idade e a proporção de universitários. No entanto, porque as ondas mais recentes de imigrantes – em particular, as famílias africanas – têm as taxas de natalidade e de desemprego mais elevadas do que a maioria dos outros grupos, em média, eles obviamente podem ganhar um benefício maior a partir desta ação afirmativa baseada em classe e em local, ainda que indiscutivelmente orientada por raça. O fato de esta política ser orientada por raça também se reflete inicialmente, na inclusão da proporção de estrangeiros nesta lista de critérios, sendo eventualmente substituída pela proporção de pessoas sem um diploma universitário (ver Estèbe, 2004, p. 106). No âmbito do ensino superior seletivo, representantes da instituição – Sciences Po –, que criou um programa pioneiro de ação afirmativa intitulado Excelência através da diversidade, e estudantes-alvo do ensino médio em "áreas desfavorecidas educacionalmente" tentaram, em 2001, inicialmente desconectar sua iniciativa do debate sobre discriminação baseada em raça, que surgiu por volta da mesma época, e escolheram enfatizar primeiramente o componente da classe na diversidade. No entanto, eles também cederam às alusões veladas da origem imigrante dos candidatos admitidos como resultado deste programa, 83% dos quais tinham pelo menos um dos pais nascido fora da França, com 85% dos 83% com pelo menos um dos pais nascido na África[13].

Um dos principais problemas com o regime francês de ação afirmativa, no entanto, é que seu pressuposto subjacente está em contradição com aqueles dos programas que se desdobram em outros domínios políticos. Na realidade, há uma tensão irredutível, se não um conflito aberto, entre o fato de se usar a localização territorial como um substituto para a raça ou etnia no quadro de políticas de ação afirmativa nas áreas de emprego e educação embora, ao mesmo tempo, se tentem reduzir os

---

13. Sobre este programa, ver Van Zanten (2010, p. 69-95).

padrões de concentração racial no quadro de políticas públicas de habitação, de modo a promover o que hoje é eufemisticamente chamado de "mistura urbana", exatamente o que as autoridades estaduais fazem desde o início da década de 1980 (ver Kirszbaum, 2004, p. 101-118). Por mais que isso não seja publicamente reconhecido, a persistência de algum grau de segregação residencial é, na verdade, uma pré-condição para a eficácia das políticas indiretas de ação afirmativa, baseadas em território, mas orientadas por raça. Há uma compensação aqui, cuja existência também não é reconhecida publicamente.

Considerações finais

Voltando à comparação com os Estados Unidos, em relação a este dilema da política de raça/local, pode-se defender que a reação contra a ação afirmativa baseada em raça que ocorreu em estados como a Califórnia, o Texas e a Flórida, na segunda metade da década de 1990, na verdade, abriu caminho para uma convergência entre a experiência dos Estados Unidos e da França, não só sobre a retórica empregada para justificar as políticas de ação afirmativa – com os políticos franceses pegando emprestado agora maciçamente o argumento da diversidade de seus pares americanos –, mas também em relação às próprias políticas. No Texas, em 1997, os legisladores reagiram à queda no número de estudantes negros e hispânicos devido à eliminação da ação afirmativa em universidades estaduais votando em um projeto de lei que instruía essas universidades a admitir os 10% melhores de todos os alunos formandos do ensino médio, independentemente do resultado dos testes.

Políticas semelhantes foram introduzidas mais tarde na Califórnia – onde a porcentagem de alunos do ensino médio automaticamente admitidos é de 4% – e na Flórida – onde é de 20%. De fato, o efeito e o propósito dos chamados "planos percentuais" é reduzir o declínio contínuo entre os alunos das melhores universidades estaduais na proporção de negros e hispânicos, o que se torna possível pelo fato de que naqueles Estados ainda há um grande número de escolas de ensino médio em que quase todos os alunos pertencem a um desses dois grupos minoritários. Em outras palavras, assim como no caso francês, mas em um grau muito maior, a persistência da segregação escolar de fato fornece um substituto funcional às autoridades estaduais para a ação afirmativa baseada em raça no ensino superior (ver Tienda e Niu, 2006, p. 312-346). Nesses estados, pelo menos até a decisão mais recente do Supremo Tribunal em 2003 (Grutter *vs.* Bollinger, 539 U.S. 306, 2003), "o uso explícito de raça em um formulário de admissão da faculdade era proibido enquanto o uso intencional de um substituto (*proxy*) para a raça, publicamente adotado para que se chegasse a um resultado semelhante, foi permitido" (Loury, 2002, p. 134). Uma vez que poucos dos responsáveis pelas decisões estão realmente dispostos a enfrentar a previsível consequência das políticas de admissão estritamente "*color-blind*" –, ou seja, uma queda acentuada no percentual de afro-americanos e hispânicos nas universidades de elite e nas escolas profissionais americanas (ver Bowen e Bok, 1998, p. 31-39; Wightman, 1997, p. 1-53) –, independentemente do que o Supremo Tribunal Federal poderá dizer, qualquer ataque bem-sucedido contra a ação afirmativa baseada em raça será atenuado, no futuro próximo, por estratégias indiretas de algum tipo, cuja função subjacente é apenas a de diminuir a visibilidade da consciência racial na América contemporânea.

Na França, há também uma tendência semelhante, a diferença é que, no caso francês, o substituto não é *publicamente* adotado por causa de seu impacto racial. A dimensão subjacente e racialmente consciente da política é ainda menos visível do que nos Estados Unidos. Em outras palavras, uma das diferenças que prevalecem entre os dois países é *a extensão da implicitação envolvida*, isto é, no grau de transparência do próprio processo de procurar um critério que poderia coletivamente operar como um *proxy* para raça. De forma geral, os programas franceses indiretos de ação afirmativa não são abertamente reconhecidos como tal. Diferentemente dos Estados Unidos, a maioria dessas políticas é indireta *e* implícita quanto à natureza de seu objetivo real. No entanto, pode-se argumentar que é em relação a esse processo de eufemizar a raça e a etnia, usando substitutos de vários tipos mais ou menos de forma transparente, que as políticas afirmativas dos Estados Unidos e da França parecerão cada vez mais semelhantes nos próximos anos.

Referências bibliográficas

ALEXANDER, Larry. What makes wrongful discrimination wrong: Biases, preferences, stereotypes, and proxies. *University of Pennsylvania Law Review*, 41 (1), p. 149-219, 1992.

AMAR, Richa. Comment: Unequal protection and the racial privacy initiative. *UCLA Law Review*, 52 (4), p. 1.279-1.312, 2005.

BICKEL, Alexander. The original understanding and the segregation decisions. *Harvard Law Review*, 69 (1), p. 1-65, 1955.

BLEICH, Erik. *Race politics in Britain and France*: Ideas and policymaking since the 1960s. Nova York: Cambridge University Press, 2003.

BLUM, Alain. Resistance to identity categorization in France. In: KETZER, David; AREL, Dominique. (orgs.) *Census and identity*: The politics of race, ethnicity, and language in national censuses. Cambridge: Cambridge University Press, 2002, p. 121-147.

BOWEN, William; BOK, Derek. *The shape of the river*: Long-term consequences of considering race in college and university admissions. Princeton: Princeton University Press, 1998, p. 31-39.

CENTRE D'ANALYSE STRATÉGIQUE. *Les statistiques ethniques:* Éléments de cadrage. Rapports et documents, n. 3, 2006, Paris, La Documentation Française. Disponível em: <http://www.strategie.gouv.fr/IMG/pdf/actesstatistiquesethniques101106.pdf>.

CHAVEZ, Lydia. *The color-bind*: California's battle to end affirmative action. Berkeley: University of California Press, 1999.

COMITÉ pour la Mesure de la Diversité et l'Évaluation des Discriminations (COMEDD), presidido por François Héran, *Inégalités et discriminations: Pour un usage critique et responsable de l'outil statistique.* Paris, La Documentation Française, 2010.

DOBBIN, Frank. *Inventing equal opportunity.* Princeton: Princeton University Press, 2009.

DONZELOT, Jacques. *Faire société*: La politique de la ville aux États-Unis et en France. Paris: Seuil, 2003.

DOYTCHEVA, Milena. Usages français de la notion de "diversité": Permanence et actualité d'un débat. *Sociologie*, 4 (1), p. 423-438, 2010.

DWORKING, Ronald. *Taking rights seriously*. Cambridge (Mass.): Harvard University Press, 1977, p. 22-28, 71-80.

EDELMAN, Lauren et al. Diversity rhetoric and the managerialization of law. *American Journal of Sociology*, 106 (6), p. 1.589-1.641, 2001.

ELSTER, Jon. *Local justice*: How institutions allocate goods and necessary burdens. Cambridge: Cambridge University Press, 1992, p. 116-120.

ESTÈBE, Philippe. *L'Usage des quartiers*: Action publique et géographie dans la politique de la ville (1982-1999). Paris: L'Harmattan, 2004, p. 106.

KIRSZBAUM, Thomas. La discrimination positive territoriale: De l'égalité des chances à la mixité urbaine. *Pouvoirs*, 111, p. 101-118, 2004.

KULL, Andrew. *The color-blind constitution*. Cambridge (Mass.): Harvard University Press, 1992.

LIPSON, Daniel. Embracing diversity: The institutionalization of affirmative action as diversity management at UC-Berkeley, UT-Austin, and UW Madison. *Law and Social Inquiry*, 32 (4), p. 985-1.026.

LOURY, Glenn. *The anatomy of racial inequality*. Cambridge (Mass.): Harvard University Press, 2002, p. 134.

MORNING, Ann. *The nature of race: How scientists think and teach about human difference*. Berkeley: University of California Press, 2011.

PRIMUS, Richard. Equal protection and disparate impact: Round three. *Harvard Law Review*, 117 (2), p. 493-587, 2003.

SCHOR, Paul. *Compter et classer: Histoire des recensements américains*. Paris: Ehess, 2009.

SCHNAPPER, Eric. Affirmative action and the legislative history of the fourteenth Amendment. *Virginia Law Review*, 71, p. 753-798, 1985.

SIMON, Patrick. The choice of ignorance: The debate on ethnic and racial statistics in France. *French Politics, Culture, and Society*, 26 (1), p. 7-31, 2008.

SIMON, Patrick; CLÉMENT, Martin. *Rapport de l'enquête "Mesurer la diversité"*: Une enquête expérimentale pour caractériser l'origine, INED, Document de travail n. 139, 2006, p. 50-64. Disponível em: <http://www.ined.fr/fichier/t_publication/1206/publi_pdf1_139.pdf>.

SUK, Julie Chi-hye. Equal by comparison: Unsettling assumptions of French antidiscrimination law. *American Journal of Comparative Law*, 55 (2), p. 295-346, 2007.

TIENDA, Marta; NIU, Sunny. Capitalizing on segregation, pretending neutrality: College admissions and the Texas Top 10% Law. *American Law and Economics Review*, 8, p. 312-346, 2006.

VAN ZANTEN, Agnès. L'ouverture sociale des grandes écoles: diversification des élites ou renouveau des politiques publiques d'éducation. *Sociétés contemporaines*, 79, 3, p. 69-95, 2010.

VOLOKH, Eugene. The California civil rights initiative: An interpretive guide. *UCLA Law Review*, 44, 1997.

WIGHTMAN, Linda. The threat to diversity in legal education: An empirical analysis of the consequences of abandoning race as a factor in law school admission decisions. *New York University Law Review*, 72 (1), p. 1-53, 1997.

CAPÍTULO 12

UMA PRAGMÁTICA DAS AÇÕES AFIRMATIVAS NA FRANÇA E NOS ESTADOS UNIDOS

JEAN-FRANÇOIS VÉRAN
Doutor em antropologia social/etnologia pela École des Hautes Études, França, lecionou na Universidade de Lille 3. É professor adjunto do Programa de Pós-Graduação em Sociologia e Antropologia do Instituto de Filosofia e Ciências Sociais da UFRJ.

Este capítulo comenta o texto de Daniel Sabbagh presente no volume *Color-blind affirmative action: The case of France*. É parte do argumento central do autor. Mesmo que na França políticas de ações afirmativas com base racial permaneçam inconstitucionais e, logo, são proibidas, ainda assim existe um conjunto de dispositivos públicos que tem como alvo principal populações de migrantes africanos. A "eufemização" dessas populações através dos recortes territoriais pelos quais são de fato apreendidas se acompanha de um novo discurso normativo promovendo a "diversidade". Se tal discurso tem sonoridades parecidas com a "*diversity*" incentivada nos Estados Unidos, sua recorrência no contexto francês marcaria uma profunda diferença sequencial. Enquanto nos Estados Unidos a diversidade seria resultado de políticas sistemáticas de ações afirmativas, na França não deixaria de ser um artefato discursivo insuficientemente articulado com a questão das discriminações.

Ainda assim, ao mostrar, de um lado, como a França não deixa de ter algum tipo de ações afirmativas e, do outro, como nos Estados Unidos elas são progressivamente atravessadas por uma preocupação "*color-blind*" "*à la française*", Daniel Sabbagh oferece uma benéfica redução do binarismo universalismo/multiculturalismo pelo qual os dois países costumam ser teórica e politicamente apreendidos. É justamente a observação dessa dinâmica de convergência que abre a possibilidade de uma síntese analítica para além do comparatismo entre modelos formais, síntese a qual, pelas trilhas de Sabbagh, este capítulo caminha.

Não se pode autonomizar a reflexão político-jurídica sobre ações afirmativas dos contextos e dinâmicas sociais nos quais recebem seu sentido e espaço de aplicação. Nesta perspectiva, o fato de que ambos os países têm reaberto o debate sobre o uso – ou não – de categorias étnico-raciais como ferramentas de políticas publicas não diz somente respeito a uma avaliação técnico-legal de sua oportunidade e eficiência. Tanto na França quanto nos Estados Unidos, a reconfiguração das oportunidades de participação em um mercado com tensões múltiplas provocou um deslocamento da questão do acesso aos direitos fundamentais. Tal deslocamento também foi amparado em ambos os países por profundas mutações sociodemográficas que convocaram uma ressignificação da ideia de "diversidade" enquanto realidade prática. Essas mutações impactaram a concepção antropológica do "povo" como ficção política e colocaram em tensão a lógica classificatória de sua composição. Existe hoje, entre a França e os Estados Unidos, uma verdadeira convergência das problemáticas que torna ainda mais importante questionar os pressupostos ideológicos que continuam, em ambos os países, a organizar a resposta política à questão das discriminações.

O acesso aos direitos fundamentais

Políticas de ações afirmativas são dispositivos que buscam corrigir desigualdades de acesso a direitos tidos como fundamentais em uma sociedade afetada por determinados mecanismos discriminatórios. Decorre disso que a maneira com que grupos específicos são discriminados é diretamente relacionada com a forma pela qual um Estado nacional organiza o acesso a esses direitos, além do fato de que cada ação afirmativa espelha simetricamente as falhas de um determinado modo de garantir esses direitos. Quando existem, ações afirmativas e suas modalidades são relativas a uma determinada ordem político-jurídica e à existência e amplitude de falhas desta ordem. Ora, a França e os Estados Unidos apresentam modos de produção de direitos bastante diferentes.

O *"Etat providence"* universal

Em 1893, foi criada, na França, a primeira assistência médica gratuita, seguida em 1898 por um dispositivo de indenização das vítimas de acidentes do trabalho. Em 1904, foi fundado o departamento de ajuda social à infância e em 1905, um dispositivo de assistência aos idosos enfermos e portadores de doenças incuráveis. Por meio dessas primeiras medidas foi definida a dupla função do Estado enquanto *"Etat providence"* (estado de bem-estar): o dever de cumprir um objetivo de proteção social contra os riscos da vida e um objetivo de justiça social através do mecanismo da redistribuição (Caire, 2002). Nesta base, em 1946, a assistência financeira da coletividade de pessoas com riscos sociais elevados (crianças, mulheres, trabalhadores idosos) se tornou uma obrigação constitucional. Em 1945, foi fundada a Seguridade Social, um sistema generalizado e centralizado de proteção dos trabalhadores definido a partir de um princípio simples: "Cada um cotiza segundo seus meios e se trata segundo suas necessidades". Com o aumento desenfreado do desemprego a partir da década de 1980, dois dispositivos completaram um sistema de direitos até então amplamente ancorado no trabalho. Em 1988, foi criada a Renda Mínima de Inserção, garantindo condições mínimas de vida para indivíduos que nunca trabalharam ou que saíram do sistema de assistência aos desempregados. Em 1999, foi criada a Cobertura Médica Universal, que desvinculou o acesso à saúde de qualquer condição de nacionalidade ou condição trabalhista.

Desde 1881, o ensino primário é público, gratuito, laico e obrigatório. Progressivamente estendido à escola elementar com obrigatoriedade até 16 anos, o sistema é estabilizado em 1963 com a adoção do "*carte scolaire*" (mapa escolar). O principio é que uma escola tem a obrigação de acolher as crianças residentes da zona atribuída pelo mapa escolar, quer sejam ou não de nacionalidade francesa. O "Programa comum" iniciado na década de 1980 ainda garante a continuidade territorial das pedagogias e dos conteúdos. A universidade é acessível a qualquer pessoa titular do Baccalauréat (diploma de conclusão do ensino médio). Pública e gratuita, esta conheceu nos últimos cinquenta anos uma notável massificação. Em 1960, a população discente nacional do ensino superior era de 309 mil. Ela passa a 2,3 milhões em 2012[1] (mais de 700% enquanto a população nacional cresceu 40% no mesmo período).

Articulado a partir de um objetivo normativo de solidariedade vertical (entre gerações) e horizontal (entre cidadãos), o sistema francês combinou, assim, dispositivos de assistência social e prevenção ao risco. O desenvolvimento do *Etat providence* traduziu, desta forma, a extensão da igualdade como princípio de direito à igualdade como resultado esperado dos direitos em áreas consideradas fundamentais (saúde, educação). Esta capilaridade da igualdade, da ficção jurídica para a política social, teve como corolário de circunscrever a questão da desigualdade à questão da extensão dos direitos a novas categorias ou da produção de novos direitos seguindo as "metamorfoses da questão social" (Castel, 1999). Seguindo esta lógica, as desigualdades passam a ser uma questão de política pública percebida como solúvel na justiça redistributiva e na universalização dos

1. Fonte: www.education.gouv.fr/cid57096/reperes-et-references-statistiques.html#Les étudiants.

direitos fundamentais. Assim sendo, uma vez que todo mundo tem acesso a um bem fundamental "sem distinção de origem, raça ou religião" (art. 1º da Constituição), a questão das discriminações fica teoricamente sem objeto no que diz respeito a este determinado bem. Por exemplo, como aponta Gérard Noiriel (2006), a questão da "integração" dos trabalhadores estrangeiros não se apresentava até a década de 1980 pelo fato de que o trabalho funcionava como "o grande integrador". Trabalhar era ser inserido em uma rede densa de direitos e proteções (e de cultura sindical) que supostamente limitava e circunscrevia os efeitos perversos das discriminações, que, por sua vez, passaram a se manifestar com vigor particular nos momentos de crise econômica. A questão central do *Etat providence* é a das desigualdades de acesso a bens considerados fundamentais, e a resposta foi a implementação de garantias universais. Por isso, no contexto dito de "*plein emploi*" (pleno emprego), a questão das "ações afirmativas" era simplesmente inexistente ou invisível debaixo do guarda-chuva das políticas de proteção e justiça social. Foi a partir da década de 1980, com a explosão do desemprego "de massa" e, consequentemente, o acirramento dramático da competição, que a questão do racismo e das discriminações passou a tornar-se uma questão política legítima. Esta já era a questão-chave nos Estados Unidos desde a década de 1960.

Um "*welfare state*" subsidiário

De acordo com Gøsta (1990), os Estados Unidos são um "*welfare state* liberal" no qual o Estado intervém em última instância e apenas para os mais fracos que não conseguem competir no mercado do trabalho. Sua ação funciona como uma rede de segurança dentro de uma visão limitada do risco social. Em contrapartida, a autoproteção pela capitalização (fundos de pensão, empréstimos) e o seguro-saúde privados são privilegiados.

Nesta lógica, o "*welfare state*" funciona *a mínima*. O seguro social foi fundado em 1935, no contexto da Grande Depressão, quando metade dos idosos do país viviam na pobreza. Desde então, ele se aplica apenas à velhice, aos "sobreviventes" (viúvos) e aos portadores de deficiência (*old-age, survivors and disability insurance*). Em 2010, foi estimado que, sem ele, 40% dos idosos com mais de 65 anos ainda viveriam na pobreza. O seguro-desemprego (*unemployment compensation*), fundado pelo Social

Security Act de 1935, funciona exclusivamente para prevenir riscos externos e alheios à situação pessoal do trabalhador. Por isso, exclui pessoas incapacitadas, não disponíveis para trabalhar, pessoas que recusam um trabalho avaliado como "adequado" e o desemprego derivado de uma disputa trabalhista. Ainda exclui pessoas que trabalhavam em período parcial, com um contrato temporário, os trabalhadores independentes e os que possuem curso superior. Para essas categorias, não há nenhuma disposição em nível federal, a menos que elas estejam com responsabilidade de menores (e temporariamente). Em 1999, o seguro-desemprego garantia uma renda correspondente a 85% do teto de pobreza para uma família de três pessoas.

Desde a década de 1960 até a reforma iniciada pelo presidente Obama em 2010, o acesso à saúde pública foi alvo de profundas dissensões. A Associação Profissional dos Médicos (AMA) sempre se opôs a um sistema de saúde financiado e controlado pelo Estado. A indústria farmacêutica, por sua vez, sempre se mostrou hostil a um reembolso público dos remédios, pois teme o controle do Estado sobre a fixação dos preços.

É nesse contexto que o Medicare foi implementado em 1965. Obrigatório em termos de cotização para todos os assalariados, ele é reservado em seu beneficio a pessoas com mais de 65 anos (com um mínimo de dez anos de cotização) com residência legal de no mínimo cinco anos no país, aos jovens com deficiências e incluiu depois outras categorias, como pessoas com doenças renais em fase terminal. A parte do "seguro hospital" (*hospital insurance*), que garante o acesso aos hospitais municipais, pode ser completada com cotização extra pelo "seguro médico adicional" (supplementary medical insurance). Ainda assim, a combinação dos dois não cobre a realidade dos gastos médicos e acarreta o recurso maciço aos seguros privados (65% dos mais de 65 anos). Também criado em 1965, o Medicaid é um sistema de acesso à saúde pública para a população de baixa renda. Ainda assim, o sistema é reservado a categorias particularmente vulneráveis: crianças, mulheres grávidas, pais de crianças elegíveis no sistema, portadores de deficiências. Em suma, o sistema não garante o acesso à saúde para toda a população pobre.

O sistema escolar dos Estados Unidos é fortemente descentralizado. Cabe aos estados definirem os programas, o financiamento e o mapa escolar (*school districts*). Como a grande maioria das escolas é pública e gratuita, a questão das discriminações, sobretudo, surge das profundas desigualdades entre estados e distritos no que diz respeito aos conteúdos, às condições de ensino e ao nível de exposição à violência. Essas desigualdades são ainda maiores em comparação a um sistema privado de excelência reservado à elite (10% dos alunos do ensino médio). O custo do ensino superior foi estimado, em 2010, entre 27 mil dólares (público) e 40 mil dólares (privado) por ano e por estudante. O sistema de bolsa através da condição de mérito é completado por um vasto sistema de financiamento privado. Em 2010, a dívida pessoal média de um aluno de graduação era de 23.200 dólares[2]. O custo e o financiamento do ensino superior constituem o principal vetor de desigualdade. Além disso, as universidades de maior prestígio são em sua maioria privadas, e o acesso a estas geralmente está condicionado a critérios de excelência que dificilmente são satisfeitos por alunos oriundos de escolas desfavorecidas. No entanto, o fato de que, em 2009, 35% dos americanos tinham um diploma do ensino superior reflete uma política de investimento público maciço e, concomitantemente, a importância crucial do acesso ao ensino superior como condição para competir no mercado.

Dentro do principio de uma proteção social mínima reservada a categorias particularmente vulneráveis, a questão fundamental nos Estados Unidos foi garantir a todos a possibilidade de competir de forma equitativa no mercado, inclusive no dos bens fundamentais (saúde, educação). A solução foi realizar a "igualdade das oportunidades", ou seja, garantir as condições de uma competição aberta e justa, que oferecesse chances iguais de acesso a trabalhos e posições. Deduz-se, assim como aponta Roemer (2000), que o princípio de igualdade de oportunidade só pode ser realizado dentro de um sistema livre de discriminação direta. Ora, herdada de um passado segregacionista, a sociedade americana continuava profundamente discriminatória na base da raça ou origem no momento em que se formalizava seu modelo legal e institucional de garantia dos direitos. Neste contexto, as políticas antidiscriminatórias

---

2. Fonte: http://money.cnn.com/2012/10/18/pf/college/student-loan-debt/index.html. Acesso em: 8 fev. 2013.

não dizem apenas respeito aos direitos cíveis defendidos pela militância afro-americana a partir de 1955, mas também à condição fundamental de realização do modelo socioeconômico do país. Não por acaso, as políticas de ações afirmativas focaram inicialmente nos espaços estruturantes deste modelo – mercado e universidade – e obtiveram como meta explícita a igualdade de oportunidades. Foi exatamente com este propósito que foi fundada, em 1965, a "Comissão de Oportunidades Iguais de Emprego" (Equal Employment Opportunity Commission). Ao contrário da França, os Estados Unidos tinham um conjunto de leis segregacionistas que vigoraram até 1965 (leis Jim Crow), ou seja, havia juridicamente a necessidade de anular essas leis, o que foi feito com o Civil Rights Act de 1964. As ações afirmativas pelo direito se tornaram ainda mais necessárias, uma vez que o próprio direito foi o instrumento das ações discriminatórias anteriores.

Desigualdades e discriminações

Para que haja desigualdade, é preciso ter direitos, e para que haja discriminação, é necessário ter seleção. Esta breve exposição dos contextos franceses e americanos aponta para a evidência de que desigualdades e discriminações não se colocam, a princípio, nos mesmos termos em países com matrizes político-sociais tão diferentes. Porém, as crises e os eventos críticos que marcaram ambos os países no decorrer dos últimos cinquenta anos provocaram uma relativa convergência das problemáticas.

A *"nova era das desigualdades"*

A crise econômica iniciada pelo choque do petróleo de 1979 desencadeou na França uma "crise do Estado *providence*" (Rosanvallon, 1984), marcada pela crescente ineficiência do sistema-seguro a lutar contra o desemprego e a precariedade. Nesta "nova idade das desigualdades" (Rosanvallon e Fitoussi, 1998), mecanismos discriminatórios até então invisíveis se manifestaram, perturbaram a base igualitária de referência e fragilizaram o pacto social. É neste contexto que se multiplicaram os "desafiliados", caminhando progressivamente da situação de inclusão para a de exclusão (Castel, 1999), entre eles os migrantes. A necessidade de recorrer aos serviços de proteção e assistência social tornou a presença desses últimos mais ostensiva. Em 1984, e simetricamente a este acréscimo de visibilidade, o partido de extrema direita, a Frente Nacional, obteve 11% dos votos e dez deputados na assembleia europeia. Seu slogan, "a França aos franceses", estigmatizava os migrantes, considerados responsáveis pelo desemprego. Os subúrbios e seus "*grands ensembles*" (grandes conjuntos habitacionais), precipitadamente construídos a partir da década de 1950 para resolver o déficit de moradia, que até então funcionaram como espaços transitórios para a propriedade privada, passaram a se fechar, aprisionando uma população sem mais possibilidade de mobilidade residencial. Esses bairros, onde vivia "*la galère*" (a ralé) (Dubet, 1985), passaram a concentrar estigmas individuais, coletivos e residenciais, constituindo "bolsões de pobreza" (Jazouli, 1992). No final da década de 1990, o modelo social de integração estava disfuncional. A igualdade dos direitos, garantidos até então a partir do trabalho, tornou-se inoperante contra os processos discriminatórios que passaram a vigorar plenamente no acesso cada vez mais competitivo ao trabalho.

O surgimento da questão das discriminações provocou o aparecimento do véu de ignorância (Rosanvallon e Fitoussi, 1998). O Estado-*providence* havia funcionado como uma tela ideológica, que tornou mais complexa a visibilidade da situação particular dos migrantes, já que esses foram justamente incorporados e logo tornados invisíveis, dentro dos dispositivos igualitaristas universais. O movimento SOS-Racisme, que lançou em 1985 a campanha "*Touche pas à mon pote*" ("Não mexa com meu amigo") para denunciar as discriminações e reivindicar uma maior integração dos jovens migrantes (Désir, 1985) infligiu uma verdadeira ferida narcísica na sociedade francesa.

A resposta dos poderes públicos se organizou dentro do princípio de que as discriminações constituíam obstáculos à realização do pleno igualitarismo e que, em se tratando do acesso a direitos fundamentais, como moradia, o ser "diferente" não devia fazer diferença. A "integração" continuou sendo a palavra-chave. Assim, até os anos 2000, as políticas executadas eram todas "restaurativas" da ordem universalista. Como aponta Sabbagh, a questão dos subúrbios foi abordada em uma base estritamente territorial. Índices de precariedade se constituíram a partir dos quais foram mapeadas e criadas, em 1981, as Zonas de Educação Prioritárias (ZUP). Objetivando a realidade que determinadas escolas concentravam uma população discente em dificuldade, foi atribuído um superávit de meios no intuito de restaurar a igualdade da escola republicana. A criação, em 1996, de Zonas Urbanas Sensíveis seguiu a mesma lógica no que diz respeito às infraestruturas urbanas. De maneira geral, todo o amplo conjunto das "políticas da cidade" funcionou segundo o princípio de uma discriminação territorial positiva que teve como objetivo o restabelecimento da continuidade territorial do Estado, ou seja, a supressão das desigualdades no exercício do "direito à cidade" (Lefebvre, 1968). Não seria justo dizer que a abordagem territorial ficou cega às realidades sociais dos grupos que viveriam nesses territórios. Foi justamente na base dessas realidades (nível de alfabetização, número de filhos por famílias, renda média, nível de escolaridade etc.) que os índices de precariedade foram produzidos e as zonas dedutivamente mapeadas. Entretanto, em nenhum momento, a questão racial ou étnica foi explicitamente tratada como tal. A renda mínima de inserção criada em 1988 para a população desempregada e sem seguro-desemprego incluiu os migrantes em situação regular no país. O mesmo para a Cobertura médica universal, criada em 1999, para as alocações familiares (renda do Estado por criança). Ou seja, o Estado continuou sua política igualitarista de integração, inclusive dos migrantes, dentro de seus dispositivos de assistência. As políticas públicas continuaram desta forma caminhando para a restauração da igualdade, e não para a supressão da discriminação racial como uma das causas da desigualdade. A consequência é que os setores fora do *Etat-providence* e, notadamente, o mercado do trabalho, permaneceram até a década de 2000 sem dispositivos específicos. Ora, da mesma forma que o trabalho funcionou como o "grande integrador" histórico, ele passou a operar como o "grande segregador". As violências urbanas de 2005 evidenciaram o fracasso dos dispositivos universalistas de integração.

O progressivo surgimento das políticas de "*discrimination positive*" foi descrito no capítulo de Sabbagh que precede este texto e por isso não será de novo apresentado aqui. Nos moldes das políticas da cidade, essas políticas continuam profundamente marcadas pela matriz político-jurídica cujas diferenças apenas são consideradas obstáculo à realização do igualitarismo republicano. O fato de que o recente surgimento da questão da "diversidade" esteja desvinculado das políticas de inserção social, como apontado por Sabbagh, exprime exatamente esta questão. Nesta lógica, o racismo é considerado um crime individual e um problema social, mas a afirmação da raça não pode nunca ser promovida como solução do problema. Dentro de dispositivos igualitaristas, em hipótese alguma ser diferente deve fazer diferença.

O Estado liberal à prova de eventos críticos

A questão inaugural das políticas de ações afirmativas foi a da necessária realização da igualdade das oportunidades para que o mercado pudesse de fato ser o grande regulador. Populações que tinham ficado de fora da competição se tornaram um problema para o Estado. Logo, a promoção das minorias vulneráveis foi, logicamente, o foco de políticas públicas de inserção no mercado. Porém, no decorrer dos vinte últimos anos, dois fatores atentaram para uma necessária ampliação (porém, não universalização) dos dispositivos públicos de assistência. O primeiro foi o próprio destino jurídico das ações afirmativas tendo como base a cor ou a raça. Promovidas na década de 1960 no contexto de afirmação dos direitos cíveis da população negra, as políticas de cotas no acesso ao emprego público ou nas universidades foram progressivamente abandonadas por motivos legais. Na Califórnia, por exemplo, um decreto de 1967 estipulava que os policiais deviam ser recrutados proporcionalmente à população, em termos de cor e gênero. Em 1996, foi afirmado que o mesmo estado não podia mais discriminar ou dar tratamento preferencial na base da raça ou de gênero. Em 2000, o estado de Washington proibiu qualquer tratamento preferencial com base em raça ou gênero. O mesmo processo ocorreu em 2003 em Michigan, em 2008 no Nebraska e em 2012 no Arizona. Em 28 de junho de 2007, a Suprema Corte ainda proibiu a ação afirmativa para ingresso nas escolas públicas americanas. Mas é preciso entender a generalização das políticas públicas *"color-blind"* para além desses cinquenta anos de enfraquecimento de suas bases legais.

O segundo fator decorre de uma série de eventos críticos que causaram tensão extrema à concepção minimalista e subsidiária das políticas de assistência. A questão se refere ao tamanho crítico do estado. Ou seja, a discussão que tais crises abriram é menos sobre as ações afirmativas em seu princípio do que sobre a necessidade de sua ampliação para além das categorias iniciais de sua aplicação. A extensão do *"color-blind"* deve ser lida então como uma extensão do *"social aware"* (socialmente consciente). Em 1992, as violências urbanas de Los Angeles, que em seis dias provocaram 53 mortos, 2 mil feridos e 1 bilhão de danos econômicos, evidenciaram os limites de um modelo multiculturalista de integração na base do comunitarismo étnico-racial. Por sua vez, não há dúvida de que o ataque de 11 de Setembro de 2001 abalou profundamente a confiança na capacidade de o Estado federal garantir sua segurança interna. O relatório da Comissão 9/11 aponta que os presidentes Bush e Clinton não foram "bem servidos" pelo FBI e a CIA. Enquanto uma revisão das políticas migratórias foi aplicada, a opinião pública desenvolvia o sentimento que minorias étnicas podiam tornar-se predadoras. Desde então, os seus direitos à expressão cultural deviam encontrar como limitação a preservação da integridade nacional. Em 2005, o furação Katrina, que provocou a morte de 1.833 pessoas, evidenciou graves falhas de proteção e assistência decorrentes da insuficiente articulação entre os estados e o poder público federal. Evidenciou também as profundas desigualdades entre os sistemas de seguro privados e públicos, colocando em xeque a questão da efetividade e eficiência das estruturas públicas. A crise dita dos "subprimes", iniciada em 2008, que provocou em um ano a supressão de 9 milhões de empregos nos Estados Unidos reativou a questão da eficiência da ação pública. Foi de fato com o dinheiro público que grandes bancos foram preservados da falência, abrindo uma brecha de equidade em relação aos pequenos proprietários forçados a abandonar suas casas por inadimplência. Após duas décadas nas quais a administração federal legitimou seu desengajamento ao promover uma "sociedade de proprietários" garantidora da prosperidade econômica, evidenciou-se como resultado o desenvolvimento de um mercado predador e ainda apoiado pelas políticas de ajuda ao alojamento.

Ao precipitar para a pobreza milhões de famílias americanas, foi esta crise que revelou a amplitude das falhas de assistência e proteção para a população pobre em geral, que não entrava na malha fina dos direitos especiais reservados a minorias e categorias particulares. Foi consequentemente diante deste diagnóstico que Obama lançou sua ampla reforma do sistema público de saúde. O Patient Protection and Affordable Care Act (Pacto de Proteção do Paciente e da Atenção Médica Factível) de 2010 afirma a necessidade de que todos os cidadãos tenham acesso a um seguro saúde. Porém, a extensão do Medicaid a novas categorias de beneficiários não deve ser vista como uma progressiva universalização da saúde pública, mas sim como uma regulação das disfunções do modelo vigente de integração pelo mercado. Aliás, a reforma mantém tal qual o sistema de seguro privado e a rede privada de atendimento médico.

Desta análise sumária, deduz-se que, no caso da França, políticas de "discriminação positiva" surgiram no momento em que o peso das discriminações não foram mais compensáveis pelas políticas públicas igualitaristas, uma vez que o emprego se tornou um recurso raro, logo, mais sujeito à seleção social e racial. Nos Estados Unidos, a ampliação das políticas de assistência para além das categorias vulneráveis e das minorias fez-se necessária, uma vez que o mercado em crise evidenciou sua incapacidade de garantir a igualdade das oportunidades e manter de fato uma ampla população acima do teto da pobreza. Por esse motivo, para além da contestação legal das ações afirmativas, soma-se a injunção de ampliar seus benefícios a categorias objetivamente em situação de vulnerabilidade comparável à das minorias étnicas. Entre os dois sistemas, a lógica parece bastante simétrica. De um lado, busca-se corrigir as falhas das políticas da igualdade pela associação de uma dose medida de equidade. Do outro, busca-se corrigir as falhas das políticas de competição equitativa pela união de elementos de igualitarismo social. Desta forma, evidencia-se uma dinâmica concreta de convergência, que deve ser examinada a partir do deslocamento do foco analítico das políticas públicas para as dinâmicas demográficas.

Os reequilíbrios demográficos em tempos de migração globalizada

No decorrer dos últimos trinta anos, ambos os países passaram por profundas mutações demográficas, resultado da geopolítica atormentada do período e da globalização dos fluxos migratórios. Essas mutações atingiram as populações nacionais de duas maneiras. Na França, a população conheceu uma profunda metamorfose iniciada pelas migrações africanas. Nos Estados Unidos, ocorreu uma transformação dos equilíbrios demográficos entre segmentos étnico-raciais. Essas mutações concretas na composição das duas populações nacionais impactaram também os agenciamentos normativos entre raça, diversidade e igualdade e, logo, a problematização das ações afirmativas.

O *"fim dos migrantes"*

A França é um velho país de migração. No século XIX, os migrantes vinham da Bélgica, Suíça, Alemanha e, após a Segunda Guerra Mundial, da Polônia, Itália e Espanha. Em 1914, na França viviam 420 mil italianos, 287 mil belgas, 102 mil alemãs e 72 mil suíços (Noiriel, 2006). Após a Segunda Guerra Mundial e, sobretudo nos anos que seguem a guerra de independência da Argélia (1954-1962), a população de migrantes se diversificou, integrando doravante argelinos, marroquinos e, mais recentemente, africanos da região do Saara e asiáticos. Década após década, esta história é a de círculos concêntricos que partem das fronteiras imediatas do país e englobam populações cada vez mais distantes. Hoje, a França conta, oficialmente, 11,2% de migrantes (7,2 milhões), proporção que a coloca na sexta posição no *ranking* mundial dos países de migração (os Estados Unidos ocupam a primeira)[3]. Porém, é o único país da Europa, hoje, no qual o saldo migratório não constitui o essencial do crescimento demográfico. Não é mais um país de migração maciça. Em contrapartida, quase um em quatro franceses tem pelo menos um de seus quatro avôs nascidos no exterior, e um em cada três, se forem incluídos os oito bisavós. Esta situação é inédita na Europa. Como resume François Héran (2007), "na França, não há intrusão maciça, mas uma infusão durável".

De fato, se o país tem uma longa tradição migratória, a natureza das migrações mudou radicalmente a partir da segunda metade da década de 1970. Antes, tratava-se essencialmente de "trabalhadores imigrantes", sobretudo homens, que mantinham vínculos fortes com o país de origem e voltavam eventualmente para suas famílias com um pequeno capital.

3. Fonte: Eurostat, 14 jul. 2011.

Em 1976, foi votada a lei do "reagrupamento familial" que permitia aos cônjuges e filhos de menor idade a permanência no território nacional. Segundo a expressão de Françoise Gaspard (1984), foi "o fim dos migrantes", ou seja, o fim da ilusão nacional que os migrantes voltariam algum dia para suas terras. A França estava se assumindo como um país de migração de povoamento. Em vinte anos, à medida que foi se constituindo uma imigração familial, a percentagem homens/mulheres se equilibrou e apareceu uma nova população de descendente de migrantes, somando hoje 22,5% da população nacional. Em resumo, a "integração" desses descendentes ditos da "segunda geração" se tornou uma questão política a partir da década de 1980 porque foi somente nesse momento que correspondia a uma realidade demográfica maciça.

Da mesma forma, os debates sobre as discriminações raciais de um lado e as políticas de "discriminação positiva" do outro surgem tardiamente na França em comparação aos Estados Unidos, porque os descendentes de migrantes aos quais se referem os debates, sobretudo os de origem africana, são oriundos de uma geração que se constituiu somente no decorrer dos vinte últimos anos. O argumento de que esta migração é oriunda principalmente das ex-colônias tem indubitável força política e confere, em grande medida, com a geopolítica desses fluxos. Porém, não desmancha a realidade que esses migrantes configuram um dado demográfico e sociológico inédito nessa escala dentro do território metropolitano.

E notável que, em 1962, 79% dos migrantes eram ainda oriundos de um país europeu, contra 38% em 2009. Os italianos que constituíam 32% dos migrantes tiveram sua representação reduzida a apenas 6%. No mesmo período, enquanto a população de origem argelina permanecia relativamente estável (de 11,6% a 13,3%), os marroquinos passaram de 1,1 a 12,2%, e os demais africanos, de 0,7 a 12,8% (sobretudo de Camarões, da Costa do Marfim e da República Democrática do Congo). No total, em 2009, o continente africano representava 42,7% dos migrantes contra 14,9% em 1962. Ainda no mesmo período, a Ásia viu sua representação passar de 2,4% a 14,2%[4]. Esses dados demostram que a composição da

---

4. Fonte: Insee — Tableau des immigrés suivant les pays d'origine de 1962 à 2009.

imigração na França se transformou e se diversificou radical e rapidamente. Assim sendo, a "diversidade" que, segundo Sabbagh, a França descobriu como conceito tardiamente, também remete a uma realidade sociodemográfica bastante recente na escala da história migratória francesa. A França de 2013 é, de fato, incomparavelmente mais "diversa" do que era há cinquenta anos.

Latino Story

Enquanto isso, a questão da integração da população negra nos Estados Unidos já estava explicitada no princípio da Constituição dos Estados Unidos como nação independente dois séculos atrás, e tinha encontrado sua resolução formal com o Civil Act de 1964. Entretanto, inseridos assim como a França nas rotas das migrações globalizadas, os Estados Unidos passaram também por uma profunda redistribuição de seus equilíbrios demográficos.

Em 1960, a sociedade americana era amplamente branca (85%), frente à qual se manifestava uma minoria negra (11%) pelo pleno reconhecimento de seus direitos cívicos, enquanto os 3,2% de "hispânicos" eram dispersos entre principalmente mexicanos, cuja migração remetia à segunda metade do século XIX, porto-riquenhos, que migram desde 1917, e cubanos, cujo êxodo maciço tinha começado com a Revolução de 1959. Em 1965, as Normas de Imigração e Nacionalidade (Immigration and Nationality Acts) suprimiram o sistema de cotas herdado da década de 1920 a favor de um sistema que focava as competências dos migrantes e seus vínculos com os Estados Unidos. O agrupamento familiar não foi sujeito a restrições em termos de cotas. O impacto foi que, durante toda a década de 1990, as migrações respondiam por cerca de um terço do crescimento da população. Em 2011, os brancos já não representavam mais que 63%, ao lado de uma população negra relativamente estável (13%), os "latinos" saltaram para 29%, e os asiáticos, que eram 0,6% em 1960, totalizavam doravante 9% da população[5]. Assim como a França, em cinquenta anos, os Estados Unidos tinham se tornado "etnicamente" muito mais diverso. Na década de 1960, a questão era amplamente biná-

5. Fonte: www.census.gov.

ria e apreendida em termos raciais e históricos (o legado da escravidão). À medida que os negros perdiam a posição de primeira minoria do país, a questão foi de como adaptar e estender o sistema "afirmativo" a uma realidade que contava com uma minoria recente, apreendida como "étnica" e a partir daí majoritária (os latinos) ao lado de outras em plena expansão. Uma vez que um amplo conjunto de dispositivos continuava dependendo da identificação étnico-racial, a reorganização das políticas de igualdade das oportunidades se revelou problemática.

O nível de presença e/ou ausência de políticas de ações afirmativas na França e nos Estados Unidos e as modalidades de sua implementação não dizem somente respeito a matrizes nacionais de produção de direitos confrontadas a dinâmicas socioeconômicas de (re)produção de desigualdades e discriminações. Remetem também a processos migratórios e demográficos que "fornecem" a essas políticas seus beneficiários e logo questionam a oportunidade de sua aplicação (França) ou a necessidade de sua reformulação (Estados Unidos). Um rápido exame desses processos confirmou a hipótese de uma convergência objetiva das problemáticas. Ambos os países passaram no decorrer dos últimos cinquenta anos por uma profunda redistribuição demográfica impulsionada pelos fluxos migratórios. Em ambos, antes de funcionar como operador conceitual, a "diversidade" remete a uma realidade objetiva para os demógrafos do censo, bem como uma realidade experiencial para as populações nacionais.

Classificar a "diversidade": Irredutibilidades nacionais

Em que medida os fluxos migratórios impactaram a classificação e representação das populações nacionais? Como ponto de partida, vale ressaltar que, de alguma forma, ambos os países transformaram uma realidade demográfica objetiva (a diversificação da população) em conceito (a diversidade) e objetivo político (a representação da diversidade). No entanto, Sabbagh aponta para fortes diferenças nacionais. Na França, a diversidade seria um termo consensual que permitiria uma evocação implícita da questão étnico-racial. Porém, ainda sem fundamentação legal e na ausência de uma articulação prática com a questão das discriminações, o conceito seria sobretudo um artefato discursivo, logo, pouco operatório em termos de políticas públicas. Em contrapartida, nos Estados Unidos, *diversity* seria uma ferramenta pragmática para garantir e medir *ex-post* o impacto antidiscriminatório das políticas de ações afirmativas.

Tal diferença remete a outra. Por mais que seu uso tenha se popularizado, a "diversidade" na França permanece como um conceito pouco operatório porque a objetivação quantitativa da população "*issue de la diversité*" (oriunda da diversidade) através do Estado permanece vetada pelo art. 1º da Constituição. O debate acirrado sobre a oportunidade de realizar "estatísticas étnicas" foi concluído negativamente pelo Conselho Constitucional (equivalente do Supremo Federal) em 2007. Em contrapartida, nos Estados Unidos, não somente a identificação étnico--racial é autorizada, mas é compulsória. Desta classificação depende a estatística nacional, múltiplas pesquisas do governo federal, a pesquisa científica e formulários administrativos, tais como o de matrícula escolar. Igualmente também dependem os dispositivos de aplicação das leis dos direitos civis e o mapeamento dos distritos do Congresso. Em resumo, o sucesso do conceito de diversidade na França remete à sua força de evocação e nos Estados Unidos a sua força de comprovação. De um lado, evocação como categoria social em um contexto de invisibilidade e, de outro, comprovação em um contexto de visibilidade legal e obrigatória.

A diversidade frente à densidade dos princípios

Mas de que visibilidade falamos? As diferenças de resposta político--institucional não devem ser apreendidas como o que seria uma cegueira de um lado e um olhar objetivo do outro, mas sim como dois pontos de vista diferentes, ambos marcados pelos vieses e inércias inerentes a qualquer perspectiva. Ora, se a questão da diversidade atravessou ambos os contextos nacionais, foi a partir de dispositivos normativos bem sedimentados.

Assim, na França, a grande diversificação da população em termos de origens, religião, cor da pele e cultura foi, sobretudo, interpretada como o motivo maior de reafirmação dos princípios da neutralidade axiológica do Estado e da laicidade. A Lei L.141-5-1 do código da educação de 2004, que proibiu o porte de signos religiosos "ostentatórios", veio afirmar que a realidade multicultural do espaço social não provocara uma inflexão multiculturalista do espaço político. Ao contrário, estimou-se que, para garantir as expressões culturais e religiosas em um espaço público aberto e privado cada vez mais diverso, era necessário manter neutro o espaço de constituição desses direitos e liberdades (incluindo a escola pública). Além disso, é importante lembrar que este *ethos* republicano é amplamente partilhado pela quase totalidade das organizações antirracistas, religiosas e de migrantes, as quais se pronunciaram maciçamente contra a produção de estatísticas étnicas, inclusive a mais histórica entre elas, o SOS-racisme:

> Recuso as estatísticas étnicas. Recuso que alguém me pergunta sobre a cor da minha pele, a minha origem e a minha religião [...]. Recuso a ideia que a luta contra as discriminações e o esforço pela integração supõem a criação de categorias étnico-raciais. Recuso aceitar que o olhar e a investigação se coloquem sobre as vítimas e não sobre os autores das discriminações. [...] Recuso modificar os fundamentos da nossa república[6].

Ou seja, a tela protetora da laicidade continua aparecendo como a maior garantia contra o arbitrário e as discriminações. Neste contexto, a recusa do poder público de abrir os mecanismos de discriminação positiva a critérios raciais explícitos não procede de uma invisibilidade política da questão das discriminações, mas de uma escolha deliberada dentro de orientações normativas reafirmadas em seu princípio. A "diversidade" surge, então, como um eufemismo funcional. Operando como conceito flutuante de evocação, ela exprime ao mesmo tempo a realidade prática da transformação multicultural da sociedade francesa e o princípio da necessária neutralização étnico-racial de seu significado político.

---

6. Fonte: www.sos-racisme.org/content/campagne-contre-la-statistique-ethnique. Acesso em: 7 mar. 2013.

Normas produzem leis e instituições a partir das quais se organizam as dinâmicas sociais e seu tratamento político. Justamente da ilegalidade das categorias étnico-raciais decorreu historicamente a universalidade de fato dos direitos de assistência e proteção. Em virtude do princípio da realidade assim constituído, a abertura a uma identificação étnico-racial hoje seria o quanto mais inconveniente que seus usos em termos de políticas públicas seriam improváveis dentro dos dispositivos já existentes: por exemplo, como introduzir um critério étnico na atribuição de alocações familiares às quais todos já têm igualmente direito? Os oponentes às ações afirmativas argumentam que o acesso ao ensino superior é um direito para qualquer aluno que esteja concluindo o ensino médio (*baccalauréat*). Lembram que, entre 1998 e 2005, o número de estudantes estrangeiros aumentou em 75%, entre os quais 44% de africanos, fazendo do estudo o segundo motivo de migração legal do país (após o agrupamento familiar)[7]. Ou seja, a diversidade já seria uma realidade visível. Qual seria o propósito de cotas raciais neste contexto? É significativo que todas as iniciativas recentes de ações afirmativas têm em comum focar espaços subsidiariamente não alcançados ou insuficientemente garantidos pelo princípio de igualdade. São lugares de seleção, tais como as *Grandes Écoles* nas quais a entrada com concursos permitia a reprodução da elite, ou o mercado onde a adoção de uma "carta para a diversidade" se fez o quanto mais necessária porque a crise do emprego duplicava o peso relativo das discriminações. Em suma, atravessada pelo moinho republicano, a revolução multicultural francesa não somente deixou intacto o edifício normativo e institucional, como também forneceu o motivo de sua reafirmação.

A persistência da raça

O mesmo, basicamente, pode se dizer da maneira com que os Estados Unidos responderam às dinâmicas de transformação multicultural de sua sociedade. Tendo a raça como princípio inicial de discriminação e a raça com base fundamental de correção dessas discriminações, con-

---

7. Fonte: OCDE, Office Français de l'Immigration et de l'Intégration, ministère de l'Enseignement supérieur et de la recherche.

tinuou tendo a raça como base de apreensão das novas populações migrantes. Tanto no censo nacional quanto nas políticas públicas, essas populações foram incorporadas em uma base racial e/ou étnica.

Assim como na França, a questão da inserção das novas minorias deu lugar a um debate normativo. Ao focar sobre o "reconhecimento", vários teóricos do multiculturalismo (Taylor, 1992; Sandel, 1998; Walzer, 1984) defenderam que a condição minoritária do outro não devia ser apenas visibilizada, devia ser também alvo de políticas, reconhecendo sua legitimidade em termos culturais (direito à diferença), morais (reconhecimento em valor) e coletivos (o outro pode viver em comunidades "protegidas" com seus semelhantes). Estruturada pela crítica ao que seria o individualismo liberal (Rawls, 2005), a discussão enfatiza o papel das comunidades na formação dos indivíduos e na maneira com que essas midiatizam a relação com as normas e os valores da sociedade mais ampla. A incorporação das novas "minorias" nos dispositivos de ação afirmativa tem nessas abordagens sua fundamentação em termos de teoria política. Sem reconhecimento, a condição da autoestima, uma "necessidade humana vital" (Taylor, 1994), não pode haver igualdade de oportunidade. Porém, e por mais que tenha sido de uma notável fertilidade acadêmica (Mulhall e Swift, 1996), a discussão da autoestima pouco conta da maneira com que a organização racial dos Estados Unidos se adaptou à sua nova realidade multicultural.

A questão principal foi a incorporação pragmática das populações recém-chegadas dentro dos dispositivos preexistentes, os quais tinham como norteador uma classificação racial herdada do passado escravista e sedimentada com fronteiras claras. Ora, tal incorporação não se fez sem dificuldades múltiplas.

A chegada de populações negras oriundas do Caribe e da África colocou em questão a reparação histórica como justificativa principal das ações afirmativas. Ser negro nos Estados Unidos deixou de implicar automaticamente uma ascendência escrava. O modelo de relação racial branco-negro a partir do qual foi organizado o Civil Right Act de 1964 também perdeu sua relevância, uma vez que os novos migrantes apresentaram padrões e condições socioeconômicos diferenciados e se integravam menos a partir da identificação racial que da origem. Ainda assim, a raça/etnia se manteve como critério único para as ações afirmativas, sendo que o Immigration Reform and Control Act de 1986 tornou ilegal a consideração da origem e do *status* migratório na sua atribuição. Enquanto pesquisas sociológicas mostravam que os migrantes negros se beneficiavam mais das ações afirmativas que os negros americanos (Bennett, 2009), a unidade política da "raça" se fracionava de fato em comunidades étnicas competidoras. Neste contexto, o fato de que o presidente Obama é em parte oriundo da imigração recente, e não da população afro-americana, foi interpretado como a marca maior das diferenças de destino entre comunidades negras de agora em diante plurais.

A incorporação dos latinos na classificação racial e seu incremento nos benefícios decorrentes foram ainda mais complexos, como os quatro últimos censos permitem entender. Entre 1980 e 2010, os migrantes latinos exprimiram dificuldade em se inserir na classificação racial binária (branco/negro) dos Estados Unidos. Em 1980, 37,7% escolheram a categoria Some Other Race (SOR, alguma outra raça) apesar dos múltiplos esforços por parte da administração para incitar uma identificação mais adequada. Em 2000, o censo perguntou em primeiro lugar se a pessoa era ou não "espanhola, hispânica ou latina" e, em seguida, qual era sua raça, tendo pela primeira vez a possibilidade de escolher "mais de uma raça". Esta última opção foi apenas escolhida por 2,4% da população enquanto 43,2% dos latinos continuaram escolhendo a categoria SOR. O censo de 2010, apesar de uma tentativa de esclarecimento no questionário que especificava que "origens hispânicas não são raças", ainda 42,6% dos latinos se identificaram como SOR. Consequentemente, censo após censo, e apesar de sua indeterminação, *some other race* se tornou a terceira raça do país. Myers (2005) mostra que de fato o fluxo racial norte-americano delineia claramente a *browness* ("morenidade") como fronteira intermediária entre *whiteness* (brancura) e *blackness* (negritude), ou seja, que há um amplo reconhecimento social da irredutibilidade dos latinos ao binarismo racial histórico. Por sua vez, Clara Rodriguez (2000) questiona a maneira com que a forte identificação dos latinos na categoria SOR coloca sob tensão o modelo racial dos Estados Unidos, enquanto Doane e Bonilla-Silva (2003) formulam a hipótese de uma "latino-americanização" da sociedade e introduzem um terceiro grupo (*honorary whites*: brancos honoríficos) entre brancos e negros. Esses debates pouco permearam o empreendedorismo classificatório da administração federal, através da qual a identificação racial continuou sendo o pré-requisito para o bom funcionamento de inúmeras instituições e políticas públicas.

Da mesma maneira que, na França, as organizações de migrantes se posicionaram dentro da matriz normativa e institucional pré-existente para defender seu direito à igualdade, nos Estados Unidos, os indivíduos defenderam seus direitos a ações afirmativas específicas dentro dos critérios étnicos a partir dos quais poderiam ser incorporados no Civil Right Act. Foi assim que minorias asiáticas justificaram o benefício de ações afirmativas em razão das discriminações decorrentes das cotas migratórias restritivas de legislações migratórias anteriores ou do internamento forçado dos japoneses durante a Segunda Guerra Mundial. Por sua vez, os latinos denunciaram discriminações no acesso ao alojamento e ao emprego, na representação política e na administração da justiça criminal.

De um lado, no decorrer dos cinquenta últimos anos, as fronteiras étnico-raciais explodiram, mostraram porosidade e tornaram mais complexa a tarefa classificatória. Do outro, as justificativas para as ações afirmativas se multiplicaram com a chegada de populações que apresentavam destinos minoritários distintos. É nesse contexto que a promoção da "diversidade" surgiu como objetivo subsidiário que permitiu restabelecer uma unidade *mínima* dentro da qual todas as minorias poderiam se reconhecer. A promoção da diversidade passou a ser uma finalidade *suis generis*, um resultado atestável, justificando a reprodução dos dispositivos. Se, como aponta Sabbagh, a diversidade nos Estados Unidos é lida *ex-post* como resultante das políticas antidiscriminatórias, é porque passou a ser o objetivo resignificado de dispositivos herdados, justamente, da luta contra as discriminações e pelos direitos civis. Em outros termos, os mesmos meios foram preservados para uma finalidade adaptada aos Estados Unidos do século XXI.

Considerações finais

Frente a processos similares de pluralização de sua população, tanto a França quanto os Estados Unidos reagiram dentro de dispositivos já sedimentados e por isso exercitando certa inercia. O igualitarismo republicano de um lado e o comunitarismo étnico-racial do outro continuaram sendo os quadros normativos e institucionais que nortearam profundamente tanto a oferta em termos de políticas públicas quanto a organização de uma "demanda" social por direitos. É assim que na França é mantida a invisibilidade do fato étnico na produção desses direitos e que nos Estados Unidos permanece o critério racial como categoria primária compulsória.

Para além da hipótese da inércia institucional, talvez seja preciso ainda referir-se às dimensões antropológicas do "povo" que sustentam os modelos nacionais. Se na França a diversidade surge principalmente como uma questão identitária é porque reativa um hiato profundo entre duas concepções. A primeira é a do povo como ficção política, que surge da Revolução Francesa e que tem sua tradução mais concreta no art. 1º da Constituição. Sem origem ou encarnação racial, o povo é a comunidade que nasce de um "plebiscito de todos os dias" (Renan, 1997) e que trabalha pela produção do maior bem comum possível. A segunda se radica no velho *topos* das duas raças (Amselle, 2010) que opõem ideologicamente francos e gauleses até o século XVIII e depois produzem o Código Negro da escravidão, as políticas étnicas nas colônias e, no final do século XX, a oposição entre "*français de souche*" (franceses da gema) e "*français issus de la diversité*" (franceses oriundos da diversidade). Se hoje o discurso político dominante insiste sobre a necessidade da nação aprender a se pensar como "mestiça", é justamente porque ainda predomina o mito dos "nossos ancestrais, os gauleses", ou seja, vigora uma concepção racializada do povo. Reconhecer a saliência desta matriz para além da defesa do modelo republicano de integração é talvez um caminho necessário para descontruir os mecanismos discriminatórios. O problema é menos o "comunautarismo" — tão temido dos migrantes — que a obsessão de uma porção significativa da população francesa em estabelecer uma fronteira étnica entre "nós" e "os outros". A sociologia do voto da última eleição presidencial, em 2012, mostrou que a Frente Nacional (extrema direita) progrediu nas zonas rurais e regiões com poucos migrantes e regrediu nas cidades e subúrbios onde a convivência já é sedimentada. Isso revela que a problemática da "integração" se deslocou. São os franceses da "France profonde" (França profunda) que sofrem de um déficit de integração a uma França em processo de reinvenção[8].

Nos Estados Unidos, em contrapartida, a promoção da diversidade é coerente com uma concepção do povo na qual as raças e comunidades étnicas são consideradas ontológicas e irredutíveis. Mas o hiato surge das dinâmicas demográficas e socioculturais contemporâneas que tornam as categorias raciais cada vez menos legíveis, operatórias e compatíveis com os imperativos de justiça social. O velho dogma da "gota de sangue" se dilui *de fato* na realidade sociológica das migrações globalizadas e na resistência dos latinos a identificar-se dentro do binarismo histórico.

Em ambos os casos, essas concepções primordiais e racializadas do povo continuam alimentando os mecanismos discriminatórios. Na França, a identificação étnica foi praticada sobre a população judia durante a Segunda Guerra Mundial. Além disso, a extrema direita destila, desde a década de 1980, o discurso racialista da "França aos franceses" à custa de minorias etnicamente estigmatizadas. São essas realidades que, para além dos princípios republicanos, estruturam a oposição da esquerda às estatísticas étnicas e a ações afirmativas com critério racial. O temor é que uma leitura étnica das questões sociais acabasse alimentando o discurso da Frente Nacional. Entretanto, a raça continua sendo o operador invisível de discriminações múltiplas que, por sua vez, surtem efeito desagregador e consequências em violências urbanas. Nos Estados Unidos, a raça como categoria primordial continua sendo defendida tanto pela elite branca conservadora quanto por parte da militância negra e impedem uma reavaliação de sua pertinência como operadora das políticas de justiça social. Consequentemente, a "diversidade" é apreendida a partir de categorias que não correspondem sempre aos marcadores étnicos e culturais sociológica e subjetivamente significativos. Continua predominando um racialismo compulsório: é significativo que, em mais uma

8. É significativo que o líder histórico do movimento SOS-racisme, Harlem Désir, foi eleito em 2012 presidente do Partido Socialista, que compõe a maioria parlamentar do governo François Hollande.

tentativa para forçar a identificação racial, o censo de 2020 classificará os latinos como uma raça distinta[9].

A crise iniciada em 2008 reduziu drasticamente as oportunidades de inserção no mercado. Ao precipitar milhões de famílias americanas abaixo da linha de pobreza (43 milhões de indivíduos em 2011), a crise acabou falsificando as políticas raciais de ações afirmativas em seu objetivo de igualdade de oportunidade. Frente ao deslocamento das fronteiras da desigualdade, o desafio é então dar certa universalidade aos dispositivos do Estado de assistência e proteção e adaptar, para além da raça ou de qualquer critério étnico, os benefícios das ações afirmativas a todas as categorias de população sem capacidade de competir em um contexto dizimado por fatores completamente externos a qualquer mérito ou demérito individual. Alias, é neste sentido que se orientou a reforma do sistema de saúde iniciada pelo presidente Obama.

Na França, onde a mesma crise provocou um aumento do desemprego, a população se torna mais vulnerável ao arbitrário de processos seletivos fugindo de fato do princípio *"color-blind"* dentro do qual as instituições públicas continuam a funcionar. E preciso entender que a universalidade das políticas do Estado não protege – e nunca protegeu – os indivíduos das discriminações praticadas no mercado. Ora, é sobretudo de integração econômica que as populações oriundas das migrações recentes têm necessidade hoje. A crise torna mais necessária ainda a introdução sistemática de políticas de discriminação positiva subsidiárias nos espaços em que a diferença não é neutralizada pelo igualitarismo universalista.

Referências bibliográficas

AMSELLE, Jean-Loup. *Vers un multiculturalisme français*: L'empire de la coutume. Paris: Flammarion, 2010.

BENNETT, Pamela R.; Lutz, Amy. How African American is the net black advantage? Differences in college attendance among immigrant

9. Fonte: www.huffingtonpost.com/2012/08/09/census-bureau-changes-race-hispanics-negro_n_1760467.html. Acesso em: 13 mar. 2013.

blacks, native blacks, and whites, *Sociology of Education*, v. 82, n. 1, p. 70-100, 2009.

CAIRE, Gilles. *Économie de la protection sociale*. Paris: Bréal, 2012. Collection Amphi économie.

CASTEL, Robert. *Les métamorphoses de la question sociale*. Paris: Gallimard, 1999. Folio essais.

CORTI, Paola. L'emigrazione italiana in Francia: Un fenomeno di lunga durata. *Altreitalie*, n. 26, 2003.

DÉSIR, Harlem. *Touche pas à mon pote*. Paris: Bernard Grasset, 1985.

DOANE, Ashley W.; BONILLA-SILVA, Eduardo. *White out*: The continuing significance of racismo. Londres: Routledge, 2003.

DUBET, François. *La galère*: Jeunes en survie. Paris: Ouvrières, 1985.

GASPARD, Françoise. *La fin des immigrés*. Paris: Seuil, 1984.

GØSTA, Esping-Andersen. *Les trois mondes de l'État-providence*: Essai sur le capitalisme moderne. Paris: PUF, 1990.

HERÁN, François. *Les temps des immigrés*: Essai sur le destin de la population française. Paris: Seuil, 2007.

JAZOULI, Adil. *Banlieues*: Les nouvelles frontières intérieures, Banlieuescopies, 1992.

LEFEBVRE, Henri. *Le droit à la ville*. Paris: Anthropos, 1968.

MULHALL, Stefen; SWIFT, Adam. *Liberals and communitarians*. Nova Jersey: Wiley-Blackwell, 1996.

MYERS, Kristel. *Racetalk*: Racism hiding in plain sight. Lanham, Maryland: Rowman & Littlefield, 2005.

NOIRIEL, Gérard. Le creuset français: Histoire de l'immigration XIXe-XXe siècle. Paris: Seuil, 2006.

RAWLS, John. *A theory of justice*. Cambridge, MA: Belknap Press of Harvard University Press, 2005 [1971].

RENAN, Ernest. *Qu'est-ce qu'une nation?* Paris: Mille et une nuits, 1997 [1887].

RODRIGUEZ, Clara. *Changing race*. Nova York: NYU Press, 2000.

ROEMER, John E. *Equality of opportunity*. Cambridge, MA: Harvard University Press, 2000.

ROSANVALLON, Pierre. *La crise de l'Etat-providence*. Paris: Seuil, 1984.

ROSANVALLON, Pierre; FITOUSSI, Jean-Claude. *Le nouvel âge des inégalités*, Points essais. Paris: Seuil, 1998.

SANDEL, Michael. *Liberalism and the limits of Justice.* Cambridge: Cambridge University Press, 1998.

TAYLOR, Charles. *Sources of the self*: The making of the modern identity. Cambridge: Cambridge University Press, 1992.

________. *Multiculturalism*: Examining the politics of recognition. Princeton: Princeton University Press, 1994.

WALZER, Michael. *Spheres of Justice*: A defense of pluralism and equality. Nova York: Basic Books, 1984.

CAPÍTULO 13

OS CAMINHOS PARA A DIVERSIDADE NO ENSINO SUPERIOR

MARIA ALICE REZENDE GONÇALVES
Professora associada do Departamento de Ciências Sociais e Educação da Faculdade de Educação da Uerj e docente do Programa de Pós-Graduação em Educação, Cultura e Comunicação em Periferias Urbanas da FEBF da Uerj.

Introdução

Como os demais Estados democráticos, a sociedade brasileira convive com o dilema da igualdade de direitos e das desigualdades sociais e raciais. As recentes mudanças no processo seletivo para o ingresso no ensino superior nos levam a questionar os caminhos percorridos pelo Estado brasileiro em direção à democratização do acesso ao ensino superior. Nesse sentido, o acompanhamento das políticas de inclusão dos grupos sub-representados nesse nível de ensino será essencial para que possamos descrever as características do modelo de inclusão adotado pela sociedade brasileira.

Neste capítulo, temos como objetivo acompanhar as mudanças em curso nas formas de acesso ao ensino superior brasileiro, em especial aquelas dedicadas à inclusão de negros. Com aproximações e diferenças do modelo americano de ação afirmativa sensível à raça e do modelo universalista e daltônico (*color-blindness*) francês de discriminação positiva, o modelo brasileiro vem se afirmando como alternativo, por combinar raça com outras categorias distintivas dos beneficiários, para as sociedades do Novo Mundo marcadas pela escravidão de africanos durante séculos de colonialismo e pelas desigualdades sociais, raciais e de gênero contemporâneas[1].

Nosso modelo vem se desenhado como híbrido, acumulando características dos dois modelos citados anteriormente ao combinar categorias como cor/raça, renda, região, originários de escolas públicas, no recrutamento de seus beneficiários. Diverso, graças à autonomia universitária, esse modelo é responsável pela implantação de uma pluralidade de experimentos em curso nas universidades públicas brasileiras que visam garantir o ingresso de afro-brasileiros por meio de bônus, da reserva de vagas ou de cotas.

Dentro desse conjunto de medidas, destacamos os programas governamentais de inclusão, como ProUni e Reuni, a emergência de novos

---

1. Segundo Moehlecke (2002), a expressão ação afirmativa tem origem nos EUA dos anos 1960, contexto no qual floresceram os movimentos pelos direitos civis que defendiam a igualdade de oportunidade para todos os norte-americanos. A expressão "ação ou discriminação positiva" é usada na Europa desde 1976. Em 1982, a expressão foi inserida no primeiro Programa de Ação para a Igualdade de Oportunidades da Comunidade Econômica Europeia.

cursos de graduação, novas modalidades de ensino e de metodologias como os *colleges*[2] e o ensino a distância, criados para ampliar o número de vagas e promover a inclusão dos grupos sub-representados no ensino superior. Além dessas mudanças, o reconhecimento da constitucionalidade das ações afirmativas para negros pelo STF em 2012 provocará mudanças substanciais no acesso e na composição do alunado das universidades federais brasileiras. Essas instituições destinaram parte de suas vagas a grupos até então sub-representados no ensino superior.

Partimos do pressuposto de que a temática da inclusão dos negros no ensino superior é atravessada pelo sistema de classes. Os dados censitários indicam haver uma sobreposição entre cor e pobreza no país, ou seja, a maioria negra se encontra em situação de pobreza. Esse fato torna a questão mais complexa, criando um obstáculo para a aceitação plena das políticas que adotam "raça" como um dos critérios para a definição dos beneficiários. Polêmicas no mundo inteiro, as políticas de ação afirmativa têm estimulado o debate polarizado entre políticas universais *versus* políticas focalizadas, ao introduzirem novos beneficiários selecionados a partir de critérios raciais e étnicos no cenário das políticas sociais, tais como árabes, negros ou hispânicos.

Próxima em alguns pontos e distante em outros do modelo racializado de inclusão americano (políticas de ação afirmativa) e do francês (políticas de discriminação positiva ou de mobilidade social), a sociedade brasileira vem desenhando seu próprio modelo de inclusão de setores sub-representados no ensino superior adaptado as especificidades do Brasil e a composição de sua população. De acordo com Weber (1982, p. 205-207), os sentimentos nacionais do alemão, do inglês, do norte-americano, do espanhol, do francês, ou do russo não funcionam do mesmo modo. Os componentes casuais que levaram ao aparecimento de um sentimento nacional podem variar muito. Sob certas condições, povos que de outro modo seriam heterogêneos podem ser fundidos em destinos comuns. O mito fundador da sociedade brasileira reuniu povos de origem diferenciada em torno de um projeto político único – a nação brasileira.

---

2. Os *colleges* são faculdades de cursos de curta duração voltados para a capacitação profissional rápida de seus alunos ou levar à obtenção do grau de licenciado ou bacharel.

Os caminhos para a diversidade

O tema da diversidade se tornou indispensável no debate em torno da democratização do ensino superior. Conforme afirma Wieviorka (2008), o termo reúne duas grandes preocupações coletivas: de um lado, indica que as identidades culturais, religiosas, étnicas ou nacionais reivindicam o reconhecimento no espaço público e, de outro, aponta para a existência de discriminações que atingem os membros de determinados grupos, em particular aquelas que se referem às "minorias visíveis", categoria esta que pode ser definida pelos critérios psicológicos ou biológicos, a começar pela cor da pele.

Assim, a noção de diversidade constitui um conjunto de problemas e de debates que apresenta duas dimensões: de um lado, os atores pedem o reconhecimento de suas especificidades e, de outro, os indivíduos, pelo fato de sua pertença real ou suposta a um grupo particular, são vítimas de injustiça, de racismo, de discriminação, e não são capazes de se defenderem coletiva ou individualmente. Eles esperam que instituições – ONGs, igreja, partidos políticos, sindicatos etc. – garantam seus direitos. Desse modo, as políticas inclusivas cumprem esse papel, ou seja, são políticas que têm como foco a garantia dos direitos à cidadania.

A imprecisão do termo "diversidade" tem nos levado a incluir em uma mesma rubrica experimentos de inclusão com bases político-filosóficas distintas, como os experimentos de inclusão no ensino superior existentes em diferentes sociedades, geralmente chamados de "ações afirmativas". Sob essa rubrica, estão experimentos como as cotas indianas, as políticas oriundas dos movimentos americanos, de garantia dos direitos civis e as várias modalidades de inclusão no ensino superior em vigor no Brasil.

Para fins de comparação, dois modelos clássicos de inclusão no ensino superior estão em marcha nas sociedades contemporâneas: o modelo americano e o modelo francês. O primeiro nasce sensível à raça, e o segundo, insensível à raça e avesso a distinções dos beneficiários como religião ou origem. No que diz respeito aos critérios de seleção dos beneficiários, podemos considerá-los em polos opostos, mas no que concerne à democratização do acesso, ambos buscam formas de garantir a diversidade e ampliar as oportunidades de acesso e permanência dos setores sub-representados no ensino superior. Nos últimos anos, o modelo americano se reformulou e vem se aproximando do modelo francês no que diz respeito à ausência da raça como critério de seleção dos beneficiários. Os dois modelos nos estimulam a pensar dois tipos de políticas inclusivas que colocam em oposição dois polos filosóficos: o multiculturalista e o republicano.

O modelo brasileiro visa contemplar negros e outros grupos. Apesar de popularmente conhecido como "ação afirmativa", apresenta particularidades que o afasta dos dois modelos paradigmáticos citados. Este modelo remete às formas de a sociedade brasileira conceber a formação de seu povo e ao sistema de classificação de cor baseado na marca. Segundo Nogueira (1998), em nosso sistema de classificação de cor, é a aparência, e não a origem, o que define a cor ou raça do indivíduo. A classificação racial brasileira é cromática, ou seja, baseada no fenótipo e isso confere ao mestiço uma posição diferente daquelas assumidas nos sistemas de classificação bipolares.

Dependendo do grau de mestiçagem, o mestiço brasileiro pode atravessar a linha ou fronteira de cor e se classificar ou ser classificado nas categorias mais claras. A possibilidade de fuga de assunção da identidade negra cria identidades e situações ambíguas fundamentadas na crença de que somos misturados na origem[3]. Os opositores às ações afirmativas argumentam que as políticas sensíveis da cor podem inventar grupos, criar divisões, reviver a noção de raça e estimular o confronto. Entretanto, partidários e opositores das ações afirmativas concordam que a discriminação e o racismo existem na sociedade brasileira. Um dos motivos do racha é o que as ações afirmativas para negros podem significar para a nação: o fortalecimento da nação ou sua divisão em um mosaico de grupos étnico-raciais.

3.. Oliveira (1974) aponta para as diferentes posições ocupadas pelo mulato alçapão (*mulatto scape hatch*), uma pessoa intermediária com *status* também intermediário no Brasil e nos Estados Unidos. Para ele, o mulato racial existiu e existe tanto no Brasil como nos Estados Unidos, mas o mulato social existe apenas no Brasil. Não é a tão alegada propensão do brasileiro pela miscigenação que explicaria a existência do mulato brasileiro, mas sim o lugar social que se atribui a esta mistura e é aqui que se deve buscar a razão desta classificação. Acrescenta ainda que foi por meio da palavra "negro" que os movimentos sociais da década de 1920 em São Paulo buscaram congregar os descendentes de africanos numa tentativa de arregimentação que os afastasse do esvaziamento fenotípico – o mulato – socialmente mais predisposto a beneficiar-se das manifestações de hierarquização socioeconômica dos grupos.

O movimento pela garantia dos direitos civis ocorrido durante a década de 1960 fez surgir nos Estados Unidos as chamadas políticas de ação afirmativa para negros e mulheres no sistema de ensino e no mercado de trabalho. Polêmica desde sua criação, a inclusão da categoria cor/raça no acesso ao sistema de ensino tem sofrido reformulações nos últimos anos. Em 2007, a Suprema Corte dos Estados Unidos declarou ilegais as ações afirmativas em escolas públicas. De acordo com DaMatta (1988, p. 18), trata-se de uma sociedade que se vê como igualitária, de tradição protestante, na qual o intermediário, característica do modelo triangular brasileiro, representa tudo o que deve ser excluído da realidade social. Os grupos com identidades mestiças não fazem parte do sistema de classificação racial. Os recenseamentos demográficos contemplam somente os grupos: ameríndios, asiáticos, brancos e negros, prevalecendo sempre o modelo dual, e não o múltiplo. Seu mito primordialista ressalta a figura dos puritanos ingleses como fundadores da nação – grupo que fincou os alicerces de uma sociedade igualitária jurídica e constitucionalmente.

As ações afirmativas no sistema de ensino norte-americano se fundaram na introdução de normas de admissão sensíveis à raça dos indivíduos. Esta questão foi de enorme importância para um país que reconheceu haver uma linha divisória de cor que separava brancos dos não brancos. Nesse sentido, a democratização da sociedade norte-americana implicava a eliminação das diferenças de oportunidade associadas à raça. As políticas de admissão sensível à raça não foram absorvidas sem polêmica. Atualmente, observa-se um afastamento desse modelo considerado clássico para a promoção da inclusão das minorias étnico-raciais na sociedade norte-americana.

A França, país conhecido pela defesa das políticas universalistas baseadas nos princípios cunhados pela Revolução Francesa – igualdade, liberdade e fraternidade –, enfrenta problemas ligados à inclusão de migrantes de origem variada: a sociedade revelando a cor e a origem dos franceses. Com a finalidade de combater as discriminações, emergem políticas de discriminação positiva que repudiam quaisquer sistemas de classificação e de origem dos beneficiários elegendo outras categorias, permitindo, assim, que as discriminações sejam corrigidas. A nação francesa foi erigida com base na ideia de Estado republicano nascida no Iluminismo.

Para Semprini (1999), a França, por sua posição geográfica, seu passado colonial, seu desenvolvimento econômico e sua tradição de terra de asilo, tem sido há muito tempo um país de imigração. Assim, o imigrante é integrado desde que aceite seus deveres que são inseparáveis de seus direitos. As diferenças não são negadas nem reprimidas, mas remetidas à esfera privada da vida individual.

Segundo o mesmo autor (id., ib., p.150-151), do ponto de vista jurídico, a tradição republicana garante um sistema de integração inspirado no modelo do espaço público nacional. Um pilar deste modelo é a "neutralização" da esfera pública. O segundo pilar é a submissão dos cidadãos a uma "racionalidade universal", a uma "vontade geral", encarnada pelo Estado, cristalizada na lei e aplicada ao quotidiano pela norma administrativa. É pela submissão à mesma regra administrativa que se pretende garantir a igualdade entre os cidadãos.

À medida que a promessa de promoção social não se cumpre, o espaço público se transforma em sociocultural e as reivindicações mudam de natureza e objetivo. O modelo de integração tradicional entra em crise porque não garante igualdade real a todos no interior do espaço público. As falhas nesse processo têm contribuído para a produção de minorias que hoje reclamam um reconhecimento ou que manifestam uma tendência ao "entrincheiramento comunitário".

No que concerne aos experimentos de inclusão no ensino superior francês, destacamos com exemplo o programa da École Libre des Sciences Politiques – Sciences Po[4], destinado aos jovens de classes populares oriundos das zonas de educação prioritárias (ZEPs)[5]. Os alunos conside-

---

4. Segundo Delhay (2006), a Sciences Po modifica o mundo das grandes escolas ao estabelecer as parcerias com os liceus das zonas desfavorecidas, das periferias abandonadas, das pequenas cidades das regiões em crise e do mundo rural esquecido. Com um programa de ingresso de jovens oriundos dos grupos sub-representados no ensino superior francês, uma instituição acadêmica importante para a sociedade francesa se abre para os desfavorecidos. O programa de Convenções Educacionais Prioritárias da Sciences Po abre uma brecha numa França fechada. O plano é experimental, com tempo previsto para termino, sem intenções de generalização, e está sujeito a um processo de avaliação.

5. As ZEPs foram criadas no início dos anos 1980, durante o governo de François Mitterrand, com o objetivo de democratizar a educação francesa.

rados talentosos e meritórios, quaisquer que sejam suas origens familiares, sociais e culturais, e que desejam ingressar na Sciences Po ultrapassando os obstáculos ao ingresso – a falta de meios financeiros, a ausência de informação especializada dada por parentes ou amigos, a deturpação social ligada à própria natureza das provas de seleção e o fenômeno da autocensura, que impede esses jovens de ingressarem da universidade – terão oportunidades por meio do Programa de Convenções Educacionais Prioritárias[6], criado em 2001.

Apontando o território como o principal critério de seleção dos beneficiários, o programa, fiel aos ideais republicanos, pretende promover a mobilidade dos jovens egressos dos liceus das ZEPs. Mesmo que a identidade étnico-racial e de origem não seja um dos critérios de seleção, esse programa acaba por alcançar e promover a mobilidade social de jovens, como filhos de imigrantes de diferentes origens, moradores das periferias (africanos e seus descendentes, árabes e seus descendentes, entre outros grupos étnico-raciais) e originados dos territórios e departamentos fora da Europa (TOMs e DOMs), onde a presença de afrodescendentes é significativa devido à escravidão durante o período de colonização.

No Brasil, os movimentos negros, que desde os anos 1930 reivindicam a inclusão dos negros em várias esferas da vida social, encontraram, no final do século XX e no início do século XXI, as oportunidades para inscrição de suas demandas na agenda pública. Como resultado desse esforço, emergem os programas de ação afirmativa para negros nas instituições de ensino superior. As ações afirmativas emergem no mercado de trabalho, nos partidos políticos e no sistema de ensino. O corte racial favorece negros (pretos e pardos) e indígenas. Além desses grupos, são beneficiados os deficientes físicos, oriundos de escolas públicas e mulheres. Essas políticas atingem também grupos com importância local, como filhos de bombeiros e militares mortos no estado do Rio de Janeiro.

6. O processo de seleção é voltado para a descoberta dos mais talentosos, não necessariamente aquele com as melhores notas ao longo de sua escolarização. Eles têm que realizar um dossiê de imprensa sobre um tema escolhido por eles e defendê-lo perante uma banca examinadora de candidatos reunida no estabelecimento. Posteriormente, os candidatos selecionados devem se apresentar perante uma banca examinadora de ingresso a Sciences Po, logo após a publicação dos resultados do *baccalauréat*, equivalente ao ensino médio, título que permite o ingresso na universidade francesa.

Apesar das especificidades, a experiência brasileira tem sido exaustivamente comparada à experiência americana. Nesta última, os grupos e cores estão bem definidos e divididos, orientados por um modelo dual (brancos e não brancos) e, no caso brasileiro, as políticas racializadas inauguram um modelo dual (brancos e negros/indígenas) para classificar os beneficiários. Observa-se, desse modo, a institucionalização de um sistema classificador de cor dual no qual o beneficiário deverá se encaixar.

O acesso ao ensino superior brasileiro

A situação educacional dos jovens brasileiros em 2006 aponta para a existência de diversas deficiências, entre as quais a baixa frequência ao ensino superior. Entre os jovens de 18 a 24 anos[7], apenas 12,7% (contando com o mestrado e doutorado) cursam o ensino superior, considerado o nível de ensino adequado a esta faixa etária. Se considerarmos a raça/cor dos jovens estudantes do ensino superior, constatamos haver uma sub-representação de minorias nesse grupo que, além disso, é composto, em sua maioria, por estudantes que se encontram fora da faixa etária de 18 a 24 anos, considerada ideal pelo MEC para cursar a universidade[8]. A dificuldade em concluir o ensino médio constitui outra barreira que impede o acesso do jovem negro ao ensino superior, segundo dados da PNAD/IBGE desse mesmo ano (ver Castro et al., 2009).

Esse quadro demonstra haver desigualdade de oportunidades entre jovens brancos e negros. A busca pela democratização do ensino e pela diversidade de sua composição tem estimulado a proposição de políticas públicas que busquem a ampliação de vagas e a inclusão de minorias no nível superior. São negros, indígenas, pobres, portadores de necessidades especiais, entre outras minorias, os novos beneficiários em busca de oportunidades que participam de programas inspirados em uma perspectiva multicultural da sociedade brasileira.

---

7. População jovem (valor absoluto) – faixa etária 18 a 24 anos = 24.285.150. (Texto para discussão/1335/abr.2008.)

8. Segundo a PNAD/IBGE de 2006, no ensino superior a taxa de frequência líquida é de 19,56% para jovens brancos, de 6,37% para os pardos, e de 6,27% para os pretos. Os jovens brancos apresentam uma taxa três vezes maior que a dos jovens pretos e pardos no ensino superior (Castro e Aquino, 2008, p. 106).

O quadro das desigualdades de oportunidades no sistema de ensino brasileiro aponta a insuficiente cobertura oferecida pelo ensino superior. Ao ser comparado com outros sistemas de ensino, o desempenho do país é insatisfatório. Apesar do crescimento do número de negros no ensino superior nos últimos anos, ocorrido, em parte, devido às políticas de ações afirmativas adotadas pelas universidades brasileiras, o percentual de negros nesse nível de ensino ainda é inferior ao dos brancos. A reforma universitária de 1968 provocou fortes mudanças no ensino superior nacional, como a criação dos cursos de pós-graduação, o incentivo à pesquisa e a expansão dos cursos de graduação. No que concerne ao ensino superior, a reforma de 1968, inspirada no ensino superior americano, pretendeu, entre outros objetivos, responder às demandas dos estudantes pelo aumento do número de vagas, por meio da oferta de cursos na rede privada de ensino e pela introdução do vestibular classificatório, reforçando, deste modo, a polarização entre o ensino público e o privado. Essas medidas, no entanto, somente postergaram o problema da desigualdade, permanecendo nas universidades públicas os alunos de melhor poder aquisitivo, ou seja, a universidade pública permaneceu elitista. Hoje, o poder de absorção do sistema público ainda é limitado, tendendo a mudar com a legislação em vigor, que reserva 50% das vagas das universidades federais para os grupos sub-representados.

As universidades públicas federais, estaduais e privadas buscam alternativas ao modelo tradicional de seleção adotando modelos diferenciados e adequados às especificidades regionais, tais como o aproveitamento da avaliação realizada pelo Exame Nacional do Ensino Médio (Enem) e a adoção de reserva de vagas para os setores sub-representados no ensino superior. O governo federal busca ampliar as vagas nas universidades federais e privadas por meio de programas como ProUni, que oferece bolsas de estudos no ensino superior privado; Reuni, que cria novos cursos e amplia as vagas no ensino superior federal; pela criação da Universidade Aberta do Brasil (UAB), que introduz a metodologia de ensino a distância para os cursos de graduação, alcançando um alunado até então distante territorial e fisicamente das universidades; e do Fies, que financia os cursos presenciais de graduação em instituições privadas e utiliza as notas do Enem para o ingresso nas instituições de ensino a ele associadas.

Cabe introduzir, nesse conjunto de iniciativas, a proposta do Plano Nacional da Educação (PNE), que aguarda aprovação. Em uma de suas metas, propõe a criação de políticas que facilitem às minorias vítimas de discriminação, o acesso à educação superior, através de programas de compensação de deficiências de sua formação escolar anterior, permitindo-lhes, desta forma, competir em igualdade de condições nos processos de seleção e admissão a esse nível de ensino.

As mudanças prosseguem. Em 2012, o STF considerou constitucionais as cotas raciais. Hoje, são mais de cem instituições públicas de ensino superior possuidoras de formas de ingresso para grupos sub-representados. Iniciadas de maneira assistemática, se difundiram por todo o país. No mesmo ano, a Lei 12.711, regulada pelo Decreto 7.824, previu 50% das vagas reservadas e subdivididas – metade para estudantes de escolas públicas com renda familiar bruta igual ou inferior a um salário mínimo e meio *per capita* e metade para estudantes de escolas públicas com renda superior a um salário mínimo e meio. Em ambos os casos, também será levado em conta o percentual mínimo correspondente ao da soma de pretos, pardos e indígenas no Estado, de acordo com o último censo demográfico do IBGE, segundo o MEC.

Em 2013, surge uma nova proposta de inserção de grupos sub-representados, os *colleges*. Na Bahia, já foram implantados os chamados bacharelados interdisciplinares (BIs) em ciências e tecnologias, artes, saúde e humanidades. Trata-se de um modelo de ciclos adotado pela UFBA. Após o primeiro ciclo, os estudantes ganham um diploma, mas também podem prosseguir seus estudos nos diferentes modelos de formação profissional. No caso dos colégios universitários (Cunis), os alunos terão formação geral única por um ano e meio, quando receberão uma certificação. Após esse período, quem tiver interesse em conseguir o diploma BI, deverá continuar seus estudos por mais um ano e meio.

Proposta similar foi formulada pelas universidades estaduais paulistas, por meio do Pimesp. O programa se destina aos oriundos da rede pública e pretende criar os Institutos Comunitários de Ensino Superior (Ices), onde os alunos terão aulas de todas as disciplinas, sem divisão por áreas. E, posteriormente, dependendo do seu rendimento, poderão ingressar ao fim do primeiro ano nos cursos oferecidos pelas Faculdades Tecnológicas (Fatecs) ou, ao final do segundo ano, também dependendo do rendimento, nos cursos das universidades estaduais paulistas. Ao final do segundo ano, o aluno poderá considerar concluída sua formação. As duas propostas utilizarão a metodologia do ensino a distância.

Desde a reforma de 1968, não víamos tantas mudanças no acesso ao ensino superior brasileiro. De um lado, estão as medidas que buscam a diversidade da composição dos beneficiários, as ações afirmativas. De outro, aquelas que consideramos um prolongamento das medidas efetuadas pela reforma de 1968, de ampliação do número de vagas. As primeiras se alicerçam na autonomia universitária, prevista na Constituição de 1988 e dão origem a programas de inclusão que variam conforme a instituição de ensino que os propõe. As de segundo tipo buscam promover a democratização do ensino por meio da expansão do número de vagas no ensino superior. Em ambos os casos, as formas de ingresso são variadas: vagas reservadas, cotas, bônus ou o aproveitamento da pontuação obtida no Enem.

São iniciativas diversas que introduziram mudanças na oferta de vagas, no perfil dos beneficiários e nas formas de acesso, e na modalidade dos cursos superiores de graduação. Nesse contexto, o vestibular tradicional é apontado como uma via de acesso antidemocrática, por não oferecer oportunidades iguais para todos, mantendo o ensino superior elitista reservado somente para os setores de classe mais favorecidas. Todavia, essas mudanças não têm ocorrido sem críticas severas, em especial aos programas com corte racial. As ações afirmativas para negros têm provocado um intenso debate que envolve o meio acadêmico, o Judiciário, a mídia, os movimentos sociais e a sociedade civil. Todos têm algo a dizer sobre o tema.

Atentos à diversidade de seu público-alvo, os formuladores dessas mudanças dão origem a um alunado diferenciado do tradicional. Esses "novos beneficiários" ingressam nas universidades a partir de critérios étnico-raciais, sociais, territoriais ou culturais, colocando em pauta o significado do princípio da igualdade e do mérito. Será que uma sociedade democrática liberal deve respeitar os particularismos étnico-raciais em detrimento do social? A identidade nacional brasileira construída a partir da ideia de miscigenação e da negação dos particularismos está ameaçada? Os pressupostos da igualdade de oportunidades e da ausência de quaisquer outras formas de distinção estão garantidos quando adotamos políticas sensíveis à raça? Os interesses particularistas são compatíveis com o interesse nacional? Com a adoção de uma visão multicultural do país a partir da emergência de particularismos, da denúncia das desigualdades sociais e raciais e do questionamento da unidade de nossa identidade, surge um novo paradigma que ressalta a diferença.

No Brasil, tanto os defensores quanto os opositores das políticas racializadas defendem, com argumentos diferentes, o Estado Democrático de Direito fundado na igualdade entre os cidadãos. Esse debate alimenta duas interpretações expressas na questão: estamos diante de um país mestiço sem distinções de raça ou cor, ou de um país profundamente hierarquizado, com várias clivagens, como a de cor e raça? Ambas as interpretações não descartam o racismo como um fenômeno presente na sociedade brasileira.

O governo federal prossegue com sua política de expansão de vagas iniciada na reforma de 1968, por meio da criação de novos *campi* no interior do país; e dos programas: ProUni, Reuni e UAB. As universidades públicas, ancoradas na autonomia universitária e no recente reconhecimento da constitucionalidade das ações afirmativas para negros (pretos e pardos), têm oferecido programas de ação afirmativa que permitem o ingresso de setores tradicionalmente excluídos das universidades, como índios, negros, mulheres, pobres e portadores de necessidades especiais. Preocupadas em promover a diversidade no espaço universitário, essas iniciativas inovadoras, além de fazerem parte de um conjunto de medidas voltado para a expansão do ensino superior, estão promovendo a diversidade da composição étnica, social e cultural do público-alvo do ensino superior.

Identificamos a proposição de programas de ação afirmativa nas instituições de ensino superior a partir do início da primeira década do século XXI, fenômeno sem precedentes no país. Os primeiros experimentos de reserva de vagas nas universidades públicas já completam dez anos. Atualmente, mais de uma centena de instituições de ensino superior adotam algum tipo de política afirmativa. O recente reconhecimento pelo STF da constitucionalidade das ações afirmativas para negros fomentará a ampliação da adesão de outras instituições. De acordo com o censo da educação superior de 2009 do Inep/MEC, 10% dos ingressos de novos alunos nas universidades públicas ocorreram por meio de sistemas de reserva de vagas. Os dados apontam que 69% usaram como critério o fato de o candidato ter ou não estudado em escola pública. E um quarto das reservas de vagas foi preenchido a partir de critérios etnorraciais.

As primeiras universidades a implantarem experimentos de ação afirmativa com recorte racial e social foram a Uerj, a Uenf e a Uneb, com vestibulares realizados em 2002. De acordo com o Relatório da Coordenadoria de Articulação e Iniciação Acadêmica (Caiac) da Uerj, de 2003 a 2012 ingressaram na Uerj 31.607 alunos não cotistas, correspondendo a 66% do alunado da universidade e 15.935 cotistas, correspondendo a 34% do alunado da universidade[9]. Entre os cotistas, ingressaram 6.995 pelas cotas raciais (pretos e pardos). A Caiac informa ainda que são 3.196 cotistas concluintes desde 2003. Há evasão entre os cotistas, apenas 20% deles evadiram nesse período. Entre os não cotistas, 33% evadiram no mesmo período.

A administração central da universidade é otimista na avaliação do experimento. Segundo afirma a sub-reitora de Graduação,

> os alunos cotistas evadem menos do que os não cotistas e, dentre os cotistas, os alunos ingressantes pela reserva de vagas com recorte racial são os que menos evadem. Para esse resultado, contribuem a bolsa permanência e a consciência dos estudantes sobre a oportunidade a eles oferecida, que implica grande responsabilidade social (Uerj, 2012, p. 2).

Por seu caráter compensatório e temporário, o acompanhamento desses experimentos é indispensável para medir seu sucesso, mas care-

9. A identidade cotista foi criada para designar os beneficiários das ações afirmativas nas universidades públicas. O sistema de reserva de vagas da Uerj contemplou os seguintes grupos: negros (20%), oriundos da rede pública de ensino básico (20%), deficientes, indígenas, filhos de bombeiros militares, policiais civis e militares, inspetores de segurança e administração penitenciária, mortos ou incapacitados em razão de serviço (5%).

cemos de avaliações cuidadosas. Algumas universidades públicas possuem núcleos de avaliação e monitoramento dos experimentos, como a PUC-Rio, UFBA, a Uerj e a UFSCar.

A emergência de novas *etnicidades*

Todas as ex-colônias europeias nas Américas são originalmente multiculturais e se tornaram independentes enfrentando o desafio de se construírem como Estados-nação seguindo o modelo europeu. O Brasil resolverá a questão da diversidade de sua formação étnico-racial por meio da construção de um projeto nacional em que o povo seja representado como mestiço.

Somente a partir da década de 1970, o Brasil passou a dispor de dados estatísticos produzidos pelo IBGE que quantificam as desigualdades étnico-raciais. Desse modo, os grupos étnicos-raciais fundadores da nação e suas culturas ressurgem em um novo contexto, em que se denunciam as desigualdades raciais, o racismo, a discriminação e o preconceito. Os dados estatísticos nos permitem perceber o fosso que separa brancos e negros no país. Diferentemente dos países europeus que receberam grupos étnicos vindos de diversas partes do mundo em busca de trabalho a partir dos anos 1970, o Brasil adota a perspectiva pluricultural, dando visibilidade às populações fundadoras da nação – brancos, negros e indígenas.

O "multiculturalismo à brasileira", ao afirmar os direitos civis de negros e indígenas, subverte o mito fundador da nação alicerçado na mestiçagem. Traços culturais dos grupos étnico-raciais autóctones são adicionados a traços contemporâneos, dando origem aos atuais grupos étnico-raciais com etnicidades próprias construídas na contemporaneidade. Criam-se, desse modo, as "novas etnicidades" sem que haja o abandono da identidade nacional brasileira. Para os negros brasileiros, a origem africana é um dos marcadores relevantes para a construção de sua identidade e para a organização do grupo e inscrição de suas demandas na arena política. O passado vinculado à escravidão de africanos no Novo Mundo, as condições de pobreza, discriminação e racismo contemporâneos e a desigualdade de oportunidades são consideradas condições sociais que colocam a maioria dos negros na subalternidade.

As novas etnicidades, portanto, conectam o passado ao presente. A etnicidade tem função instrumental para esses grupos. O fenômeno da etnicidade tem significado social e está mais ligado ao sentimento, à cultura, à socialização e aos interesses políticos de um grupo étnico. Não há nada de nato na etnicidade, pois é um fenômeno puramente social (Geertz, 1963; Glazer e Moynihan, 1975).

Segundo Weber (1991), os grupos étnico-raciais são grupos de interesse. Para o autor, uma comunidade étnica é um grupo humano que, em virtude de semelhanças no *habitus* externo ou nos costumes, ou em ambos, ou em virtude de lembranças de colonização e migração, nutre uma crença subjetiva na procedência comum, de tal modo que esta se torna importante para a prorrogação de relações comunitárias, sendo indiferente se existe ou não uma comunidade de sangue efetiva. Toda comunidade étnica é um constructo político, forma de organização política eficiente por meio da qual se faz a resistência ou conquista de espaços políticos. São os interesses coletivos que estimulam a construção do pertencimento: a crença na origem comum, o sentimento de pertencimento, a cultura, a identidade e a etnicidade.

O mesmo autor considera uma das características definidoras dos grupos étnicos contemporâneos seu caráter político. A construção dos negros como grupos étnico-raciais, ou seja, como grupos de interesse, é portanto uma questão política. Nota-se, entretanto, que a posição social desses é atravessada pela posição de classe. A maioria negra brasileira está em situação de pobreza. Essa associação cria a ilusão de que, solucionada a questão social, resolveremos a questão racial. No entanto, há que se problematizar essas duas questões que se imbricam, mas não se identificam, devido aos processos de inclusão/exclusão explicados pelo passado (escravidão), associado aos processos contemporâneos produtores de desigualdades que alimentam o retrato atual da sociedade brasileira, no qual a raça está associada à pobreza.

O fenômeno da etnicidade é útil para a definição dos grupos étnico-raciais nas modernas sociedades de classe atravessadas pelas linhas de cor que separam brancos e negros, com os negros em situação de desvantagem social. Em tais sociedades, os grupos étnico-raciais se unem por laços de interesse, compartilham um passado, constroem e reconstroem suas culturas e propõem uma nova ordem social que garanta plenos direitos à cidadania. Neste sentido, é possível considerar os afro-brasileiros como formadores de um grupo étnico-racial. Na disputa pelos direitos civis, organizam-se como grupos de interesse a partir da constatação de que sua maioria compartilha a mesma situação social e racial, uma história e uma socialização.

A etnicidade, então, tem a função de instrumentalizar um padrão de comportanto normativo que reúna um grupo de pessoas e que o diferencie de outros grupos pelo sentimento de pertença a determinado grupo étnico-racial. Como fenômeno relacional, a etnicidade só existe em relação aos outros grupos de uma determinada sociedade. No caso do Brasil, o fortalecimento de grupos étnico-raciais com demandas específicas não tem ameaçado a unidade da nação.

No ensino superior, essas novas etnicidades geram um "novo alunado", beneficiário dos programas de ação afirmativa. Estes, em geral, oriundos de famílias de baixa renda e do ensino público, ainda não são numericamente suficientes para que a conclusão de que o ensino superior brasileiro é democrático. Segundo dados divulgados pelas universidades que os acolhem, não há diferença de desempenho entre os alunos cotistas e os demais. Os programas de ação afirmativa motivaram as IESs a implantarem ou ampliarem os programas de assistência ao estudante, fornecendo suporte financeiro e material para os cotistas: transporte, moradia estudantil e bolsas de estudo, medidas necessárias à permanência deles.

No entanto, o formato atual requer ajustes, apesar das conquistas visíveis na primeira década do século XXI. Mudamos, mas ainda não temos o ensino superior que queremos. É preciso acompanhar e avaliar esses experimentos, a fim de criar mecanismos mais amplos e ágeis de inclusão dos setores sub-representados no ensino superior brasileiro.

No que tange à inclusão da população negra, a Uerj e a Uenf se destacam por seu pioneirismo. Elas, juntamente com a Uneb, deram início aos programas de acesso com reserva de vagas para negros e outros grupos, difundindo esse tipo de experimento para outras IESs do país (Gonçalves, 2004 e 2008). De acordo com o censo da educação superior de 2009 do Inep/MEC, 10% dos ingressos de alunos nas universidades públicas ocorreram por meio de sistemas de reserva de vagas. Os dados apontam que 69% usaram como critério o fato de o candidato ter ou não estudado em escola pública. E um quarto das reservas de vagas foi preenchido a partir de critérios étnico-raciais. Assim, as ações afirmativas, com suas diferentes modalidades de ingresso, afirmam a identidade negra como um dos critérios de acesso ao ensino superior.

Segundo Hall (2003), a ideia de coerência identitária, tão forte na modernidade, na realidade, não passa de uma fantasia, porque há dentro de nós uma série de identidades contraditórias que naturalmente produzem deslocamentos em nossas identificações. A partir dessa consideração, podemos perceber que a construção da identidade do ingressante no ensino superior pelas cotas raciais encontra na universidade, ambiente sensível à construção da identidade negra. Ao longo do processo de seleção, o aluno necessariamente terá que definir sua cor/raça para se candidatar. E, durante o período de graduação, ele terá contato com as atividades e o discurso acadêmico a respeito da raça e com o debate nacional em torno das políticas de ação afirmativa.

Segundo Gonçalves (2010), em geral, os ingressantes percebem sua cor/raça dentro de um contínuo que variava do claro ao escuro. Todos os ingressantes têm consciência de sua cor/raça (consciência em si), mas não necessariamente se percebem segundo um modelo bipolar de classificação. Poucos, salvo aqueles que são ativistas, têm a identidade racial consolidada, ou seja, a consciência de que a raça é produtora de desigualdades raciais e sociais, de preconceitos e de discriminações. Nas instituições, a identidade racial é compartilhada com outros estudantes na mesma situação racial e social. A candidatura às vagas reservadas e, posteriormente, o contato com a vida universitária os colocam frente à classificação racial dual – brancos e negros. Nas experiências educativas e de sociabilidade proporcionadas pela vida universitária, o novo alunado negro constrói sua identidade. As novas etnicidades têm papel importante na consolidação e construção dessas novas identidades.

Considerações finais

Tema controverso nas sociedades contemporâneas, por ser considerado antidemocrático ou por privilegiar outras categorias em detrimento do mérito, as políticas sensíveis à raça vêm se impondo e oferecendo experimentos diferenciados no cenário das políticas de acesso ao ensino superior brasileiro. O que mudou? Existe um modelo brasileiro de inclusão no ensino superior? Hoje, são mais de uma centena de instituições de ensino superior com algum tipo de programa de inclusão de grupos sub-representados nesse nível de ensino.

A adesão das instituições públicas federais a partir do reconhecimento da constitucionalidade das ações afirmativas para negros pelo STF em 2012 certamente provocará o aumento desses nas instituições de ensino federais. As diferentes formas de acesso (reserva de vagas, bônus, cotas, desempenho no Enem etc.); a oferta de novos cursos em horários noturnos ou flexíveis e a emergência de novas metodologias (ensino a distância); modalidades de cursos (bacharelados interdisciplinares e cursos de curta duração); os programas governamentais que garantem a oferta de bolsas no ensino superior privado são outras medidas que alteram o formato e diversificam os beneficiários do ensino superior brasileiro. A institucionalização da categoria "negro" no campo das políticas inclusivas contribui para a construção ou consolidação das identidades negras entre os novos beneficiários e para a criação de novas etnicidades construtoras de fronteiras e de demandas de inclusão na esfera pública.

Entre o modelo americano, sensível à raça, e o modelo *color-blindness* francês, o modelo brasileiro intermediário, misto e híbrido no que concerne à raça, em geral, se construiu associando raça a outras categorias, como renda e/ou vínculos com a educação pública. Cabe esclarecer que, atualmente, o modelo americano tende a se distanciar de seus primeiros experimentos centrados na raça de seus beneficiários.

No Brasil, a raça emerge como uma das categorias escolhidas para ampliar o acesso ao ensino superior. No entanto, existem experimentos que se aproximam dos modelos clássicos apresentados, ou seja, experimentos que elegem raça como categoria de seleção sem exigir outras associadas a ela e outros que preferem categorias sociais como classe, renda ou origem escolar em escolas públicas. Assim, o país vem desenhando um modelo de inclusão para os grupos étnico-raciais pertencentes a uma sociedade conhecida pela miscigenação de sua população.

A maioria dos programas em curso nas universidades públicas, ao combinar raça à outras categorias na seleção de seus beneficiários, adapta-se à nossa maneira de explicar e conceber a construção do povo brasileiro; reconhece o racismo e a discriminação, ao reconhecer o caráter compensatório das ações afirmativas e fortalecer as identidades raciais; e institui a categoria "negro" no campo das ações afirmativas.

Passando por sucessivas e ininterruptas mudanças na fase de promoção do acesso e da diversidade no ensino superior, nosso modelo carece de recursos orçamentários, programas e realizações que promovam a permanência dos beneficiários minimizando, com isso, a evasão. Devido ao seu caráter transitório, as políticas de ações afirmativas brasileiras carecem ainda de refinamento de seus instrumentos de avaliação. O sucesso desses experimentos dependerá dos investimentos governamentais e do apoio das instituições da sociedade civil.

Referências bibliográficas

CASTRO. J. A. de; AQUINO, L. (orgs.) Juventude e políticas sociais no Brasil. Texto para Discussão n. 1.335. Brasília: Ipea. 2008.

CASTRO, J. A. de. et al. *Juventude e políticas socias no Brasil.* Brasília: Ipea, 2009.

DAMATTA, Roberto. Brasil e EUA: As lições do número três. In: SACHS, Viola et al. *Brasil e EUA*: Religião e identidade nacional. Rio de Janeiro: Graal, 1988.

DELHAY, C. Promotion Zep des Quatiers à Sciences Po. Paris: Hachette, 2006.

GEERTZ, C. The integrative revolution. In: ________. (org.) *Old societies and new states.* Nova York: Free Press, 1963.

GLAZER, N.; MOYNIHAN, D. P. Introduction. In: ________. (orgs.) *Ethnicity*: Theory and experience. Harvard University Press, 1975.

GONÇALVES. M. A. R. A política de cotas para negros na Universidade do Estado do Rio de Janeiro. In: ROMAO, J. *História da educação do negro e outras histórias*. Brasília: MEC/Secad, 2004.

________. Sistema de reserva de vagas na Universidade do Estado do Rio de Janeiro e as ações do Núcleo de Estudos Afro-brasileiros da Uerj. In: SISS, A. *Diversidade étnico-racial e educação superior brasileira*: Experiências e intervenção. Rio de Janeiro: Quartet, 2008.

________. A importância do sistema de reserva de vagas na Uerj na construção de identidades negras. In: SISS. A; MONTEIRO. A. (orgs.) *Negros, indígenas e educação superior.* Rio de Janeiro: Quartet/Edur, 2010.

HALL, S. *Da diáspora*. Belo Horizonte: Ed. UFMG; Brasília: Unesco, 2003.

MOEHLECKE, S. Ação afirmativa: história e debates no Brasil. *Cadernos de Pesquisa*, n. 117, p. 197-217, nov. 2002.

NOGUEIRA. O. *Preconceito de marca*: As relações raciais em Itapetininga. São Paulo: Edusp, 1998.

OLIVEIRA, E. de. O mulato como obstáculo epistemológico. *Revista Argumento*, Rio de Janeiro, p. 65-73, 1974.

RENAN, E. What is a nation? In: BHABHA. H. K. *Nation and narration.* Londres: Routledge, 1990.

SEMPRINI, A. *Multiculturalismo.* Bauru: Edusc, 1999.

UERJ. *Proiniciarcomunica*, ano 1, n. 1, p. 2, out. 2012.

WEBER, M. *Ensaios de sociologia.* Rio de Janeiro: Zahar, 1982.

________. Relações comunitárias étnicas. In: ________. *Economia e sociedade.* Brasília: Ed. UnB, 1991.

WIEVIORKA, M. *La diversité.* Paris: Robert Lallont, 2008.

Sites

www.brasil.gov.br

www.inep.gov.br

www.mec.gov.br

www.portalideb.com.br

DIAGNÓSTICOS SOBRE AÇÕES AFIRMATIVAS: BRASIL, ÁFRICA DO SUL, FRANÇA E ESTADOS UNIDOS

MARCELO HENRIQUE ROMANO TRAGTENBERG

Professor do Departamento de Física da UFSC, é também presidente da Comissão de Acompanhamento do Programa de Ação Afirmativa da UFSC, pesquisador do Instituto Nacional de Ciência e Tecnologia de Inclusão no Ensino Superior e na Pesquisa (INCTI) do CNPq.

Introdução

A tarefa de fazer os comentários finais em um livro com contribuições tão diversas, sobre realidades tão diferentes das ações afirmativas (AA) como as do Brasil, África do Sul, França e Estados Unidos, necessariamente tem um aspecto fragmentário. Eles devem abordar uma miríade de questões dentro de cada dinâmica, mas também devem ter a capacidade de relacionar questões levantadas pelos diferentes palestrantes e debatedores.

Duas questões gerais perpassaram os capítulos deste livro: os usos do conceito de diversidade como fundamento da ação afirmativa e a relação entre ação afirmativa de "raça" e classe. Esses temas terão tratamento especial no encerramento destes diagnósticos.

Os comentários estão estruturados a partir dos textos de Angela Randolpho Paiva (coordenadora-geral do Nirema), Elielma Ayres Machado, Lady Christina de Almeida, além dos capítulos de Adam Habib, Daniel Sabbagh, Randall Kennedy e seus interlocutores.

Será destacada a referência histórica internacional das ações afirmativas no Brasil e, a seguir, serão considerados comentários de cada texto com considerações gerais, abrangendo questões que perspassam todas as pesquisas e análises: relação entre diversidade e "raça" e classe e ação afirmativa.

A referência histórica internacional das ações afirmativas no Brasil

Daniel Sabbagh se referiu ao fato de na França, assim como no Brasil, a ação afirmativa para acesso ao ensino superior ser vista como originária dos Estados Unidos. Por um lado, é uma referência histórica incorreta, pois as reservas de vagas do ensino superior para grupos populacionais discriminados foram fundamentadas legalmente de forma pioneira na Índia, a partir da Constituição de 1950, e instituídas por lei subsequentemente (Vakil, 1985).

Por outro lado, tenta-se crer que as cotas no Brasil são cópia do sistema de cotas estadunidense. Outro equívoco: as cotas percentuais baseadas em critérios raciais são ilegais nos EUA, desde 1978, conforme decisão de sua Suprema Corte, no caso *Bakke contra a Faculdade de Medicina da Universidade da Califórnia*, em Davis (Gomes, 2001). Posteriormente, a Suprema Corte considerou inconstitucional a concessão de bônus indiscriminado na nota de admissão ao ensino superior, no caso *Gratz contra a Universidade de Michigan,* embora tenha considerado constitucional o uso do critério de raça para esse tipo de admissão, no caso *Grutter contra a Universidade de Michigan,* ambos julgados em 2003[1].

Portanto, a adoção de cotas para negros[2] no ensino superior brasileiro, bem como para outros públicos, não copia o sistema estadunidense. Além disso, elas foram julgadas constitucionais em sessões históricas do STF. As sessões de 25 e 26 de abril de 2012 abordaram as cotas para negros. Foi aprovado por dez votos a zero o parecer do ministro Ricardo Lewandowski, favorável à instituição de reserva de vagas para negros nas universidades, no caso da Ação de Descumprimento de Preceito Fundamental da Constituição (ADPF) 186 do Partido Democratas contra a Universidade de Brasília[3]. Os fundamentos principais da decisão do relator e dos outros ministros foram as desigualdades entre brancos e negros no Brasil e a marginalização histórica dos negros do ensino superior brasileiro. As cotas para escola pública foram julgadas constitucionais por sete votos a um em sessão de 9 de maio de 2012.

Isso coloca as decisões brasileiras sobre ação afirmativa em um patamar jurídico soberano, e não colonizado. Estamos deixando de ser um quintal dos Estados Unidos. A grande mídia até tem admitido que o Brasil se tornou potência mundial, como Rússia, China, Índia e África do Sul, dada sua evolução nos últimos dez anos. Começa-se a vencer o chamado complexo de vira-lata, enunciado pelo dramaturgo Nelson Rodrigues (2002, p. 52), que seria "a inferioridade em que o brasileiro se coloca, voluntariamente, em face do resto do mundo". Porém, é preciso que nossos primeiros passos como potência mun-

---

1. Decisões disponíveis em: <http://caselaw.Lp.Findlaw.Com/scripts/getcase.Pl?Navby=case& court=us&vol= 539&page=244 (Gratz Contra Universidade De Michigan)> e <http://www.Law. Cornell.Edu/supct/html/02-241.Zs.Html> (Grutter v. Universidade de Michigan). Acesso em: 8 maio 2013.

2. O conceito de negro é utilizado aqui como a soma de pretos e pardos, que é bastante consistente no que se refere ao ensino superior brasileiro.

3. Decisão disponível em: <www.stf.jus.br/arquivo/cms/noticianoticiastf/anexo/adpf186rl.pdf>. Acesso em: 8 maio 2013.

dial não sigam em um sentido imperialista, de exploração de nossos vizinhos (como Paraguai, Bolívia, Peru) e de outros países, que não seja militarista, como é a posição dos Estados Unidos e como deseja a elite dominante brasileira. É importante que o *status* de potência seja uma alavanca para o desenvolvimento sustentável de outros países com justiça social e solidariedade internacional.

Pesquisa do Nirema – Ação afirmativa: Monitoramento e acompanhamento nas universidades brasileiras (editais, depoimentos de gestores e de estudantes)

As pesquisadoras do Nirema apresentaram resultados de uma pesquisa sobre os editais dos processos seletivos das universidades federais e estaduais brasileiras com ação afirmativa e de entrevistas com seus gestores e também com seus estudantes sobre vários aspectos relacionados com ação afirmativa.

Editais

As pesquisadoras ressaltaram a grande abrangência da ação afirmativa nas universidades federais e estaduais brasileiras, com 75% das universidades tendo esse tipo de política, no ano de 2012. Como o objetivo da pesquisa era estudar as ações afirmativas nas universidades públicas, não houve menção nem comparação às ações afirmativas nos Institutos Federais de Educação, Ciência e Tecnologia (os Ifets).

A comparação ilumina alguns aspectos do processo de adoção de ações afirmativas no ensino profissional e técnico e no ensino superior público brasileiro.

Os dados do Nirema apontam que, das 95 universidades federais e estaduais, 60% (57) tinham AA para oriundos de escolas públicas, 45% (43) para indígenas, 40% (38) para negros e 17% (16) para pessoas com deficiência, em 2011.

Por outro lado, conforme levantamento do INCTI, no mapa das AA no Brasil[4], de 2012, a adesão dos Ifets às AA teve um perfil diferente. Enquanto as AA para oriundos de escola pública tinham adesão de 80%

---

4. Disponível em: <www.inctinclusao.com.br/acoes-afirmativas/mapa>. Acesso em: 14 maio 2013.

deles, somente 28% tinham AA para pessoas com deficiência e cerca de 11% adotaram AA para negros e indígenas.

A resistência universitária à inclusão socioeconômica foi consistentemente maior que a dos Ifets, provavelmente por ser um espaço de poder e de reprodução da classe dominante e dos estratos mais ricos da sociedade, em relação ao ensino profissional e técnico. Em contrapartida, como a discussão das cotas foi impulsionada pelo movimento negro no acesso ao ensino superior, justamente por ser um local de formação de quadros de poder e de modelos sociais, nesse espaço, a inclusão étnico-racial foi maior (tanto para negros quanto para indígenas). As pessoas com deficiência, apesar de terem cotas definidas na Constituição[5], não tiveram acolhimento nas universidades, que só recentemente vêm se adaptando às pessoas com deficiência que ingressaram por vestibular de forma tradicional. Por outro lado, no ensino profissional e técnico, proliferaram os Núcleos de Apoio às Pessoas com Necessidades Especiais (Napnes) com forte apoio central da (Setec/MEC), o que não ocorreu na Secretaria de Ensino Superior do MEC (Sesu). Talvez uma das razões tenha sido a maior presença de pessoas com deficiência no ensino profissional e técnico.

Estudantes

A primeira observação que chama atenção nas entrevistas com os alunos é que um percentual considerável dos estudantes de várias universidades com cotas desconhece sua existência. Isso mostra a necessidade de uma discussão interna ativa sobre o papel das cotas, bem como uma divulgação externa junto à sociedade, sobretudo a estudantes de educação básica, sobre a existência dessa ação afirmativa.

As pesquisadoras do Nirema relataram também que, em sua amostra, o percentual de pretos e pardos nas universidades federais e estaduais era de cerca de 36% em 2011, próximo ao da PNAD/IBGE de 2009 (31%)[6]. O que é notável nesses números é a falta de igualdade racial no ensino

---

5. Art. 37, inciso VIII da Constitução de 1988.

6. Disponível em: <www.ibge.gov.br/home/estatistica/populacao/condicaodevida/indicadoresminimos/sinteseindicsociais2010>. Acesso em: 15 maio 2013.

superior estadual e federal. O censo 2010 do IBGE detectou que 51% da população brasileira são de pretos e pardos, percentual bem maior que o detectado pela pesquisa do Nirema ou da PNAD/2009. Há um longo caminho a percorrer em direção à igualdade racial no ensino superior público brasileiro.

Um dos aspectos da construção da igualdade racial no ensino superior brasileiro está para além das cotas: a dizimação de negros na educação básica. Embora não se disponha aqui de dados nacionais sobre o percentual de negros nas séries finais do ensino fundamental e médio, utilizamos os dados da Grande Florianópolis, compilados a partir do censo escolar 2010[7]. Enquanto no sexto ano do ensino fundamental estão cerca de 98% dos brancos e 96% dos ingressantes, ao final do ensino fundamental estão somente 67% dos brancos ingressantes e 54% dos negros (pretos e pardos). Já ao fim do ensino médio, a discrepância é maior: 49% dos brancos estão no 3º ano e 25% dos negros.

Uma pesquisa detalhada sobre as causas dessas enormes desigualdades educacionais entre negros e brancos é urgente, para subsidiar políticas públicas de igualdade racial na educação básica. Nesse contexto, a grande evasão negra do ensino médio é particularmente grave e merece mais atenção do final do ensino fundamental ao final do ensino médio, pois há queda de 18 pontos percentuais de brancos e 29 pontos percentuais de negros. Há fortes indícios de discriminação racial, no ambiente escolar e fora dele.

Gestores

A exposição sobre as entrevistas com os gestores das universidades com AA levantou algumas questões:

A. Uenf: a "melhora da educação básica" como um fator de aumento do percentual de negros no ensino superior, por diminuir a desigualdade entre brancos e negros na formação básica;

---

7. Ceres Inteligência Financeira Ltda., *Estudo dos indicadores socioeconômicos da população negra da Grande Florianópolis*, 2012, financiado por edital da Coordenadoria de Políticas de Promoção da Igualdade Racial da Prefeitura de Florianópolis (COPPIR/PMF). Disponível em: <www.pmf.sc.gov.br/entidades/coppir/index.php?pagina=notpagina&noti=6550>. Acesso em: 15 maio 2013.

B. a Lei de Cotas é uma lei de custo zero, em que só se mexe no acesso sem prever investimento na permanência dos alunos;

C. a questão da permanência no novo contexto de acesso com mais diversidade;

D. a evasão dos ingressantes por AA e daqueles que ingressam pela classificação geral;

E. os efeitos mistos do Sisu: segregação de cotas, mobilidade, democratização socioeconômica;

F. o fenômeno da segregação de cotas em universidades: UFSJ e Udesc;

G. Uneb: as cotas para negros como uma revolução e o conceito revolução para a esquerda e para os cientistas sociais;

H. Unicamp: só divulga que oriundos de escolas públicas têm bom desempenho, mas não divulga que mulheres o têm;

I. Elisa Larkin Nascimento: diversidade cria novo conhecimento? Os alunos de AA vão mais para humanas, menos pra exatas?

J. Formas de preparação do acesso à universidade: convênio UFSC/Secretaria de Estado da Educação de SC.

A. Uenf: Dilema da educação brasileira

Educação é a base para a democracia. Para que isso ocorra, é preciso que todos estudem juntos. O que aconteceu com a escola particular e com a escola pública? O pobre foi separado do rico ao longo do tempo, e o negro foi separado do branco. A escola foi responsável por isso quando não deu oportunidades iguais para todos, mas o problema não será solucionado se a educação básica brasileira não melhorar. Como afirma um gestor da Uenf: "É ela a raiz, o cerne do problema de nós não termos, principalmente, o negro dentro da universidade".

As pesquisadoras do Nirema corroboraram com esta linha de abordagem: melhorar a educação básica aumentará automaticamente a presença de negros no ensino superior, em particular no ensino superior público, o foco dessa pesquisa.

Esse é um tema recorrente na discussão das cotas para negros no ensino superior público e privado. Há basicamente duas linhas de abordagem. A primeira é a do gestor da Uenf e das pesquisadoras do Nirema, que não opõem cotas para negros à melhoria da educação básica, mas as veem como medidas complementares para a promoção do acesso de negros ao ensino superior. Há outra linha, que entende que são medidas antagônicas: enquanto as cotas para negros no ensino superior criam racismo, a melhoria da educação básica seria "boa para todos", pois melhoraria automaticamente o acesso de negros ao ensino superior e também de pessoas de baixa renda de forma geral. São os anticotas para negros.

Os manifestos anticotas trataram disso. O manifesto Todos têm direitos iguais na República Democrática[8] foi entregue em 30 de junho de 2006 ao então presidente do Senado, Renan Calheiros, e da Câmara Federal, deputado Aldo Rebelo, alertando contra a aprovação da Lei de Cotas e do Estatuto da Igualdade Racial. O manifesto Cento e treze cidadãos anti-racistas contra as leis raciais[9] foi levado em 30 de abril de 2008 ao então presidente do STF, ministro Gilmar Mendes, e argumentava a favor das Ações Diretas de Inconstitucionalidade (ADI 3.330 e ADI 3.197). Essas ações foram promovidas pela Confederação Nacional dos Estabelecimentos de Ensino (Confenen), a primeira contra o ProUni, e a segunda contra a Lei de Cotas no vestibular da Uerj e Uenf. Em ambos, coloca-se a necessidade de garantir educação básica pública de qualidade para atingir a igualdade racial no ensino superior e, mais do que isso, gerar benefício igual para negros e brancos.

Já os manifestos pró-cotas para negros têm postura bastante diferente. O primeiro Manifesto em favor da lei de cotas e do estatuto da

8. Disponível em: <www1.folha.uol.com.br/folha/educacao/ult305u18773.shtml>. Acesso em: 15 maio 2013.

9. Disponível em: <http://revistaepoca.globo.com/Revista/Epoca/0,,EDR83466-6014,00.htm>. Acesso em: 15 maio 2013.

igualdade racial[10] foi entregue ao Congresso Nacional em 4 de julho de 2006, e o segundo, Manifesto em defesa da justiça e constitucionalidade das cotas,[11] ao STF, em 13 de maio de 2008. O primeiro manifesto deixou claro que a melhora de serviços públicos, como educação de forma universalista, joga "para um futuro incerto o dia em que negros e índios poderão ter acesso equitativo à educação, às riquezas, aos bens e aos serviços acumulados pelo Estado brasileiro". Deixa entrever que políticas universais podem melhorar a situação de negros e índios, mas de forma incerta, por não atacarem desigualdades étnico-raciais de forma dirigida. O segundo manifesto é menos preciso, mas tem posição semelhante ao primeiro quando aponta que a proposta dos "113 cidadãos" não é efetivamente para aumento do percentual de negros no ensino superior hoje, mas adiamento a um futuro incerto.

Em um quadro de extrema desigualdade entre brancos e negros, a dita "melhoria da educação básica pública" é mais provável que aumente a desigualdade racial do que a diminua. Por ser uma tese contraintuitiva, é necessário descrevê-la com cuidado.

Em primeiro lugar, é preciso conceituar o que se chama de educação de qualidade. Ter melhores padrões de ensino de ciências exatas e ciências humanas não necessariamente elimina a discriminação racial na escola e fora dela. É preciso incorporar urgentemente ao conceito de educação de qualidade uma linha de combate ao racismo na escola e fora dela. No entanto, este aspecto de combate ao racismo para melhoria da educação é constantemente negligenciado nesse debate. Só se fala em remunerar melhor o professor, ter professores com formação na área, escolas mais bem aparelhadas, coordenação pedagógica. Racismo não entra na conta da "melhoria da educação básica".

Há uma série de estudos que indicam que a melhoria da educação básica (com indicadores que não levam em conta a discriminação racial) pode trazer maiores desigualdades entre negros e brancos.

---

10. Disponível em: <www1.folha.uol.com.br/folha/educacao/ult305u18773.shtml>. Acesso em: 15 maio 2013.

11. Disponível em: <www1.folha.uol.com.br/fsp/cotidian/ff1405200808.htm>. Acesso em: 15 maio 2013.

Soares e Alves (2003, p. 147-165) realizaram um estudo sobre o desempenho de alunos da oitava série do ensino fundamental na prova de matemática do Sistema de Avaliação da Educação Básica (Saeb). O estudo mostra que, em média, os alunos com nível socioeconômico menor demonstram menos proficiência nessa prova. Quando se desagrega o resultado por raça, observa-se que *a melhora do nível socioeconômico aumenta a diferença entre a proficiência de brancos, pardos e negros* (aqui, o Saeb não tem a categoria de classificação preta, o que leva à hipótese de que quem se autoclassificou como negro provavelmente se classificaria como preto em um questionário do IBGE). Os brancos têm maior proficiência que os pardos, que têm maior proficiência que os negros. A melhora do nível socioeconômico tem impacto diferencial para pessoas de cor/raça diferente. E o pior: estudando o efeito de fatores, nota-se que ter professor com licenciatura em matemática, ter professor mais bem remunerado, ter melhores equipamentos na escola *favorecem maiores diferenças a favor dos brancos em relação a pardos e negros.* Em outras palavras, "melhorar a qualidade do ensino", no sentido do senso comum, tende a aumentar a desigualdade racial no desempenho em matemática ao invés de diminuir, sempre a favor dos brancos.

Louzano (2013, p. 114) mostra o fracasso escolar (reprovação ou abandono da escola) em diferentes regiões do Brasil, por cor/raça, utilizando dados da Prova Brasil de 2011, aplicada a alunos dos quinto e nono anos do ensino fundamental. Ela verificou que o fracasso escolar é, em média, maior nas regiões Norte e Nordeste, em alunos com pais com ensino fundamental concluído. No entanto, nessas regiões, não há diferenças de fracasso escolar entre brancos e pardos, que têm menor fracasso escolar do que pretos. Nas regiões Sul e Sudeste, que têm menor fracasso escolar para todas as cores/raças, as diferenças entre brancos e pretos aumentam e entre brancos e pardos passam a existir. Logo, sistemas de ensino com melhores condições (que têm menor fracasso escolar em média) têm maior desigualdade de fracasso escolar entre brancos, pardos e pretos com pais com ensino fundamental completo. As diferenças são sempre mais favoráveis aos brancos e em seguida aos pardos. Essa situação praticamente não muda para pais com ensino superior completo. Novamente, melhorar as condições de suporte familiar não melhora as diferenças de fracasso escolar.

Por fim, analisando as enormes desigualdades raciais na Grande Florianópolis, no estado de Santa Catarina, que em média tem o melhor Índice Brasileiro de Educação Básica (Ideb),[12] constata-se que as desigualdades raciais são enormes. Novamente, "melhorar a educação básica" não necessariamente diminui desigualdades raciais.

O fato de a "melhoria da educação básica" não diminuir ou até aumentar as diferenças de desempenho entre brancos e negros tem fundamentação na teoria da equidade inversa de Victora et al. (2000). Eles postularam que intervenções públicas em saúde universalistas inicialmente atingem mais os de melhor posição socioeconômica e somente depois chegam aos mais pobres, aumentando a desigualdade da cobertura do programa e indicadores como mortalidade infantil. As desigualdades somente melhoram depois, quando cresce o acesso dos mais pobres às intervenções. Dado o cenário de enorme desigualdade racial no país, é de se esperar que uma intervenção como "melhora da educação pública" tenha maior impacto em brancos do que em negros, aumentando a desigualdade racial, como mostraram os estudos de Soares e Alves e de Louzano, durante as próximas décadas.

B. A Lei de Cotas foi tratada como uma lei de custo zero pelas pesquisadoras do Nirema, por só se debruçar sobre a distribuição das vagas de acesso às universidades e institutos federais, sem prever investimento para bolsas de permanência e moradia

A Lei de Cotas não prevê um programa de investimentos em permanência. No entanto, não é correto observar a lei de forma isolada. Ela faz parte de uma política para o ensino profissional, técnico e superior. Essa política prevê expansão das redes de Ifets e universidades federais, mudança do acesso a essas redes e aumento do financiamento de assistência estudantil. Em particular, no que se refere ao ensino superior, o

---

12. Disponível em: <www.portalideb.com.br/>. Acesso em: 16 maio 2013.

PNAES, criado em 2007, recebeu em seu primeiro ano 126,3 milhões de reais. Em 2009, foram 200 milhões de reais e, em 2010, 295,6 milhões de reais. Em 2011, foram destinados 395,2 milhões de reais ao programa, em 2012, 503,8 milhões de reais e, em 2013, previu-se o investimento de 603,8 milhões de reais[13]. Foi um aumento de cerca de 300% de 2008 a 2013, frente a uma inflação de cerca de 31% de 2008 a 2012. Diante desses dados, não é possível afirmar que a lei de cotas é lei de custo zero, na medida em que houve um aumento real de cerca de 260% no financiamento da assistência estudantil no período.

C. A questão da permanência no novo contexto de acesso com mais diversidade

Rosana Heringer levantou pontos sobre a permanência com sucesso dos ingressantes por AA. Inicialmente, haveria uma estrutura precária das universidades, dificuldades econômicas de vários estudantes que precisam de assistência estudantil e o risco de entrarem estudantes por AA que se evadam devido a questões econômicas.

É importante partir da avaliação da universidade atual como uma instituição burguesa, voltada para classe média alta e para a classe dominante. Na UFSC, por exemplo, os custos dos equipamentos comprados para cursar odontologia são próximos de 20 mil reais para todo o curso; os materiais para maquetes e as viagens de estudo do curso de arquitetura eram financiados pelos alunos, livros caros de medicina eram comprados pelos alunos, a disponibilidade de bolsas para permanência, auxílio para moradia ou moradia estudantil, livros não tão caros são necessários para outros cursos menos concorridos que medicina. Rosana se referiu às estruturas precárias das universidades. Parte disso está se modificando. Há uma expansão do espaço físico para cursos novos e antigos, verba para material didático (como os de odontologia e arquitetura na UFSC), viagens de estudo, livros, de forma que vários de nossos colegas haviam se acostumado a não mais solicitá-los, dada a penúria das universidades

13. Informações disponíveis em: <http://portal.mec.gov.br/index.php?option=com_content&view=article&id=18107:recursos-quadruplicam-e-passam-de-r-1-bilhao-em-cinco-anos&catid=212>. Acesso em: 16 maio 2013.

federais no governo FHC. Por outro lado, havia universidades e institutos federais que não tinham Pró-Reitoria de Assistência Estudantil na sua estrutura, dada a seletividade econômica de seus cursos. As despesas eram financiadas pelos estudantes, que podiam arcar com elas. No entanto, com a entrada de estudantes de menor renda, as instituições precisam mudar.

Estamos vivendo esse processo de adaptação e carecemos de dados para avaliar se os recursos são suficientes para o financiamento desses estudantes de menor renda. Na UFSC, não havia processo informatizado de solicitação e de concessão de assistência estudantil, portanto, não havia um processo regular de avaliação sobre a necessidade das várias modalidades de assistência estudantil. Em outras universidades há essa informatização, mas ainda falta uma avaliação nacional sobre a real necessidade de recursos para a assistência estudantil e se os estudantes estão sendo adequadamente atendidos.

D. A evasão dos ingressantes por AA e daqueles que ingressam pela classificação geral

Rosana Heringer conecta a questão da assistência estudantil aos novos egressos por ação afirmativa à possibilidade de evasão deles. Essa questão foi levantada pelos anticotas durante o debate de implantação das cotas, mas para postergar o sistema de cotas até que se tivesse uma estrutura de assistência estudantil que sustentasse com sucesso a permanência dos cotistas. A cultura institucional brasileira ensina que é preciso criar o problema para depois resolvê-lo. Infelizmente, não há planejamento institucional para prever demandas, daí o caráter protelatório desse argumento levantado pelos anticotas. Agora, após a implantação das cotas, essa preocupação passa a ser com a real inclusão com sucesso de oriundos de escolas públicas, negros e indígenas em universidades públicas.

Desconhecemos pesquisas abrangentes sobre o impacto da falta de assistência estudantil na evasão de cotistas. Realizamos uma pesquisa na UFSC, a pedido do Ministério Público Federal, para identificar se cotistas negros haviam desistido do curso por falta de moradia estudantil. De acordo com os contatos realizados, identificou-se que esse não foi um problema. Isso não significa que não possa ter havido problema de natureza econômica. Por outro lado, há dados de várias instituições sobre evasão diferencial entre cotistas e não cotistas, embora sem uniformidade de métodos. Esses dados devem ser analisados na sua complexidade. Não pretendemos esgotar o assunto aqui, apenas abordar algumas instituições[14] com dados disponibilizados[15] e previamente analisados (Santos, 2013; Cardoso, 2008). Considerando a evasão em universidades como um todo, em geral, a evasão de cotistas é igual ou menor que a de não cotistas, quando tratamos de oriundos de escolas públicas sem recorte étnico-racial (na Uerj, eles apresentam o mesmo percentual de evasão). Quando comparamos os cotistas étnico-raciais, a situação tem maior variabilidade: enquanto em instituições como a Uems e a Unicamp (aqui são beneficiários de bônus raciais), eles têm maior evasão que a classificação geral, na UFSC, UEL e UFJF, eles têm menor evasão e na Uerj eles têm a mesma evasão. Estudos mais abrangentes devem determinar qual é a tendência geral, se é que ela existe.

E. Os efeitos mistos do Sisu: Segregação de cotas, mobilidade diferencial, democratização socioeconômica

As pesquisadoras do Nirema deixaram claro que há um arco de iniciativas do MEC, que estão em processo e inter-relacionadas: ProUni, Reuni, Enem como substituto ao vestibular, Sisu como processo seletivo baseado no Enem, a simpatia à adoção de cotas pelas universidades e a proposição da Lei de Cotas.[16] Faltou mencionar o PNAES, que proporcionou aumento significativo da assistência estudantil às universidades federais.

A orientação dessas iniciativas é aumentar o ingresso no ensino superior federal e privado, com diversidade e maior assistência financeira aos ingressantes de menor poder aquisitivo.

---

14. Uerj – Avaliação Qualitativa dos Dados sobre Desempenho Acadêmico – Relatório ano 2011. Disponível em: <www.caiac.uerj.br/rel.pdf>. Acesso em: 19 maio 2013.

15. Disponível em: <http://www1.folha.uol.com.br/fsp/cotidiano/39792-alunos-com-bonus-por-raca-repetem-mais-na-unicamp.shtml>. Acesso em: 16 maio 2013.

16. Na ocasião do seminário em junho de 2012, o STF já havia julgado constitucionais as cotas para negros e para oriundos de escolas públicas, mas a Lei de Cotas (12.711/2012) ainda não havia sido aprovada.

Nesse quadro, o Sisu foi mencionado *en passant*. Inicialmente, o Sisu foi pensado como um sistema de acesso a universidades que propiciasse maior mobilidade acadêmica nacional, além de substituir o vestibular. O Sisu permite que alunos se inscrevam em vagas disponibilizadas pelas universidades brasileiras, no início em cinco cursos e, atualmente, em dois cursos, usando a nota do Enem, durante alguns dias. Ele imediatamente sabe se entraria ou não nos cursos em que se inscreveu, pois seu lugar na fila de candidatos inscritos aparece por ordem decrescente de nota. Ele pode, então, mudar suas opções.

Com relação às ações afirmativas, há uma série de opções de cotas e bônus presentes no Sisu, não necessariamente todas. Há outra distorção nesse sistema: quem opta por uma vaga de ação afirmativa não pode concorrer por uma vaga da classificação geral.[17] Isso significa que, se em um curso houver uma grande proporção de alunos oriundos de escolas públicas e se as cotas para esse público forem em um percentual menor, há a possibilidade de reduzir o percentual desses alunos, no ingresso ao curso. Trata-se de um sistema de segregação de cotas, que pode reduzir a presença de um grupo, mesmo que ele seja beneficiário de ação afirmativa. Se há estudos sobre o efeito desse sistema, não são divulgados. Porém, ele deveria ser mudado imediatamente.

O Sisu tem outros efeitos: maior mobilidade acadêmica nacional e estímulo a quem não faria um vestibular de se inscrever em uma universidade com a nota do Enem.

A mobilidade acadêmica, conceituada como a migração de um estudante de um estado que ingressa em universidade em outro estado, pode ter um lado positivo e outro perverso. Estudantes de baixa renda, negros ou indígenas, que não encontram vagas em universidades públicas de seu estado, em princípio, poderiam ingressar no ensino superior público em outro estado. O PNAES destina maiores verbas a universidades que aderem ao Sisu como processo seletivo. No entanto, não se conhecem estudos que mostrem se estas verbas suplementares estão sendo

---

17. A segregação de cotas está no site do Sisu <http://sisu.mec.gov.br/tire-suas-duvidas>, acesso em: 17 maio 2013; e na Portaria Normativa 21/MEC/2012 <http://static07.mec.gov.br/sisu/portal/data/portaria.pdf>, acesso em: 17 maio 2013.

suficientes para financiar a mobilidade acadêmica. Por outro lado, pode ocorrer que pessoas de mais alta renda e brancas não precisem mais fazer vestibulares em outros Estados: o Sisu facilita a inscrição e o acesso dessas pessoas a cursos de medicina de outro estado, por exemplo. Portanto, o Sisu pode funcionar como um mecanismo elitizante economicamente e de agravamento dos desequilíbrios regionais, na medida em que vários alunos das unidades mais ricas da federação abocanham as vagas de cursos seletivos das universidades públicas de estados mais pobres. Desconhecemos estudos quantitativos sobre isso, mas há sinais de que paulistas e mineiros estão realizando essa tarefa[18].

Há outro efeito do Sisu que é extremamente benéfico, do ponto de vista da democratização socioeconômica (não racial) do acesso à universidade pública. Alunos de baixa renda e de escolas públicas se sentem mais motivados a se inscreverem em vagas oferecidas pelo Sisu, pois não precisam pagar por inscrições em vestibulares (ou se submeterem a processos com extensa lista de documentos para solicitar isenção dessas taxas) nem precisam prestar exames que exigem muitas vezes mais decoreba de fórmulas, datas, locais do que capacidade de elaboração de informações e de interpretação e expressão escrita. Um caso exemplar é o da UFRRJ[19]. Antes da adesão ao Sisu, em 2009, o percentual de oriundos do ensino fundamental e médio público (EFMP) era de 23%, o daqueles com renda familiar entre um e três salários mínimos (RFSM) era 26% e de pardos e pretos, 42%. Após a adoção do Sisu (2010 e 2011), o percentual de EFMP passou a 59%, o de um a três RFSM passou a 48% e o de pardos e pretos, a 44,7%. Verificou-se um aumento significativo de pessoas de baixa renda e oriundas do ensino público. Há um porém: não houve um aumento significativo de pretos e pardos. Novamente vemos

---

18. O grande percentual de paulistas com mobilidade foi relatado na matéria: <http://g1.globo.com/educacao/noticia/2013/05/paulistas-sao-os-que-mais-papam-vagas-do-sisu-em-outros-estados.html>. A migração do Sul-Sudeste pelas vagas de medicina do Norte e Nordeste foi relatada em: <http://www.penoticias.blog.br/educacao/5873-sisu-motiva-estudantes-a-migrarem-para-outros-estados>. Acesso em: 17 maio 2013.

19. O Relatório de Gestão da PROGRAD/UFRRJ, que relata as mudanças de acesso pós-adesão ao Sisu, está disponível em: <http://r1.ufrrj.br/graduacao/arquivos/Relatorio_gestao_2011/Relatorio_Gestao_Graduacao_Final_corrigido.pdf>. Acesso em: 17 maio 2013.

que a desigualdade racial e a dificuldade de combatê-la se reproduzem nesse exemplo.

F. O fenômeno da segregação de cotas em universidades: Os casos da UFSJ[20] e Udesc[21]

A segregação de cotas não foi introduzida pelo Sisu. Algumas universidades já adotavam essa sistemática para tratar das vagas para AA. É uma forma fácil de elaborar um programa de computador que classifique os candidatos em cada uma das "caixinhas" de opções: classificação geral, cotas para negros, cotas para escolas públicas. Mas nem sempre o que é fácil é o que proporciona maior democratização socioeconômica e étnico-racial: a inexistência de cotas é o mais fácil e o melhor exemplo disso. A UFSJ adotou esse sistema, antes de adotar o Sisu/Lei de Cotas com interpretação peculiar. A Udesc adotou este sistema até 2012, mas deve aderir ao Sisu, que mantém essa lógica segregacionista.

Quais os efeitos perversos da segregação de cotas, já delineados no tratamento do tema no Sisu? Em geral, em várias universidades, a relação candidato/vaga para cotas de escolas públicas tende a se tornar maior do que a da classificação geral. Por exemplo, no vestibular da UFSC de 2012, somente 17 dos 85 cursos tinham relação candidato/vaga na classificação geral maior do que na cota de escola pública. Isso significa que se o candidato for obrigado a optar por apenas uma das modalidades de acesso, tenderá a haver maior seletividade na cota de escola pública. No limite, se antes da adoção de cotas, um determinado curso tiver 70% de oriundos de escolas públicas, a cota for de 20% e os candidatos desse nível de ensino por ela optarem, pode haver um decréscimo para 20% de classificados oriundos de escolas públicas nesse curso.

---

20. Anteriormente à Lei de Cotas, a UFSJ adotava a segregação das cotas entre si (escolas públicas x negros de escolas públicas) e com a classificação geral, conforme edital disponível em: <http://www.ufsj.edu.br/portal2-repositorio/File/vestibular/Vest2011_1/Editais/edital2011_1retificado.pdf>. Acesso em: 18 jul. 2013. Atualmente, esta universidade utiliza o Sisu com AA definida na Lei de Cotas, com interpretação peculiar.

21. Em seus editais de vestibular, não consta que os candidatos optantes pelas vagas de AA concorrem também pela classificação geral. Ver edital de 2012/2, disponível em: <http://novo.vestibular.udesc.br/arquivos/id_submenu/998/edital_2012_2.pdf>. Acesso em: 18 jul. 2013.

G. Uneb: "A gente fala em revolução no Brasil, a esquerda política do Brasil fala em revolução, mas a revolução que nós estamos fazendo é essa de reconhecer, de denunciar que a sociedade brasileira é uma sociedade racista e de apresentar a sociedade alternativa, e políticas de ações afirmativas na universidade são apenas uma parte desse processo revolucionário que estamos vivendo"

O gestor da Uneb aponta como revolucionário mudar dentro da cultura brasileira o lugar do racismo, ao discuti-lo e apontar medidas concretas para compensá-lo e, até, combatê-lo. As cotas para negros nas universidades inseriram a discussão do racismo no Brasil. Por ser um problema estrutural, é necessário que uma sociedade igualitária passe necessariamente pela superação dessa forma de discriminação. A fala desse gestor ressalta que uma revolução política não necessariamente supera esse tipo de questão, o ocultamento da discriminaçao racial na cultura brasileira ou, em outras palavras, o mito da democracia racial. Então, para ter uma sociedade realmente igualitária, passos precisam ser trilhados desde já, como o combate ao racismo. Isso é uma contribuição substantiva à construção de uma sociedade realmente igualitária no Brasil. Aguardar que tudo venha *automaticamente* com uma revolução política ou econômica é economicismo.

H. Unicamp só divulga que oriundos de escolas públicas têm bom desempenho, mas não divulga que mulheres o têm

O gestor da Unicamp levantou que "o estudo confirmou nossa desconfiança: se dois alunos tivessem empatados (no vestibular), o aluno que fez escola pública e o da escola particular, o aluno que fez escola pública melhora mais o seu desempenho dentro da Unicamp. Isso é uma justificativa para ações afirmativas".

O que o gestor não menciona é que o mesmo estudo apontou que as alunas melhoram mais que os homens o desempenho na Unicamp. Isso justificaria uma ação afirmativa para mulheres, e não foi o que a Unicamp fez. A justificativa usual dos gestores da Unicamp é que isso faria desaparecer os homens dos cursos com grande porcentagem de mulheres, como enfermagem e pedagogia. No entanto, isso é fácil de ser evitado, aplicando essa ação afirmativa somente em cursos com certo percentual de mulheres (por exemplo, até 50%).

O que quero dizer com isso é que mesmo um argumento que serve de ação afirmativa para escola pública não é utilizado porque uma ação afirmativa para mulheres é mais difícil de ser sustentada e ser votada por um Conselho Universitário, mesmo com aspecto meritocrático.

I. Elisa Larkin Nascimento: diversidade cria novo conhecimento? Os alunos de AA vão mais para humanas e menos para exatas?

Desconhecemos estudo que mostre que diversidade crie novo conhecimento por trazer pessoas de origens sociais, raças, gêneros para conviver em um ambiente universitário, criador de conhecimentos. Esse argumento, muitas vezes, é levantado para sustentar que a criação de diversidade em um ambiente universitário é necessária e, por isso, a ação afirmativa para negros, indígenas e oriundos de escolas públicas é importante. Essa questão vai ser retomada nos comentários sobre a palestra do professor Randall; no entanto, cabe levantar uma impressão, que talvez não tenha sido testada: a convivência de pessoas diferentes contribui para a vida profissional delas, que vão encontrar na sociedade cada vez mais pessoas de raças, gêneros e origens sociais diferentes e precisarão conviver bem e produzir com elas (se estiverem em um ambiente produtivo). Nesse sentido, diversidade fundamenta ações afirmativas, pois ambientes diversos treinam melhor as pessoas para conviver e trabalhar com o diferente. E a universidade sem AA não tem diversidade, sobretudo nos cursos mais concorridos.

Elisa também levantou a possibilidade de que os negros beneficiários de AA se dirijam prioritariamente para os cursos de humanas, e não para os de exatas. Desconhecemos estudo abrangente dessa questão na experiência brasileira.

O estudo da COPPIR/PMF relata que os negros com ensino superior na Grande Florianópolis, em 2012 (portanto, antes das cotas), estavam desproporcionalmente mais representados na área de humanas em relação à de exatas e saúde.

Bowen e Bok (2004), em sua pesquisa sobre ação afirmativa nos Estados Unidos, detectaram que a engenharia, em relação à medicina e ao direito, era a área com menor percentual de negros. E que, mesmo com ação afirmativa, continuou assim.

Ainda não temos um estudo conclusivo sobre o preenchimento das cotas para negros nas diferentes áreas, dentro da UFSC, mas resultados indicam que as inscrições para carreiras de ciências exatas são menores (sendo menores do que as vagas em vários cursos), assim como a reprovação no vestibular é maior, deixando muitas vagas não preenchidas. Há indicações no sentido dos alunos negros do ensino médio estudarem em escolas onde matemática e física sofrem com escassez docente e por isso esses alunos não têm perspectivas de cursar a área de exatas na graduação. No entanto, desconheço um estudo conclusivo sobre o assunto. Todos esses dados indicam que as áreas de ciências exatas continuarão a ser aquelas com maiores déficits de negros.

J. Formas de preparação do acesso à universidade: Convênio UFSC/Secretaria da Educação de SC e pré-vestibulares populares

Uma vez que o ensino fundamental e médio público municipal e estadual, de forma geral, deixam uma série de lacunas na formação dos alunos, e a perspectiva de melhora qualitativa do ensino ainda é distante, cabe pensar em formas supletivas dessas lacunas, ainda que paliativas.

Dois modelos de preparação pré-vestibular (ou pré-Enem) se destacam nesse cenário: os pré-vestibulares populares e o pré-vestibular da UFSC/SED-SC.

Os pré-vestibulares populares geralmente evoluem a partir de movimentos populares, alguns particularmente do movimento negro, para constituir uma organização não lucrativa, com professores voluntários ou com remuneração bem abaixo do mercado dos "cursinhos"[22]. Muitas vezes, essas organizações constroem um compromisso com seus egressos e ingressantes em universidades, no sentido de eles colaborarem voluntariamente com o pré-vestibular ministrando aulas ou como monitores. Além dessa contribuição solidária, alguns desses cursos têm uma formação político-social e/ou uma discussão das relações étnico-raciais no Brasil, no sentido de instrumentalizar seus alunos para entenderem e

22. Exemplos desse tipo de "cursinho": PVNC, Educafro e Uneafro.

terem capacidade de discutir as ações afirmativas com argumentos solidamente construídos. Várias dessas organizações cobram mensalidades dos alunos da ordem de 5 a 10% do salário mínimo.

Outro modelo é o pré-vestibular da UFSC/SED-SC, fruto de um convênio entre a UFSC e a Secretaria de Estado da Educação de SC. Atualmente, está disseminado em 29 municípios do estado de Santa Catarina. Na grande maioria deles, a SED-SC fornece o espaço físico, geralmente noturno, para o pré-vestibular e também remunera professores profissionalizados em "cursinhos". A UFSC entra com o espaço físico de algumas unidades do pré-vestibular e de sua sede, despesas e financiamento de parcela considerável do orçamento do pré-vestibular, variáveis com a gestão da UFSC. Para os alunos, o pré-vestibular é gratuito, e é cobrada presença. Os alunos são escolhidos por critérios socioeconômicos e pelo histórico do ensino médio público. Além de preparação para o vestibular, o curso pré-vestibular da UFSC/SED-SC também tem uma atividade de preparação para o Enem, que garante ingresso em universidades públicas, no ProUni e também compõe parte da nota de ingresso na UFSC e outras universidades públicas. As taxas de aprovação do cursinho no vestibular da UFSC, que já foram de 15%, hoje estão próximas de 70%, consequência direta da profissionalização dos professores e da existência de ações afirmativas para negros e oriundos de escolas públicas na UFSC. Esse modelo mostra como se coordenam a iniciativa de um pré-vestibular para oriundos de escolas públicas com ações afirmativas no acesso ao ensino superior, onde uma reforça a outra.

O caso da África do Sul

Adam Habib apresentou uma série de questões sobre o panorama atual da questão racial e ações afirmativas para negros na África do Sul.

A. Maior preocupação de Habib: o redesenho da África do Sul pós-*apartheid* deve construir uma identidade nacional não racial e cosmopolita, mas a instituição de ação afirmativa racial em todos os campos da vida sul-africana ameaça essa identidade

Há várias subquestões nesta questão guarda-chuva: a constituição de uma identidade cosmopolita, a constituição de uma identidade nacional, o papel do Estado frente aos diferentes grupos raciais e o papel do Estado frente aos diferentes grupos de renda (classes). Identidade cosmopolita entendida aqui como oposição a uma identidade nacional.

A constituição de uma identidade nacional em um país multirracial e multicultural depende, entre outros fatores, da composição racial e cultural do país[23]. Cerca de 80% da população sul-africana é negra (*black*) e há várias etnias, o que se reflete na oficialização de 11 línguas e do reconhecimento de várias outras de forma não oficial.

No período do *apartheid*, a maioria negra foi excluída do acesso a oportunidades. A inclusão dessa maioria é condição necessária para a construção da nação e de sua identidade. Na Constituição sul-africana de 1996, foram previstas políticas de ação afirmativa para esse e outros grupos, com o objetivo de atingir a igualdade. No entanto, essa inclusão não deve criar tensões inconciliáveis com outros grupos populacionais (brancos, mestiços e indianos), ou dentro do grupo dos negros. Algumas tensões são inevitáveis e é necessário que haja instituições nas quais as várias forças políticas e raciais possam arbitrar o processo.

A identidade nacional inclui valores, símbolos e um sentido de pertencimento a uma nação. Os valores básicos da igualdade de grupos populacionais, de superação da discriminação racial do *apartheid*, de regras democráticas de disputa sem opressão de minorias como a branca parecem ser alguns deles. Alguns dos símbolos estão ligados à ascensão política e econômica de negros e a figura simbólica de ascensão negra sem opressão contra brancos continua sendo Nelson Mandela. Por fim, o sentido de pertencimento está ligado a fazer o jogo democrático e elaborar, em cenários políticos aceitos por todos os grupos, políticas de promoção de grupos historicamente excluídos.

Esse processo de construção de uma África do Sul voltada a todos os segmentos populacionais deve incluir avaliações do processo de inclusão dos negros.

---

23. Os resultados do censo 2011 estão disponíveis em: <en.wikipedia.org/wiki/Demographics_of_South_Africa>. Negros (blacks) eram 79%, mestiços (coloured) eram 9%, brancos (whites) eram 9%, indianos (indians or asians) eram 3%. Acesso em: 31 maio 2013.

Sobre o papel do Estado frente aos diferentes grupos raciais, a questão da identidade nacional está intrinsecamente ligada a isso. Se a questão central de Adam Habib é a construção de uma identidade nacional não racial, o coração dessa identidade é o papel do Estado frente aos diferentes grupos raciais.

Aqui entram em jogo os dois níveis do conceito de diversidade, que o autor toma de empréstimo de Andrea Baumeister (2003, p. 742). De forma geral, diversidade é um conceito ambíguo. Baumeister distingue dois níveis de diversidade. O primeiro reconhece diferenças em culturas, crenças e origens, mas todos os cidadãos têm a mesma relação com o Estado. O objetivo não é a assimilação, mas o reconhecimento de diferenças. Esse nível de diversidade se aproxima da noção de multiculturalismo, entendido como respeito a diferenças culturais entre grupos sociais. O segundo nível de diversidade reconhece a igualdade de direitos formais perante a Constituição, mas também a existência de direitos especiais para certos grupos de pessoas. No caso sul-africano, são diferenças raciais, de gênero e deficiência. Curiosamente, os únicos direitos especiais que parecem ameaçar a identidade nacional e ser vistos como aqueles que reforçam diferenças são os raciais, e não os de gênero e deficiência. Mas essa afirmativa requer muito mais qualificação, que deve vir de uma avaliação criteriosa.

Habib admite que políticas de ação afirmativa de recorte racial são importantes nos espaços de maior prestigio social, como ensino superior e empresariado. Políticas universalistas ou voltadas para a distribuição de renda não têm impacto de produzir distribuição de oportunidades raciais nessas esferas.

O autor ressalta pontos positivos e negativos das políticas de ação afirmativa de recorte racial que tiveram uma grande amplitude. Nas universidades, 70% das vagas foram reservadas para negros, e 30% eram abertas. Financiamento de empresários negros pelo Estado e reservas de vagas em serviços públicos para negros e medidas anti-discriminação contra mulheres no mundo do trabalho também foram implementados. Os resultados positivos dessas medidas foram o aumento do percentual de negros entre universitários e empresários e do percentual de mulheres no mundo do trabalho.

Mas pontos negativos foram ressaltados: durante a África do Sul pós-*apartheid*, aumentaram a pobreza e o desemprego, resultado de políticas neoliberais, os serviços públicos têm bônus por diversidade e preferem ter falta de profissionais ou profissionais não qualificados do que contratar profissionais não negros. As políticas de bônus para serviços públicos visam à promoção de negros. A questão é: como promover igualdade racial sem metas e bônus? Talvez uma política de metas flexível, mediante avaliação de profissionais disponíveis nas funções requeridas combinada com uma política de formação de pessoas negras para essas funções.

Adam Habib questionou aspectos desse debate: a reificação da raça e como isso pode dificultar a construção de uma identidade nacional, o que não ocorreria no Brasil; condições de trabalho piores geradas por empresários negros e o enriquecimento abusivo, como bilionários negros, com dinheiro público. A reificação da raça aludida pelo professor Adam pode ser o fato de a África do Sul pós-*apartheid* ter vinte anos de valorização de critérios raciais para criar maior equilíbrio racial. Parece ser um movimento de oscilação em direção ao aumento da presença negra nos ambientes mais valorizados, no mundo do trabalho, criando situações nem sempre positivas, como falta de serviços públicos ou pessoas menos qualificadas presentes nesses serviços. A solução para isso é a avaliação constante dessas situações e criação de mecanismos corretivos das metas e de qualificação da população negra. A igualdade racial da África do Sul, sem a necessidade de ação afirmativa, pode demorar algumas gerações.

Já a existência de piores condições de trabalho geradas por empresários negros deve ser regulada pelo movimento dos trabalhadores, mediada por uma legislação trabalhista progressista. Se o financiamento estatal favorece a criação de empresários negros, cabe ao Estado criar direitos trabalhistas que restrinjam condições de trabalho degradantes. No entanto, isso dificilmente será criado sem movimentação dos trabalhadores.

Aparentemente, a política de financiamento de empresários negros com fundos estatais parece estar ligada à corrupção e ao favorecimento de alguns frente à pobreza de outros. Em um país capitalista, é difícil coibir o enriquecimento por caminhos tortuosos. O máximo que se pode fazer é criar regras que tornem isso mais difícil, mas o conluio Estado-empresa é praticamente inevitável. Uma das regras possíveis são impostos sobre grandes fortunas, que ainda não vingou no Brasil; outra medida corretiva é a distribuição de lucros aos trabalhadores, que já tem regulamentação no Brasil. Para evitar de forma mais efetiva a concentração excessiva de riqueza, é preciso um regime socialista com real participação popular – dentro do capitalismo isso não é possível. A resposta de Adam Habib à menção de corrupção na criação de bilionários negros sul-africanos foi que outros países são mais conhecidos pela corrupção, como a Índia e o Brasil.

Habib levantou que uma política de recorte racial não afetaria a identidade brasileira, por já estar consolidada. Curiosamente, esse foi o argumento dos anticotas, ao mencionar que políticas de ação afirmativa de recorte racial dividiriam o Brasil, ao jogar negros contra brancos, criando falsas linhas divisórias dentro do povo brasileiro. No entanto, ele tem razão nesse ponto: o reconhecimento de desigualdades e o espírito de solidariedade que é criado ao se adotar políticas de igualação racial e socioeconômica cria maior coesão no Brasil, e mais autoconfiança na nação, que é capaz de gerar mecanismos igualadores. Uma pesquisa do Ibope divulgada em janeiro de 2013 mostrou que 64% da população são a favor das cotas para negros[24]; o apoio a cotas para oriundos de escolas públicas e para pessoas de baixa renda é de 77%.

B. O professor Adam defende que para a população de baixa renda, a ação afirmativa seja de renda (ou classe social). O argumento é que a África do Sul é profundamente desigual e tem um percentual grande de população miserável: cerca de 50% das pessoas estão abaixo da linha de pobreza de dois dólares/dia, enquanto no Brasil, temos 11% (Lavinas, 2012). No Brasil, a mesma linha de intervenção seria válida, e a definição de ação afirmativa deveria ser mais por desigualdade econômica e menos por desigualdade racial, segundo o professor

A primeira questão é conceitual: trata-se de ação afirmativa de classe ou renda? São dois conceitos bem diferentes, embora estejam ligados de

24. Pesquisa do Ibope publicada em: <http://www.estadao.com.br/noticias/vidae,62-apoiam-cotas-para-alunos-negros-pobres-e-da-escola-publica-diz-ibope,997758,0.htm>. Acesso em: 1º jun. 2013.

alguma maneira. Quando se levanta que há profundas desigualdades de renda no Brasil (e também na África do Sul), torna-se inevitável concluir que ações afirmativas para neutralizar os efeitos dessa discriminação socioeconômica se fazem necessárias. Os índices de Gini do Brasil e África do Sul, em 2009, foram 0,547 e 0,631; respectivamente[25]. Há um consenso sobre o tema.

No entanto, classe social é um conceito mais complexo e, às vezes, ambíguo. Ele tem origem na tradição marxista, que define classe social em relação à propriedade dos meios de produção. Haveria basicamente duas classes: a burguesia, os detentores dos meios de produção, e os trabalhadores, que dependeriam da venda de sua força de trabalho aos burgueses para sobreviver. Mais recentemente, as análises e definições de classe social ficaram mais complexas, assinalando o surgimento de uma classe média, que, em essência, depende da venda da força de trabalho, mas que objetivamente tem um padrão de vida mais alto do que outra camada de trabalhadores de baixa renda e que, em determinados momentos, tem alinhamento político com a manutenção da lógica do capital.

Quando Adam Habib defende uma lógica de classe para a ação afirmativa, na realidade, se pauta em uma lógica de renda, ou do que seria um proletariado de baixa renda, bem como as referências que outros pesquisadores, como João Feres, fazem a políticas com critérios de classe. Isso não significa classe social, rigorosamente, mas critério de renda. Muitas vezes, como no caso da Uerj, da Lei de Cotas e outros, o recorte para ser beneficiário é ter renda abaixo de certo limite.

O caminho do Brasil a partir de 1995 é de redução da desigualdade, medida por vários indicadores, mas particularmente pelo índice de Gini. O cenário da África do Sul é mais complexo. No período 1995-1998, há uma estabilidade desse índice (Leite et al., 2006), que cresce a partir de 1999 e oscila em um patamar mais alto de desigualdade. A desigualdade socioeconômica é muito grande nos dois países, o que

25. Índices publicados pelo Banco Mundial, disponíveis em: <www.data.worldbank.org/indicator/SI.POV.GINI>. Acesso em: 1º jun. 2013.

justifica ação afirmativa de recorte de renda. Adam defende que, para pessoas de baixa renda, a ação afirmativa deva ser somente socioeconômica, sem componente racial, que deveria ser utilizado somente nos grupos de maior renda. Essa é uma posição teórica, não baseada em simulações, e tem justificativa na crença de que para criar uma identidade nacional, ela precisa ser não racial, que identidades racializadas no grupo de menor renda criam divisão e tensão que podem levar à ruptura.

Há indícios brasileiros que vão no sentido contrário. Como quem sai do ensino médio já é uma elite educacional (em 2000, cerca de 17% das pessoas com 25 anos ou mais tinham ensino médio)[26], essa elite numérica é também elite racial, como exemplificado na taxa de brancos e negros no terceiro ano do ensino médio na Grande Florianópolis. Outra indicação vem das cotas da UFG. Foram criadas cotas em 2009, sendo 10% para oriundos de escolas públicas e 10% para negros oriundos de escolas públicas. Estas últimas precisaram ser criadas, pois se fossem 20% para oriundos de escolas públicas, não entrariam negros[27]. O senso comum indica que cotas para oriundos de escolas públicas incluiriam negros, pois estes são grupos de menor renda, novamente contrariados, devido aos efeitos históricos do racismo. Resultados similares seriam alcançados na África do Sul.

A UFSC apresenta uma proposta singular, que mistura critérios socioeconômicos e étnico-raciais. As cotas para negros privilegiam os de escola pública, mas caso não as completem, ingressam negros de outro percurso escolar. É uma proposta que ainda privilegia o critério socioeconômico dentro do grupo racial negro e tem o defeito de não gerar suficiente diversidade em cursos muito concorridos, por entrarem só negros de escolas públicas. Nesses cursos, ser negro é excessivamente identificado com ser de baixa renda. Seria desejável que parte dos ingressantes negros tivesse renda mais alta, para gerar diversidade dentro do grupo social negro. Além disso, há estudos que mostram que a mo-

---

26. Dados tabulados e enviados pelo pesquisador do IBGE José Luis Petruccelli, a pedido.

27. Dados divulgados no Seminario UFG, que incluem maio de 2011, disponíveis em: <www.prograd.ufg.br/pages/16214>. Acesso em: 1º jun. 2013.

bilidade social do homem negro tem probabilidade de ser descendente e que da mulher negra não existe (Telles, 2003), daí a necessidade de ação afirmativa para negros que não têm baixa renda.

João Feres corrobora esse raciocínio quando levanta que o programa de inclusão da USP, o INCLUSP, por não ter critério racial, não inclui negros. Ele destaca que a utilização de critérios de raça e renda (menciona como "classe") é pragmática, guiada pelos resultados que se pretende atingir. Não haveria uma receita de inclusão, porém o arsenal de simulação de acesso ajudou e pode ajudar ainda mais no sentido de mostrar que ação afirmativa de renda não inclui negros. Adam Habib responde que a solução para a busca de igualdade e de identidade nacional depende do país, seja ele África do Sul, França, Estados Unidos ou Brasil. E que, na África do Sul, foram muito relevantes as cotas para negros para o acesso às faculdades de medicina.

O caso da França

O texto de Daniel Sabbagh trata da forma como o conceito de raça é percebido pela sociedade francesa. A palavra "raça" é um anátema, talvez pelo envolvimento no passado da sociedade francesa com o nazismo, a forma mais abominável de racismo, ligada ao extermínio de judeus. É uma forma de exorcizar esse passado terrível. A própria classificação de cor/raça não é aceita pelos franceses, nem sequer para fins de estudo. No entanto, desigualdades são reconhecidas pela sociedade, principalmente a partir da revolta de 2005. A França precisou agir para corrigi-las.

O movimento social negro não utiliza a classificação de cor/raça, mas o conceito de diversidade. Ressurge no seminário a diversidade, com conotação francesa. Esse conceito está enraizado não somente na aparência ou ancestralidade, mas em traços culturais comuns, sejam árabes ou norte-africanos. Nesse ponto, é diferente do conceito utilizado nos Estados Unidos ou no Brasil, mais ligados à ancestralidade ou ao fenótipo, respectivamente.

No entanto, nem o aspecto cultural da diversidade é o que move a ação afirmativa francesa, mas critérios aparentemente cegos à cor, como cidadania paterna, local de nascimento, local de moradia. E as ações afirmativas usam como critério de investimento, o percentual de jovens desempregados ou sem formação universitária, ligados a uma segregação espacial não tão forte como a dos Estados Unidos. O marcante é que há uma intenção subjacente, que é a de compensar desigualdades para esses grupos populacionais árabes ou norte-africanos, mas sem utilizar o critério de raça.

Outro ponto forte do capítulo de Sabbagh é demarcar a aproximação entre os critérios explícitos para a ação afirmativa entre Estados Unidos e França. As derrotas das cotas percentuais em 1978, dos bônus em 2003 e do uso do critério de raça no acesso ao ensino superior em decisões regionais ou plebiscitos estaduais dos Estados Unidos (Michigan, Nebraska, Arizona, Califórnia, Flórida, New Hampshire, Washington) marcariam uma aproximação de critérios cegos à raça para combater desigualdades. Exemplos estadunidenses seriam os critérios de admissão às universidades do Texas dos 10% dos alunos mais bem colocados em todas as escolas do estado.

Segundo o professor Sabbagh, o Brasil seria uma exceção nesse cenário, no qual a adoção de ações afirmativas com critérios explicitamente raciais é produto de tensão e luta social. Mesmo assim, afirma que a ação afirmativa para oriundos de escolas públicas surgiu ao mesmo tempo que aquelas com critérios raciais.

Daniel contribui de forma original ao mostrar uma aproximação tendencial na forma dos Estados Unidos e da França praticarem ação afirmativa, sem usar explicitamente o critério racial, utilizando *proxies* que tentem neutralizar os efeitos de discriminação contra grupos raciais e/ou culturais.

No entanto, no caso dos Estados Unidos nem todas as ações judiciais ou plebiscitárias são feitas no sentido de banir a ação afirmativa de recorte racial. No caso Hopwood contra Texas, o quinto circuito (corte regional do Texas, Louisiana e Mississipi) julgou ilegal a ação afirmativa de recorte racial. A reação foi criar a Texas House Bill 588, conhecida como "Regra dos Melhores 10%", que garantia aos 10% mais bem classificados no ensino médio, acesso à Universidade do Texas. Em 2003, após o caso Grutter contra Bollinger (Faculdade de Direito da Universidade de Michigan), foi restabelecida a constitucionalidade do critério de raça na admissão no quinto circuito e voltou o critério racial para admissão na

Universidade do Texas. Portanto, o caminho dos Estados Unidos é oscilatório, embora a maioria das ações recentes tenha tendência de abolir o critério racial na admissão ao ensino superior nos Estados Unidos e muitas vezes substituí-lo por critérios cegos à cor, mas implicitamente raciais, uma vez que procuram incluir minorias raciais no ensino superior. O caso Fisher contra a Universidade do Texas, iniciado em 2012 na Suprema Corte, pode ser decisivo sobre essa questão nos próximos anos. As nomeações de juízes pelo presidente Obama, também.

Sobre as afirmações de Sabbagh em relação à emergência concomitante das cotas raciais e para escolas públicas no Brasil, as propostas de cotas para negros no Brasil tiveram várias origens: na UnB, surgiram a partir de um caso de discriminação racial e da proposta dos professores José Jorge de Carvalho e Rita Segato em 1999; na Uerj, veio a partir de uma lei estadual em 2002, mas, sem dúvida, foi entronizada no debate nacional após a participação da delegação brasileira na Conferência de Durban de 2001 contra o racismo, a discriminação e intolerância correlatas. Como reação a essa ofensiva, surgiram propostas de cotas para escolas públicas em leis estaduais, universidades públicas, ProUni e uma série de propostas de cotas para negros que restringiam o benefício a negros oriundos de escolas públicas. É um reconhecimento que o pertencimento racial cria discriminação, mas que somente deve ser reparado para pessoas de menor renda. A escola pública é utilizada como *proxy* para baixa renda

A discussão sobre as cotas para negros trouxe o debate sobre a discriminação e as desigualdades raciais. Um levantamento recente em discursos parlamentares (Santana, 2013) e jornais de circulação nacional (Segato, 2012) detectou um maior esclarecimento da consciência racial brasileira, a partir da ocorrência de palavras-chave ligadas a ela: raça, racismo, racial. Mesmo assim, a maior parte das cotas para negros nas universidades brasileiras, antes da Lei de Cotas, era somente para negros oriundos de escolas públicas e/ou de baixa renda.

Jean-François, em debate com Sabbagh, situou raça como construção social, em oposição a uma definição biológica. Entretanto, raça, seja negra nos Estados Unidos – guiada por ancestralidade –, negra no Brasil – guiada pelo fenótipo (Nogueira, 2006) –, seja judaica – guiada por ancestralidade e com jurisprudência no STF/Brasil[28] –, implica condição biológica necessária, embora não suficiente. Essa condição biológica é uma base sobre a qual se constrói socialmente uma discriminação. Mas não se pode omitir que parte desse conceito tenha base biológica. Não implica superioridade biológica de nenhuma raça, somente a existência de substrato biológico sem o qual não seria construído socialmente o conceito. Jean-François objeta que o biológico está ligado ao conceito de espécie, que está ligado à natureza, e o conceito de raça vem da cultura. As diferenças não estão aí, elas adquirem o significado que a cultura dá. A ancestralidade e o fenótipo, por sua vez, são conceitos objetivos, do domínio da biologia. De alguma forma, o biológico faz parte do conceito de raça.

Maria Alice afirma que programas como o Reuni ampliam vagas no ensino superior e, indiretamente, atingem as minorias. Seria uma ação afirmativa cega à cor que beneficiaria grupos marginalizados. Essa questão deve ser vista com muito cuidado e um estudo abrangente deveria ser feito.

Esse estudo foi realizado com pesquisadores da UFSC. Ele consta do relatório da comissão de acompanhamento do Programa de Ações Afirmativas da UFSC de 5 de junho de 2012, dirigido ao conselho universitário, quando da reavaliação e prorrogação do programa[29]. O percentual de oriundos do ensino fundamental e médio na UFSC de 2008 a 2012 aumentou de 29% a 35% dos alunos com o programa de ação afirmativa. Foi simulado o caso de não haver ação afirmativa. Nessa situação, o percentual se situaria entre 17% e 22%. Antes de 2008, o percentual de estudantes oriundos de ensino fundamental e médio público era de 18%. Logo, não haveria aumento significativo desse segmento somente com a expansão do Reuni. No caso de negros (pretos e pardos), foi simulado como ficaria o percentual sem ação afirmativa: estaria entre 8,2% e 9,4%,

---

28. Andamento do processo de *habeas corpus* sobre o caso Ellwanger, disponível em: <www.stf.jus.br/portal/diario Justica/listarDiarioJustica.asp?tipoPesquisaDJ=AP&numero=82424&classe=HC>. Acesso em: 1º jun. 2013.

29. Uma simulação desse estudo foi realizada em conjunto com Antonio F. Boing e Alexandra C. Boing. Disponível em: <http://www.redeacaoafirmativa.ceao.ufba.br/uploads/ufsc_relatorio_20121.pdf>. Acesso em: 2 jun. 2013.

de 2008 a 2012. Antes de 2008, o percentual era de 8,5%. Depois do programa, de 2008 a 2012, o percentual de negros ficou entre 11,2% e 16%, com média de 13,5%. Então, a expansão de vagas do Reuni praticamente não mudou o percentual de negros. O mais interessante é que foi simulado o cenário em que a reserva de vagas de negros se tornasse de oriundos de escola pública (30%), sem preferência de cor/raça. O resultado obtido é que o percentual de negros, nessa situação, seria em média 9,8% (um aumento de 1,3% em relação ao cenário sem ação afirmativa e bem menor do que 5% em um cenário com cotas para negros). Portanto, o aumento de vagas com cotas somente para oriundos de escolas públicas não produziria aumento significativo do percentual de negros na UFSC. A generalização dessa conclusão para outras universidades e para o país como um todo ainda permanece como tarefa de pesquisa.

O caso dos Estados Unidos

Randall Kennedy levanta pontos fortes em seu capítulo.

A. Foram resgatados os argumentos pró-diversidade: na decisão de Bakke contra a Universidade da Califórnia de 1978, o ministro da Suprema Corte, Lewis Powell, apoiou o uso de critérios raciais para acesso ao ensino superior com o argumento que diversidade é desejável, pois, em um ambiente de produção de conhecimento, é importante ter pessoas de várias origens; no caso Grutter contra a Faculdade de Direito da Universidade de Michigan, a ministra da Suprema Corte, Sandra O'Connor, levantou argumentos a favor da diversidade, como conhecimento inter-racial: ajudar a romper estereótipos raciais, permitir que os estudantes entendam pessoas de raças diferentes e capacitar as pessoas para um mundo diverso, com culturas, raças e pontos de vista. As críticas de Randall Kennedy são bem fundamentadas: é difícil quantificar o efeito da diversidade na produção do conhecimento, já que ele obscurece o efeito de discriminação social pretérita (escravidão e *apartheid)* e atual contra negros, esvaziando o significado político do racismo. É um argumento hipócrita, pois não se deseja diversidade com muçulmanos, neonazistas ou fundamentalistas cristãos. A diversidade racial foi valorizada – então, no fundo, o que se quer é favorecer um grupo racial excluído, sem admiti-lo explicitamente.

B. Defesa de ação afirmativa para negros privilegiados socialmente, pois são aqueles que chegaram ao ensino superior e têm condições de concluir esse nível de ensino; os negros de baixa renda deveriam ter outros níveis de ação afirmativa, voltados para a conclusão do ensino médio, oferecimento de moradia e serviços de saúde.

C. Ação afirmativa de fundo puramente econômico não atinge os negros, pois há mais brancos de baixa renda.

Thula Pires ressalta que, no parecer do STF, o argumento principal para a ação afirmativa de recorte racial é a existência de desigualdades raciais.

Demolir o conceito de diversidade como fundamento para a ação afirmativa de recorte racial nos Estados Unidos não é um bom caminho, por dois motivos: o primeiro é que se esse conceito é base para um tipo de ação afirmativa nos Estados Unidos, demoli-lo coloca em risco as ações afirmativas raciais no acesso ao ensino superior lá; o segundo é que ele é válido, de alguns pontos de vista.

Bowen e Bok (2004) apresentam depoimentos de estudantes brancos que não conviviam com negros, e a convivência mostrou como todos são iguais na relação com o estudo, com a família e os colegas. Esse era o argumento da ministra O'Connor.

A diversidade é um conceito ambíguo. Se por um lado, é vista como oposta à reparação pela discriminação racial no período escravocrata, segregacionista e no período atual, por outro, a busca por ela é a assunção implícita da desigualdade racial atual. E essa desigualdade é efeito de um processo histórico que se reproduz na discriminação atual. Randall Kennedy acerta ao afirmar que a diversidade pode ser vista como um fundamento hipócrita das ações afirmativas de recorte racial, pois há outros grupos para os quais não se invoca a diversidade, apenas para a raça negra. No entanto, é melhor que a sociedade admita implicitamente os mecanismos históricos e presentes da exclusão de negros e latinos do que não o faça. A diversidade é um conceito em disputa política que traz em si a necessidade de algum nível de presença ou proporcionalidade dos vários grupos populacionais. A partir dela, pode-se evocar a trajetória histórica de exclusão dos negros, da escravidão até hoje. Sem esse fundamento, que parece ser muito relevante na Suprema Corte dos Estados Unidos, esse tipo de ação afirmativa pode ser considerado inconstitucional. Desconhecemos estudo que mostre que diversidade de corpo discente (ou docente) traga contribuições para a produção do conhecimento. Deste ponto de vista, a crítica de Randall ao voto do ministro Powell em Bakke/78 é procedente.

Kennedy levanta questões relevantes sobre a ação afirmativa de recorte econômico-racial. A probabilidade de sucesso em instituições exigentes de negros de maior poder aquisitivo é a argumentação central, pois eles também terão maior probabilidade de entrar por ação afirmativa nas universidades. No entanto, há dois argumentos que relativizam esse raciocínio. O primeiro é que, entre os negros que concluem o ensino médio, seria desejável que fosse criada uma possibilidade tanto para os de maior quanto de menor poder aquisitivo para usufruírem de ação afirmativa para o ensino superior, pois a renda também é desigual no segmento negro. Se esse fator for levado em conta também, é possível termos negros de maior e menor renda podendo se beneficiar de ação afirmativa de acesso. Pesquisas sobre a probabilidade de sucesso (formatura) ou fracasso (evasão) em escolas de negros de maior e menor renda nos Estados Unidos seriam desejáveis. Isso pode ser feito no Brasil, onde muitas cotas são reservadas para negros de escola pública e/ou baixa renda. O segundo argumento, *sorry about that*, é o da diversidade. A convivência com o diferente provoca estereótipos. O fato de se ter negros que entram por ação afirmativa somente de famílias de maior poder aquisitivo, em vez de diversidade econômica, não exibe as diferenças socioeconômicas do segmento negro, que são diferentes daquelas do segmento branco. Por trás de todas as diferenças, as identidades como ser humano tendem a aparecer. Daí o valor de ter negros de vários estratos socioeconômicos, assim como brancos.

Não fica claro no raciocínio de Randall que, por haver muitos brancos pobres (os negros são cerca de 12% da população dos Estados Unidos), os negros entrarão proporcionalmente à população pobre se houver ação afirmativa para pobres. Segundo a experiência do INCLUSP da USP, da Unicamp e da Universidade Federal de Grande Dourados (Saruwatari e Aguiar, 2012), há fortes indícios de que esse tipo de ação afirmativa não muda o perfil étnico-racial da instituição. Isso significa que os negros não se beneficiam de ações afirmativas para pobres, apenas usufruem em menor proporção de sua presença na população pobre, que é maior proporcionalmente que sua presença na população total.

O STF, no parecer do ministro Lewandowski, leva em conta as desigualdades raciais existentes, e essa é a maior justificativa para cotas para negros. No entanto, fica claro no parecer que isso é produto da marginalização história da população negra. Não são apenas as desigualdades raciais que estão em foco, nas cotas para negros, mas também o processo histórico de exclusão e racismo sofrido por essa população. Esse entendimento histórico que atingimos no plano Judiciário, no Brasil, é criticado por Randall nos Estados Unidos.

Apresentamos nestes comentários uma série de questões a Randall, que aparecem a seguir, com suas respostas.

A. As decisões da Suprema Corte dos Estados Unidos, muitas vezes, põem em xeque as ações afirmativas de recorte racial no acesso ao ensino superior. No entanto, por que não surge contestação sobre a regra dos 80%?[30]

A resposta de Randall é que, dada a conhecida discriminação racial nos EUA, particularmente no acesso ao emprego, seria escandaloso pôr em xeque esse mecanismo antidiscriminatório de escolha de empregados.

B. No Brasil, há verificação da autodeclaração de negros em várias universidades públicas (Uems, UnB, UFSM, UFSC, UFPR, UFG),

30. Disponível em: <http://www.uniformguidelines.com/questionandanswers.html>. Acesso em: 3 jun. 2013.

> baseadas no critério do fenótipo, ratificado como constitucional pela decisão do STF em favor do parecer do ministro Lewandowski. Como os Estados Unidos lidam com os casos de fraude? O critério é a autodeclaração?

Randall afirma que praticamente ninguém vai querer fraudar, autodeclarando-se negro e não o sendo. Isso pode determinar que a pessoa seja classificada como negra pelo resto da vida. Não é o que ocorre no Brasil. Se alguém fraudar a autodeclaração, no máximo terá consumado um ato de esperteza, no mau sentido da palavra. Isso não trará consequência para sua posterior classificação racial, pois a pessoa não será comparada com a classificação usada para ter acesso ao ensino superior.

Há uma observação geral sobre as decisões judiciais/plebiscitárias sobre ação afirmativa racial no acesso ao ensino superior dos EUA: elas padecem de considerações excessivamente individualistas. Isso vem do individualismo extremo do capitalismo nos EUA, que dá um terreno fértil para não considerar explicitamente critérios de fundo social como raça, na admissão ao curso superior. Em várias decisões judiciais são feitas referências ao processo de escolha dos indivíduos, como se não houvessem determinantes sociais que moldassem o processo de escolha, gerando impacto desproporcional em indivíduos pertencentes a determinados grupos.

Por fim, Randall trata de ação afirmativa no ensino superior, mas atenta para um tratamento discriminatório na educação básica dos negros nos Estados Unidos, que também ocorre no Brasil. Ações afirmativas nesse nível, bem como na moradia, saúde e outros setores sociais, são indispensáveis para se atingir a igualdade.

Considerações gerais: Ações afirmativas de "classe" ou raça, conceito ambíguo de diversidade

Há dois conceitos que perpassam o conjunto do livro: a oposição entre ações afirmativas de "classe" (renda) e raça e o conceito de diversidade como o fundamento atual de ações afirmativas raciais no acesso ao ensino superior.

A situação dessa oposição nos países é bem diferente.

Daniel Sabbagh ressalta que, na França, as ações afirmativas são necessariamente cegas à cor, mas enxergam a geografia e os indicadores socioeconômicos de minorias, então são explicitamente socioeconômicas, mas implicitamente raciais. Como raça é "palavrão" na França, é preciso lidar com explosões de minorias raciais com políticas distributivas com critérios não raciais.

Nos EUA, a oposição ferrenha a critérios raciais tem gerado critérios não raciais de acesso ao ensino superior, sem o mesmo sucesso na inclusão de minorias. No entanto, mesmo com contestação, permanecem válidas ações afirmativas raciais, restritas por plebiscitos estaduais. Se o movimento por igualdade racial nos EUA não se articular nacionalmente, embora a Suprema Corte permita critérios raciais, os estados poderão proibi-lo via plebiscito.

Na África do Sul, medidas de redução drástica de pobreza são ressaltadas como necessárias, sem muita ênfase em critérios raciais. No entanto, no acesso a oportunidades muito seletivas, critérios raciais são necessários para atingir igualdade racial.

No Brasil, antes da Lei de Cotas, na maioria das várias universidades, os critérios raciais eram combinados aos critérios socioeconômicos de acesso. Após a Lei de Cotas, todas as universidades combinarão a origem escolar, a raça autodeclarada e a renda na ação afirmativa de acesso. No entanto, há mecanismos que podem ser criados para negros que não sejam oriundos de escolas públicas, como vagas suplementares. Mas isso demandará aprofundamento do significado de cotas raciais.

Em relação ao conceito de diversidade, em nível mundial, o que deve ser ressaltado é a sua ambiguidade.

Em geral, na França e nos Estados Unidos, ele serve para despolitizar o debate sobre ação afirmativa racial. Mas argumentações fundadas nele sugerem temas interessantes de pesquisa: diversidade como promotora de produção do conhecimento, quebra de preconceitos e melhor qualificação profissional.

Na África do Sul, ele foi destacado em duas acepções: multiculturalismo e necessidade de políticas especiais para igualar grupos. Ele mantém, na segunda versão, a historicidade e as origens das desigualdades entre grupos sociais.

No Brasil, a ambiguidade ganha mais contornos. Na discussão sobre o percentual de negros desejável no ensino superior, a diversidade pode ser interpretada em pelo menos dois sentidos: o ingresso de negros sem correlação com seu percentual na população estadual[31] ou com um valor próximo a esse percentual.

De qualquer forma, o conceito de diversidade, na última acepção, evoca desigualdades raciais, que por sua vez, evocam marginalização histórica. Esse conceito, então, é uma construção histórica, fruto dos atores que lhe conferem conteúdo. É um palco de luta política. Acima de tudo, a valorização da diversidade é uma valorização da diferença sem hierarquias, que concorre para uma sociedade igualitária e libertária.

Referências Bibliográficas

BAUMEISTER, A. Habermas: Discourse and cultural diversity. *Political Studies*, v. 51, p. 742, 2003.

BOWEN, W. G.; BOK, D. *O curso do Rio*: Um estudo sobre a ação afirmativa no acesso à universidade. Rio de Janeiro: Garamond, 2004.

CARDOSO, C. B. *Efeitos da política de cotas na Universidade de Brasília*: Uma análise do rendimento e da evasão. Dissertação (Mestrado em Educação), Universidade de Brasília, Brasília, 2008.

GOMES, J. B. B. *Ação afirmativa e princípio constitucional da igualdade.* Rio de Janeiro: Renovar, 2001.

LAVINAS, L. *Na contramão dos direitos universais.* Notas para reflexão, 2012. Disponível em: <www.politicasocial.net.br/index.php/caderno/caderno-tematico1/137-caderno-1-lena.html>. Acesso em: 1º jun. 2013.

LEITE, P. G. et al. *The post-apartheid evolution of earnings inequality in South Africa, 1995-2004.* International Poverty Centre – United Nations Development Programme, 2006. Disponível em: <www.ipc-undp.org/pub/IPCWorkingPaper32.pdf>. Acesso em: 1º jun. 2013.

---

31. Essa linha de argumentação foi sustentada por Leandro Tessler, ex-coordenador do vestibular da Unicamp, no seminário do Nirema em dezembro de 2012.

LOUZANO, P. *Fracasso escolar e desigualdade no ensino fundamental.* Relatório "De olho nas metas" do movimento Todos pela Educação. São Paulo, 2013, p. 114. Disponível em: <www.todospelaeducacao.org. br>. Acesso em: 16 maio 2013.

NOGUEIRA, O. Preconceito racial de marca e preconceito racial de origem. *Tempo Social,* v. 19, n. 1, São Paulo, nov. 2006. Disponível em: <www.scielo.br/pdf/ts/v19n1/a15v19n1.pdf>. Acesso em: 1º jun. 2013.

RODRIGUES, Nelson. Complexo de vira-latas. In: ________. *À sombra das chuteiras imortais*: Crônicas de futebol. São Paulo: Companhia das Letras, 2002, p. 52.

SANTANA, E. B. *Uma abordagem bioética sobre as políticas de ações afirmativas no âmbito educacional*: Intervenção do estado para desconstrução do mito da democracia racial. Tese (Doutorado em Bioética), Universidade de Brasília, Brasília, 2013.

SANTOS, J. Teles dos. (org.) *O impacto das cotas nas universidades brasileiras (2004-2012).* Salvador: Ceao, 2013.

SARUWATARI, G. K.; AGUIAR, M. M. Desigualdades socioeconômicas e étnico-raciais: Comparativo entre acadêmicos não cotistas dos cursos mais e menos concorridos no vestibular de 2010 da UFGD. *Anais do 36º Encontro da Associação Nacional de Pós-Graduações em Ciências Sociais,* 2012. Disponível em: <http://www.anpocs.org/portal/index.php?option-com_content&view=article&id=505%3Aanais-do-encontro-sps-mrs-e-gts-&catid=161%3A360-encontro-anual--da-anpocs&Itemid=76>. Acesso em: 3 jun. 2013.

SEGATO, R. L. *Comunicação de pesquisa no Encontro de Pesquisadores do Instituto Nacional de Ciência e Tecnologia de Inclusão no Ensino Superior e na Pesquisa,* Universidade de Brasília, Brasília, abr. 2012.

SOARES, J. F.; ALVES, M. T. G. Desigualdades raciais no sistema de educação básica. *Educação e Pesquisa,* São Paulo, v. 29, n. 1, p. 147-165, jan.-jun. 2003.

TELLES, E. *Racismo à brasileira.* Rio de Janeiro: Relume Dumará, 2003.

VAKIL, A. K. *Reservation policy and scheduled castes in India.* Nova Delhi: Ashish, 1985.

VICTORA, C. G. et al. Explaining trends in inequities: Evidence from Brazilian child. *The Lancet,* v. 356, set. 2000.

Sites

Página do Pré-Vestibular da UFSC/SED-SC: www.prouniversidade.com.br

Página do PVNC: www.alexandrenascimento.net/pvnc/

Página da Educafro: www.educafro.org.br

Página da Uneafro: www.uneafrobrasil.org

Este livro foi impresso em dezembro de 2013,
na Gráfica Edelbra, em Erechim. O papel de miolo
é o Lux Cream 70g/m² e o de capa é o cartão 250g/m².
As famílias tipográficas utilizadas são Warnock Pro e PF Din.